Marcel Gisler

ErlebnisWandern mit Kindern

SCHWARZWALD NORD

40 Wanderungen und Ausflüge

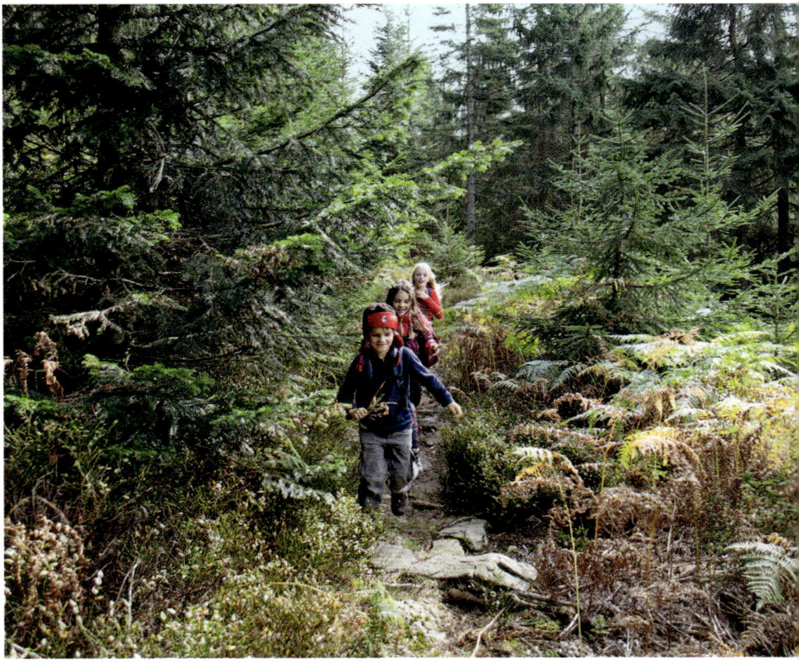

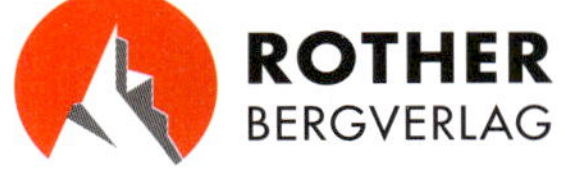

Vorwort

Das vorliegende Buch ist die geografische Fortführung des ErlebnisWanderbuchs Schwarzwald Süd und komplettiert dieses herrliche Wandergebiet im äußersten Südwesten Deutschlands. Unterschiede zwischen den beiden Teilen konnte ich beim Wandern mit den Kindern kaum feststellen. Vielleicht gibt es im Norden etwas mehr Waldbestände, während der Süden mehr Höhenlandschaften besitzt. Aber Schluchten, Berge, Seen, Bäche und Flüsse, Täler, Wasserfälle, Hochmoore, Aussichtstürme, Burgen und kinderfreundliche Erlebnispfade finden wir im Nord- wie im Südschwarzwald gleichermaßen. Deshalb hat das Wandern für diesen zweiten Teil auch genauso große Freude gemacht wie für das erste Buch, und wir sind fast ein bisschen wehmütig, dass wir den gesamten Schwarzwald nun schon erkundet haben.
Allerdings decken diese beiden Bücher naturgemäß nur einen kleinen Teil aller möglichen Kinderwandertouren im Schwarzwald ab; man könnte eine Enzyklopädie mit zig Bänden füllen. Allein der Schwarzwaldverein hat über 24.000 km Wanderwege erschlossen und beschildert, und immer mehr Gemeinden richten tolle Kindererlebnispfade ein, um dem stetig steigenden Bedürfnis nach mehr Nähe zur Natur nachzukommen. Und natürlich passt das Wandern auch hervorragend zu den Nachhaltigkeitsdebatten, die im Zuge der weltweiten Klimaveränderung immer lauter geführt werden. Auf Schusters Rappen haben wir den kleinstmöglichen CO_2-Fußabdruck aller Fortbewegungsmöglichkeiten, und gesund ist es auch, sich so viel wie möglich das ganze Jahr über an der frischen Luft zu bewegen. Auch, und gerade, im Winter kann man die Landschaft noch mal ganz anders genießen, wenn Eis und Schnee den Schwarzwald bedecken.
Ich würde mir wünschen, dass dieses Buch alle Leserinnen und Leser animiert, bei sich vor der eigenen Haustür anzufangen, nach Wanderwegen zu suchen und sich mit den Kindern in die Natur aufzumachen, ausgerüstet mit einem Fernglas, einem Taschenmesser und einer Brotzeit. Und wir Erwachsenen werden darüber staunen, welche Details die Kinder im Freien entdecken, die uns entgangen wären, da unser Blick für die Kleinigkeiten nicht mehr so geschärft ist. Daraus können spannende Wanderungen entstehen, an die sich die Kinder auch nach Jahren noch erinnern werden. Einen Satz höre ich von meiner Tochter sehr häufig nach einer Tour: »Papa, das war die beste Wanderung, die wir je gemacht haben«. Diesen Satz möchte ich noch so oft wie möglich hören.

»Nur wo Du zu Fuß warst, bist Du auch wirklich gewesen«
(Leitspruch am Durbachblick-Pavillon)

Sommer 2022 Marcel Gisler

Inhalt

Vorwort ... 2
Allgemeine Hinweise ... 6
GPS-Tracks und Koordinaten der Ausgangspunkte ... 7
Wandern mit Kindern im Schwarzwald ... 14

1 **Zum Aussichtsturm von Büchenbronn**
Auf den kleinen Bruder des Eiffelturms ... 20

2 **Durch die Monbachschlucht**
Wie Elfen und Kobolde durch die Märchenschlucht ... 24

3 **Weißtannen-Erlebnispfad Schömberg**
Was hat die Weißtanne so lange in Italien gemacht? ... 30

4 **Bad Wildbad und Sommerberg**
Zwei-Flüsse-, Zwei-Täler- und Zwei-Berge-Tour ... 34

5 **Wasserwegle Eyachtal**
Mikroabenteuer am Bach ... 40

6 **Auf die Teufelsmühle**
Spannende Bergtour in luftige Höhen ... 44

7 **Altes Schloss Hohenbaden**
Vorbei an steilen Kletterfelsen und bizarren Eiszapfen ... 50

8 **Zum Geroldsauer Wasserfall**
Rundtour im Baden-Badener Stadtwald ... 54

9 **Ziegenpfad Bermersbach**
Wie Heidi und der Geißenpeter zu den Ziegenweiden ... 58

10 **Kaltenbronner Hochmoorseen**
Auf Holzbohlen durch die Moorlandschaft ... 62

11 **Zur Fautsburg**
Die vergessene Burg und der abgelegene Schulweg ... 66

12 **Burg Zavelstein**
Von Quellen, Bächen und Brunnen ... 70

13 **Schloss Altensteig**
Mittelalterliche Burgenwanderung ... 74

14 **Bannwald Enzklösterle**
An der heidelbeerblauen Großen Enz ... 78

15 **Teufelskamin am Hohen Ochsenkopf**
Einsame und naturnahe Wanderung über Bannwaldpfade ... 82

16 **Der Luchspfad auf der Bühlerhöhe**
Auf den Spuren der scheuen Pinselohren ... 86

17 **Gertelbach-Wasserfälle Bühlertal**
Beliebte Schlucht- und Felstour für heiße Wandertage 90

18 **Durch die Gaishöllschlucht**
Über 13 Brücken musst du gehen 96

19 **Hornisgrinde und Mummelsee**
Auf das Dach des Nordschwarzwaldes 100

20 **Zum Wilden See**
Entdeckertour durch über 100 Jahre unberührten Wald 105

21 **Kneippstation Silberberg**
Hier bleiben kein Auge und kein T-Shirt trocken 110

22 **Erlebnispfad LEPO bei Ottenhöfen**
Wasserspielplatz und Riesenmurmelbahn 114

23 **Karlsruher Grat bei Ottenhöfen**
Eine pfundige Kraxelei am zerklüfteten Felskamm 120

24 **Allerheiligen-Wasserfälle von Oppenau**
Eiszapfentour im Winterwunderland 126

25 **Zum Buhlbachsee**
Von Gletschern und Orkanen geformt 130

26 **Sankenbach-Wasserfall**
Wasserfall mit Selbstbedienung 136

27 **Zum Freudenstädter Friedrichsturm**
Waldwanderung unter Tannenriesen 142

28 **Zum Ellbachsee**
Spektakuläre Aussichtsplattform 150 Meter über dem See 147

29 **Auf dem Oppenauer Rotkehlchenpfad**
Mit Rosi Rotkehlchen auf Vogeltour 152

30 **Durbacher Wälder und Weinberge**
Aussichtsreiche Naturrunde 156

31 **Teufelskanzel von Bad Griesbach**
Attraktionsreiche Bergwanderung 161

32 **Kinzigquelle und Kinzigsee**
Wasser- und Naturerlebnis im Loßburger Zauberland 166

33 **Naturerlebnis Heimbachaue**
Vom Großen Klappertopf und Wasserfledermäusen 169

34 **Wolf- und Bärenpark Schapbach**
Von Bären und anderen wilden Tieren 174

35 **Naturerlebnispfad Oberharmersbach**
Großer Spaß auf dem Hademar Waldwichtelweg 178

36 **Kleiner Räuberpfad Gengenbach**
Von Kasperl, Seppel und dem Räuber Hotzenplotz 182

37 **Zur Burg Hohengeroldseck**
Zu Besuch beim Ritter Walter von Geroldseck 186

38 **Stadtrallye in Zell am Harmersbach**
Schnitzeljagd durchs Mittelalter 190

39 **Zum Wolfacher Berghexenlandeplatz**
Hirschfütterung und Hexenspaß 194

40 **Im Flößerstädtle Schiltach**
Spannende Schnitzeljagd an Kinzig und Kuhbach 198

Freizeit- und Schlechtwettertipps

Burgen, Klöster, Schlösser 204
Tiere und Pflanzen 208
Natur- und Erlebnisbäder 210
Bergwerke und Höhlen 213
Wasserfälle 215
Hochseilgärten, Türme und Waldabenteuer 217
Outdoor-Funparks, Rodelbahnen und Minigolf 218
Indoor- und Boulderspaß 221
Museen und Sternwarte 223
Kutschen, Seilbahnen und Stadtbähnle 225
Themenpfade 226

Stichwortverzeichnis 232

Allgemeine Hinweise

Schwierigkeitskategorien

■ Leichte Wanderung

Die blau markierten Touren sind kurze Wanderungen von ein bis zwei Stunden Gehzeit, selten mehr. Hierbei legen die Kinder zwei bis fünf Kilometer zurück. Das Gelände ist flach und auch der Untergrund macht den Kindern beim Wandern keine Probleme. Diese Touren eignen sich prinzipiell für alle Kinder, besonders aber für die kleinsten Wanderer ab drei oder vier Jahren.

■ Mittelschwere Wanderung

In der roten Kategorie finden wir Touren, die zwei bis vier Stunden dauern und durchaus kürzere steile Abschnitte aufweisen können. Die Streckenlänge liegt bei vier bis zehn Kilometern mit einem Höhenunterschied von bis zu 300 Metern, wobei der Untergrund stellenweise uneben sein kann, wie auf kleinen, verwurzelten Bergpfaden, aber immer griffig und fest. Diese Touren sind für Kinder im Alter ab fünf oder sechs Jahren zu empfehlen.

■ Schwierige Wanderung

Bei schwarz markierten Touren wandern wir vier oder etwas mehr Stunden und bewältigen dabei acht bis zwölf Kilometer. Der Höhenunterschied kann über 300 Meter betragen. Längere steile Abschnitte sind möglich, wenn wir auf höhere Berge steigen. Bei Nässe herrscht auf erdigem Untergrund größere Rutschgefahr. Kinder im Schulalter sind meist trittsicher und können sich diese Touren durchaus zutrauen.

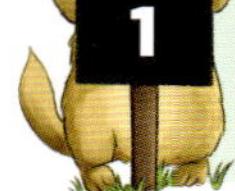

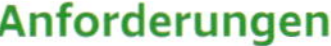

Anforderungen

Die Touren in diesem Wanderführer sind in drei farbig gekennzeichnete Schwierigkeitskategorien eingeteilt (siehe Kasten »Schwierigkeitskategorien« links), um die Suche nach einer geeigneten Wanderung zu erleichtern. Bei der Schwierigkeitsbewertung spielen die Steilheit des Geländes und die Beschaffenheit des Bodenbelags, aber auch die Dauer der Tour, die zu bewältigende Streckenlänge und die Höhenmeter eine Rolle. Wichtig ist es jedoch auch, die Konstitution des eigenen Kindes richtig einzuschätzen, da gerade bei Kindern große Unterschiede hinsichtlich der Leistungsfähigkeit bestehen. Oft erkennt man das Potenzial der Kinder erst während des Wanderns, da auch die Motivation eine große Rolle spielt. Kinder ohne große Wandererfahrung sollte man nicht gleich überfordern, denn das kann sie demotivieren und ihnen die Freude am Wandern nehmen. Deshalb beginnt man besser mit einfacheren Touren und steigert die Dauer und Schwierigkeit langsam.

Gehzeiten

Die im Buch angegebenen Gehzeiten sind reine Gehzeiten, Pausen sind also nicht mit eingerechnet. Dabei gilt, je jünger die Kinder sind, desto häufiger machen wir eine Pause, weil die Ausdauerleistung noch nicht so hoch ist. Da die Kleinen aber schnell regenerieren, müssen die Rastzeiten nicht lang sein, um wieder voller Tatendrang weitermarschieren zu können. Oft ergeben sich kurze Pausen durch die Sehenswürdigkeiten am Wegesrand, zum Beispiel Blumen oder Pilze, die ausgiebig inspiziert werden. Die längeren Pausen nutzen

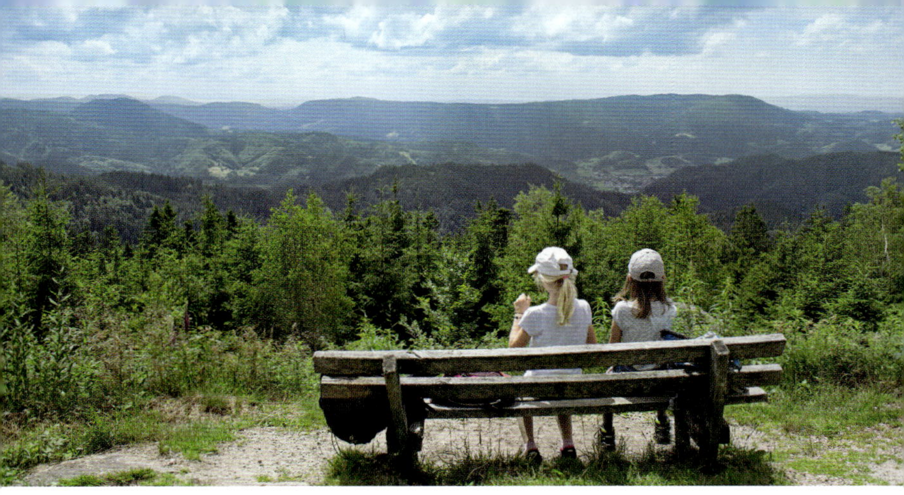

Auch Kinder genießen solch grandiose Aussichten.

die Kinder sowieso eher zum Klettern und Rennen als zum Stillsitzen und Krafttanken. Das Wandertempo ist bei den verschiedenen Altersgruppen sehr unterschiedlich und hängt auch ganz maßgeblich von der Motivation der Kinder ab. Ein einzelnes Kind geht meist langsamer als eine Gruppe aus zwei oder mehr Kindern. Wir rechnen in diesem Buch mit rund zweieinhalb Kilometern pro Stunde, die wir im flachen Gelände zurücklegen können, da wir oft Kinder unter zehn Jahren dabeihaben. Man sollte prinzipiell eher mehr Zeit für die Strecken einrechnen, damit aus der Tour keine Tortur wird, besonders da viele Wege im Schwarzwald Steigungen aufweisen und wir dort automatisch langsamer werden. Am Berg rechnet man bei Erwachsenen mit circa 400 Höhenmetern pro Stunde im Anstieg, Kindern brauchen je nach Alter und Kondition mehr Zeit. Wir haben bei den Gehzeiten in diesem Buch mit rund 250 Höhenmetern pro Stunde gerechnet. Das Bergablaufen mö-

GPS-Tracks und Koordinaten der Ausgangspunkte

Zu diesem Erlebnisbuch stehen auf www.rother.de GPS-Tracks und Koordinaten der Ausgangspunkte zum kostenlosen Download bereit.
1. Auflage, Passwort: 329101gks
Sämtliche GPS-Daten wurden vom Autor im Gelände erfasst. Verlag und Autor haben die Tracks und Wegpunkte nach bestem Wissen und Gewissen überprüft. Dennoch können wir Fehler oder Abweichungen nicht ausschließen, außerdem können sich die Gegebenheiten vor Ort zwischenzeitlich verändert haben. GPS-Daten sind zwar eine hervorragende Planungs- und Navigationshilfe, erfordern aber nach wie vor sorgfältige Vorbereitung, eigene Orientierungsfähigkeit sowie Sachverstand in der Beurteilung der jeweiligen (Gelände-)Situation. Man sollte sich für die Orientierung auch niemals ausschließlich auf GPS-Gerät und -Daten verlassen.

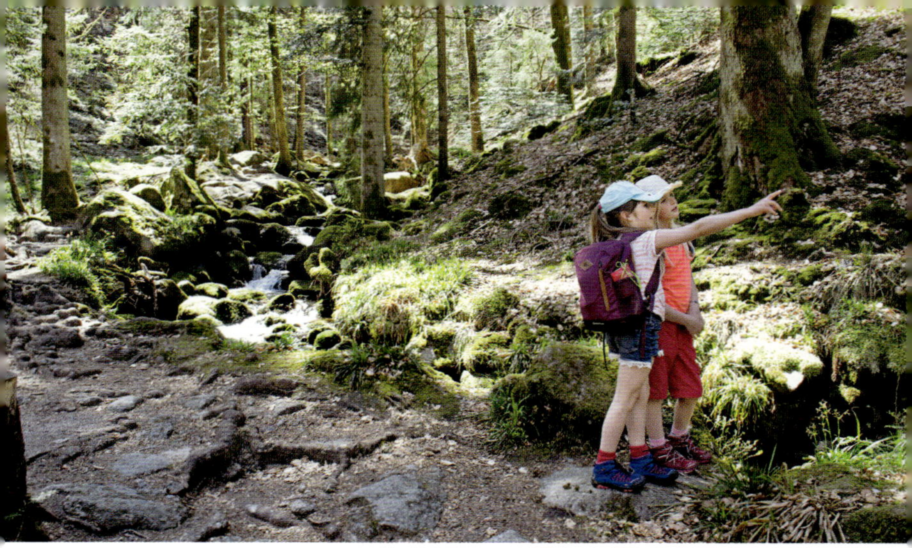

In der Gertelbachschlucht gibt es viel zu entdecken (Tour 17).

gen die Kinder erfahrungsgemäß lieber als wir Erwachsene und sind dabei oft auch genauso schnell. Da wir in allen Jahreszeiten wandern, bedenken wir im Winter, dass wir im Schnee langsamer vorankommen und bis zu 50 Prozent mehr Zeit einrechnen müssen, denn vor allem für kleinere Kinder ist es mühsamer, durch höheren Schnee zu stapfen.

Anfahrt

Die Ausgangspunkte der allermeisten Touren in diesem Buch sind von einem größeren Regionalbahnhof mit dem Öffentlichen Personennahverkehr (ÖPNV) erreichbar, wobei darauf geachtet wurde, dass es maximal einen Umstieg gibt. Im Nordschwarzwald bieten die Verkehrsverbände KVV (Karlsruhe), TGO (Ortenau), VGF (Freudenstadt), VVR (Rottweil), VPE (Pforzheim) und VGC (Calw) ein dichtes Netz an Reisemöglichkeiten. Als Besonderheit ermöglicht es die im ganzen Schwarzwald gültige KONUS-Karte allen Übernachtungsgästen, die ÖPNV-Angebote kostenlos zu nutzen (Tiere und Fahrräder sind jedoch ausgenommen). Selten sind die Einstiegspunkte nicht direkt oder nur schlecht mit den öffentlichen Verkehrsmitteln erreichbar. In diesen Fällen werden in der Kurzinfo der jeweiligen Wanderung Zugangsvarianten vom nächsten Bahnhof oder einer nahen

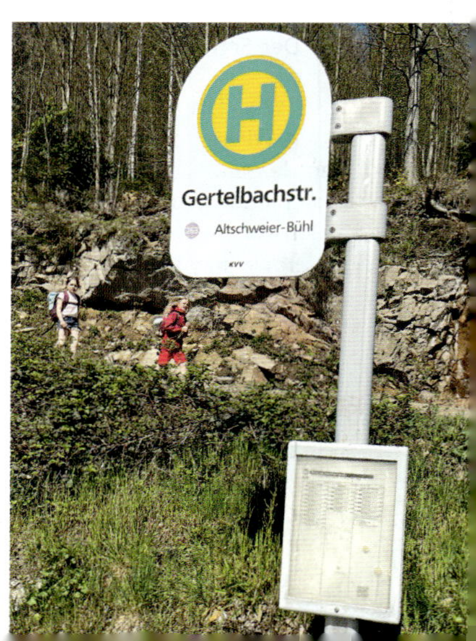

Fast jede Tour ist mit Bus und Bahn entspannt zu erreichen.

Bushaltestelle beschrieben, teilweise kann auch die Vorbestellung eines Taxis für die letzten Kilometer bis zum Startpunkt sinnvoll sein. Für die Anfahrt mit dem Auto sind bei jeder Tour Hinweise zu Parkmöglichkeiten angegeben.

Einkehr

Bei allen Touren in diesem Buch sind am Weg liegende Einkehrmöglichkeiten in der Kurzinfo aufgeführt. Dazu ist die genaue Adresse angegeben sowie Öffnungszeiten, Telefonnummer und Internetadresse, falls vorhanden. So kann man sich schon vorab informieren, damit man gerade unter der Woche nicht vor verschlossenen Türen steht. In den Detailkarten der Touren sind die Gaststätten ebenfalls eingezeichnet. Zur Sicherheit sollte man genug Essen und Trinken im Rucksack mitführen, auch wenn es Einkehrmöglichkeiten auf dem Weg gibt. Meist macht es sowieso viel mehr Spaß, wenn man eine selbst mitgebrachte Brotzeit an einem schönen Fleckchen in der Natur genießen kann.

Ausrüstung

Kleidung: Der Schwarzwald ist zwar kein Hochgebirge, dennoch gibt es hier in höhergelegenen Gegenden oft stärkere Winde, die uns schnell auskühlen lassen. Von der Rheinebene bis hinauf zur Hornisgrinde sind es immerhin über 1000 Meter Höhendifferenz. In der Regel liegen die Temperaturen in den Höhen des Schwarzwalds vier bis fünf Grad tiefer als in den unteren Lagen, was im Sommer ganz erfrischend sein kann, im Herbst oder Winter jedoch einen wichtigen Unterschied bei der Kleidungswahl ausmacht. Wir passen deshalb unsere Kleidung an und nehmen für die Kinder immer noch

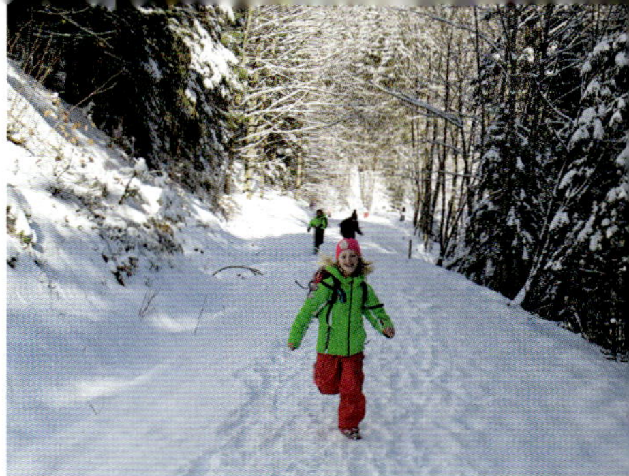

Wintertouren sind toll, wenn man die richtige Kleidung wählt.

einen Satz Wechselkleidung mit, falls wir im Anstieg stark geschwitzt haben oder im Bach nass geworden sind, sowie eine Windjacke und einen wärmenden Fleecepullover. Einen Regenschutz sollte man immer dabeihaben, auch wenn die Wetter-App trockenes Wetter vorhersagt, er schützt auch vor kaltem Wind. Für kältere Tage sollte man an Handschuhe denken. Als Kopfbedeckung gegen Sonne oder Kälte gibt es Schlauchtücher, Schirmmützen oder Hüte mit integriertem UV-Schutz. Jeans eignen sich vor allem bei schweißtreibenden Anstiegen nicht als Wanderbekleidung, denn einmal nassgeschwitzt trocknen sie nur schwer wieder ab. Dünne, längere Hosen schützen vor Sonne, Wind und Regen sowie vor Zecken, die es im Schwarzwald reichlich gibt. Prinzipiell hat sich beim Wandern das Zwiebelprinzip bewährt, bei dem man mehrere Schichten dünnerer Kleidung übereinander anzieht, sodass man auf alle Wetterschwankungen vorbereitet ist. Für Wanderungen an kalten Wintertagen hat sich eine weitere Kleiderlage gut bewährt. Man zieht zum Beispiel eine warme Fleecejacke über das T-Shirt, hat eine wind- und regenfeste Jacke darüber, und trägt unter der Wanderhose eine lange Unterhose.

Schuhe und Socken: Das Schuhwerk sollte der Wanderung angemessen sein, so empfehlen sich für steilere Wege knöchelhohe, gut profilierte Wander- oder Trekkingschuhe für mehr Stabilität im Fußgelenk und besseren Grip an den Sohlen. Bei flachen Wanderungen genügen Turnschuhe oder leicht geschlossene Trekkingsandalen. Bei Schnee sollten knöchelhohe Schuhe getragen werden, damit die Füße trocken und warm bleiben können. Empfehlenswert sind zudem Wandersocken, die robuster sind und besser unangenehme Blasen an den Füßen verhindern als gewöhnliche dünne Socken. Merinosocken zum Beispiel nehmen kaum Gerüche an, man kann sie dadurch öfter tragen und damit nachhaltiger mit der Wäsche umgehen.

Sonnenschutz: Im Sommer und an sonnigen Wintertagen in höheren Schwarzwaldlagen sollten Sonnenbrille und Sonnencreme im Gepäck dabei sein, die Haut und die Augen danken es uns, wenn sie abends nach der Wanderung nicht gerötet sind oder brennen.

Rucksack: Jedes Kind ist stolz, wenn es seinen eigenen Rucksack bekommt und auf der Wanderung dafür verantwortlich ist. Natürlich sollte er nicht zu schwer sein, maximal zehn Prozent des Körpergewichts halten wir hier ein. Das genügt, um die eigene Brotzeit, ein Wechselshirt, Taschentücher und eventuell eine Wasserflasche selbst zu tragen. Falls noch genug Platz für gesammelte Tannenzweige oder andere Schätze im Rucksack bleibt, können die Kinder ihrem Sammeltrieb nachgehen. Ältere Kinder können noch den Wanderführer, ein Fernglas und einen Fotoapparat dazu bekommen. Oft sind Taschenmesser zum Schnitzen sowie eine Lupe zur Insektenerkundung sinnvolle Ausrüstungsgegenstände.

Sonstiges: Ein Erste-Hilfe-Set ist unbedingt empfehlenswert, denn eine Schürfwunde oder ein Kratzer sind schnell passiert. Für erwachsene Wanderer, die viel mit dem Handy navigieren, ist eine Powerbank angezeigt, denn Navigationsapps benötigen sehr viel Strom. Tipp: Die App nur ab und zu zur groben Orientierung starten, um Akkuleistung zu sparen. Zudem gibt es Apps, in denen man Karten offline nutzen kann, damit man unabhängig vom spärlichen Handynetz im Schwarzwald die Kartendaten auf dem Handy speichern kann. Dadurch genügt der reine GPS-Empfang zur Orientierung.

Essen und Trinken: Gerade kleinere Kinder machen lieber öfter kurze Pausen und freuen sich schon beim Rucksackpacken auf das Essen. Mehrere kleine Knabberpausen sind also sinnvoller als einmal ein Riesenschnitzel mittags in der Gaststätte. Frisches Obst und Gemüse in kleine Stücke aufgeschnitten sollten auf der Wandertour immer verfügbar sein, denn sie sind gesund und lecker zugleich, und danach ist gegen die Gipfelschokolade oder die Limonade nach der Tour nichts einzuwenden. Zum Trinken ist am besten Wasser zu empfehlen, bei großem Flüssig-

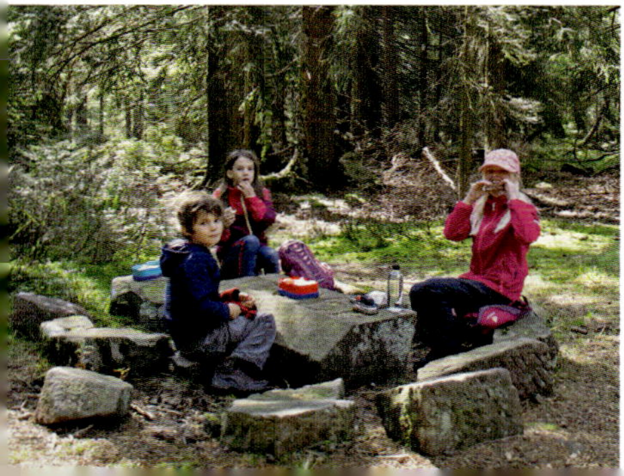

Im Wald schmeckt die Brotzeit noch mal so gut (Tour 15).

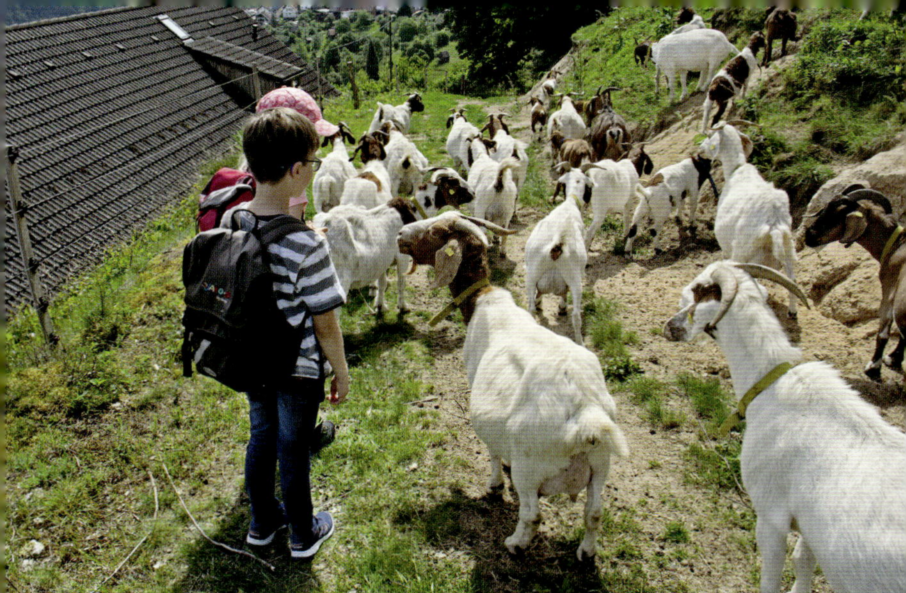

Auf dem Bermersbacher Ziegenpfad bekommen die Kinder engen Kontakt mit dem Meckervieh (Tour 9).

keitsverlust auf Bergtouren dürfen auch elektrolytreiche Saftschorlen im Gepäck sein. Wichtig ist, immer reichlich Getränke mitzunehmen, denn manchmal dauern Touren länger als geplant. Im Sinne der Umwelt und unserer Mitmenschen führen wir immer einen kleinen Müllbeutel mit uns, um Reste nicht in der Natur zu lassen, sondern mit nach Hause zu nehmen und dort zu entsorgen.

Gefahren

Kinder haben Freude in der Natur und erweitern durch das Wandern ihren Horizont wie von selbst. Dazu gehört auch, dass sie lernen, Gefahren selbstständig und eigenverantwortlich einzuschätzen. Schaffe ich es, über diesen Bach zu hüpfen? Komme ich auf diesen Felsen hinauf und heil wieder hinunter? Diese Lernchancen sollten wir Erwachsene ihnen nicht vorenthalten. Am förderlichsten für das persönliche Wachstum ist es, das Alter und den Entwicklungsstand des Kindes zu betrachten und es zumutbare Risiken eingehen zu lassen. Blaue Flecken, Kratzer oder Schürfwunden gehören mit zum Wachstumsprozess. Übergeordnete Gefahren, wie sie zum Beispiel durch Wind und Wetter entstehen, sollten die Erwachsenen unter sich kalkulieren und entsprechend Vorsicht walten lassen.

Tiere: Schwarzwaldkühe sind besonders nett anzuschauen, nur begegnen sie uns manchmal mitten auf unserem Wanderweg. Dann gilt es, besonnen zu handeln, besonders bei übermütigen Jungtieren oder Mutterkühen mit Kälbern. Wir leinen unseren Hund an, gehen langsam und ruhig in größerem Abstand weiter, und machen keine hektischen Bewegungen, um die Tiere möglichst nicht zu provozieren oder zu erschrecken.

Auch Ziegen treffen wir manchmal auf unseren Touren, brauchen aber keine Angst vor ihnen zu haben. Sie

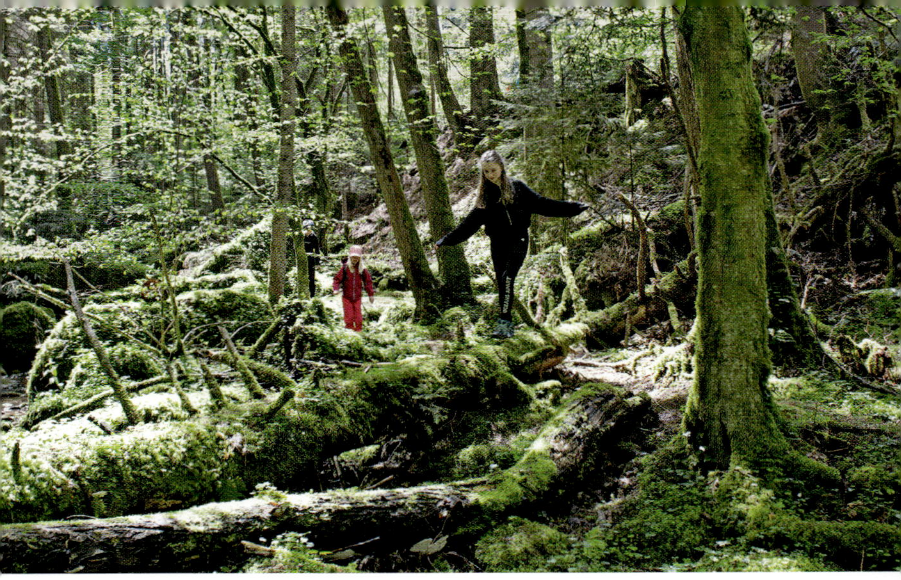

Achtsam und vorsichtig bewegen sich die Kinder in der Natur.

fressen uns höchstens das Pausenbrot aus dem offenen Rucksack und lassen sich mit sanfter Gewalt wegschieben.

Trifft man auf Wildschweine oder die mäßig giftige Kreuzotter, ist ein ruhiger, langsamer Rückzug am wirkungsvollsten, denn beide Tierarten haben Angst vor dem Menschen und bevorzugen großen Abstand.

Um uns vor Zecken zu schützen, die es vor allem in tieferen Lagen des Schwarzwalds gibt, ist lange Kleidung am effektivsten. Das Robert-Koch-Institut empfiehlt zusätzlich für ganz Süddeutschland eine Impfung gegen die von Zecken übertragene Frühsommer-Meningoenzephalitis (FSME). Gegen die ebenfalls übertragene Borreliose hilft sie allerdings nicht. Am besten sucht man nach der Wanderung den Körper nach Zecken ab und entfernt sie so frühzeitig wie möglich.

Pflanzen: Beeren und Pilze lassen wir stehen oder essen sie erst nach Rücksprache mit den Erwachsenen. Manchmal kommt es zu gefährlichen Verwechslungen, zum Beispiel werden Maiglöckchen für Bärlauch, Knollenblätterpilze für Champignons oder Kirschlorbeeren für Heidelbeeren gehalten. Heidelbeeren und andere Strauchbeeren sind übrigens der Wissenschaft zufolge keine Überträger des Fuchsbandwurms, wir können sie bedenkenlos essen. Wer trotzdem auf Nummer sicher gehen möchte, wäscht sie vorher oder kocht sie ein.

Landwirtschaft: Eine unterschätzte Gefahr sind (Weinbau)-Traktoren in verwinkelten, abschüssigen Weinbergen. Wir machen also großzügig Platz, denn wir hören den Traktor meist eher, als der Fahrer uns sehen kann. Die Trauben und Früchte der Obstbäume sind für Kinder eine große Verlockung, jedoch sind sie zum einen nicht unser Eigentum, zum anderen wissen wir nicht, wann hier zum letzten Mal mit Pflanzenschutzmittel gearbeitet wurde. Aber die Bauern sind meist sehr nett und werden eine Bitte um das moderate Pflücken ihrer Früchte nicht ablehnen.

Verhalten in der Natur

Da wir ja Besucher der Natur sind, sollten wir uns an einige Regeln halten, die zum Schutz und Erhalt von Tieren und Pflanzen wichtig sind. Teilweise bewegen wir uns in ausgewiesenen Schutzgebieten, die wir gut an den Schildern am Wegesrand erkennen. Insbesondere sind das Naturschutzgebiete und Landschaftsschutzgebiete. Wir verlassen die Wege nur im Ausnahmefall und pflücken keine seltenen Blumen. Essbare Pilze, wie beispielsweise Pfifferlinge, Rotkappen, Birkenpilze und Steinpilze dürfen grundsätzlich in geringen Mengen für den Eigenbedarf gesammelt werden, maximal 1–2 kg für eine Familie. In Naturschutzgebieten und in Gebieten mit Wegegebot wie dem Nationalpark Schwarzwald ist es aber generell verboten, Pilze zu sammeln. Blumen oder Bärlauch pflücken wir maximal in der Größe eines Handstraußes, also soviel wie von Zeigefinger und Daumen umschlossen werden kann.

Wir vermeiden unnötigen Lärm, der Tiere stören könnte, meiden Uferböschungen, wo Wassertiere brüten können, und durchstöbern nicht jedes Dickicht.

In den Bergen ist es ein ungeschriebenes Gesetz, dass Steine oder andere Gegenstände nicht geworfen werden dürfen, da sie andere Wanderer treffen könnten. Und sie können beim Bergabrollen an Geschwindigkeit und Kraft zunehmen, wodurch Lawinen- oder Steinschlag ausgelöst werden kann.

Unseren Müll nehmen wir natürlich wieder mit nach Hause, und wo immer möglich reisen wir mit öffentlichen Verkehrsmitteln an. In trockenen Jahreszeiten besteht auch im Schwarzwald Waldbrandgefahr, deswegen grillen wir nur an ausgewiesenen Grillstellen und halten uns an eventuelle Feuerverbote.

Beschilderung

Die typischen Wanderschilder des Schwarzwaldvereins, der sich um die schwarzwaldweite Beschilderung kümmert, beinhalten immer den Namen des Schildes, der auch den Standort und den Rettungspunkt beschreibt, eine farbige Raute und die Höhe über Normalnull in Metern. In Pfeilrichtung werden dann die Ziele und Standorte der nächsten Wanderschilder genannt. Daneben existieren eine Reihe von touristischen Wanderwegen, die eigene, meist kleinere Schilder haben, und teilweise finden wir auch noch alte Holzschilder.

Notruf

Im Falle eines Notrufs sollte der Leitstelle bei der Übermittlung des Notfallortes der Standortname des nächsten Wegweisers genannt werden. In den Bergen hat man im Schwarzwald teilweise nur Empfang des französischen Handynetzes, auch hier gilt die Notrufnummer 112. Die Leitstelle Straßburg vermittelt dann weiter an die Integrierte Leitstelle in Deutschland.

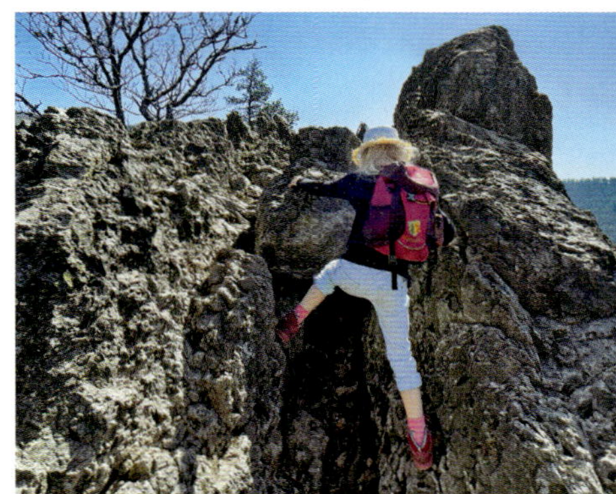

Auf dem Karlsruher Grat herrschen alpine Bedingungen (Tour 23).

Wandern mit Kindern im Schwarzwald

Wandern im Schwarzwald

Der nördliche Schwarzwald ist eine der beliebtesten Urlaubsregionen für Familien in Deutschland. Und er bietet durch seine vielfältige Natur weit mehr als die weltweit berühmten Kuckucksuhren oder die leckere Schwarzwälder Kirschtorte. Es gibt hier so viele verschiedenartige Wandermöglichkeiten, dass man damit mehrere Bücher füllen könnte. Im Süden von Pforzheim streifen wir durch ausgedehnte Waldgebiete und klettern auf hohe Aussichtstürme. Im Kreis Calw wandern wir durch den Urwald der Monbachschlucht und durch das schöne Bad Wildbad, im Kreis Rastatt besteigen wir die Teufelsmühle und den Ziegenpfad und in Baden-Baden bestaunen wir Sportkletterer am Battertfelsen. Im Raum Freudenstadt freuen wir uns auf das Naturschutzgebiet Wilder See, während wir in der Ortenau liebliche Weinberge wie in Durbach finden, aber auch steile Anstiege wie den Karlsruher Grat, den Kinder schon sehr gut bewältigen können. Und im Südwesten schließlich zieht sich das Kinzigtal gen Osten, mit seinen traditionsreichen Flößerorten, die wir bis zum Ursprung der Kinzig bewandern.

Für uns Eltern ergeben sich dadurch viele abwechslungsreiche Gelegenheiten, mit unseren Kindern wertvolle Zeit zusammen in der Natur zu verbringen.

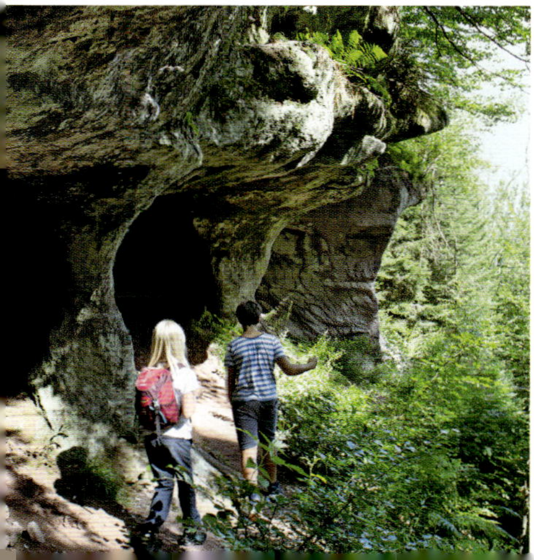

Tourenauswahl

Bei der Auswahl der Touren wurde besonders darauf geachtet, dass sich auf der Route spannende Ziele für den Nachwuchs befinden, denn eine alte Ritterburg, ein Abenteuerspielplatz oder ein Badeweiher motiviert auch Kinder, die vielleicht nicht so gerne länger laufen. Was Kindern immer Spaß macht, sind möglichst schmale Pfade, die mit Wurzeln und Steinen übersät sind, was bei der Routenwahl berücksichtigt wurde, wo immer es möglich war. Die steileren Stücke gehen wir meistens bergauf, weil so weniger Verletzungsgefahr besteht, während sich flacher abfallende Forstwege gut für das Bergablaufen am Ende einer Wanderung eignen.

Einige Touren beinhalten Erlebnispfade, die erfahrungsgemäß bei allen Kindern sehr beliebt sind. Sie können es meist kaum erwarten, die jeweils nächste Station zu entdecken. Ein guter Teil der Touren in diesem Buch kommt jedoch ohne Erlebnisstationen aus, denn die Kinder brauchen nicht immer vorgefertigte Erlebnisse, um die Natur, ihre Schönheit und Besonderheit zu erkennen. Zudem wurde versucht, Routen zu beschreiben, die weniger frequentiert sind und trotzdem die sehens-

Spektakulär: die Teufelskammern bei Loffenau (Tour 6).

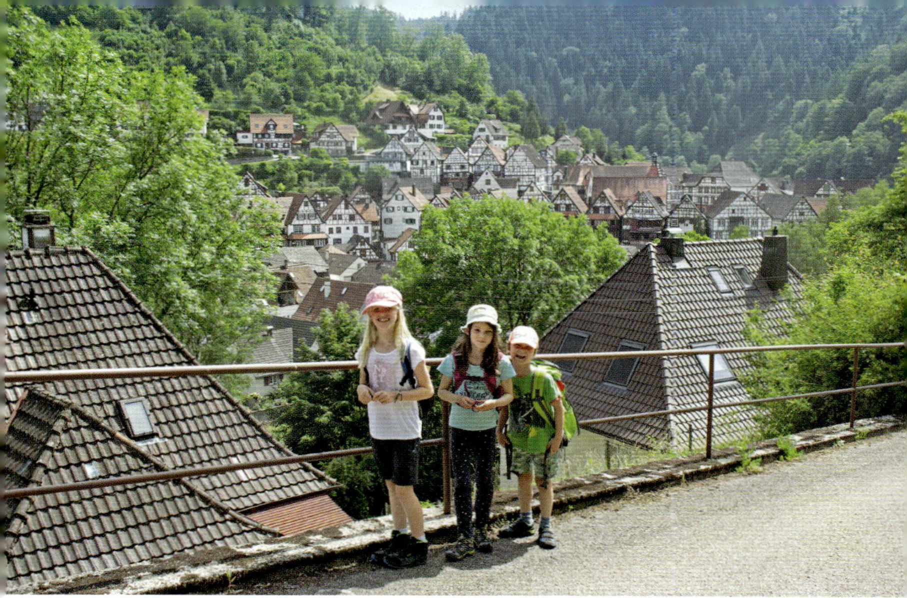

Wanderkinder sind (fast) immer glückliche Kinder.

wertesten Ziele beinhalten. Das kann nicht immer gelingen, vor allen Dingen an Sonn- und Feiertagen sind manche Wege sehr gut besucht.
Damit Kinder aller Altersgruppen Freude am Wandern haben, wurden in diesem Buch Streckenlängen zwischen 2 und 11 km ausgewählt und die zu bewältigenden Höhenmeter überschreiten 400 m selten. Dadurch bewegen sich die reinen Gehzeiten zwischen 1 und 4.30 Stunden. Eine der kürzesten Touren ist die Waldwichtelrunde in Oberharmersbach, die auch durch die Thematik für Kinder ab 3 Jahren geeignet ist. Die Wanderung auf die Loffenauer Teufelsmühle ist mit 10,5 km die längste Tour im Buch. Für Kinder ab 8 Jahren stellt sie schon eine kleine Herausforderung dar, für Familien mit Jugendlichen ist sie angenehm zu gehen.
Einkehrmöglichkeiten sind in der Kurzinfo der jeweiligen Tour beschrieben, denn natürlich genießen wir beim Wandern gerne die Annehmlichkeiten von Cafés und Gasthäusern. Andererseits schmeckt das selbst geschmierte Butterbrot auf einem Baumstamm im Wald oder auf dem Gipfel eines Berges verspeist oft besser als jede andere Mahlzeit.
Bei allen Wanderungen wurde darauf geachtet, dass sie unkompliziert mit öffentlichen Verkehrsmitteln zu erreichen sind, möglichst von größeren Städten wie Pforzheim oder Freudenstadt oder anderen Regionalbahnhöfen. Dies schont die Umwelt und alle können entspannter anreisen. Die meisten Wanderungen können zudem das ganze Jahr über durchgeführt werden, dazu muss bei kalten Temperaturen nur die Kleidung angepasst werden, eine Thermoskanne mit heißem Tee gekocht werden und schon kann es losgehen. Viele Familien verzichten mittlerweile aus Umwelt- und Klimaschutzgründen auf Skurlaube oder Fernreisen und erkunden mit ihren Kindern auch in der kalten Jahreszeit die heimische Natur.

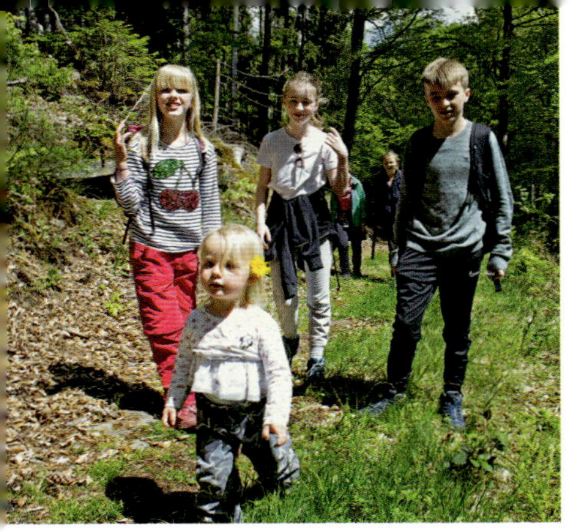

Je mehr Freunde dabei sind, desto mehr Spaß macht das Wandern.

Altersempfehlungen

Dank der praktischen Tragen, in denen man die Babys am Bauch oder die Kleinkinder bis zum 3. Lebensjahr in Kraxen auf dem Rücken tragen kann, können Wandertouren in jedem Kindesalter geplant werden. Dabei ist es wichtig, auf die Körpertemperatur der Babys und Kleinkinder zu achten, denn beim Bergwandern wird es schon mal sehr warm am Bauch, wenn sich dort auch noch eine lebendige Wärmflasche anschmiegt. Hier empfiehlt sich das Zwiebelprinzip für Eltern und Kind, um eine angenehme Temperatur für beide zu finden. Beim Kauf einer Kraxe achtet man auf einen guten Nackenschutz und einen Sonnenschutz, denn die Kleinen schlafen dort oben gern ein und sind dem Wetter ausgesetzt. Gegen Kälte hilft ein warmer Schneeanzug und eine Lammfelleinlage. Ab dem 3. Lebensjahr werden die Kinder immer größere, flache Strecken mitlaufen, bevor sie eine Pause brauchen. Wanderungen, die auch mit einem geländegängigen Kinderwagen unternommen werden können, sind im Infobereich jeder Tour extra gekennzeichnet. Da nahezu jede Tour in diesem Wanderführer einige Anstiege aufweist, ist ein Laufrad generell nicht geeignet, auch wenn es auf flachen Strecken gerne benutzt wird. Erste richtige Steigungen werden von den Kindern ab dem 4. oder 5. Lebensjahr bewältigt, die man von Tour zu Tour langsam ausbauen kann. Sechsjährige schaffen dann schon bis zu 400 Höhenmeter und mehr am Tag und damit fast alle hier beschriebenen Touren.

Motivation

Damit die kleinen und großen Wanderer immer viel Spaß bei den Touren haben, ist es sinnvoll, wenn wir sie schon bei der Planung einer Tour miteinbeziehen und mit ihnen Ziel und Länge der Wanderung besprechen. Wenn sie ihre eigenen Ideen einbringen können, erhöht das ihre Begeisterung und alle werden am Wandertag mehr Freude haben. Kinder haben oft eigene Vorstellungen, welche ihrer Freunde sie zur Tour einladen, was sie gerne zum Essen und Trinken einpacken und ob sie gerne etwas auf der Wandertour sammeln möchten, um es als wertvolle Schätze mit nach Hause zu nehmen.

Unterwegs wird es vor allem bei kleinen Wanderern ab und an einmal Phasen geben, in denen sie keine Lust mehr haben weiterzulaufen, weil zum Beispiel die Strecke gerade etwas langwieriger ist. Mit einem kleinen Spiel können wir aber die Zeit bis zur nächsten kleinen oder großen Attraktion überbrücken. Zum Beispiel lassen wir unsere Fantasie spielen und erkennen in Wolken, Felsen oder Wurzeln verschiedene Tiere oder Gegenstände. Oder wir spielen, wer zuerst einen bestimmten Vogel oder ein Insekt findet. Hier sind die Möglichkeiten endlos und irgendetwas ergibt sich immer, was den Kindern Freude macht und sie anspornt.

Auch von einem einfachen selbstgefundenen Wanderstock lassen sich die meisten Kinder begeistern, noch mehr, wenn sie mit einem Schnitzmesser Verzierungen oder Initialen anbringen dürfen. Den versierten Geschichtenerzählern unter uns Eltern sei empfohlen, sich über einige der zahlreichen spannenden Sagen aus dem Schwarzwald zu informieren. Diese können bei Bedarf zum Besten gegeben werden und so zur Unterhaltung der kleineren und größeren Kinder beitragen.

Kinder-Highlights

Welche Besonderheiten und Sehenswürdigkeiten jede Wanderung für Kinder zu bieten hat, ist in dem Kasten »Highlights« zusammengefasst. Und das sind natürlich jede Menge, denn damit für alle Kinder etwas vorhanden ist, sind die Wanderungen speziell für sie zusammengestellt und ausgesucht worden. Das Angebot reicht von tollen Wasserfällen, einem Bärenpark, einem alten Stahlfachwerkturm bis hin zu einem alpinen Klettersteig oder einer unberührten Hochmoorlandschaft. Und dann ist da noch Rothi, das Murmeltier. Es erklärt den Kindern für jede Tour in leicht verständlicher Form ein bestimmtes Thema, das ihnen beim Wandern begegnet.

Freizeittipps

Im Anschluss an den Tourenteil ist eine Auswahl an zusätzlichen Freizeit- und Schlechtwettertipps zusammengestellt, geordnet nach Kategorien und teilweise bebildert. Hier finden sich Erlebnis- und Kletterparks, Schlösser und Burgen, Bademöglichkeiten, Sommerrodelbahnen und vieles mehr. Diese Vorschläge können als Alternative oder als Ergänzung zu einer Wanderung geplant werden. Zur besseren Übersicht wurden die Tipps mit Buchstaben gekennzeichnet und zusätzlich in der Übersichtskarte verzeichnet.

Wasser in jeder Form zieht die meisten Kinder magisch an.

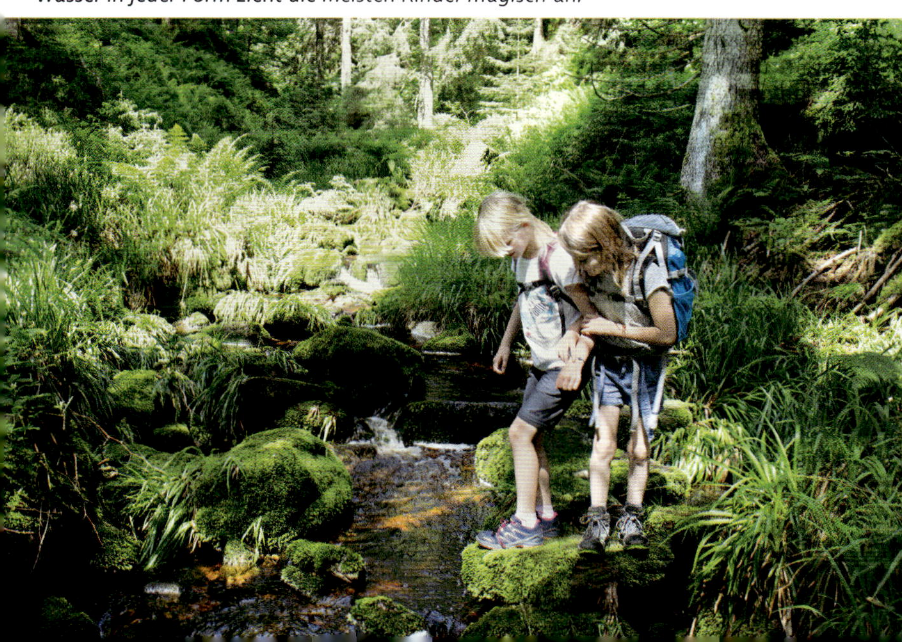

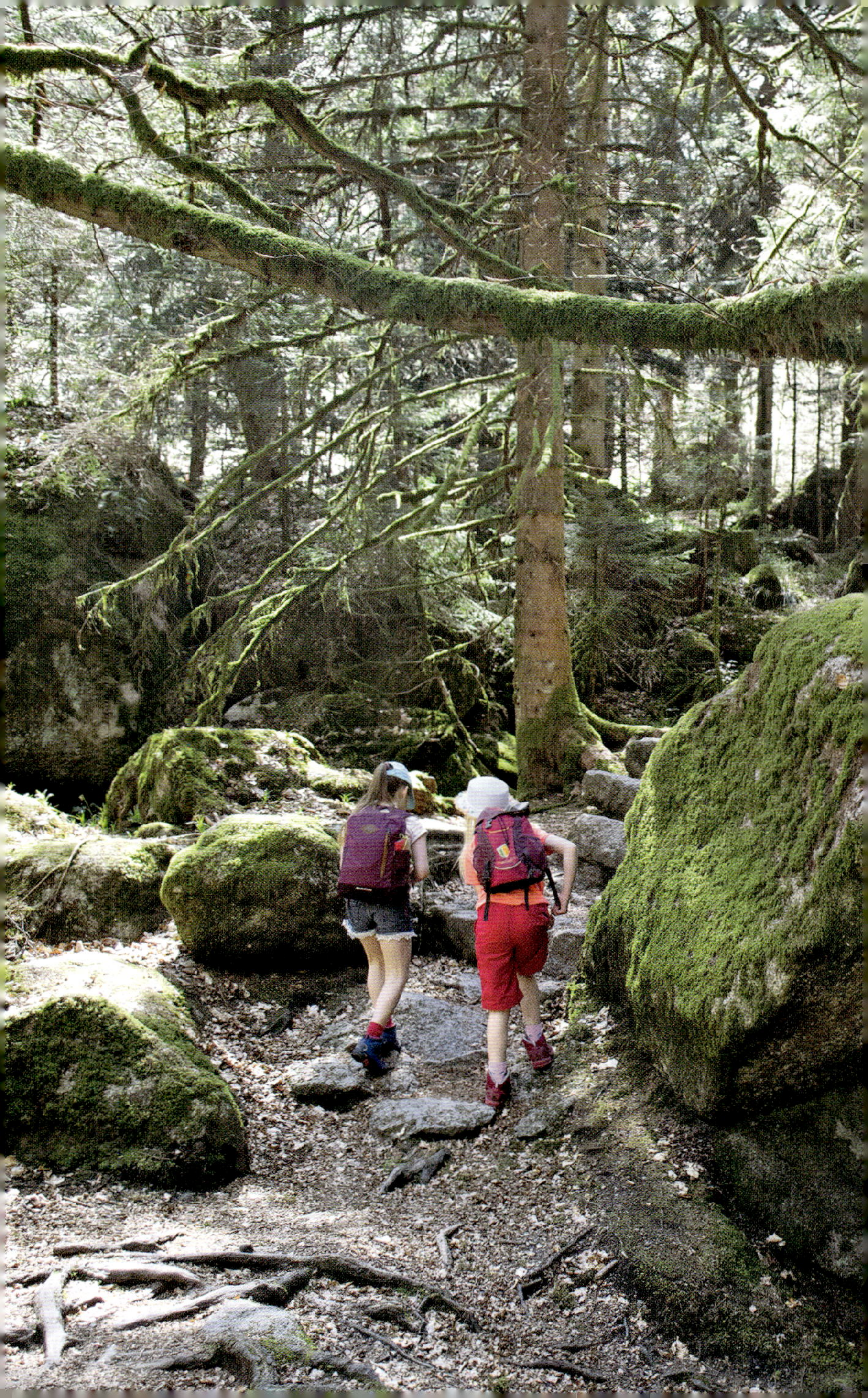

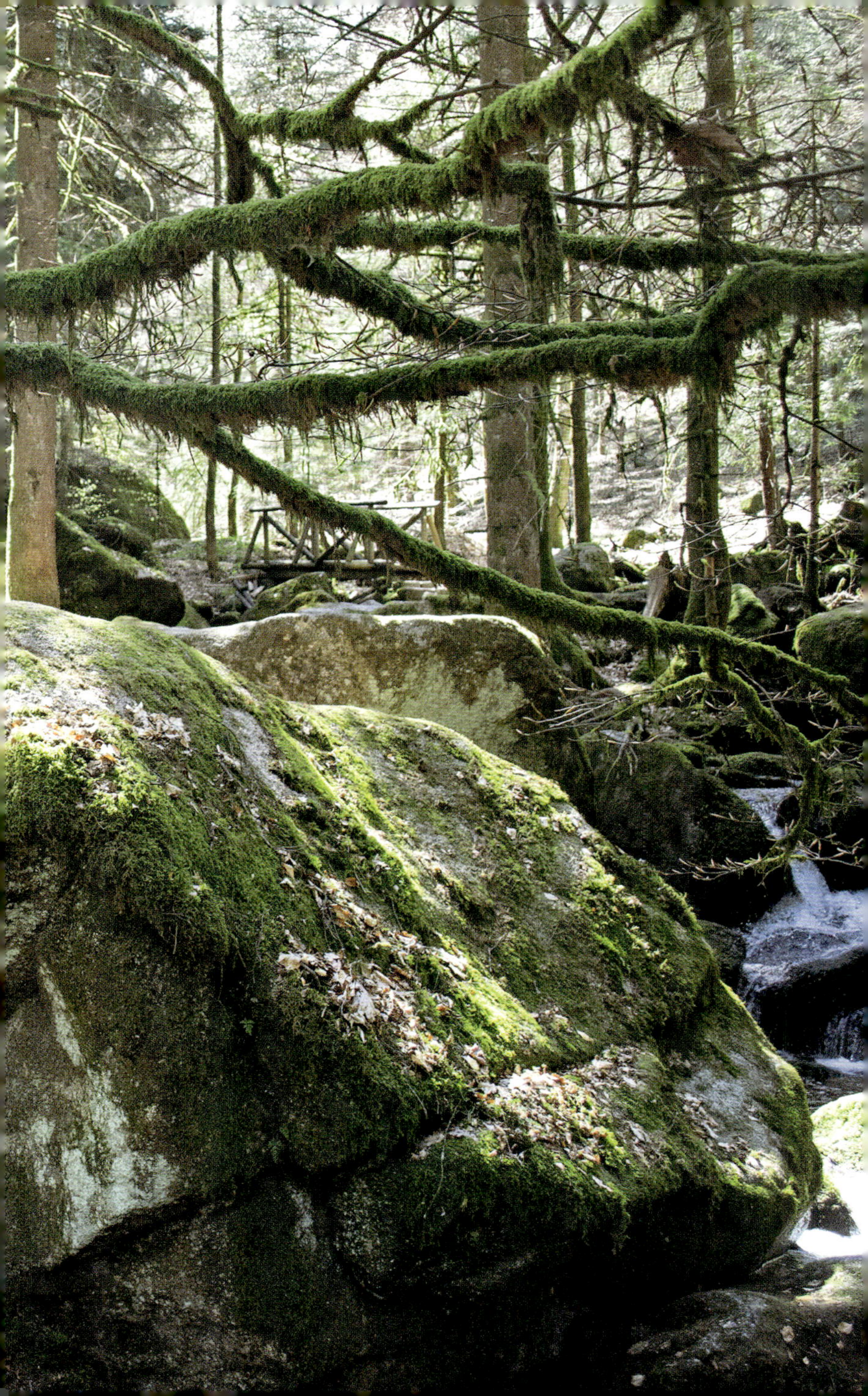

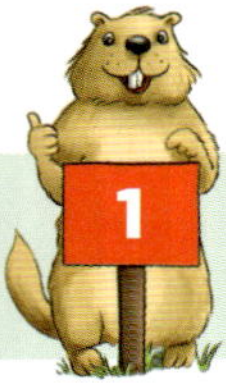

2.30 Std. | 6.1 km | ↗170 m | ↘170 m | ab 5 Jahren

1 Zum Aussichtsturm von Büchenbronn

Vom Herrmannsee zu Pforzheims höchstem Punkt

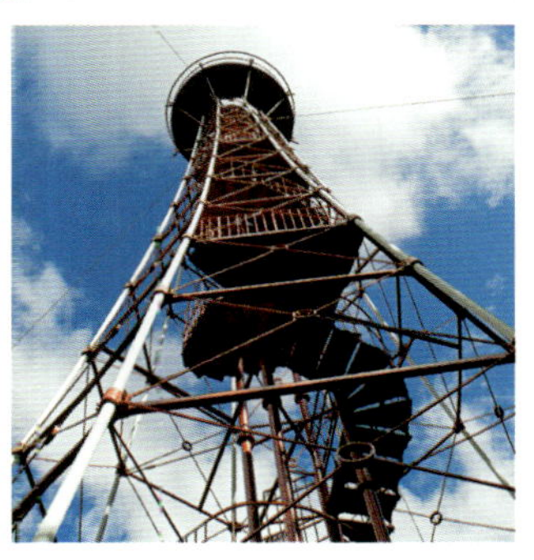

Auf den kleinen Bruder des Eiffelturms

Zwischen den beiden Flüssen Enz und Nagold liegt auf einem Schwarzwaldausläufer der zu Pforzheim gehörende Ort Büchenbronn mit dem schönen Herrmannsee, einem Ausflugssee mit Restaurant mitten im Grünen. Die größeren Kinder können mit dem Ruderboot mit den blau-grünen Cayuga-Enten und den Fischen um die Wette fahren und die Kleineren haben Spaß auf dem Spielplatz mit Pferdekarussell. Gleich beim See finden wir das Wildgehege mit Wildschweinen, die im Matsch wühlen, Rehen, Hirschen und Mufflons, die sich alle gerne von uns füttern lassen. Zum filigranen Aussichtsturm auf der Büchenbronner Höhe geht es dann zwar sehr steil, aber nicht sehr weit den Berg hinauf. Der Turm wurde 1883 als Stahlfachwerk errichtet und ist damit sogar älter als sein großer Bruder, der Eiffelturm. Von oben haben wir eine tolle Rundumsicht in die Ferne. Über sanft abfallende Wanderwege gelangen wir hoch über dem Tal der Nagold zum Aussichtspunkt an der Dr.-Rosemarie-Müller-Hütte. Hier vespern wir mit Blick bis nach Pforzheim und zum Fernsehturm von Stuttgart.

Die Wildschweine freuen sich sehr über unser Futter.

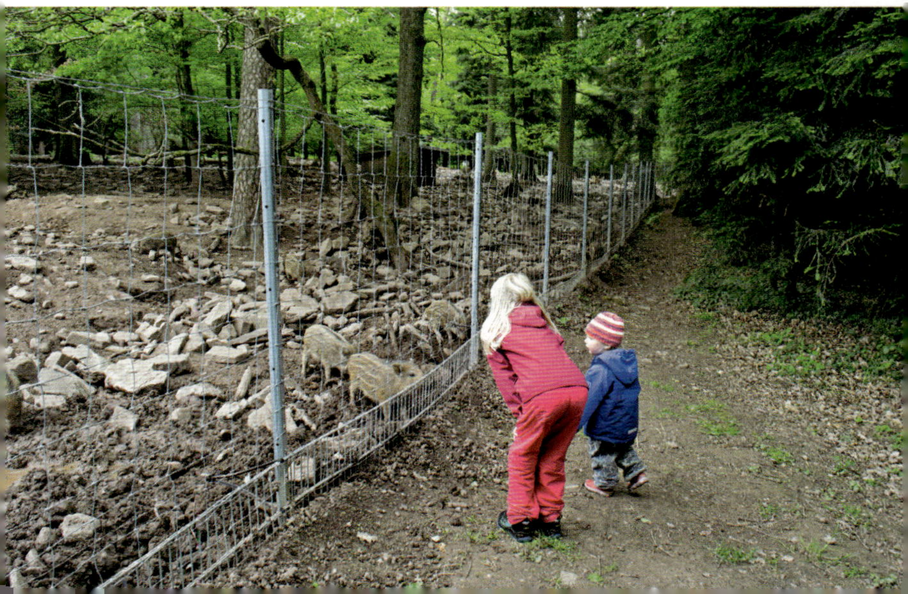

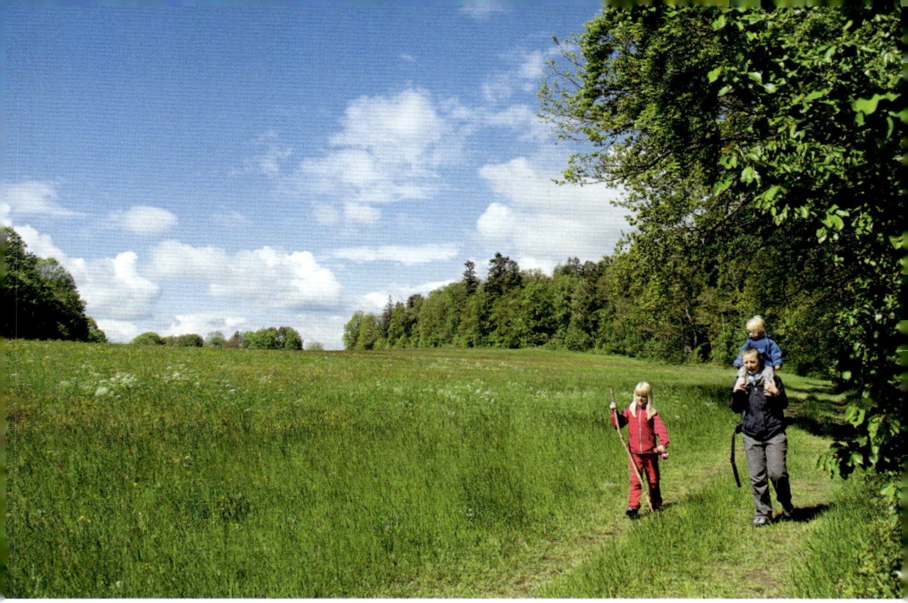

Bergab durchs Grüne können wir es so richtig laufen lassen.

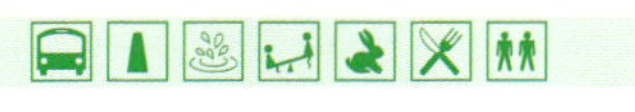

Ausgangspunkt: Bushaltestelle Büchenbronn Herrmannsee, 476 m. Anfahrt ab Pforzheim Hauptbahnhof mit dem Regionalbus 743 bzw. 744 Richtung Bieselsberg bzw. Salmbach.
Mit dem Auto: Am Waldparkplatz Wildgehege gibt es kostenfreie Parkplätze direkt am Herrmannsee, Herrmannseeweg 5d, 75180 Pforzheim.
Ausrüstung: Für den steilen Anstieg sind gut profilierte Wanderschuhe sinnvoll, bei Nässe kann es sehr rutschig und matschig sein. Für einen Kinderwagen ist es leider zu steil.
Anforderungen: Durch den Anstieg ist die Tour als mittelschwer einzustufen, denn für 1,5 km geht es auf Waldboden steil den Berg hoch, danach aber fast nur noch bergab. Der luftige Aussichtsturm ist nur für Schwindelfreie stressfrei zu besteigen.
Einkehr: Im Restaurant Zum Herrmannsee sitzt man im Garten am See und genießt regionale und überregionale Gerichte; Herrmannseeweg 5, 75180 Pforzheim-Büchenbronn, www.hotel-herrmannsee.de, Tel. +49 7231 71871.
Tipp: Am Märchenpfad sind entlang eines 700 m langen Weges einige Märchen mit handgemachten Figuren nachgestellt.

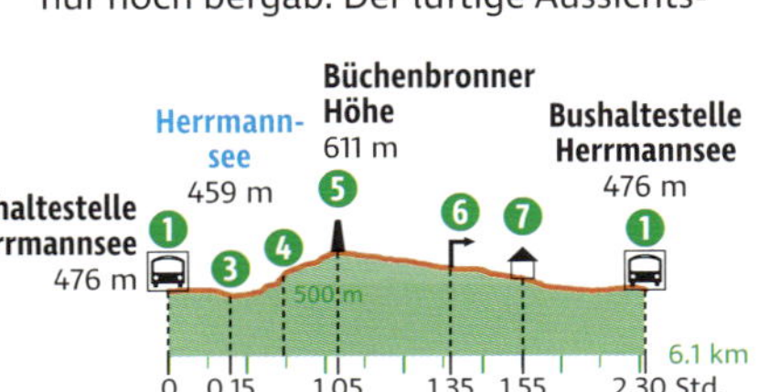

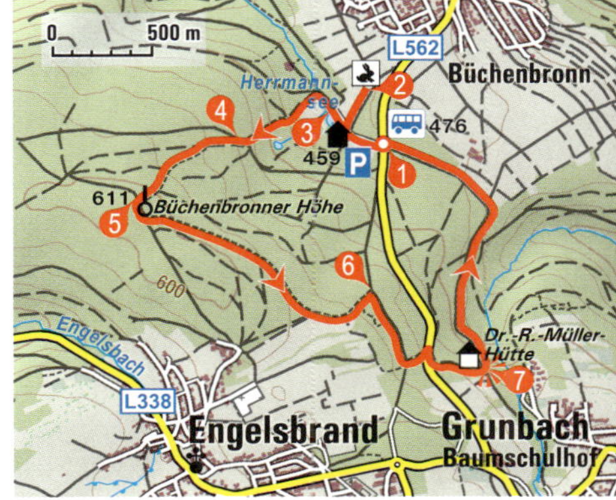

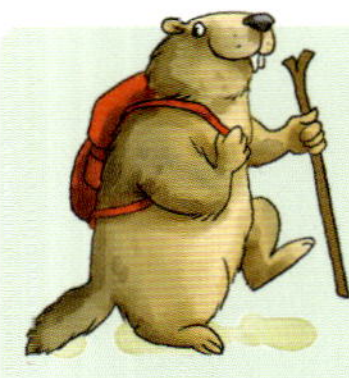

Hallo Kinder,

je nachdem zu welcher Jahreszeit ihr die Hirsche im Wildgehege besucht, haben die männlichen Tiere unterschiedliche Geweihe auf dem Kopf. Kommt ihr im Winter, kann es sein, dass sie es gerade verloren haben, denn einmal im Jahr wirft der Hirsch, wie auch der Rehbock, das Rentier und der Elch, sein Geweih nach der Paarungszeit ab. Einige Wochen danach fängt aus den Rosenstock genannten Erhebungen an der Stirn das Wachstum eines neuen Geweihs an. Und jedes Jahr wird es etwas größer und schwerer als im Jahr zuvor. So ein Geweih kann beim Elch auch mal über 30 Kilogramm wiegen und ist sicher eine Last, aber zur Verteidigung gegen Feinde ist es bestens geeignet.

Von der **Bushaltestelle Herrmannsee ❶** wenden wir uns nach Westen Richtung Herrmannsee und erreichen nach 200 m den Waldparkplatz am **Wildgehege Büchenbronn ❷**. Den Kindern macht das Füttern der kleinen Frischlinge am meisten Spaß, und so sollte man etwas Extrazeit einplanen, bis die Kinder zum Weiterwandern zu motivieren sind. Nach dem **Herrmannsee ❸**, an dessen rechter Seite wir auf dem Herrmannseeweg entlanggehen und dem wir am Ende der Runde einen längeren Besuch abstatten können, folgen wir an der nächstmöglichen Abzweigung ganz links dem hölzernen Wegweiser zum Aussichtsturm auf der Büchenbronner Höhe. Der kleine Waldpfad namens Theodor-Bornett-Weg verläuft geradeaus, steil bergauf durch sonnendurch-

Das ist mein persönliches Hexenhaus!

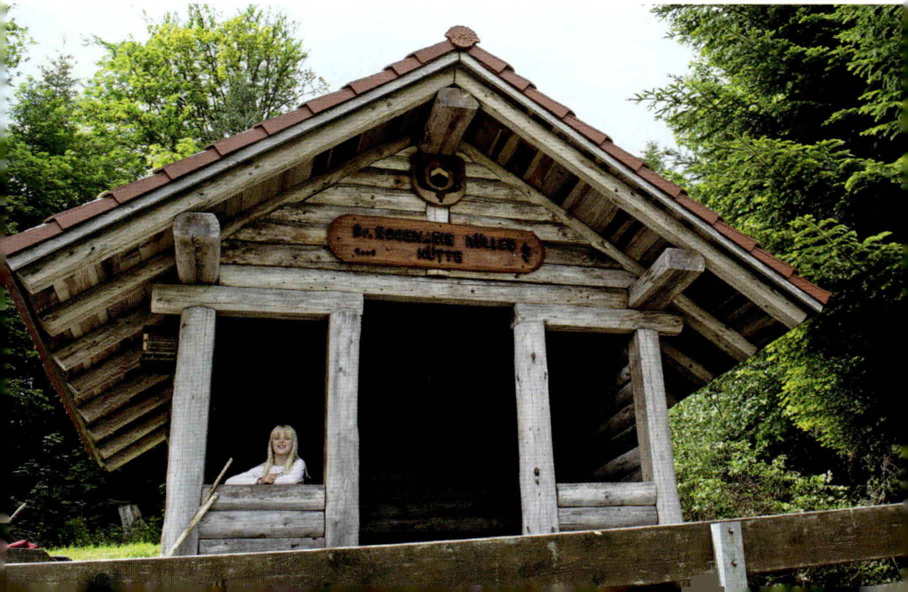

flutete Wälder, und zeigt uns durch die gelben Rauten, dass wir richtig sind. An der nächsten **Wegespinne ❹** queren wir zwei Forstwege und halten uns weiterhin an den Theodor-Bornett-Weg mit der gelben Raute, der am dritten Forstweg rechts abzweigt. An der folgenden Weggabelung wählen wir den linken Pfad und bald darauf weist uns das Wanderschild Eichberg mit roten Rauten geradeaus die letzten Meter hinauf zur **Büchenbronner Höhe ❺** mit dem stählernen Aussichtsturm. Aufgrund der luftigen Bauweise der Wendeltreppe sollte man beim Erklimmen schwindelfrei sein. Oben angekommen merkt man jede Windböe am leichten Geschaukel des Turmes, hat aber eine tolle Fernsicht mit 360-Grad-Panorama.

Hinter dem Turm führt uns ein kleiner Waldweg mit gelber Raute südöstlich bergab in Richtung **Wanderschild Saufang ❻**, das wir nach gut einer halben Stunde immer dem Pfad und den gelben Markierungen folgend erreichen. Dort biegen wir rechts auf den Forstweg Richtung Grunbach ein und kommen nach 10 Min. an den Wegweiser Alte Salmbacher Steige, an dem wir links in den kleinen Weg Richtung Grunbach einschwenken. Wir überqueren gleich darauf vorsichtig die Landstraße und wandern an der nächsten Abzweigung rechts der gelben Raute nach bis zur **Dr.-Rosemarie-Müller-Hütte ❼**. Bei dieser tollen Aussicht von der Hütte aufs weite Land genießen wir unsere Pause.

Wir setzen unsere Tour dann links an der Hütte fort. Nach einer guten Viertelstunde macht unser breiter Forstweg an der Grunbacher-Tor-Hütte eine Linkskurve und verläuft anschließend immer geradeaus, vorbei am Abzweig zum Märchenweg,

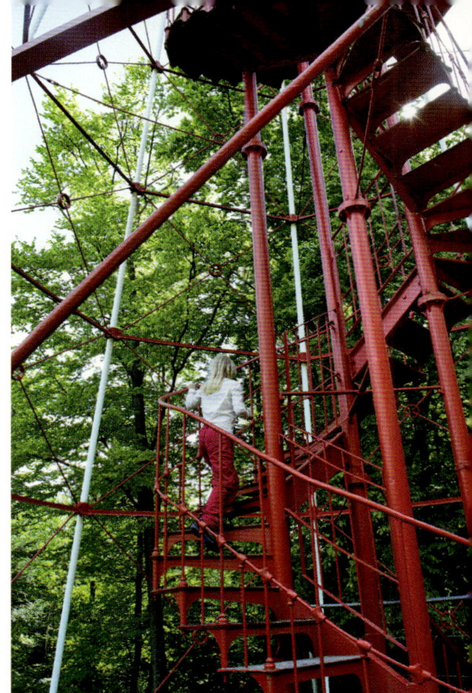

Etwas Wagemut gehört dazu, um den schlanken Aussichtsturm zu besteigen.

zu einer Straßengabelung. Wir halten uns links auf den Rie- und Nie-Weg, wer möchte, kann bald auch rechts neben der Straße auf einem kleinen Pfad zur **Bushaltestelle Herrmannsee ❶**, unserem Startpunkt, laufen.

Highlights

★ Am Tiergehege füttern wir Wildschweine und Rehe (s. Freizeittipp B2).

★ Am Herrmannsee können wir Limo trinken, über den See rudern und auf dem Spielplatz toben.

★ Wer schafft den steilen Anstieg zur Büchenbronner Höhe?

★ Wir besteigen den abenteuerlich luftigen Aussichtsturm.

★ An der Dr.-Rosemarie-Müller-Hütte machen wir eine lange Rast.

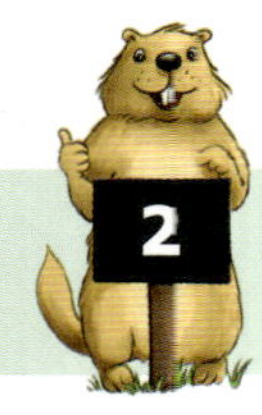

4.00 Std. | 9.8 km | ↗ 260 m | ↘ 260 m

ab 6 Jahren

2 Durch die Monbachschlucht

Von Bad Liebenzell ins Tal der Nagold

Wie Elfen und Kobolde durch die Märchenschlucht

Sicher eine der schönsten Schluchtenwanderungen im ganzen Nordschwarzwald wartet auf die Wanderkinder entlang des wilden Monbachtals bei Bad Liebenzell. Über mehrere Kilometer hat sich der Monbach an der Westgrenze zum Heckengäu eine Schlucht mit ganz besonderer Atmosphäre geschaffen. Das dichte Blätterdach der Bäume, Wasserfälle, Bachübergänge aus Naturstein und die grün bemoosten Felsen verzaubern Groß und Klein mit ihrer Magie. In Bad Liebenzell erkunden wir vorher noch das geheimnisvolle Mondloch, dann erklimmen wir die Höhen von Monakam, um vorbei an herrlichen Blumenwiesen zum Eingang der gern besuchten Schlucht zu gelangen. Unten im Tal können sich sehr aktive Kinder noch auf dem Abenteuerspielplatz und beim Minigolf austoben, ehe es entlang der Nagold in die Kurstadt Bad Liebenzell zurückgeht.

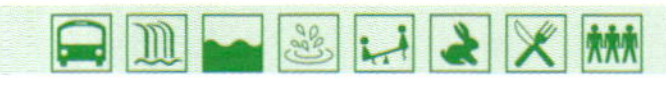

Ausgangspunkt: Bahnhof Bad Liebenzell, 320 m. Anfahrt ab Pforzheim Hauptbahnhof mit der Regionalbahn RB74 Richtung Horb.

Mit dem Auto: Parkplätze am Bahnhof Bad Liebenzell, Bahnhofstraße 17, 75378 Bad Liebenzell.

Ausrüstung: Für den steilen Aufstieg sind gut profilierte Wanderschuhe hilfreich, bei Nässe kann es sehr rutschig sein. Zum Baden in den Bachgumpen bitte ein Handtuch mitnehmen.

Anforderungen: Zu Beginn muss ein 2 km langer und steiler Anstieg mit 230 Höhenmetern bewältigt werden. In der Monbachschlucht ist es meistens feucht, bitte mit Umsicht absteigen.

Einkehr: Flammkuchen, Snacks und Kuchen bietet das Café Monbachtal an; geöffnet März bis Oktober tägl. 13–18 Uhr, im Winter Freitag bis Sonntag 14–17 Uhr, Im Monbachtal 2, 75378 Bad Liebenzell, www.monbachtal.de.

Kurzvariante: Die Wanderung kann um 3 km gekürzt werden, wenn man bereits beim Café Monbachtal ⑩ am Haltepunkt Monbach-Neuhausen in die Regionalbahn RB47 einsteigt, anstatt bis zum Ausgangspunkt am Bahnhof Bad Liebenzell zurückzuwandern.

Es ist eine Lust, durch diese idyllische Bilderbuchblumenwiese zu rennen.

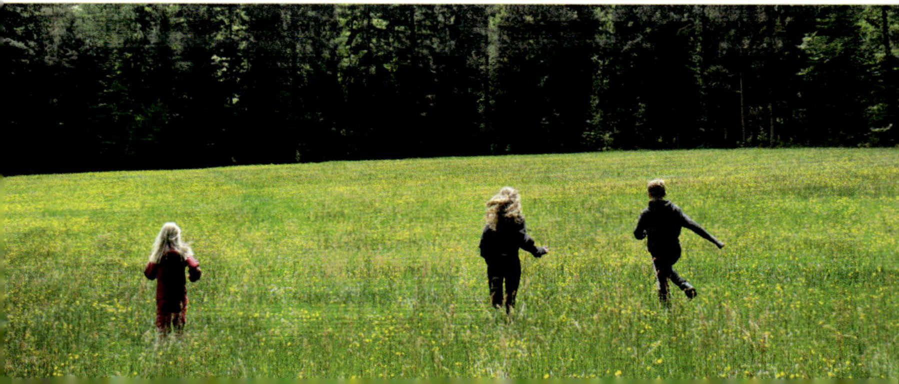

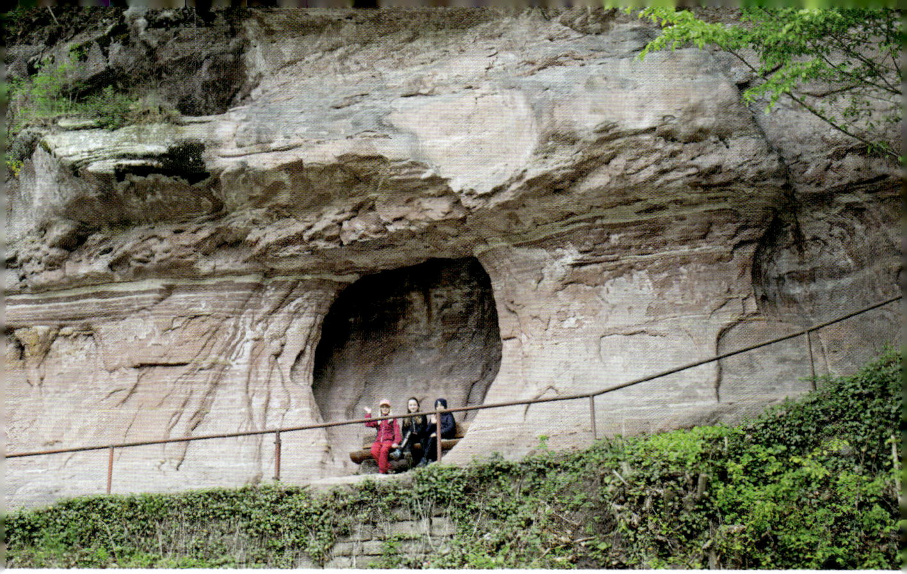

Die Kinder winken aus dem Mondloch.

Wir steigen am **Bahnhof Bad Liebenzell ❶** aus dem Zug und gehen die Bahnhofstraße links hinunter, das Bahnhofsgebäude zu unserer Linken. Nach wenigen Metern sehen wir hinter der Tankstelle auf der anderen Straßenseite in ein paar Metern Höhe das sogenannte **Mondloch ❷** im Beutelsteinfelsen, das wir erst erkunden, bevor wir die Straße weiterwandern, die jetzt Schillerallee heißt. Kurz darauf verlassen wir die Straße und zweigen rechts hinauf in einen Waldpfad, dem Wanderschild Richtung Waldfriedhof über Natursteinstufen hinterher. Auf der anderen Talseite erblicken wir die stolze Burg Liebenzell auf einem Bergsporn

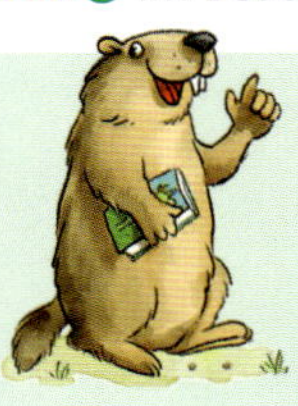

Hallo Kinder,

das große, fast kreisrunde Loch im Sandstein des Beutelsteinfelsens oberhalb vom Bahnhof Bad Liebenzell wird von den Einheimischen liebevoll Mondloch genannt und ist eine sogenannte Halbhöhle, also keine richtig tiefe Höhle ohne Licht. Was hier aussieht wie die von einem Bühnenbildner gebaute Theaterbühne ist in Wirklichkeit durch natürliche Vorgänge im Lauf von Jahrtausenden von alleine entstanden. Wasser dringt dabei in kleine Spalten und Poren ein, gefriert bei Frost und dehnt sich dabei so stark aus, dass der Sandstein zu Sand und Steinen zerfällt. Mit zu den berühmtesten Halbhöhlen aus Sandstein zählen die Felsüberhänge des Mesa Verde in Colorado/USA. Pueblo-Indianer nutzten die geologischen Formationen, um dorthinein jahrhundertelang Wohn- und Vorratsräume zu bauen und zu bewohnen. Sie können heutzutage im Nationalpark Mesa Verde besichtigt werden.

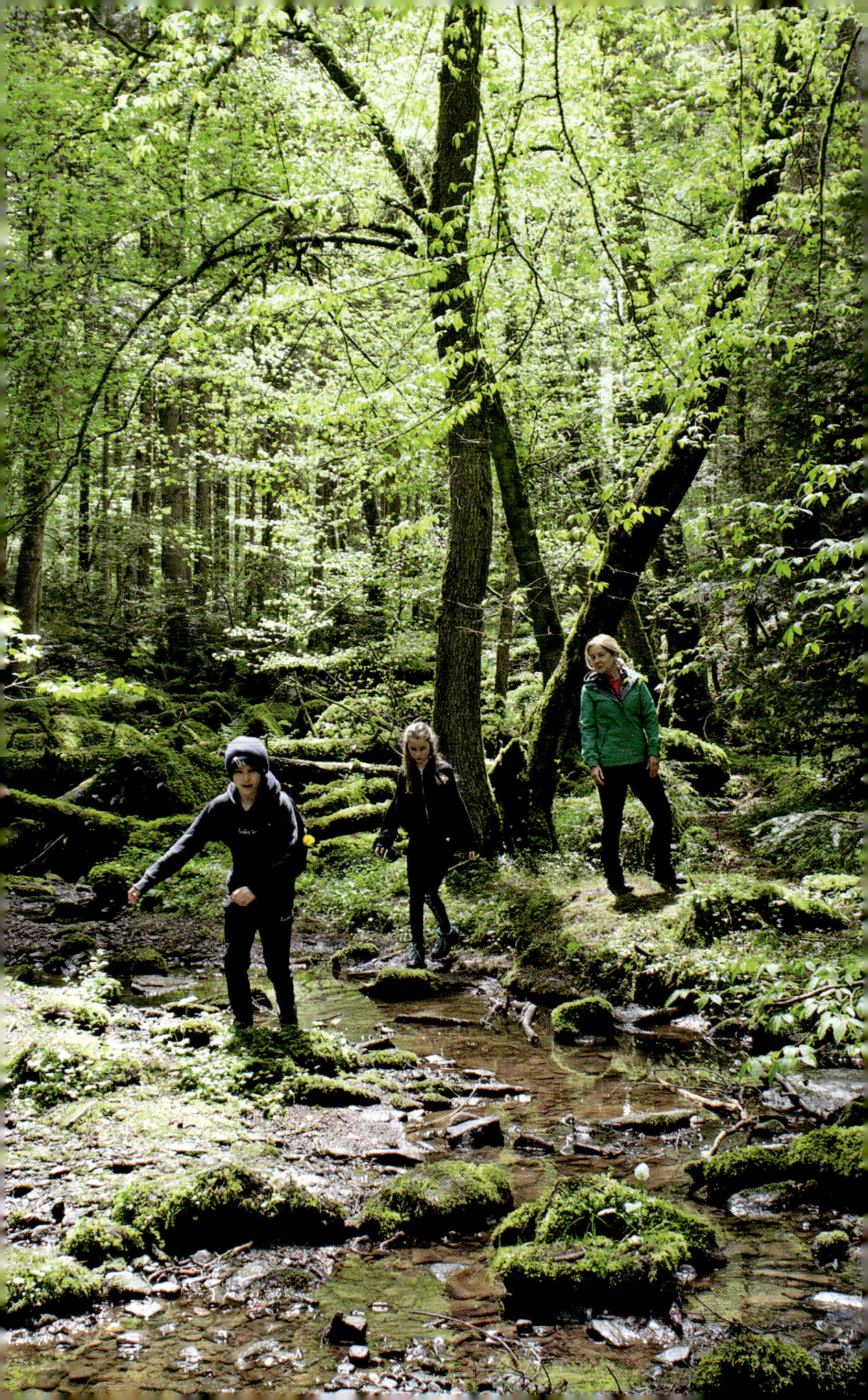

thronen. An der nächsten Weggabelung halten wir uns rechts und stehen bald darauf vor dem eisernen Tor des **Waldfriedhofs ❸**, den wir respektvoll durchschreiten. Wir bleiben geradeaus in Richtung Monbachbrücke auf dem Monakamer Kirchweg, kreuzen die nächsten Forstwege und erreichen das Wohngebiet von **Monakam**. Die gelbe Raute führt uns zum Ende des Monakamer Kirchwegs durch den Ort bis zum höchsten Punkt der Wanderung. Ein Wanderschild weist uns den Weg nach rechts in die Straße Am Hährenwald und dann gleich wieder links. Nach 100 m überqueren wir die Liebenzeller Straße und tauchen in den Wald ein, am **Wanderschild Klingenwald ❹** vorbei bergab in Richtung Monbachbrücke. 50 m nach der nächsten Forstwegabzweigung entdecken die Kinder einen Hühnerstall am Rand einer großen Blumenwiese und freuen sich über die stattlichen Tiere, deren Eier man dort auch kaufen kann. Wenig später verwandelt sich unser Wanderweg in einen geteerten Weg, den wir geradeaus und der gelben Raute nach weitermarschieren. Wir überqueren eine kleine Landstraße, kommen an weiteren schönen Wiesen vorbei und gelangen zum kleinen **Pumpwerk Monakam ❺**, wo uns das Wanderschild links zur Monbachbrücke schickt. Nach wenigen Schritten zweigen wir rechts in einen kleineren Weg mit blauer Raute und mit dem Schild des Naturschutzgebiets ab. Nun können wir den Monbach schon plätschern hören und gleich darauf hüpfen die Kinder wie Kobolde und Feen durch die komplett mit einem Moosteppich überwachsene Fels- und Altholzlandschaft. Die Sonne schimmert dabei durch das nahezu geschlossene Blätterdach und zaubert ein ganz besonderes Licht auf diese Szenerie, die alle in Staunen versetzt. An der Quelle des Bern-

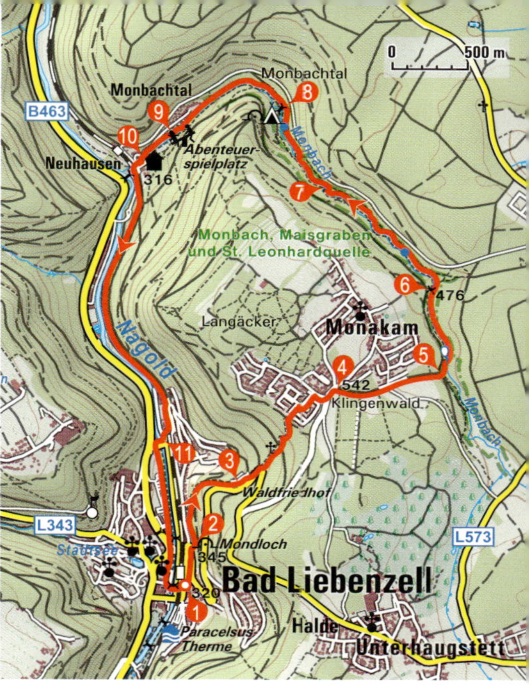

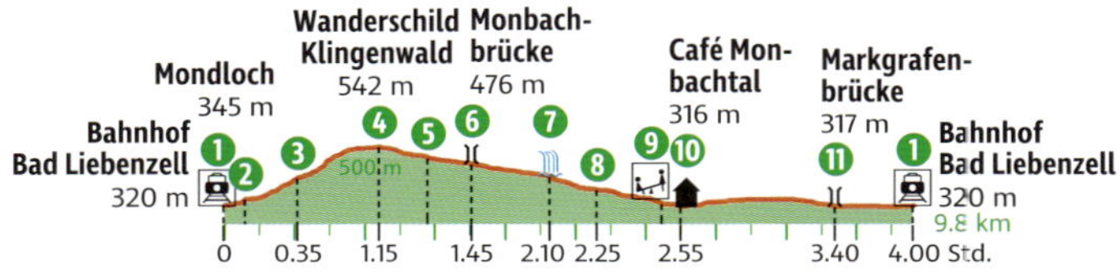

Durch die unberührte Wildnis der Monbachschlucht.

Highlights

★ Wir erkunden das Mondloch im Beutelsteinfelsen.

★ Wir füttern glückliche Hühner am Wiesenrand.

★ Wir tauchen ein in den verwunschenen Wald der Monbachschlucht.

★ Die Wasserfälle des Monbachs laden besonders Kinder zum Spielen ein.

★ Auf dem Abenteuerspielplatz Monbachtal toben wir uns noch mal richtig aus.

★ Auf dem Rückweg an der Nagold wartet eine putzige Überraschung am Waldrand auf die Kinder.

★ Nach der Tour erholen wir uns in der Paracelsus-Therme (s. Freizeittipp C2).

★ Vom Turm der Burg Liebenzell genießen wir eine tolle Aussicht auf die Stadt (s. Freizeittipp A6).

hardtsbrunnens können wir unsere Wasserflaschen auffüllen, die vielleicht durch den steilen Anstieg zu Beginn schon leer geworden sind. Wir klettern nun am und im Bach auf herrlichen Felsen- und Wurzelpfaden bis zur **Monbachbrücke 6** weiter, die sich gut für eine lange Rast eignet, während der die Kinder am Bach und an der Brücke spielen können.
Der Weiterweg durch diesen grünen Urwald verläuft geradeaus immer am Bach entlang, an dem wir erst die Rolf-Hammann-Hütte und gleich darauf die breiten, romantischen **Wasserfälle 7** passieren, die sich auch wunderbar für eine Pause anbieten. 300 m nach den Wasserfällen gehen wir mit dem Monbach an einer Weggabelung rechts, aber auch der linke Pfad mündet nach der Brücke am **Jugendzeltplatz 8** wieder in unseren Waldpfad ein. An der gleich nach der Brücke folgenden Gabelung halten wir uns links, weiter am

Den Monbach überqueren wir mehr als einmal.

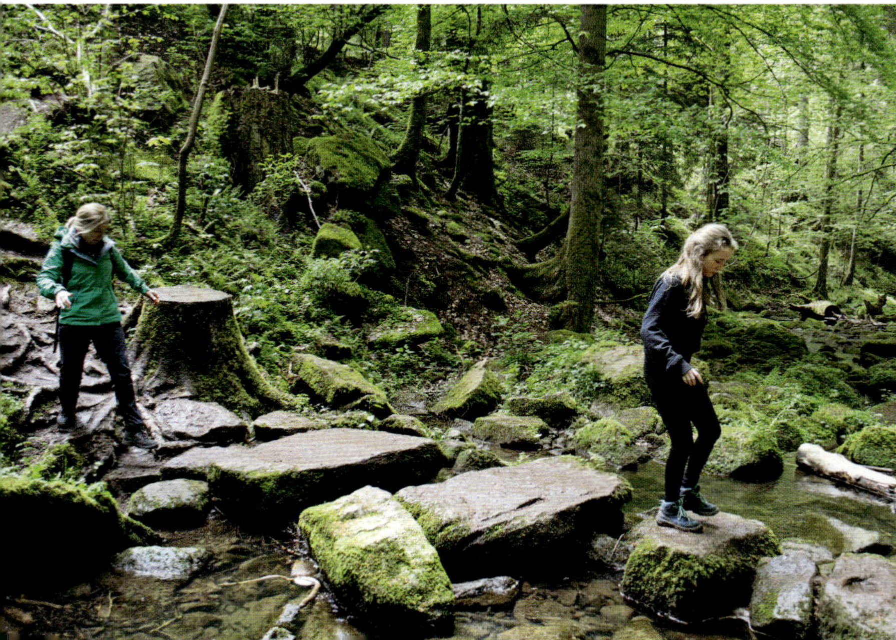

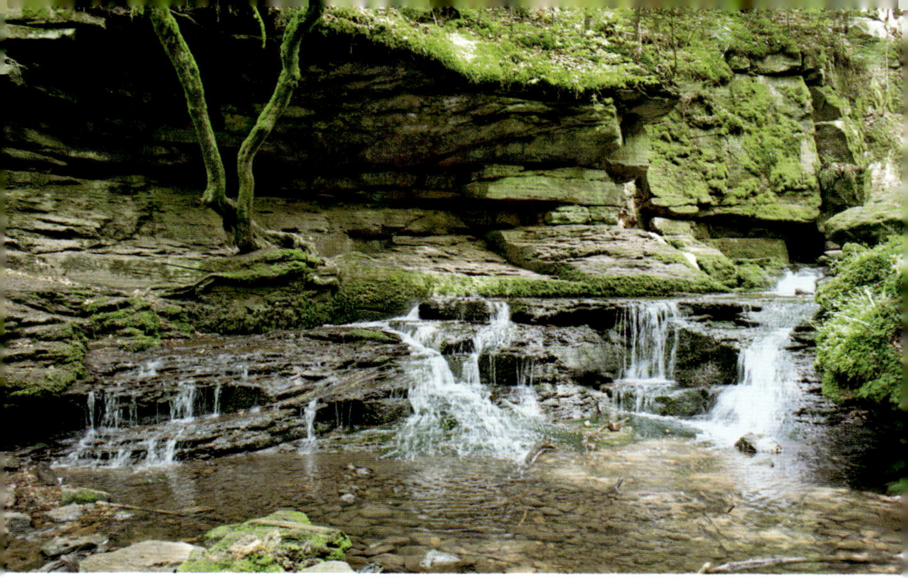

Überall sprudelt und plätschert es in diesem Naturparadies.

Monbach entlang, der nun mit uns eine große Linkskurve macht und als nächstes Highlight für die Kinder einen **Abenteuerspielplatz 9** bereithält. Nach ausgedehntem Toben warten noch ein Kneippbecken und eine Minigolfanlage, bevor wir auf das **Café Monbachtal 10** treffen. Hier wäre es möglich, nach rechts zum Haltepunkt Monbach-Neuhausen abzubiegen, um die Wanderung abzukürzen. Wir aber halten uns an das Wanderschild Monbachsiedlung und wandern links auf einem breiten Forstweg an Bahngleis und Nagold entlang immer geradeaus in Richtung Bad Liebenzell. Noch nicht ausgepowerte Kinder können sich hierbei an verschiedenen Fitness-Stationen versuchen, bis wir nach einer guten Weile die ersten Häuser von Bad Liebenzell erreichen. An der ersten Straßengabelung wählen wir rechts die Schillerallee aus, die wir geradeaus weiterwandern, bis sie uns rechts über das Bahngleis führt und danach sofort links bis zur **Markgrafenbrücke 11** über die Nagold. Das Wanderschild zeigt uns links die Treppe hinunter den Weg zur Stadtmitte, der immer geradeaus dicht an der Nagold verläuft, bis wir über eine Brücke direkt zu unserem Ausgangspunkt am **Bahnhof Liebenzell 1** zurückgelangen.

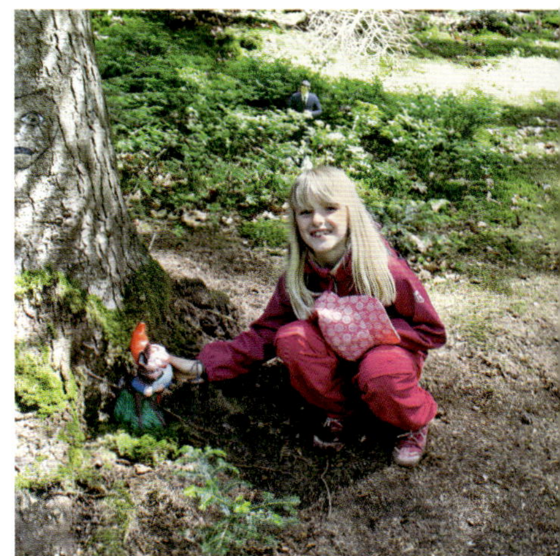

Wie mögen nur diese kleinen Gesellen in den Wald gekommen sein?

2.00 Std. | 5.2 km | ↗100 m | ↘100 m | ab 4 Jahren

3 Weißtannen-Erlebnispfad Schömberg

Vom Kurpark in die Tannenwälder

Was hat die Weißtanne so lange in Italien gemacht?
Ganz im Zeichen des Waldes und der Bäume steht diese Wanderung durch die Schömberger Wälder. Auf dem Weißtannen-Erlebnispfad bekommen wir richtig interessante Infos auf die vielen Fragen, die uns zum Wald einfallen. Warum heißt der Schwarzwald Schwarzwald? Standen hier schon immer Bäume? Bekommen junge Tannen im Schatten der großen Bäume genug Licht zum Wachsen? Wie hoch werden Tannen bei uns? Ist Amsterdam wirklich auf Schwarzwälder Tannen gebaut? Warum waren die Tannen in Italien und sind dann wieder zurückgekehrt? Der abwechslungsreiche Rundweg hat auf alles eine Antwort. Zudem kann man an Erlebnisstationen mit dem Wipfelphon hören, wie es in den Baumspitzen klingt, laute Waldmusik machen oder mit einem selbst mitgebrachten Messer erste Schnitzerfahrungen sammeln. Auf dem Abenteuerspielplatz am Kurpark oder im Niederseil-Parcours können sich die Kinder dann noch so richtig austoben.

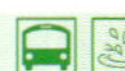     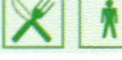

Ausgangspunkt: Bushaltestelle Schömberg Rathaus, 634 m. Anfahrt ab Pforzheim Hauptbahnhof mit dem Regionalbus 743 Richtung Bieselsberg.
Mit dem Auto: Viele Parkplätze und zwei Elektro-Ladestationen am Parkplatz Kurpark, Schwarzwaldstraße, 75328 Schömberg, GPS: N48.78464, E8.65100. Zum Ausgangspunkt wandert man rechts die Schwarzwaldstraße bis zum Ende und dort links zur Bushaltestelle Schömberg Rathaus.
Ausrüstung: Einfache Wander- oder Halbschuhe sind ausreichend. Mit einem geländegängigen Kinderwagen ist der Weg gut befahrbar.
Anforderungen: Kürzere, flache Wanderung auf meist breiten Forstwegen.
Einkehr: Das Café K im Glücksgarten am Rand des Kurparks bietet Kaffee und Kuchen täglich außer Donnerstag von 14 bis 18 Uhr an; Parkstraße 13, 75328 Schömberg, Tel. +49 7084 92780, www.hotel-hausamkurpark.de.
Tipp: Am Wanderschild Bei der Schillereiche 5 rechts abbiegen, man gelangt nach 200 m zur Schillereiche mit Abenteuerspielplatz und Rasthütte.

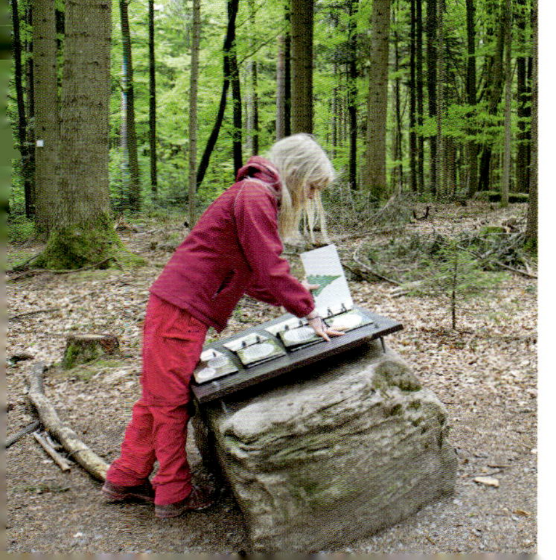

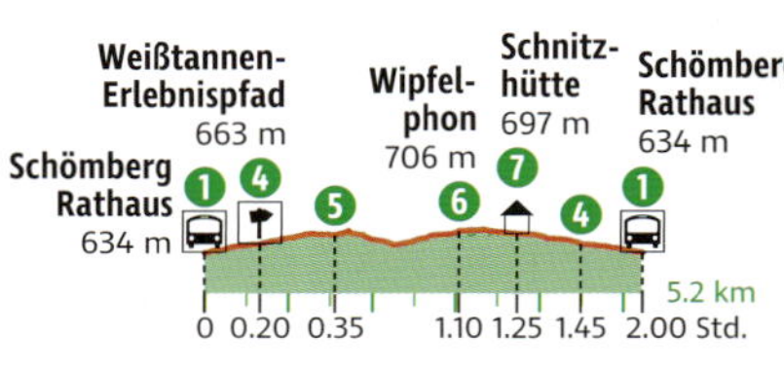

Viel Neues über unsere Tannenwälder lehrt uns der Erlebnispfad.

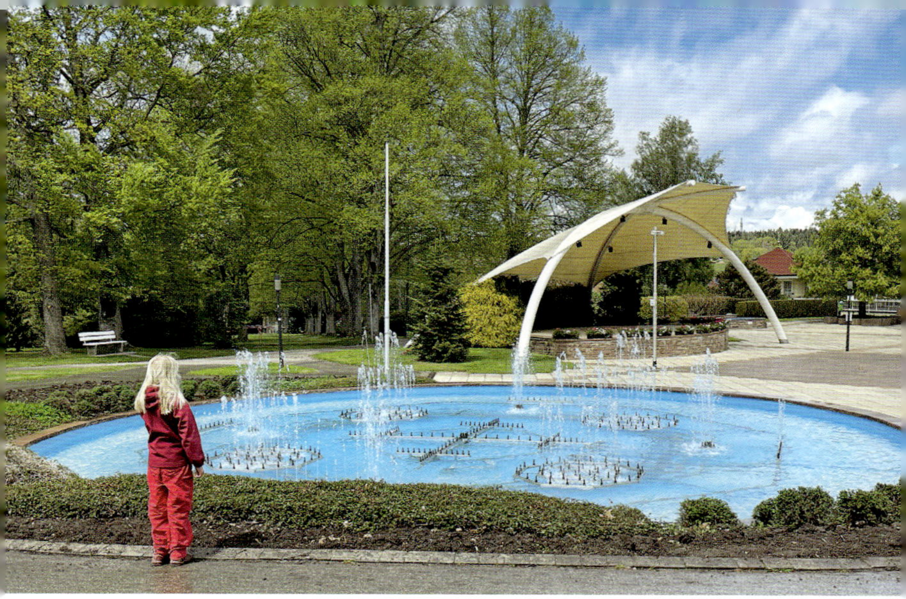

Fontänenballett mit Musikuntermalung im Kurgarten.

Direkt an der **Bushaltestelle Schömberg Rathaus ❶** halten wir uns an das Wanderschild in Richtung Kurpark und steigen die Treppen zum Rathaus hinauf. Wir flanieren durch den schönen Kurpark mit seinen Bananenstauden zum Kurhaus, wo es einen tollen großen Springbrunnen gibt, der seine Fontänen nach der Musik steuert. Der Kurpark geht in den **Generationen-Aktiv-Park ❷** über, in dem es mit Minigolf, einem Abenteuerspielplatz, einem Niederseil-Parcours und einer großen Kneippanlage für alle Altersgruppen Unterhaltung gibt. Wir wandern durch den **Niederseil-Parcours ❸** und finden das Hinweisschild zum grün-weiß gekennzeichneten Weißtannen-Erlebnispfad, dem wir uns auf der Tour anvertrauen werden. Wir folgen geradeaus dem Wanderweg am Fußballplatz vorbei und stoßen gleich darauf auf den Startpunkt des **Weißtannen-Erlebnispfads ❹** mit der ersten Station. Hier biegen wir rechts ab und wandern abwechselnd auf Forstwegen und Waldpfaden geradeaus an verschiedenen Erlebnisstationen vorbei, immer vom grün-weißen Wegweiser

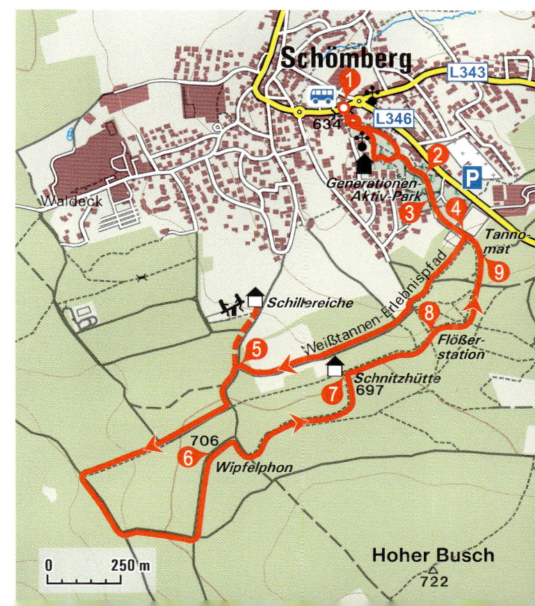

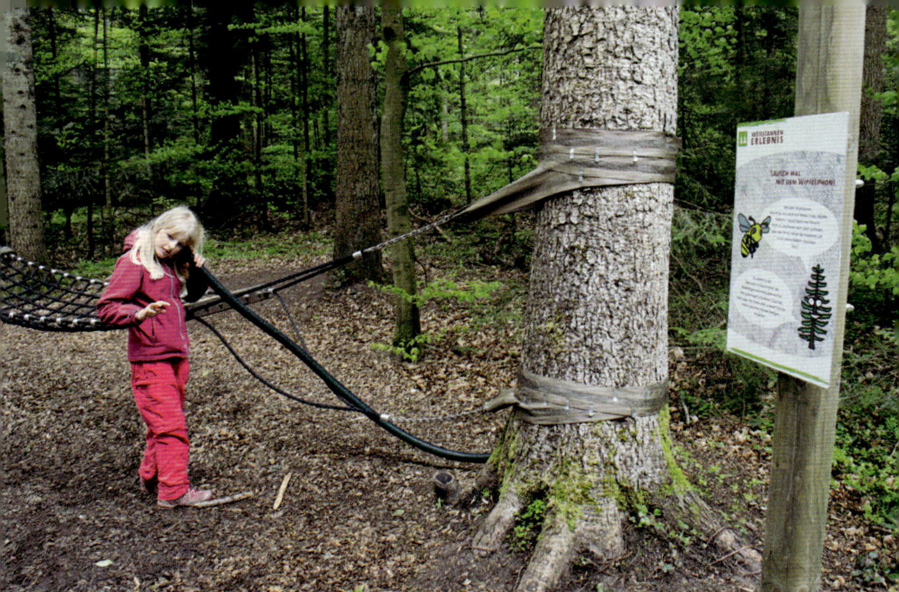

Das Wipfelphon-Radio bringt uns Neuigkeiten aus der Baumkrone.

begleitet. Alle paar Hundert Meter steht eine hellgrüne Parkbank zum Ausruhen und zum Betrachten des Waldes am Wegesrand, sodass wir jederzeit eine Rast einlegen können. Nach rund 20 Min. Fußmarsch erreichen wir das **Wanderschild Bei der Schillereiche 5** und halten uns links Richtung Furtwiese und Erlebnispfad. An der Weggabelung 50 m weiter geht es für uns links und an der Erlebnisstation »Die Königin des Waldes« rechts. Nach ein paar Minuten führt uns das grün-weiße Wanderschild links auf einen schmalen Pfad zur nächsten Station und bald darauf auf einen breiten Forstweg, in den wir links einbiegen. Hier tief im Wald laufen uns ab und zu Eichhörnchen und Mäuse über den Weg, was für Groß und Klein ein freudiges Erlebnis ist. Auch an den nächsten beiden Gelegenheiten heißt es für uns links hinein, da wir nun wieder auf dem Rückweg sind. Hier treffen wir nach kurzer Zeit auf das außergewöhnliche **Wipfelphon 6**, mit dem die Kinder hören können, wie die Tannenwipfel im Wind rauschen und die Vögel in den Baumkronen klingen. Danach verläuft unsere Route am Wanderschild erst rechts und dann gleich links in einen kleinen Waldpfad, der sich nach 150 m gabelt. Wir folgen unserer Pfad-

Highlights

- ★ Im Kurpark staunen wir über den Riesenspringbrunnen mit Musik und die großen Bananenpflanzen.
- ★ Im Generationen-Aktiv-Park und im Niederseil-Parcours warten coole Kletter- und Balanciergeräte auf die Kinder.
- ★ Der Weißtannen-Erlebnispfad versorgt uns mit interessanten Informationen und spannenden Erlebnisstationen zum Thema Bäume.
- ★ Mitten im Wald steht der Tannomat und wartet mit Waldhonig, Waldaromen und anderen Produkten aus dem Wald auf kleine und große Souvenirjäger.

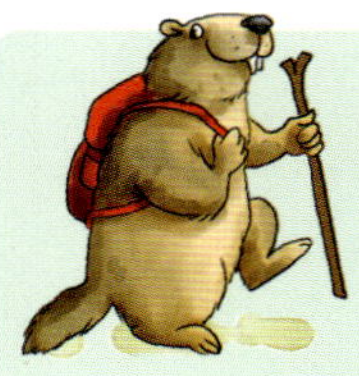

Hallo Kinder,

Schömberg ist eine Gemeinde mit ungemein viel Glück, sie ist sogar eine amtlich eingetragene Glücksgemeinde. Am wichtigsten ist ihr die Verbesserung der Lebensqualität der Bürger, auch für die fernere Zukunft. Und so macht es Sinn, dass sich die Schömberger das Land Bhutan im Himalaya für eine Partnerschaft ausgesucht haben. Denn in Bhutan steht es sogar in der Verfassung, dass jeder ein Recht auf Glück hat. Um sicherzustellen, dass das Glück besonders auch ärmere Menschen erreicht, wird es in Buthan regelmäßig mit Fragebögen abgefragt und als Bruttonationalglück gemessen. Das Glück zu verbessern, also die Lebenszufriedenheit eines jeden Menschen, ist in der Praxis sicher nicht leicht. Aber der Wille dazu ist schon mal ein guter Anfang. Und so versuchen die Schömberger mit verschiedenen Methoden, wie Glücksseminaren, Glückswettbewerben oder einem Glücksnetzwerk, die Zufriedenheit der Bürgerinnen und Bürger langsam, aber stetig zu verbessern.

beschilderung links und kommen zur **Schnitzhütte 7**, an der wir behutsam an die Schnitzkunst herangeführt werden. Das Schild an der nächsten Gabelung zeigt geradeaus und bringt uns zur **Flößerstation 8**. Sie veranschaulicht uns den Weg den früher ein Baumstamm nahm, bis er in Amsterdam als Häuserstütze oder Schiffsmast dienen konnte. An der folgenden Wegespinne wandern wir unserem weiß-grünen Pfadschild halb links nach und halten uns dann immer geradeaus, bis wir am **Tannomat 9** mit Waldsouvenirs vorbeikommen und gleich darauf wieder den **Startpunkt des Erlebnispfades 4** erreichen. Wir erfreuen uns nochmals am **Niederseil-Parcours 3**, der ein zweites Mal komplett durchklettert wird, bevor wir den Kurpark entlangwandern, diesmal auf seiner linken Seite, denn auch hier warten noch kleine Überraschungen wie der Hochzeitsglücksbaum und der Spielplatz an der Kirche St. Joseph. Am Ende des Kurparks finden wir auch unsere **Bushaltestelle** am **Schömberger Rathaus 1** wieder.

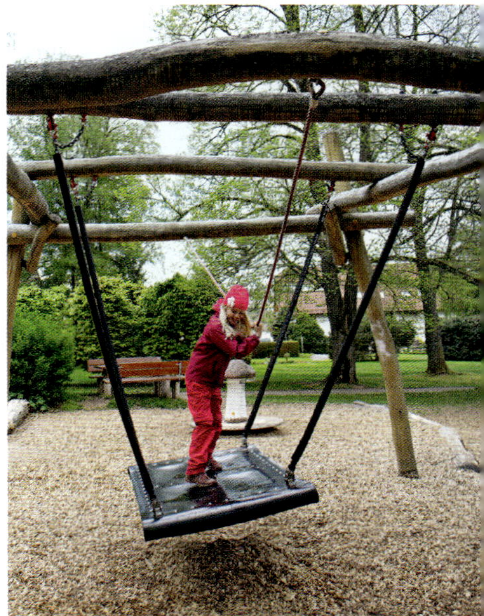

Der Aktivpark punktet bei den Kindern mit innovativen Spielgeräten.

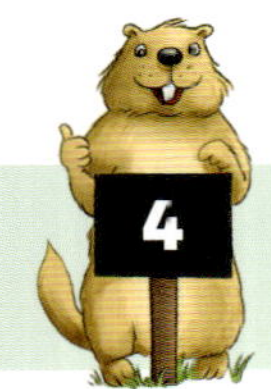

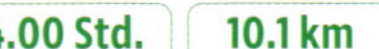

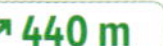

↘430m

ab 6 Jahren

4 Bad Wildbad und Sommerberg

Durch das Kleinenztal über den Meistern

Zwei-Flüsse-, Zwei-Täler- und Zwei-Berge-Tour

Durch die beschauliche Bachlandschaft im Tal der Kleinen Enz wandern wir zum Kinderparadies des Ferienresorts Kleinenzhof, wo wir Pferde streicheln, Hirsche und Hasen füttern und den Kindern beim Matschen auf dem fantasievollen Spielplatz zuschauen können. Auf schmalen Waldpfaden erklimmen wir den Bergrücken des Meistern mit seinem Riesenstein und der dazugehörigen Hütte. Beim Abstieg nach Bad Wildbad im Tal der Großen Enz erhaschen wir durch die Bäume Ausblicke auf die spektakuläre, 60 Meter hohe Fußgänger-Hängebrücke (s. Freizeittipp F2) und auf die Bergstation der Standseilbahn auf dem Sommerberg. Nach einem Spaziergang durch den wunderschönen Kurort Bad Wildbad mit seinen Palais und Kuranlagen fahren wir mit dieser Seilbahn hinauf und wagen uns auf den nicht ganz günstigen, aber spektakulären Baumwipfelpfad, an dessen Ende ein riesiger hölzerner Aussichtsturm und eine 55 Meter lange Rutsche auf uns warten.

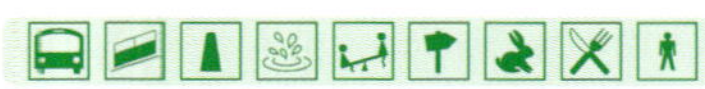

Ausgangspunkt: Bushaltestelle Calmbach Freibad, 415 m. Ab Pforzheim Hauptbahnhof mit der S-Bahn S6 Richtung Bad Wildbad bis Calmbach. Dort Umstieg in den Rufbus BW1 Richtung Neuweiler bis Calmbach Freibad. Die Fahrt muss bis 60 Min. vor Abfahrt unter Tel. +49 7051 968855 oder www.vgc-online.de gebucht werden.

Mit dem Auto: Parkmöglichkeit am Waldfreibad Calmbach, Kleinenztalstraße 140, 75323 Bad Wildbad-Calmbach.

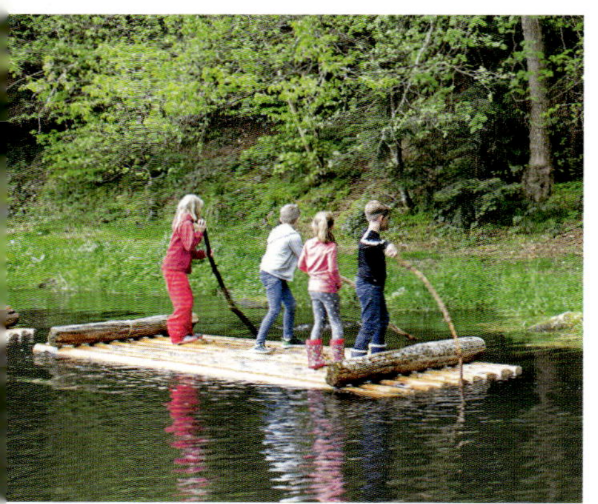

Endpunkt: S-Bahnhaltestelle Bad Wildbad Uhlandplatz Sommerbergbahn, 432 m. Zurück zum Ausgangspunkt: Eine Station mit der S-Bahn S6 in Richtung Pforzheim Hbf bis Bad Wildbad Bahnhof, dort umsteigen in den Rufbus BW1 Richtung Neuweiler bis Bushaltestelle Calmbach Freibad. Oder direkt weiter nach Pforzheim Hbf.

Ausrüstung: Gut profilierte Wanderschuhe sowie Wechselkleidung für das Spielen am Wasser.

Anforderungen: Ausgedehnte Tour mit einem längeren An- und Abstieg, der die Kinder ordentlich fordert. Zusätzliche Zeit für Wasserspiele, Seilbahnfahrt und viele sehenswerte Stellen einplanen.

Einkehr: Am Kleinenzhof mit Spielplatz und Wildgehege bietet das Café und Restaurant leckere Wildgerichte und Forellen aus eigener Haltung, geöffnet 14.30–22 Uhr, Kaffee und Kuchen sind ganztägig erhältlich; Kleinenzhof 1, 75323 Bad Wildbad, Tel. +49

Der Nordschwarzwald lässt sich auch auf dem Wasser erkunden.

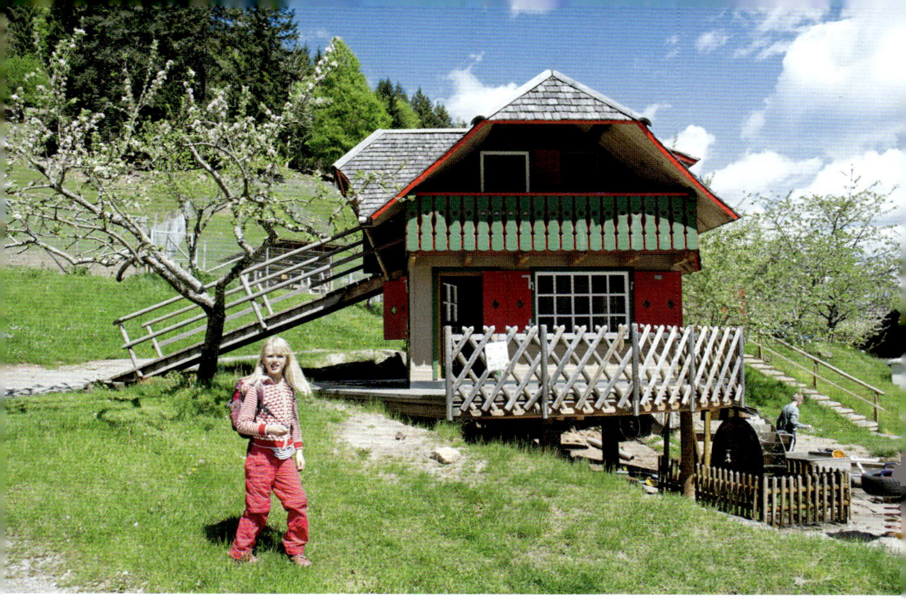

Ein nicht alltäglicher Spielplatz erwartet uns am Kleinenzhof.

7081 3435, www.kleinenzhof.de. In Bad Wildbad gibt es eine Reihe von Einkehrmöglichkeiten auf dem Weg zur Seilbahn, ebenso an der Bergstation auf dem Sommerberg.

Hinweis: Da der Beginn des ursprünglichen, beschilderten Wanderweges längerfristig wegen eines Erdrutsches gesperrt ist, führt die Tour anfangs für ein paar Minuten an der Landstraße entlang. Dies kann sich jederzeit ändern, sobald die Reparaturarbeiten abgeschlossen sind.

Kurzvariante: Ohne Bergfahrt auf den Sommerberg verkürzt sich die Wanderung um 1,7 km.

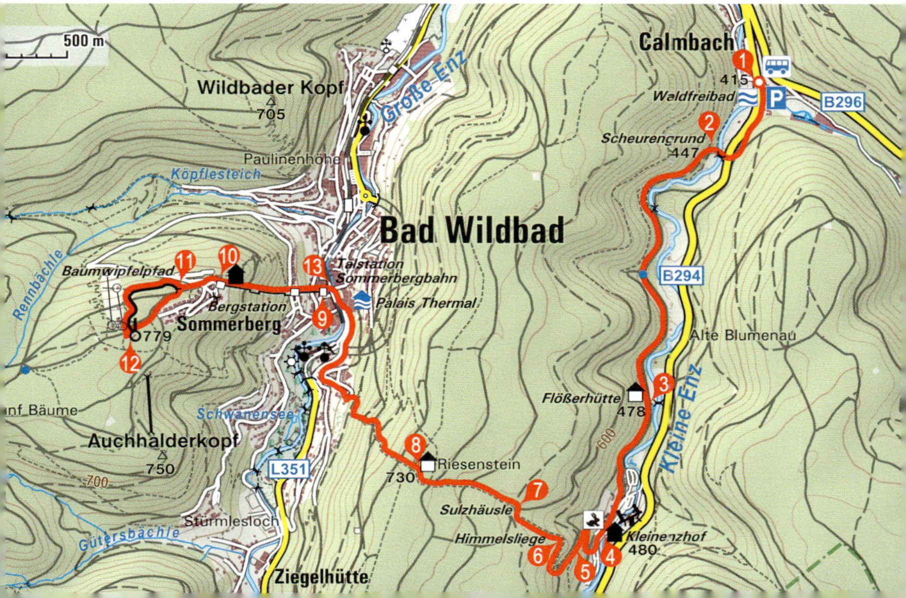

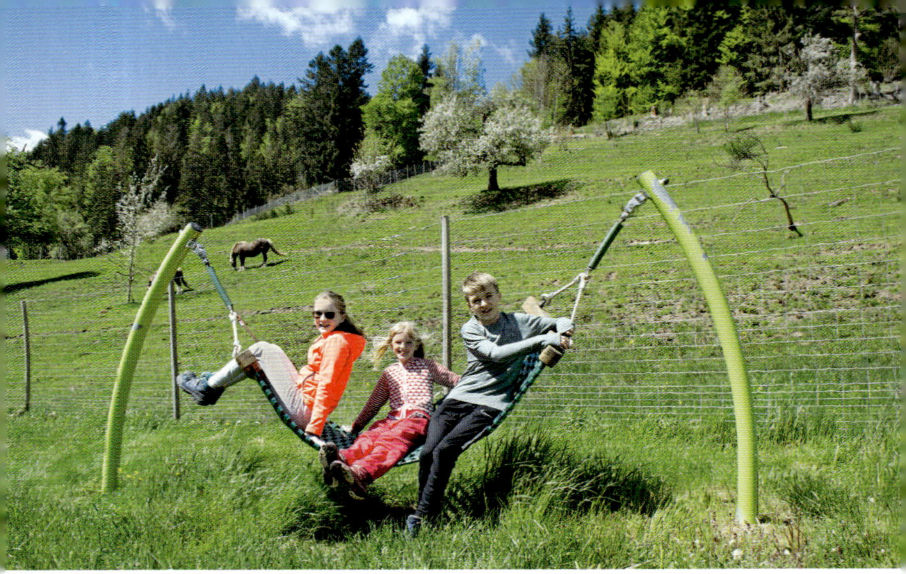

Eine Hängematte konkurriert mit der Wanderroute um unsere Gunst.

Das **Waldfreibad Calmbach** mit seiner **Bushaltestelle ❶** ist Ausgangspunkt unserer Zwei-Täler-Tour. Wir marschieren vorsichtig für 300 m rechts auf der Wiese an der Landstraße in südlicher Richtung, bis wir links in einen Forstweg einbiegen, der uns nach 150 m leichtem Anstieg zu einem kleinen, selten benutzten Pfad führt, auf dem wir rechts wieder hinunter die Landstraße überqueren. Hinter der Brücke über die Kleine Enz folgen wir dem Forstweg links am **Infoschild Scheurengrund ❷** vorbei, der gelben Raute hinterher. Wir wandern oberhalb des Flusses durch den Wald und halten uns an den nächsten zwei Weggabelungen jeweils links in Richtung Kleinenzhof, bis wir die kleine **Flößerhütte ❸** erreichen, wo wir am Wehr eine erste kleine Pause machen und die Kinder am Fluss spielen können. An der nächsten Verzweigung wählen wir wieder den linken Forstweg und kommen zum Campingplatz Kleinenzhof. Wir bleiben geradeaus auf dem Weg durch die Anlage und freuen uns über den Anblick grasender Pferde auf den hügeligen Koppeln. Nach dem **Wildgehege** und dem **Restaurant Kleinenzhof ❹** mit seinem Spielplatz zweigt bald ein Bergpfad steil rechts hinauf in Richtung Riesenstein und bringt uns wenige Minuten später zu unbeschilderten Serpentinen, die wir links hinaufsteigen. Die Serpentinen führen

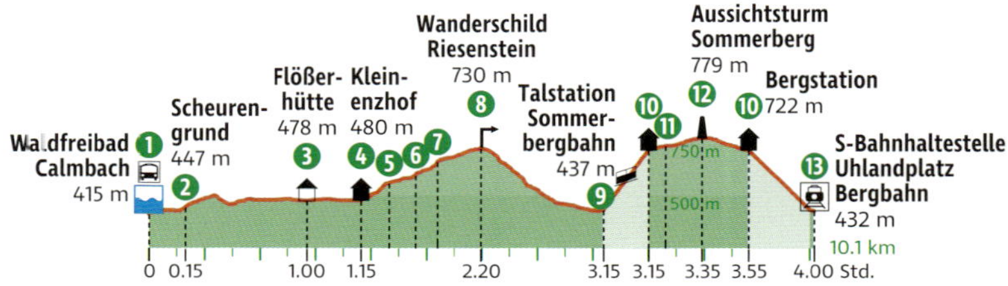

auf einen Forstweg, in den wir links einbiegen. An der nächsten **Wegkreuzung Prossenweg ❺** gehen wir weiter geradeaus in Richtung Riesenstein, um nach 50 m rechts dem Holzschild und der blauen Raute nach Bad Wildbad bergauf zu folgen. In der nächsten Spitzkehre halten wir uns rechts an die blaue Raute und ignorieren die beiden anderen Forstwirtschaftswege, die nicht in den Karten verzeichnet sind. Nach kurzem Anstieg kommen wir zu einer bequemen **Himmelsliege ❻** an einem hölzernen Wildschwein und legen eine erste Rast ein.
Weiter auf dem schmalen Bergpfad gelangen wir zum **Wanderschild Sulzhäusle ❼**, das uns geradeaus bis zum Riesenstein noch 0,8 km angibt. Wir bleiben auch an den folgenden Forstweg-Querungen auf unserem schmalen, ansteigenden Waldpfad, geleitet von der blauen Raute und dem Bad-Wildbad-Wegweiser. Am **Wanderschild Riesenstein ❽** biegen

Highlights

★ Wir streicheln und füttern Pferde, Hasen und Rehe.

★ Ein toller Spielplatz wartet auf dem Kleinenzhof auf die Kinder.

★ Auf einer Himmelsliege legen wir eine gemütliche Pause ein.

★ Mit einer Standseilbahn geht es auf den Sommerberg (www.bad-wildbad.de/de/sommerbergbahn).

★ Der Baumwipfelpfad führt uns in schwindelnder Höhe zum Aussichtsturm (www.baumwipfelpfade.de/schwarzwald).

★ Über eine Wendelrutsche sausen wir den Aussichtsturm hinunter.

★ Im Abenteuerwald auf dem Sommerberg verbringen die Kinder auf 20 Attraktionen, wie Trampolins, Seilbahnen und Kletterstationen, actionreiche Stunden. In den baden-württembergischen Schulferien täglich geöffnet, außerhalb davon siehe www.abenteuerwald-sommerberg.de.

Unsere Touren sind für alle Altersklassen eine wahre Freude.

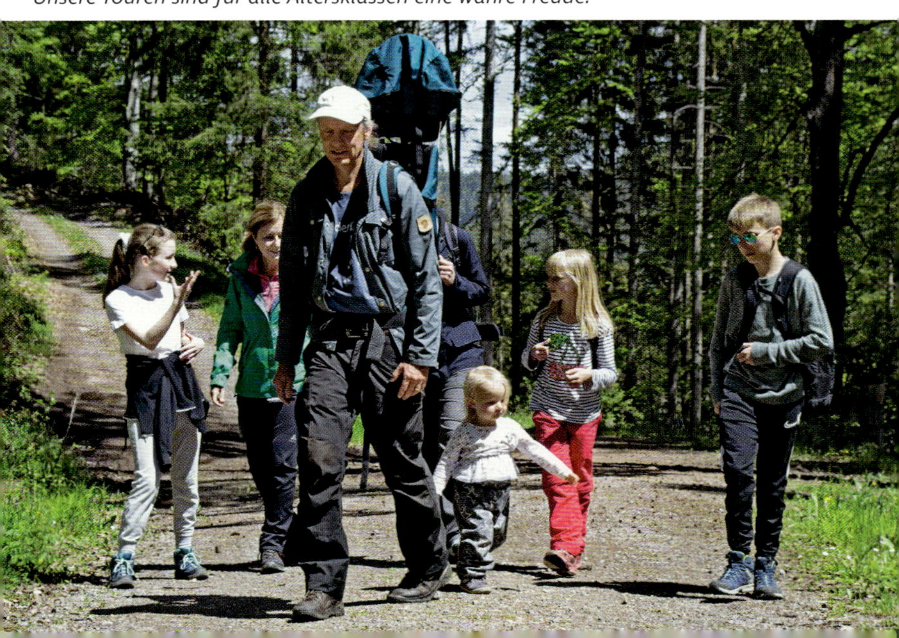

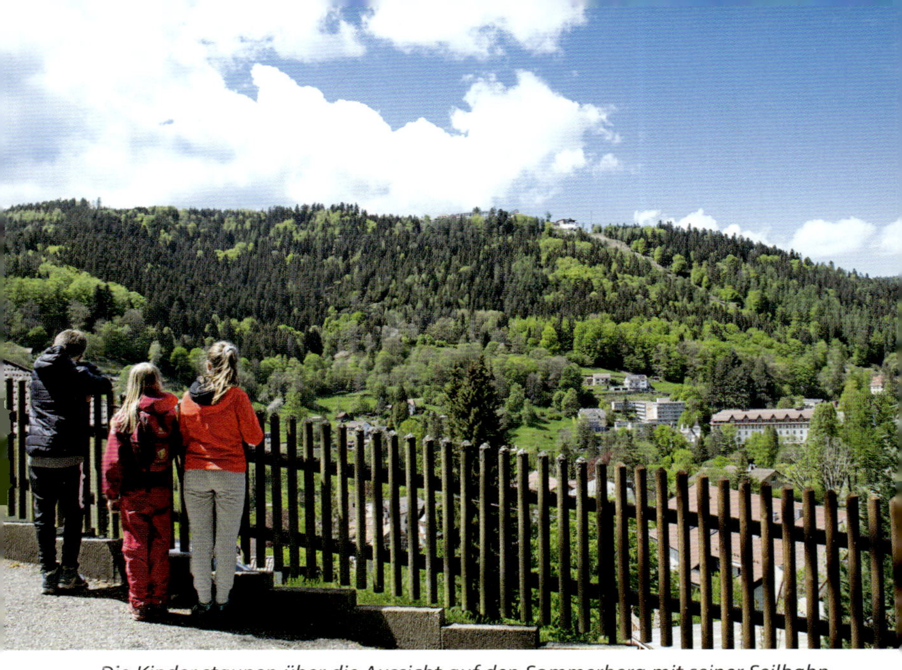

Die Kinder staunen über die Aussicht auf den Sommerberg mit seiner Seilbahn.

wir rechts ein und die Kinder können nach 50 m den Riesenstein samt Hütte und Picknickplatz erkunden, die den Gipfelrücken des **Meistern** zieren.

Zurück am **Wanderschild Riesenstein 8** halten wir uns rechts Richtung Bad Wildbad, wobei unser kleiner Jägerpfad bald drei weitere Forstwege kreuzt und dann immer steiler wird, um in Serpentinen das größte Gefälle zu überwinden. Der Pfad endet auf einem Forstweg, in den wir rechts einschwenken, um ihn kurz darauf links in den nächsten Waldpfad wieder zu verlassen. Kurz darauf halten wir uns an der nächsten Pfadverzweigung hart links und steigen die letzten Meter des Pfades bergab in das Wohngebiet von **Bad Wildbad**. Hier haben wir einen tollen Blick auf das ganze Städtchen und den Sommerberg mit der Bergstation der Standseilbahn. An der nächsten Kreuzung geht es für uns halb links auf dem steil abfallenden Badwaldweg weiter. Kurz darauf stoßen wir auf die Hohenackerstraße, biegen links ein und marschieren geradeaus bis zu ihrem Ende. Hier wenden wir uns nach rechts in die Olgastraße und folgen ihr mit herrlichen Blicken auf die Große Enz und ihre Brücken, bis sie auf der Kernerstraße endet. Dort überqueren wir auf der ersten Fußgängerbrücke die Große Enz und spazieren die König-Karl-Straße an den schönen Gebäuden des alten Kurortes entlang. Nach wenigen Minuten entdecken wir links die **Talstation der Sommerbergbahn 9** und lassen uns mit der nächsten Fahrt nach oben zur **Bergstation 10** auf dem Sommerberg ziehen.

Oben angekommen folgen wir dem Schild Richtung **Baumwipfelpfad 11** auf dem Emmaweg, den wir durch das hölzerne Schild des Wanderparadieses Sommerberg nach 250 m auf gerader Strecke erreichen. Den

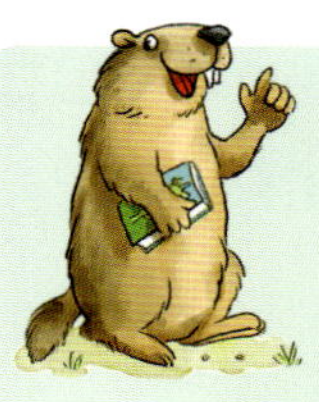

Hallo Kinder,

ist es nicht richtig gemütlich, von einer Seilbahn den Berg hinaufgezogen zu werden? Habt ihr euch auf der Fahrt auch gefragt, warum die beiden Wagen der Seilbahn niemals wegen falscher Weichenstellung zusammenstoßen können und warum sie sich immer genau an der Ausweichstelle treffen? Der obere und der untere Waggon sind mit einem Seil verbunden und müssen sich deshalb immer auf der Mitte der Strecke treffen. Früher hat man den oberen Waggon mit Wasser beladen und die Bremse gelöst. Dann fuhr er vom Wassergewicht angetrieben nach unten und zog gleichzeitig über das Seil und eine Umlenkrolle den unteren Waggon hinauf. Heutzutage geht das mit einem Elektromotor statt mit Wasserbeladung. An der Ausweichstelle gibt es eine sogenannte Abt'sche Weiche, sodass die beiden Wagen aneinander vorbeifahren können. Die Weiche, die Waggonräder und die Schienen sind so gebaut, dass ein Wagen immer an derselben Seite der Weiche fährt. Eine Abt'sche Weiche kommt dabei ganz ohne bewegliche Bauteile aus und ist ein Beispiel für hohe Ingenieurskunst.

Kindern kann der Ticketkauf für diese spezielle Attraktion nicht schnell genug gehen, dann stürmen sie die spektakuläre Holzkonstruktion. Die Erlebnis- und Infostationen sind in schwindelnder Höhe besonders spannend und so dauert es eine Weile, bis wir vom **Aussichtsturm ⑫** über die Wendelrutsche wieder unten ankommen. Wer sich das Ticketgeld lieber sparen möchte, folgt der Holzkonstruktion des Baumwipfelpfades und der Beschilderung zum Abenteuerwald auf dem Waldweg und erreicht auf festem Grund den Aussichtsturm mit dem angrenzenden **Abenteuerwald** und einem Märchenweg. Der Rückweg zur **Bergstation ⑩** ist ebenso mit grünen Schildern versehen und führt vom Turm weg rechts durch den Wald. Die Seilbahn bringt uns schnell und komfortabel wieder ins Tal, die **S-Bahnhaltestelle Uhlandplatz Bergbahn ⑬** liegt dann nur wenige Meter links von der Talstation entfernt.

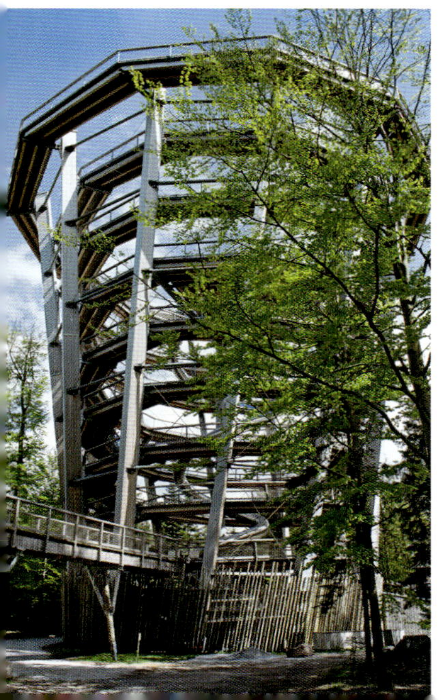

Vom Riesenaussichtsturm kommt man am schnellsten auf der Wendelrutsche hinunter.

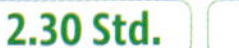 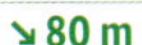

2.30 Std. | 8.1 km | ↗ 80 m | ↘ 80 m | ab 5 Jahren

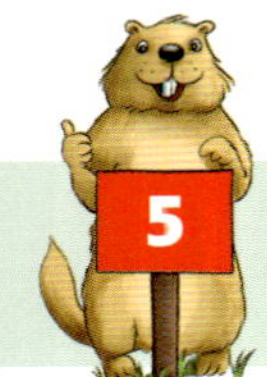

5

Wasserwegle Eyachtal

Von der Eyachmühle zum Lehmannshof

Mikroabenteuer am Bach

Wildromantisch wird's auf dem Wasserwegle entlang der glasklaren Eyach, einem nur 19 Kilometer kurzen Seitenfluss der Enz mit langer Geschichte und herrlich unberührter Bachlandschaft. Hier hört man nichts außer dem Rauschen der Blätter im Wind und das Plätschern des Flüsschens. Von der ehemaligen Eyachmühle geht es sanft das Eyachtal hinauf, bis wir an einer Schaf- und Ziegenweide den Bach überqueren und ihn auf dem Wasserweglepfad über Stock und Stein und Wurzel begleiten. Ziel ist der Lehmannshof, ein ehemaliger Waldbauernhof, auf dem eine von insgesamt 17 Mahl- und Sägemühlen des Eyachtales stand. Hier kann man auch am Lagerfeuer grillen oder sich bei schlechtem Wetter im Unterstand schützen. Der Rückweg verläuft parallel zum Wasserwegle auf einer alten gesperrten Fahrstraße, die uns an einem wunderschönen Seerosenteich vorbeiführt, oder als Alternative auf dem Hinweg, denn einen schöneren Pfad können wir uns kaum vorstellen.

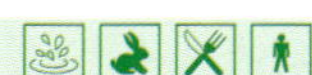

Ausgangspunkt: Wanderparkplatz Eyachmühle, 490 m. Eine Anfahrt mit öffentlichen Verkehrsmitteln ist leider nicht möglich. Zu Fuß ist die nächste Bushaltestelle in Dobel 3 km und 200 Höhenmetern bergab entfernt. Taxistation Dobel: Taxi Fa. Klenk, Höhenstr. 27/1, 75335 Dobel, Tel. +49 7083 2144, E-Mail: taxiklenk@t-online.de.
Mit dem Auto: Wanderparkplatz Eyachmühle, Eyachmühle 11, 75335 Dobel, GPS: N48.782192, E8.521402.
Ausrüstung: Gut profilierte Wandersandalen, die auch mal nass werden dürfen, eignen sich bestens für die Tour am Bach. Auch barfuß ist das Wasserwegle ein Genuss. Handtuch und Vesper bitte einpacken, die einzige Einkehrmöglichkeit liegt am Touranfang.
Anforderungen: Nahezu flache Wanderung über wurzelige, felsige Pfade. Viele nasse Stellen bedeuten Rutschgefahr. Der Rückweg auf der Fahrstraße hat weniger Kinderattraktionen zu bieten, kann aber mit Spielen oder Singen gut überbrückt werden.
Einkehr: Die alte Eyachmühle ist seit über 100 Jahren als Gasthaus bekannt und serviert auf schöner Sonnenterrasse leckere Fisch- und Fleischgerichte sowie Flammkuchen und vieles mehr, alles in Bio- oder Demeter-Qualität; geöffnet von April bis Oktober Mittwoch bis Sonntag 11.30–20.30 Uhr und von November bis März Mittwoch bis Donnerstag 11.30–18 Uhr sowie Freitag bis Sonntag 11.30–20.30 Uhr, Eyachmühle 14, 75335 Dobel, Tel. +49 7081 384109, www.eyachmuehle.com.
Tipp: Denselben Pfad auf dem Wasserwegle zurückzulaufen, macht den Kindern am meisten Spaß.

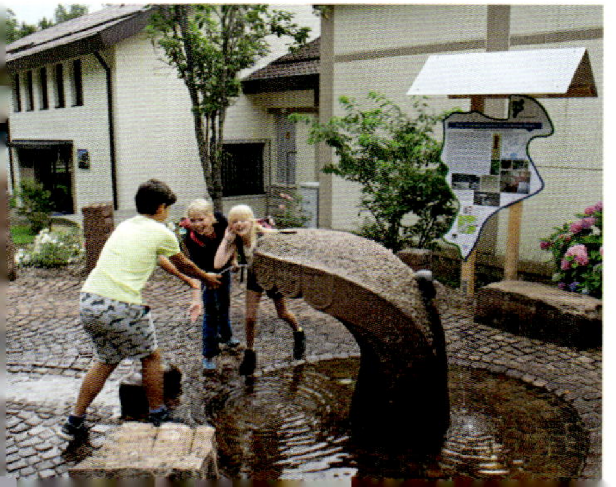

Auf dieser Tour bleiben kein Auge und kein Fuß trocken.

Am **Wanderparkplatz Eyachmühle** ❶ schauen wir uns erstmal das alte Wehr am Fluss an, bevor wir am Gasthaus Eyachmühle vorbei auf der alten Teerstraße zum Wasserwerk laufen. Wer jetzt schon Durst hat, kann ihn hier am Brunnen bestens stillen. Nach einer Weile passieren wir ein leicht versteckt gelegenes Wehr und finden nach weiteren 5 Min. den Einstieg in das beschilderte **Wasserwegle** ❷, das links von der Straße abzweigt. Über eine hölzerne Brücke gelangen wir auf die andere Seite der Eyach und können auf der Schaf- und Ziegenweide mit dem Vieh um die Wette meckern. Herrlich verläuft hier der Wanderpfad direkt am felsigen Bach, geschützt unter einem lichten Blätterdach. Hier in dem feuchtwarmen Mikroklima fühlen sich nicht nur Farne und Pilze wohl, sondern auch die Wanderkinder. Wer schafft die längste Strecke auf den Felsen zu balancieren, ohne nasse Füße zu bekommen? Und am besten läuft man sowieso gleich barfuß weiter, der kühle Waldboden ist eine Wohltat nach der harten Teerstrecke. Die Kinder besteigen große Granitfindlinge, waten durch sumpfige Matschlöcher und haben eine Riesenfreude am nassen Element. Nach einiger Zeit führt der Weg aus dem Wald heraus auf eine große Wiese, wo wir einen Jägerstand erklimmen. Im Wald wird das Flüsschen an manchen Stellen nun schmaler und reißender, um nach wenigen Metern wieder breit und träge dahinzufließen, gesäumt von kleinen Kiesbänken. Hier können wir spaßeshalber den Bach auf

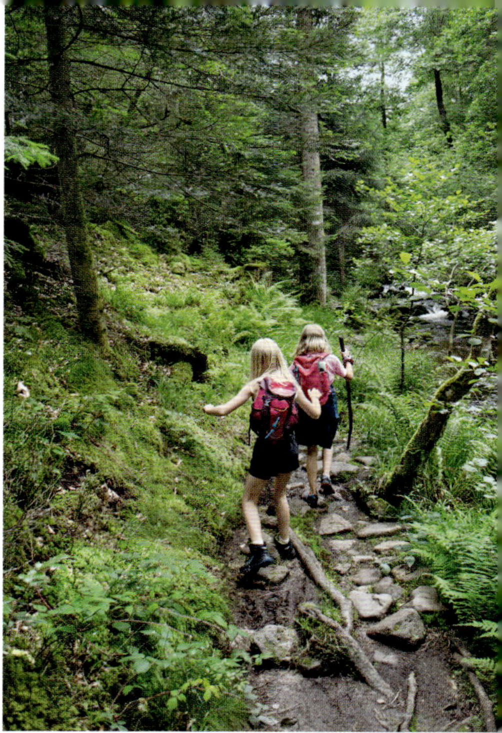

Am Wasserwegle balancieren wir über felsige Wurzelpfade.

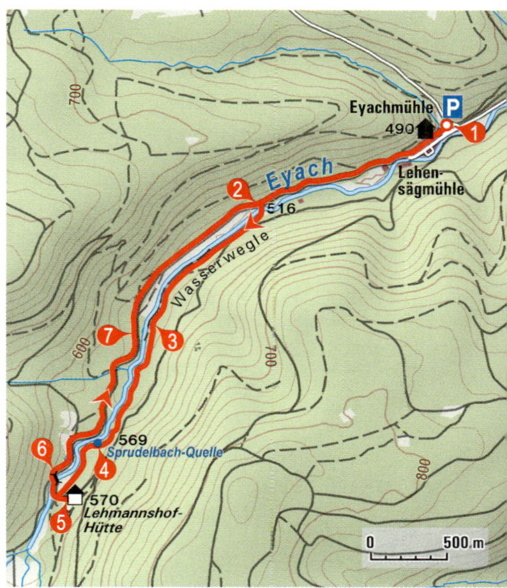

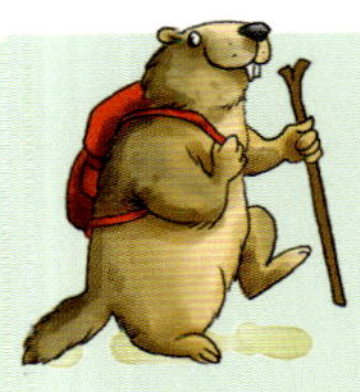

Hallo Kinder,

könnt ihr euch vorstellen, dass vor 200 Jahren fast der komplette Wald des Schwarzwaldes verschwunden war? Holz war damals seit fast 1000 Jahren für die Schwarzwälder Menschen die Grundlage ihrer Arbeit und ihres Lebens. Holz wurde zum Bauen von Bauernhöfen, Bergwerken und Brücken verwendet und als Brenn- oder Bauholz an kleine und große Städte verkauft. Außerdem benötigte man Unmengen an Holzkohle für die Glas- und Metallverarbeitung. Es wurde aber viel mehr Holz verarbeitet, als von alleine im Wald wieder nachwuchs. Erst im Jahr 1833 erließ die badische Regierung ein Gesetz, wonach nurmehr so viel Holz geerntet werden durfte, wie auch wieder nachwächst. Man pflanzte schnellwachsende Fichten und Kiefern statt der Eichen, Buchen und Tannen, und der Wald sah ein paar Jahrzehnte später so aus, wie wir ihn heute kennen. Leider haben Fichten und Kiefern wenig Widerstandskraft gegen Stürme und Trockenheit, und so sollen in Zukunft vermehrt naturnahe Mischwälder mit Eichen, Buchen und Tannen gepflanzt werden.

einer **Felsenbrücke** ❸ überqueren. Immer wieder finden wir auch Spuren von ehemaligen Wasserstuben. Diese kleinen Staustufen benötigten die Flößer früher, um den Fluss für den Holztransport zu nutzen.

Trocken kommt hier kaum einer über die Steinbrücken hinüber.

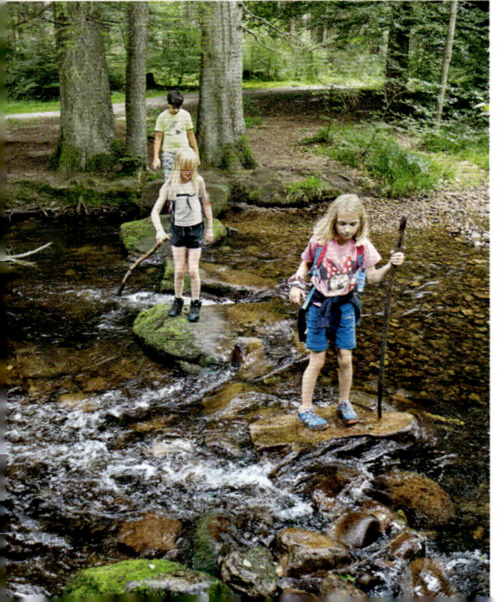

Später auf dem Weg entdecken die Kinder eine unscheinbare, nicht gefasste Quelle, die als **Sprudelbach-Quelle** ❹ gekennzeichnet ist. Hier sprudelt tatsächlich Quellwasser aus dem weichen Sandboden und ver-

Highlights

- ★ Am Trinkwasserbrunnen des Mannenbacher Wasserwerks löschen wir unseren Durst.
- ★ Am Beginn des Wasserwegles mähen und blöken wir mit Schafen und Ziegen um die Wette.
- ★ Der kilometerlange Waldpfad an der Eyach entlang ist ein Paradies für alle wasserliebenden Kinder.
- ★ An der Hütte des ehemaligen Lehmannhofes machen wir eine lange Rast und können sogar grillen.
- ★ Am verzauberten Seerosenteich am Waldrand warten wir nur noch auf den Froschkönig.
- ★ Im alten Gasthaus Eyachmühle kann man auf der Sonnenterrasse sitzen und hervorragend tafeln.

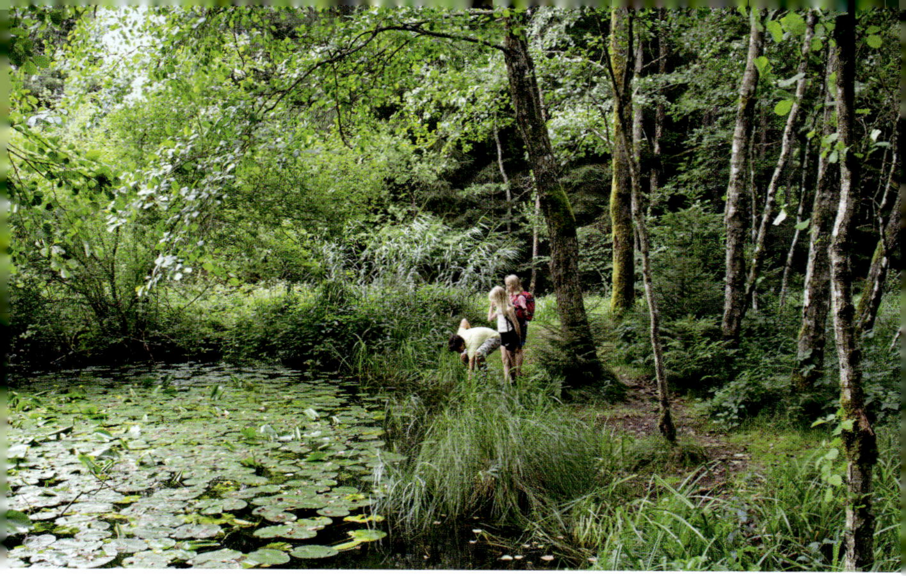

Auf der Suche nach einem verzauberten Frosch.

einzelt steigen Luftblasen hinauf. Diese Miniquelle ist eine echte Rarität und fasziniert uns länger.

Wenig später leitet uns der Pfad aus einem Farnwald heraus und durch eine lange Birkenallee bis zur **Lehmannshof-Hütte 5**. Vom einstigen Waldbauernhof und den Mühlen sind noch ein alter Mühlstein und der Rest eines Gewölbekellers übrig geblieben, zudem hat man einen Unterstand mit Sitzgelegenheiten hinzugebaut. Hier kann man sich an mehreren Bänken am Rand der große Wiese zur Vesperpause niederlassen oder auch ein Feuer entfachen, um zu grillen.

Für den Rückweg haben wir zwei Möglichkeiten: Große Freude haben die Kinder, wenn wir das Wasserwegle zurückwandern. Möchten wir jedoch noch den Seerosenteich erkunden, wählen wir vom Grillplatz aus gesehen rechts den Fahrradweg. Er bringt uns nach 100 m zur **Lehmannshof-Brücke 6** mit einem Wanderschild, an dem wir wiederum rechts auf den alten Teerweg in Richtung Mannenbachquelle abbiegen. Nach rund einer halben Stunde entdecken wir links am Wegesrand einen verwunschenen **Teich 7**, der über und über mit blühenden Seerosen bedeckt ist und uns wie aus einem Zaubermärchen erscheint. Haben wir uns daran sattgesehen, folgen wir für eine knappe Stunde dem Teerweg vorbei an Wiesen und Wäldern bis zur **Eyachmühle 1** zurück.

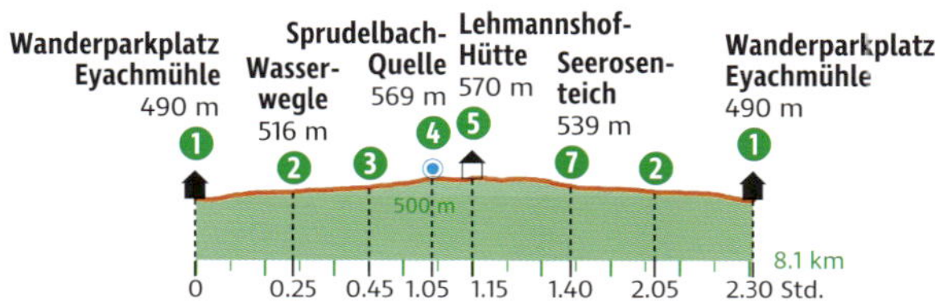

4.00 Std. | 10.4 km | ↗ 420 m | ↘ 420 m | ab 6 Jahren

6 Auf die Teufelsmühle

Über die Teufelskammern und den Langmartskopf

Spannende Bergtour in luftige Höhen

Die Wanderung auf die Teufelsmühle ist sicher eine der spektakulärsten Touren des ganzen Nordschwarzwaldes. Auf dem Wildkatzen-Erlebnispfad geht es zu den steilen Felsenhängen des Großen Lochs. Dort finden wir die abenteuerlich geformten Teufelskammern, die von zwei mächtigen Sandsteinsäulen getragen werden. Sobald wir dann auf dem Gipfel der Teufelsmühle aus dem Wald heraustreten und um den Aussichtsturm herumgehen, stehen wir vor dem atemberaubenden Panorama des Murg- und Rheintales und blicken bis in den Pfälzer Wald und die Vogesen. Hier schauen wir noch den waghalsigen Teufelsfliegern beim Starten ihrer Gleitschirme zu und erkunden danach auf einem schmalen Wanderpfad die Hochebene des Langmartskopfes mit seiner prägnanten Vegetation. Über die Hahnenfalzhütte mit herrlicher Aussicht, einem kleinen Spielplatz und gemütlichen Sitzgelegenheiten verläuft unser Rückweg bergab auf steilen Jägerpfaden.

Ein schmaler Weg am Felsen führt zu den Teufelskammern.

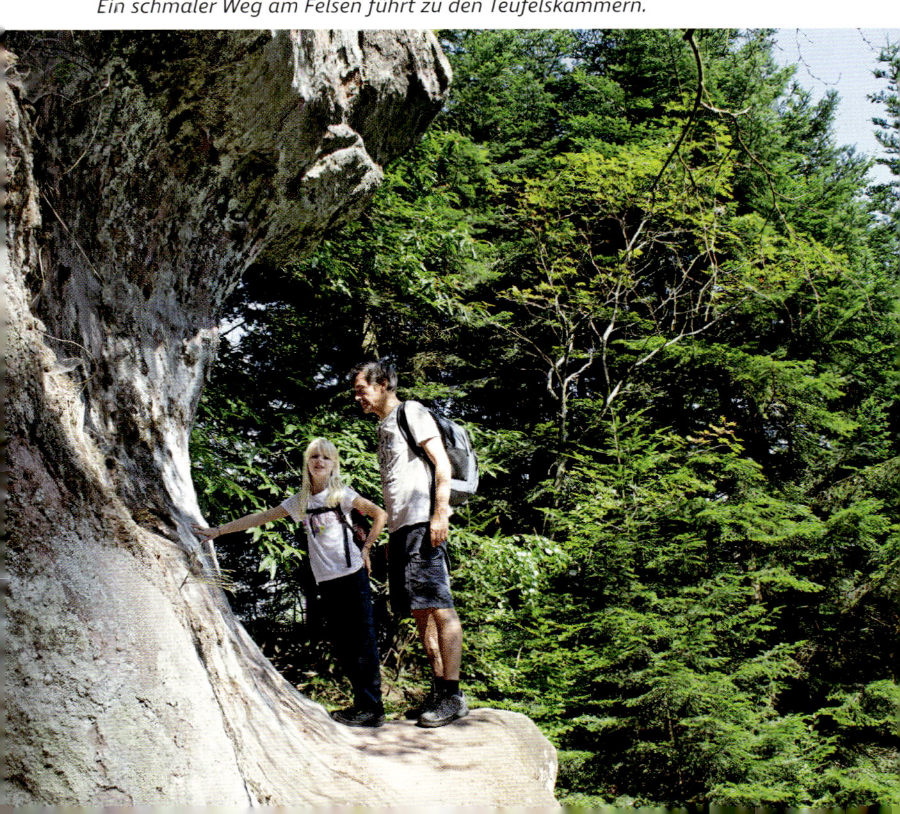

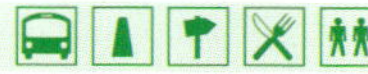

Ausgangspunkt: Bushaltestelle Gaistal Zieflensberg, 597 m. Anfahrt von Bad Herrenalb Post mit dem Regionalbus 116 Richtung Gaistal.
Mit dem Auto: Parkplatz Zieflensberg, Zieflensberg, 76332 Bad Herrenalb-Zieflensberg, GPS: N48.765977, E8.435826.
Ausrüstung: Für die steilen Wege und die Kraxelei an den Teufelskammern sind gut profilierte Wanderschuhe nötig.
Anforderungen: Längere Bergwanderung, für die Kondition und Trittsicherheit, besonders an den Teufelskammern, wichtig sind. Bei Nässe sollte man die Teufelskammern wegen Rutschgefahr meiden.
Einkehr: Das Höhengasthaus Teufelsmühle bietet einen Kioskbetrieb mit Kuchen und Getränken an; geöffnet Freitag bis Sonntag 11.30–18 Uhr, Teufelsmühle 1, 76597 Loffenau, Tel. +49 176 36461818.
Tipp: Den besten Fernblick hat man von der Teufelsmühle bei klarem Wetter.

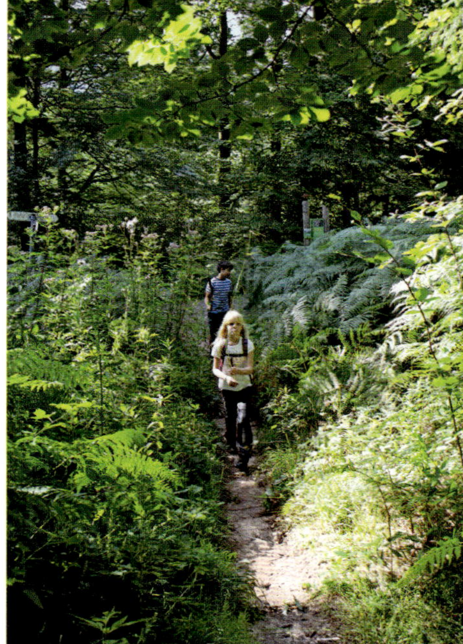

Mächtige Urwaldfarne umschließen unseren Wanderpfad.

Los geht unsere Tour an der **Bushaltestelle Gaistal Zieflensberg ❶** in südlicher Richtung auf der schmalen Straße zum Wanderparkplatz Zieflensberg. Hier leiten uns die kleinen grünen Schildchen des Wildkatzen-Pfades nach 100 m rechts in den Wald hinein, wo wir gleich auf eine der Erlebnisstationen über die wilden Geschwister unserer Hauskatzen treffen. Wir kreuzen kurz darauf einen Weg und schlängeln uns weiter auf dem Pfad zum **Wanderschild Vogelsgrund ❷**, an dem wir den breiteren Forstweg überqueren und dem Wildkatzen-Schild bergab folgen. Auf großen Steinen balancieren wir über die Alb, die hier in der Nähe entspringt und nur wenige Meter breit ist, aber dem Tal seinen Namen gibt und nach 50 km bei Karlsruhe direkt in den Rhein mündet. Der Pfad bringt uns zu weiteren Wildkatzen-Stationen und mündet bald auf einen breiten Forstweg, der uns begleitet von der Hinweisplakette des Wildkatzenpfades an den **Vogelwiesen** vorbei zum gleichnamigen

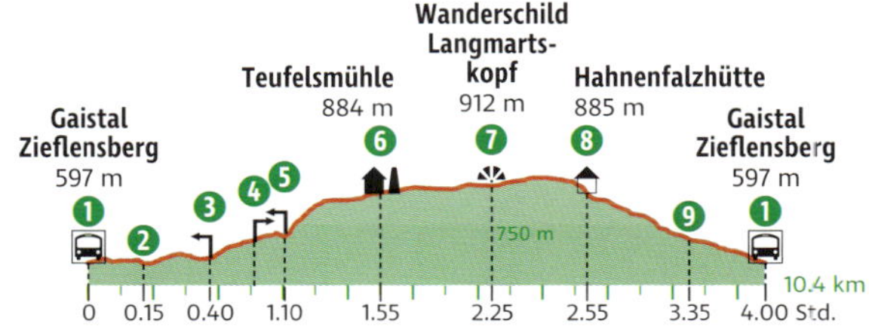

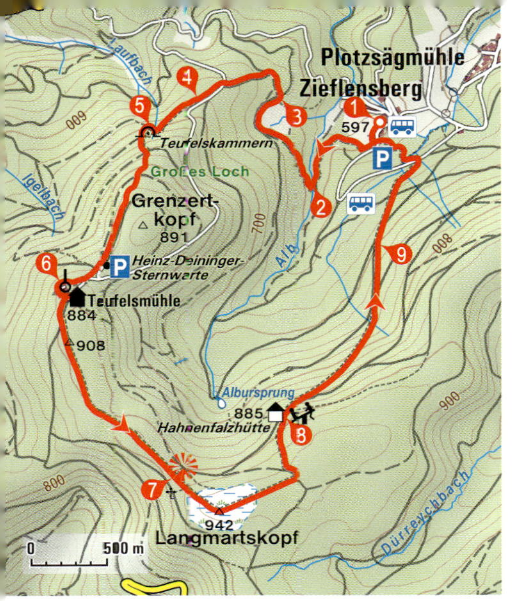

Wanderschild ❸ führt. Zum Großen Loch geht es für uns links in dichten, mannshohen Farnwald hinein bis zur nächsten größeren Wegkreuzung. Hier biegen wir links hinauf ab, ein kleines Schild mit gelber Raute weist uns die richtige Richtung. Nach ein paar Minuten stoßen wir auf eine kleine Teerstraße, halten uns links und bleiben für knapp 200 m auf der Straße bis zum **Wanderschild Michelsrank ❹**. Dort wandern wir in Richtung Großes Loch rechts in den Wald hinein, am Schild der Großen Loffenauer Runde halb links und nach wenigen Schritten auch wieder leicht bergauf. Nun wird es steiler und die ersten großen Felsen treten am Berg hervor. Über einen abenteuerlichen, mit Holzgeländern gesicherten Bergpfad steigen wir höher bis zum **Wanderschild Großes Loch ❺**. Wir halten uns links Richtung Teufelsmühle und stehen kurz darauf vor dem Einstieg zu den **Teufelskammern**. Das Betreten erfolgt auf eigene Gefahr, denn man muss um eine enge Felsnase herumsteigen, an der man nur wenig Halt hat. Ob hier früher Räuber gehaust ha-

Eine knifflige Bachüberquerung über die Alb erwartet die Wanderer.

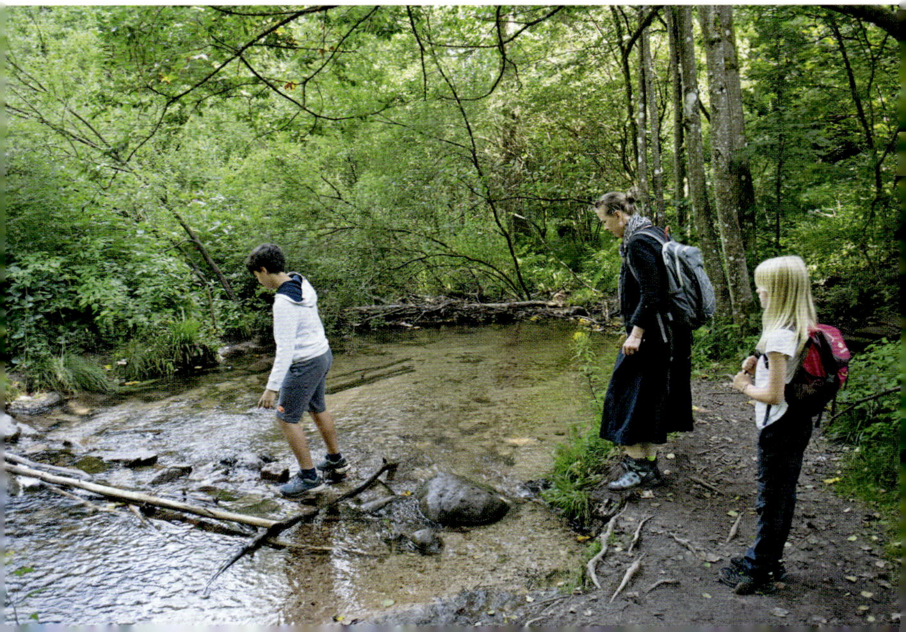

ben? Für die Kinder steht das jedenfalls fest.

Nach der Besichtigung der Halbhöhlen und Sandsteinpfeiler verläuft unser Felsenweg nun noch steiler nach oben, an einem Geländer entlang. Einen flach verlaufenden Pfad rechts von uns ignorieren wir und queren kurz darauf einen Forstweg, indem wir am Wanderschild Loffenau-Michelsrankweg einfach dem ausgetretenen Wurzelpfad steil bergauf nachklettern. Am Ende dieser Miniabkürzung wandern wir rechts den schmalen Pfad weiter, immer der blauen Raute hinterher. Bald darauf kreuzen wir einen weiteren Forstweg, münden dann rechts in den nächsten Schotterweg ein und erreichen 10 Min. später die **Heinz-Deininger-Sternwarte** der Astronomischen Vereinigung Karlsruhe. Hier können auch alle Nicht-Astronomen alle 14 Tage in die Sterne gucken.

Wir durchschreiten den gesamten Grenzert-Parkplatz und halten uns am Wanderschild in Richtung Teufelsmühle. Dann pirschen wir immer weiter auf dem Pfad quer über eine kleine Teerstraße und den blauen Rauten nach, bis wir am **Wander-**

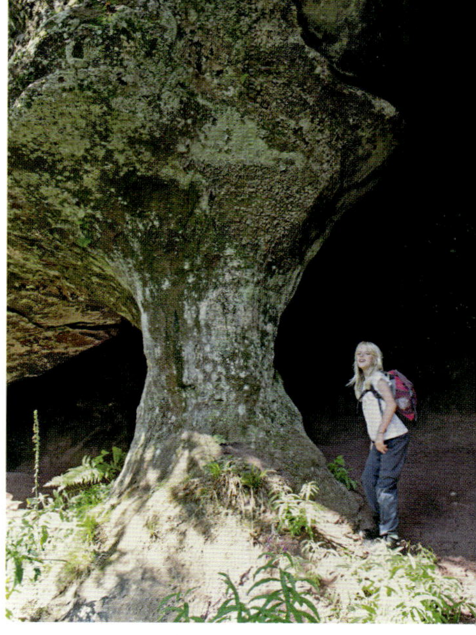

Die Sandsteinpfeiler scheinen einer Fantasiewelt zu entstammen.

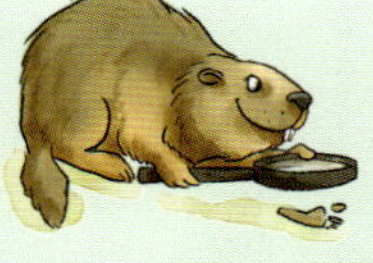

Hallo Kinder,

echte Wildkatzen (lat. Felis silvestris, also eigentlich auf Deutsch: Waldkatzen) werden wir auf unseren Wanderungen wohl eher nicht zu sehen bekommen, denn sie sind sehr scheu und jagen lieber in der Nacht ihre Mäuse. Tagsüber verstecken sie sich in Büschen, Höhlen oder auch in hohlen Bäumen. Wichtig ist für die Wildkatzen, dass sie ungestört sind, und so siedeln sie sich dort an, wo der Mensch eben nicht hinkommt. In den deutschen Wäldern gibt es einige Tausend Exemplare dieser schönen Tiere, aber natürlich ist das Zählen einzelner Katzen sehr schwer. Und die Unterscheidung zu den Hauskatzen (lat. Felis catus) ist mit bloßen Augen fast nicht möglich, denn sie sind nur wenig größer als Hauskatzen und ihr Schwanz etwas kürzer und buschiger. Nicht sofort sichtbare Unterscheidungsmerkmale gibt es aber auch: Wildkatzen haben ein größeres Gehirn und gelten als noch schlauer als Hauskatzen. Und sie sind im Gegensatz zu unseren Schmusetigern zu Hause nicht zähmbar, sie würden sich also nie von uns streicheln oder berühren lassen.

Highlights

★ Die Stationen des Wildkatzen-Erlebnispfades sind interessant und actionreich gestaltet.

★ Wir wandern größtenteils auf schmalen, natürlichen Trampelpfaden und überqueren die Alb.

★ Die Kinder machen sich auf eine spannende Erkundung der Teufelskammern am Großen Loch.

★ Vom Turm der Teufelsmühle bietet sich eine geniale Aussicht vom Murgtal bis zu den Vogesen und dem Pfälzer Wald.

★ Mit etwas Glück können wir den mutigen Gleitschirmfliegen beim Starten zusehen.

★ Ein alter germanischer Steinpfad bringt uns zum Hochmoor des Langmartskopfes.

★ An der Hahnenfalzhütte verbringen wir noch eine aussichtsreiche Vesperpause.

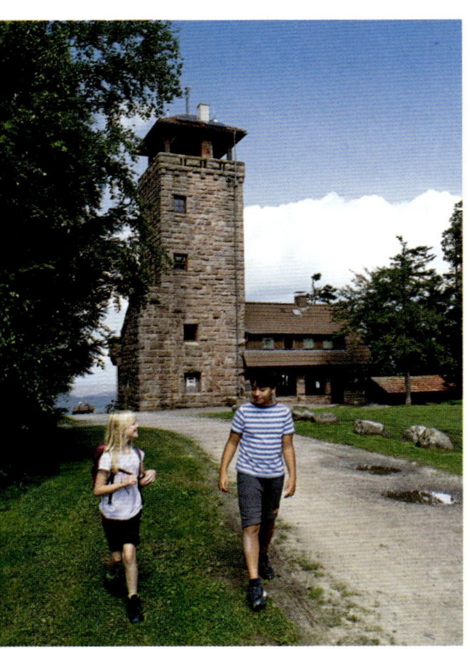

heim Teufelsmühle und seinem **Turm ❻** aus dem Wald auftauchen. Eine sagenhafte Aussicht eröffnet sich uns hier bei gutem Wetter über die nach Norden auslaufenden Schwarzwaldhöhen des Murgtales. Natürlich wollen die Kinder auf den Turm, hier wird nichts ausgelassen, und so brechen wir erst nach einer kleinen Spende für den Schwarzwaldverein, einer tollen Rundumsicht vom Turm und einer längeren Rast auf, um 40 m hinter dem Turm den Gleitschirmseglern bei ihren wagemutigen Startmanövern zuzuschauen.

Im Anschluss steuern wir links einmal ganz um das Höhengasthaus Teufelsmühle herum und richten uns auf dem Parkplatz nach der blauen Raute mit dem kleinen Schild zum Orgelfelsen-Haus. Gleich danach zeigt uns ein weiteres Teufelsmühlen-Wanderschild links die richtige Richtung zum Langmartskopf, unserem nächsten Etappenziel. Ein langer Felsenpfad führt uns über den Hügelgrat der Teufelsmühle, der mit seinen kleinen Birken und Kiefern wie ein Zauberwald aussieht. Nach einer knappen halben Stunde lohnt sich am **Wanderschild Langmartskopf ❼** ein kleiner Abstecher links hinunter zur Steinernen Bank, um die Aussicht zu genießen.

Wieder oben auf unserem Pfad wird der von Sumpfgräsern und Heidelbeeren gesäumte Weg nun feuchter – wir sind im Hochmoorgebiet des Langmartskopfes angekommen. Wir bleiben immer geradeaus auf dem Weg, ignorieren 100 m nach dem Abstecher zur steinernen Bank die nach rechts weisende blaue Raute und kommen nach knapp 20 Min. zu

Vom Aussichtsturm auf der Teufelsmühle blicken wir bis zu den Vogesen.

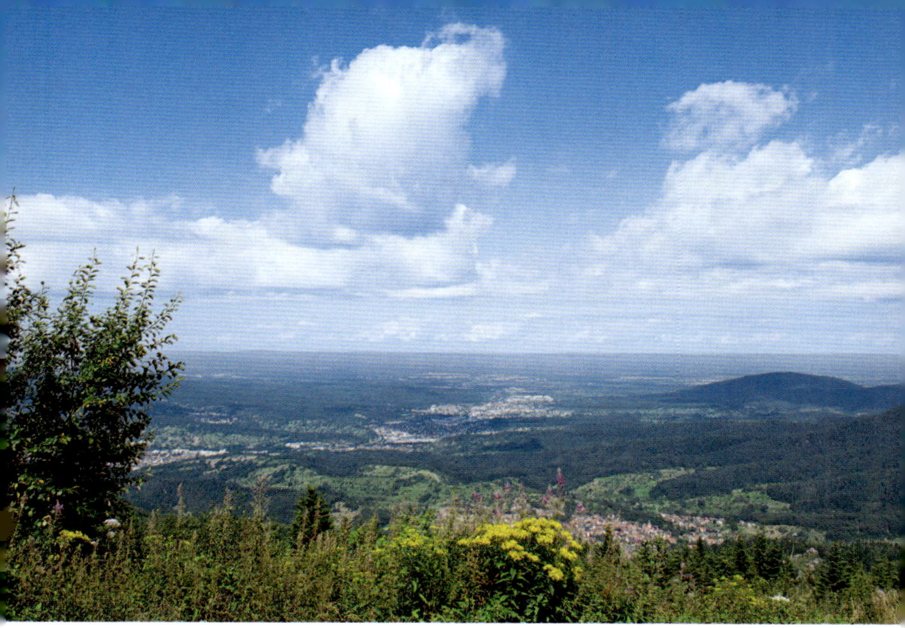

Bei diesem Panorama geht uns das Herz auf.

einem kreuzenden Fernwanderweg, dem über 100 Jahre alten und im Schwarzwald beliebten Westweg E1. Wir biegen links in ihn ein und halten uns gemäß den roten Rauten 80 m weiter an der zweiten Abzweigung rechts. Für einen halben Kilometer folgen wir bergab der Westweg-Route bis zur **Hahnenfalzhütte 8**, die sich mit einem kleinen Spielplatz und aussichtsreichen Sitzgelegenheiten für eine weitere Pause anbietet.

Wir setzen die Wanderung links in Richtung Axtloh auf dem felsigen, steilen Brudesweg mit der blauen Raute fort, die ab dem **Wanderschild Axtloh 9** dann zur gelben Raute wird. Nachdem wir ab der Hahnenfalzhütte drei Forstwege gekreuzt haben, biegen wir nach einer guten Dreiviertelstunde links auf eine Teerstraße ein, um uns 80 m später bergab rechts in einen kleinen Waldpfad zu schlagen, der sich gleich darauf verzweigt und uns links wieder auf dem Wildkatzen-Erlebnispfad zum Wanderparkplatz Zieflensberg und dort rechts zur **Bushaltestelle Gaistal Zieflensberg 1** begleitet.

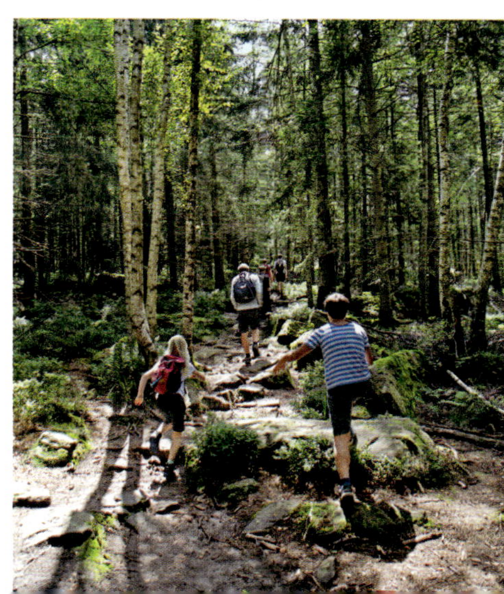

Durch das Hochmoorgebiet des Langmartskopfs führte früher ein germanischer Steinpfad.

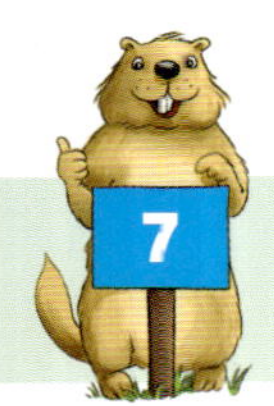

1.30 Std. | 3.4 km | ↗180 m | ↘180 m | ab 4 Jahren

7 Altes Schloss Hohenbaden

Rund um den Battertfelsen

Vorbei an steilen Kletterfelsen und bizarren Eiszapfen

Auch an kalten Tagen sind kürzere Wanderrunden wie um den Battertfelsen bei Baden-Baden eine gute Gelegenheit, mit Kindern zusammen die Schönheiten der Natur zu genießen. Diese Rundtour durch den Bannwald lässt sich hervorragend auch im Winter durchführen, nur die Pausen halten wir dann etwas kürzer als sonst. Wir starten mit einer Besichtigung der Burg Altes Schloss Hohenbaden (s. Freizeittipp A4) und einer Erstürmung des Burgturmes mit seiner tollen Aussicht. Die Burg war seit dem 12. Jahrhundert Hauptsitz der Markgrafen von Baden und mit über 100 Räumen prunkvoll ausgestattet. Die Wanderung führt dann um die bis zu 60 Meter hohen Kletterfelsen, die senkrecht in die Höhe ragen und wagemutige Kletterer anziehen. Die Felsengruppe mit so illustren Namen wie Disgrazia, Fermeda, Wasserwand oder Frühstückswand sind das zweitgrößte Klettergebiet in Baden-Württemberg und so lassen sich hier zu jeder Jahreszeit Gipfelstürmer in der Wand bewundern. Wir betrachten die Felsen auf der Wanderung sehr respektvoll und halten immer Abstand zum Felsenrand, auch wenn wir schwindelfrei sind. Am Wendepunkt unserer Tour erreichen wir die Untere Batterthütte, in deren Schatten es sich an heißen Tagen gut rasten lässt. Ansonsten bietet sich für die Pause dank der schönen Fernsicht eines der Felsplateaus an. Wer sich traut, kann auf dem Rückweg einen Abstecher über die hölzerne Felsenbrücke auf einen der Felsentürme machen, bevor es zum Schloss zurückgeht.

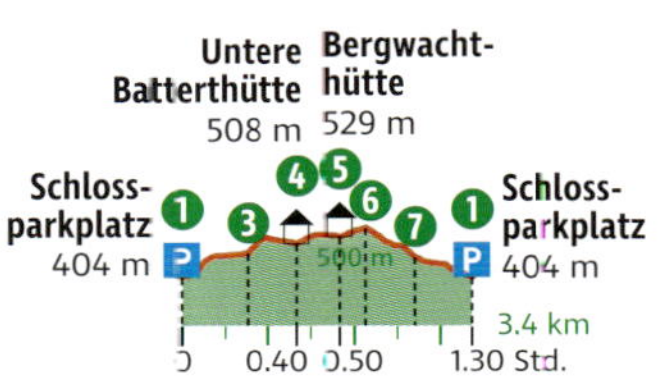

Die mächtige Burg repräsentiert den Reichtum der Markgrafen von Baden.

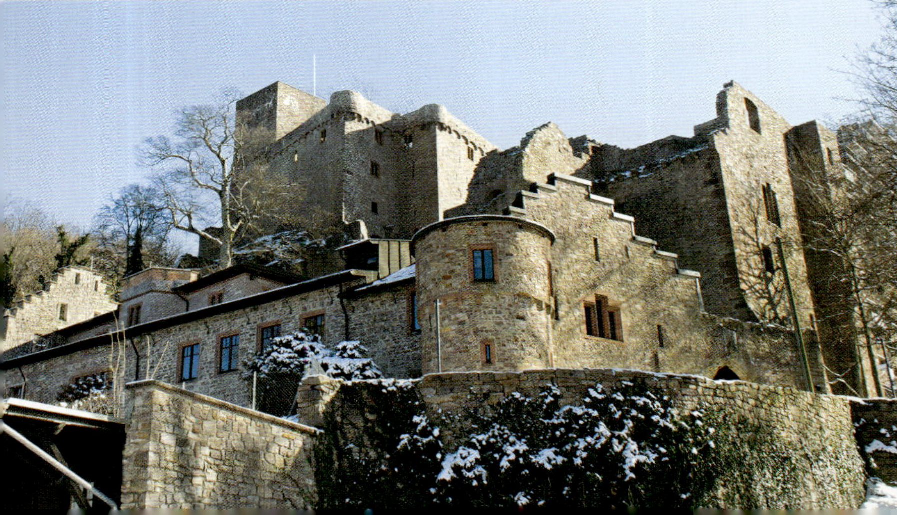

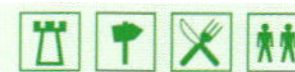

Ausgangspunkt: Altes Schloss Hohenbaden, 404 m. Mit öffentlichen Verkehrsmitteln nicht direkt erreichbar: Ab Bahnhof Baden-Baden mit dem Regionalbus 244 Richtung Gernsbach bis Ebersteinburg Kapelle. Von dort ist es gut 1 km zur Unteren Batterthütte. Dazu geht man die Ebersteinburger Straße 50 m in südöstlicher Richtung, biegt rechts in die Herrenäckerstraße und erreicht nach 600 m an deren Ende den Wanderparkplatz Battertfelsen. Am Ende des Parkplatzes folgt man dem hölzernen Wegweiser zum Alten Schloss und kommt nach 300 m zur Unteren Batterthütte, die Teil unserer Rundtour ist.
Mit dem Auto: Die Parkplätze am Schlossparkplatz sind kostenlos, Alter Schloßweg 10, 76532 Baden-Baden.
Ausrüstung: Wanderschuhe mit gutem Profil sind für die felsigen, schmalen Wege am besten geeignet.
Anforderungen: Bis zur Unteren Batterthütte moderate Steigung, dann bis zum Abzweig der Felsenbrücke etwas größere Steigungen. Im Sommer leicht zu gehen, im Winter oder bei Nässe sind die felsigen Wege oberhalb der Felsen eventuell rutschig.
Einkehr: Restaurant fidelitas mit Biergarten und Kiosk, direkt im Alten Schloss, mit guter Küche; Alter Schloßweg 10, 76532 Baden-Baden, Tel. +49 7221 2815250, www.fidelitas-baden.de.
Hinweis: Die Felsenbrücke ist in der ersten Jahreshälfte meist gesperrt, um brütende Vögel zu schützen.

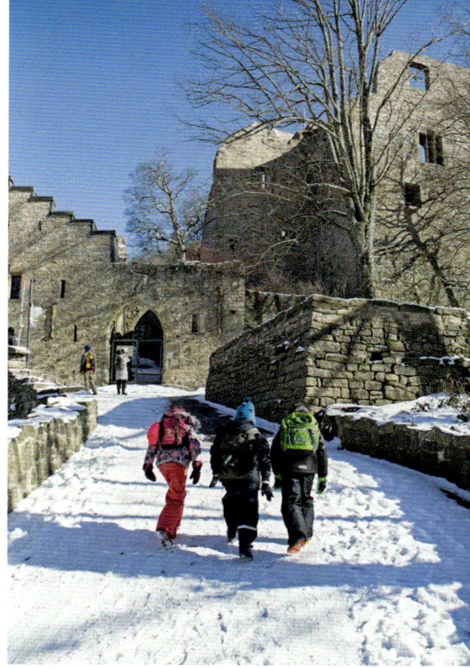

Statt Schlittenfahren drehen wir im Schnee eine Runde um den Battert.

Wir starten unsere Wanderung am **Schlossparkplatz ❶** mit einer ausgiebigen Besichtigung des **Alten Schlosses Hohenbaden**, einer Ritterburg aus dem 12. Jahrhundert, die der Stammsitz der badischen Markgrafen war. Sie sitzt wehrhaft auf einem Felsensporn und war deshalb von Feinden schwer einnehmbar. Der große Rittersaal, in dem sicher rauschende Feste gefeiert wurden, die wehrhaften Waffengänge und der große Bergfried mit einer weiten Sicht auf das Tal sind sehenswert und versetzen die Kinder zurück in vergangene Ritterzeiten.

Highlights

- ★ Wir besichtigen die 900 Jahre alte Ritterburg (s. Freizeittipp A4).
- ★ Wir staunen ehrfürchtig über die riesigen Steilwände.
- ★ Mit etwas Glück entdecken wir Kletterer in den Felsen.
- ★ Gruselig steile Blicke in die Tiefe gibt es an der Bergwachthütte und der Felsenbrücke.
- ★ Tolle Fernsicht bis zum Rhein und zu den Vogesen.
- ★ Im Winter finden wir viele Eiszapfen an den Felsen.

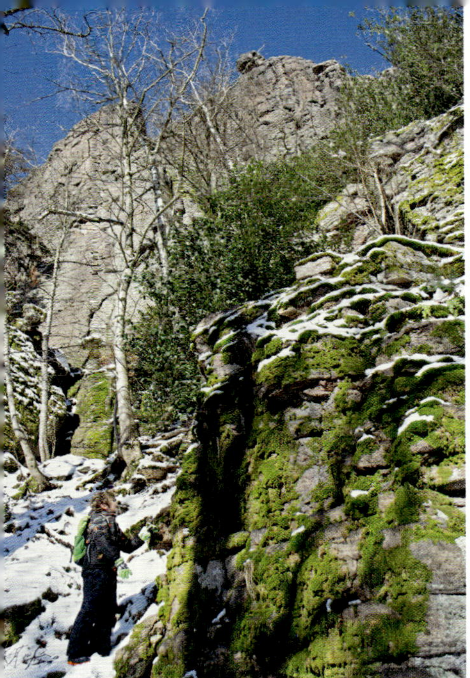

Warum hängen die leckersten Eiszapfen immer so weit oben?

Nach der Besichtigung gehen wir am Kiosk vorbei, die Burg zu unserer Linken, und wählen am **Wanderschild Unterer Felsenweg** ❷ den Weg in Richtung Ruine Ebersteinburg. Hier finden wir auf der Schautafel der Naturschutzverwaltung auch die Info, ob die Felsenbrücke geöffnet oder wegen der Brutzeit der Wanderfalken und Kolkraben gesperrt ist.
Der leicht ansteigende, breite Wanderpfad führt uns den Unteren Felsenweg entlang durch den Bannwald und geradeaus über eine Wegespinne hinweg zur ersten **Blockhalde** ❸. Diese Halden findet man unterhalb von steilen Felsen, weil der Frost immer wieder große Brocken aus der Felswand heraussprengt, die am Fuß der Wand liegen bleiben. Das Beklettern ist aus Naturschutz- und Sicherheitsgründen nicht erlaubt, Kletterer haben spezielle Zustiegswege oder müssen sich von oben abseilen. Im Winter freuen sich hier die Kinder besonders über die vielen Eiszapfen, die von den Felsen hängen und wahlweise als Speiseeis oder Lichtschwert verwendet werden.
Wir halten uns weiterhin auf dem Unteren Felsenweg, der uns noch einige Minuten an den eindrucksvoll aufragenden Felswänden vorbeiführt, bis wir die **Untere Batterthütte** ❹ am Wendepunkt unserer Runde erreichen. Wanderer, die mit öffentlichen Verkehrsmitteln nach Eberstein angereist sind, steigen hier in die Tour ein.
Nach einer kleinen Stärkung gehen wir den Unteren Felsenweg 20 m zurück, um den Oberen Felsenweg zu finden, der mit einem Holzschild eher unscheinbar beschriftet ist. Einen Steinblock mit der Aufschrift »Auf die Felsen« sehen wir nun auch deutlich und wissen, dass wir richtig sind. Ab hier verläuft unser Aufstieg auf einem steileren, kleinen Berg-

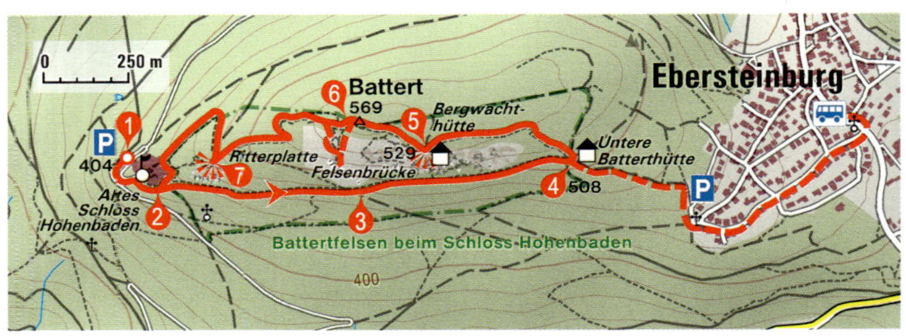

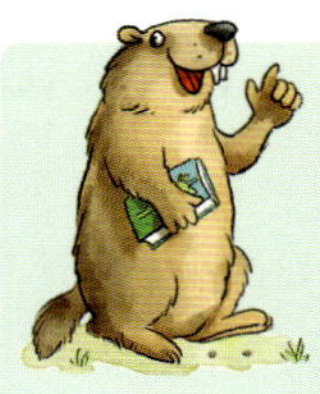

Hallo Kinder,

habt ihr bei der Burgbesichtigung gut aufgepasst und die vier Meter große Windharfe im Fenster des Rittersaals entdeckt? Und vielleicht habt ihr sie sogar hören können, denn bei Wind gibt sie tatsächlich Töne von sich, die an Gesang erinnern. Die verschieden stark gespannten Saiten werden vom Luftstrom des Windes, der durch das offene Fenster weht, zum Klingen und Tönen gebracht. Je stärker der Wind weht, desto höher sind die Töne, die die Harfe erzeugt. Wenn ihr euch für zu Hause eine Windharfe bauen wollt, gibt es eine ganz einfache Möglichkeit: Ihr sucht euch einen länglichen Karton oder Holzkasten und umwickelt ihn mehrmals der Länge nach stramm mit einer Nylonschnur, die ihr gut verknotet, damit die Spannung erhalten bleibt. Dann schiebt ihr an beiden Enden jeweils einen kleinen Stock in Bleistiftgröße unter die Nylonschnüre und habt nun ein Zupfinstrument, das auch bei Wind Töne von sich gibt. Dann stellt ihr diese Windharfe am besten in den Durchzug eines geöffneten Fensters oder auf den Balkon, wartet auf Wind und lauscht dem Klang.

pfad, der nach 50 Höhenmetern flacher wird und uns nach gut 10 Min. an einer Kreuzung links zur **Hütte der Deutschen Bergwacht** ❺ bringt. Die Kinder staunen ehrfürchtig über die senkrechten Felswände, denen wir an der Hütte sehr nahekommen. Der Blick in die Tiefe hält uns davon ab, noch näher heranzugehen.

Dann wenden wir uns wieder der Kreuzung zu und orientieren uns wiederum links, um weiter auf dem Oberen Felsenweg zu bleiben. An der Weggabelung nach gut 50 m wandern wir rechts weiter und ignorieren auch die Felstreppe, die wenig später links abzweigt. Nach einigen Minuten stehen wir vor der **Infotafel über Kolkraben und Wanderfalken** ❻, an der wir uns rechts halten. Links würden wir zu einer abenteuerlichen Felsenbrücke gelangen, die traumhafte Fernsichten bereithält, jedoch nicht immer geöffnet ist.

Wir folgen dem Schild in Richtung Altes Schloss und entdecken nach rund 10 Min. einen weiteren tollen Aussichtspunkt, die **Ritterplatte** ❼ mit einem Pavillon und freien Blicken auf die Burg, die Rheinebene und den Merkur, den Hausberg Baden-Badens mit seinem hohen Sende- und Aussichtsturm.

Wir wenden uns vom Pavillon wieder dem Weg zu und richten uns nach der Beschilderung zum Alten Schloss, dessen Rückseite wir nach ein paar Minuten erreichen. Wir steigen links um das Schloss herum ab und stehen kurze Zeit später wieder am **Schlossparkplatz** ❶.

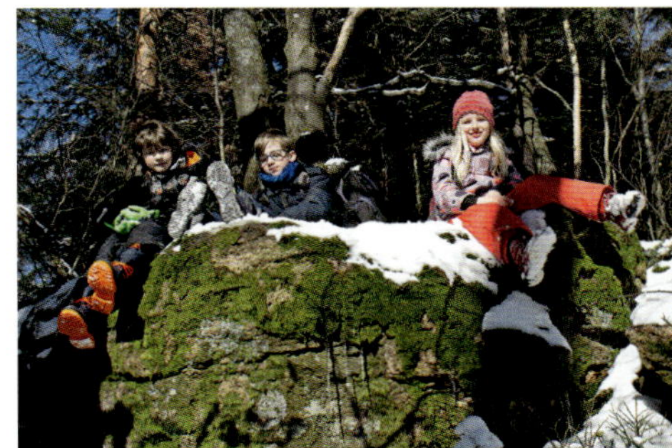

Auf einem massiven Felsblock legen wir eine Vesperpause ein.

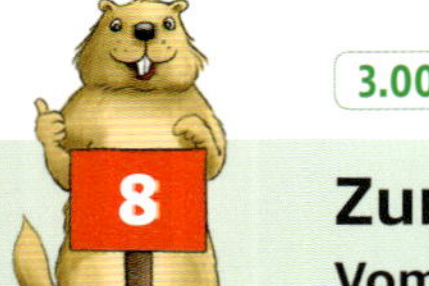

3.00 Std. | 8.0 km | ↗ 330 m | ↘ 330 m | ab 6 Jahren

Zum Geroldsauer Wasserfall

Vom Grobbach über den Kreuzfelsen zum Littersbach

Rundtour im Baden-Badener Stadtwald

Baden-Baden hat neben seinen vielen sehenswürdigen Fleckchen im Stadtgebiet auch jede Menge tolle Wanderungen in den bergigen Wäldern seines Stadtwaldes zu bieten, der der Größte im Land ist und sogar größer als der Wienerwald. Unsere Rundwanderung bringt uns am Grobbach entlang zum Geroldsauer Wasserfall, der besonders im Frühling mit blühenden Rhododendronbüschen und großen moosbewachsenen Granitfelsen wie aus einem Hobbitfilm erscheint. Der Weg führt dann zum Naturdenkmal Kreuzfelsen, von dem man ein tolles Panorama über die bewaldeten Hügel bis in die Rheinebene hat und eine gemütliche Pause einlegen kann, während die Kinder auf dem Felsen herumkraxeln. Der weitere Weg verläuft dann immer bergab vorbei am ehemaligen Hochseilgarten zum Littersbach, an dem die Kinder prima spielen können und der uns bis zum Ausgangspunkt zurückbegleitet.

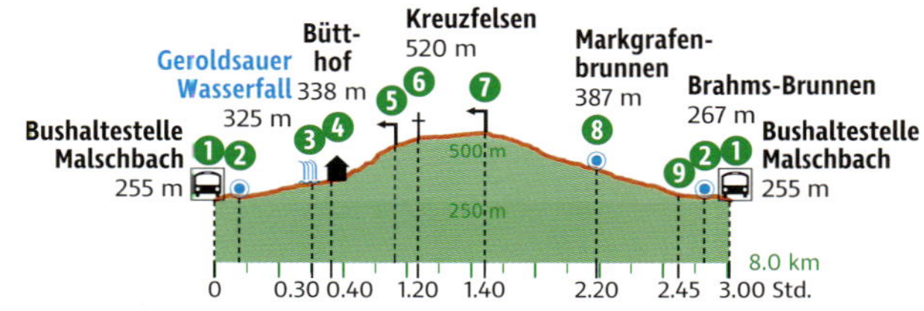

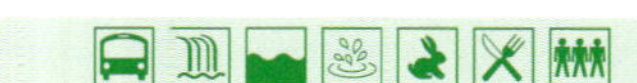

Ausgangspunkt: Bushaltestelle Malschbach, 255 m. Anfahrt ab Baden-Baden Bahnhof mit dem Stadtbus 201 Richtung Lichtental bis Haltestelle Gausplatz, dort Umstieg in den Stadtbus 204 Richtung Malschbach.

Mit dem Auto: Wanderparkplatz Malschbach, 100 m südlich der Bushaltestelle Malschbach, Schwarzwaldhochstraße B500, 76534 Baden-Baden, GPS: N48.720789, E8.242680.

Ausrüstung: Knöchelhohe Wanderschuhe bieten beim steilen Bergaufwandern einen guten Halt und verhelfen den Kindern beim Kraxeln zu einem sicheren Stand. Bitte auch an Handtuch und Wechselkleidung denken.

Anforderungen: Etwas längere Tour mit einem steileren Anstieg in der ersten Tourhälfte.

Einkehr: Waldgaststätte Bütthof, Mittwoch bis Sonntag/Feiertag 11–16 Uhr, Bütthof 1, 76534 Baden-Baden, Tel. +49 7221 73747, www.buetthof.de.

Tipp: Die Wanderung ist im späteren Frühling besonders schön, wenn der Rhododendron blüht.

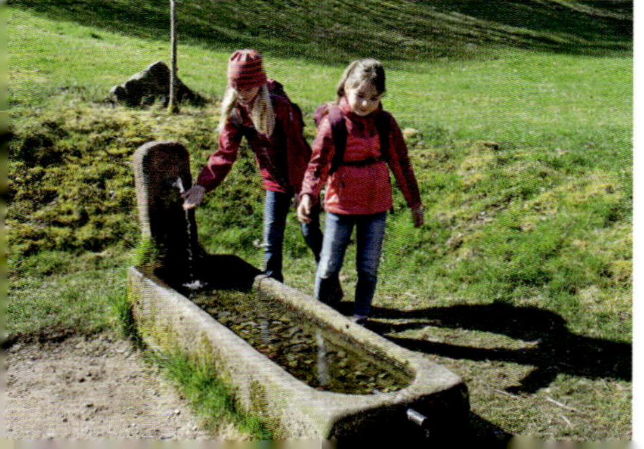

Hier haben auch die berühmten Komponisten Johannes Brahms und Clara Schumann eine Rast eingelegt.

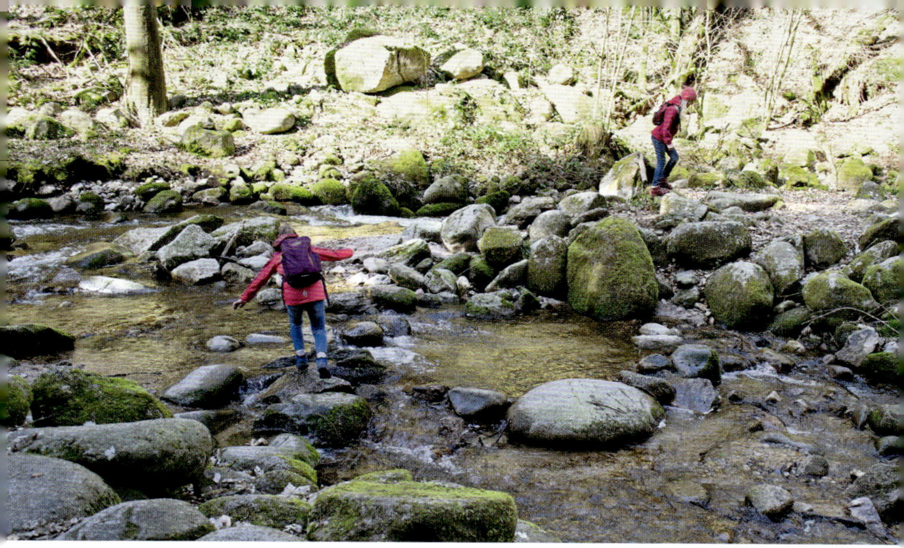

Bei der Überquerung des Grobbaches ist etwas Geschicklichkeit gefordert.

An der **Haltestelle Malschbach** ❶ verlassen wir den Bus, überqueren vorsichtig die berühmte Schwarzwaldhochstraße B500 und gehen rechts auf dem kleinen Wanderpfad bergauf zum Wanderportal Malschbach und den Wanderparkplatz entlang bis zur Weggabelung. Dort folgen wir dem Wegweiser links in Richtung Geroldsauer Wasserfall. Keine 100 m weiter entdecken wir den kleinen unscheinbaren **Brahms-Brunnen** ❷, an dem wir rechts abbiegen und den breiten Wanderweg hinaufwandern. Im frühen Frühling können wir hier auf den Wiesen schon Schmetterlinge und Hummeln entdecken. Gleich darauf zweigt ein kleiner, beschilderter Pfad steil links hinunter zum Wasserfall-Rundweg ab. Den Grobbach können wir von hier oben schon gut rauschen hören. Dann überqueren wir den Bach auf einer kleinen gedeckten Holzbrücke und wenden uns am Wanderschild Grobbach Brücke nach rechts in Richtung des Wasserfalls. Hier können die Kinder herrlich über die kleinen Felsblöcke am und im Bach klettern und so auch die Inseln erkunden, die sich im Bachbett gebildet haben. Die größeren Felsblöcke eignen sich auch gut für kleine Pausen und von der nahe gelegenen Wasserfallstraße hören und sehen wir nichts.

An der Wasserfallhütte, die wir nach einigen Minuten erreichen, verläuft unser Weg erst geradeaus dem großen Wasserfallschild nach und dann nach 30 m rechts über eine kleine Brücke zum Aussichtspunkt am **Geroldsauer Wasserfall** ❸. Sechs Me-

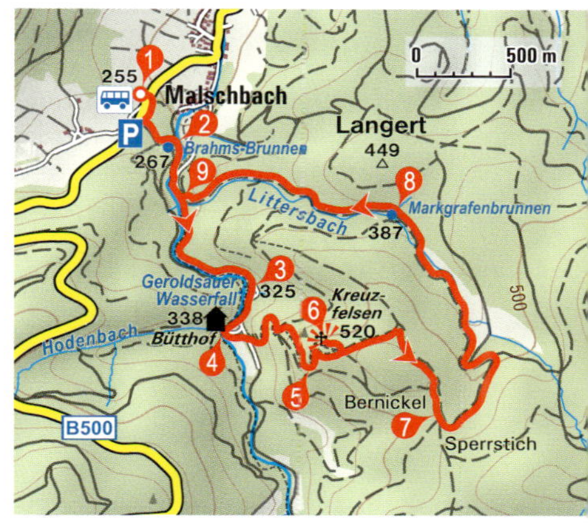

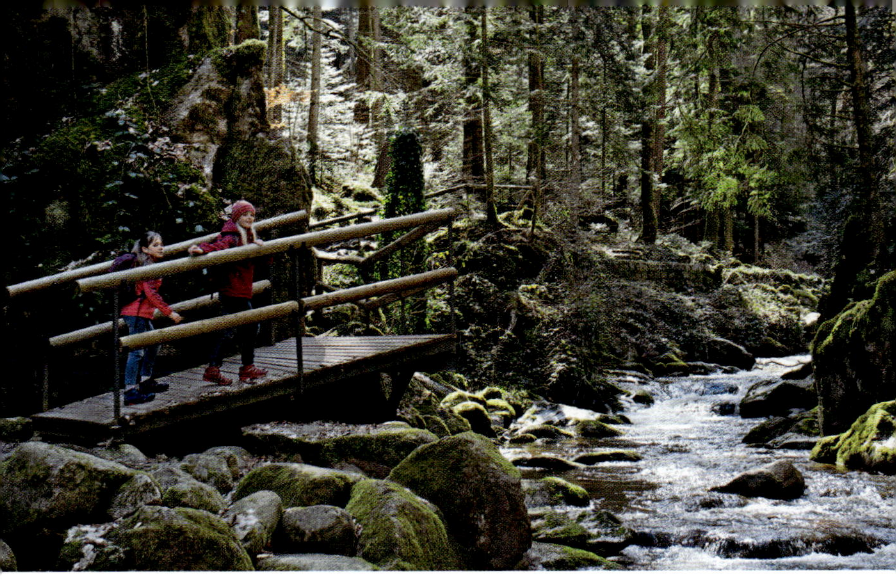

Wir folgen dem abenteuerlichen Flußlauf bergauf, ...

ter tief stürzt der Grobbach in eine große Wanne, in die wir am liebsten hineinspringen würden, und im Frühling verwandeln die Rhododendronbüsche die Umgebung in einen blühenden Zaubergarten.

Wir setzen unsere Tour auf dem Wanderweg fort, der uns auf eine verwegene Brücke über dem Wasserfall führt, von wo wir nochmals einen eindrucksvollen Blick auf die Szenerie haben. Nach kurzer Zeit geht es erneut über den Grobbach, wir halten uns nach der Brücke links und stehen vor der **Waldgaststätte Bütthof ❹**, wo schon vor über 150 Jahren Getränke für Wanderer angeboten wurden.

Am Bütthof biegen wir links über die geteerte Brücke in Richtung Kreuzfelsen ab und kommen nach 100 m auf den Bütthofparkplatz an der Wasserfallstraße. Das Wanderschild leitet uns nun steil bergauf über einen kleinen Serpentinenpfad durch den Fichtenwald, bis wir nach einer Viertelstunde einen Forstweg kreuzen und uns nach der Beschilderung zum Kreuzfelsen richten. Über Stock und Stein bringt uns der kleine Weg parallel zum breiteren Forstweg hinauf, ehe nach 300 m links ein noch kleinerer **Pfad ❺** noch steiler bergauf in einen Buchenwald abzweigt, nur beschildert mit einer kleinen gelben Raute. Nach 5 Min. gelangen wir zur Bernickelfels-Hütte, an der wir links vorbeisteigen und das Gipfelkreuz des **Kreuzfelsens ❻** mit seiner tollen Weitsicht über den Schwarz-

Highlights

- ★ Wir wandern über einen Kilometer am rauschenden Bach über Steine, Brücken und Stege.
- ★ Der Wasserfall erwartet uns mit seiner märchenhaften Kulisse.
- ★ Ein steiler Waldpfad führt zum Kreuzfelsen mit toller Aussicht über das Tal.
- ★ Zottelige Hochlandrinder grüßen aus der Urzeit.
- ★ Der kleine Littersbach begleitet uns lange auf dem Rückweg.

wald und das Rheintal erobern. Genau gegenüber von uns entdecken wir auch den Merkurturm, den man von Baden-Baden aus mit einer kleinen Bergbahn erreichen kann.
Zurück an der Hütte wandern wir nach einer Pause in Richtung Bernickel weiter, um nach rund 10 Min. an der nächsten Wegkreuzung mit der gelben Raute rechts abzubiegen. Wir halten uns nun immer geradeaus auf dem Forstweg, bis wir am **Wanderschild Bernickel** ❼ links in Richtung Wanderparkplatz Malschbach einschwenken. Ein noch breiterer Forstweg bringt uns nun vorbei am steinernen Wegweiser Herrgottstannenweg und einem ehemaligen Waldklettergarten immer geradeaus in Richtung Geroldsau über den Beginn des Littersbaches zu den großen Weiden der schottischen Highland-Cattle-Rinder, die urig-zottelig in der Sonne grasen. Der Littersbach begleitet uns jetzt eine gemächliche knappe Wanderstunde durch

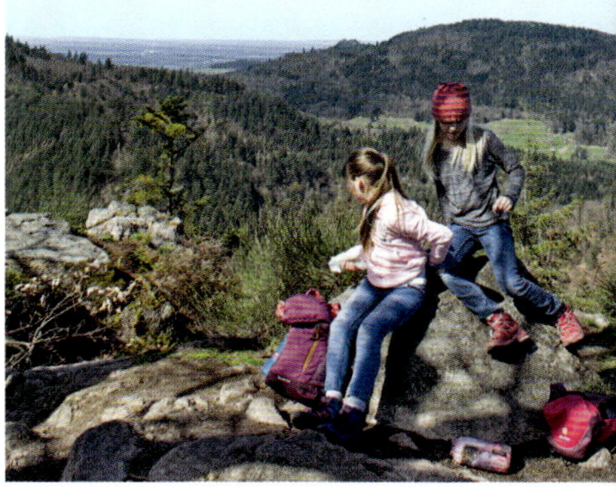

... bis wir auf dem Kreuzfelsen eine verdiente Pause mit Fernsicht genießen.

das kleine Hochtal hinab, vorbei am hölzernen **Markgrafenbrunnen** ❽ bis zur schmalen, geteerten Wasserfallstraße, die wir überqueren und dem großen **Schild zum Geroldsauer Wasserfall** ❾ steil bergab zum Grobbach folgen. Vom Bach aus verläuft rechts der Rückweg zu unserer **Bushaltestelle Malschbach** ❶ wie der Hinweg.

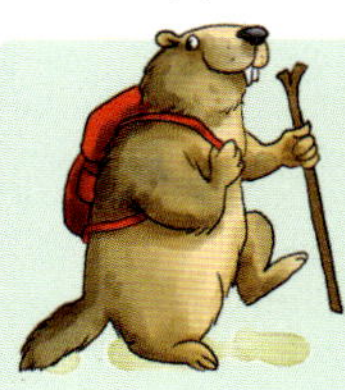

Hallo Kinder,

habt ihr euch schon einmal gefragt, wer die ganzen Wege, auf denen ihr im Schwarzwald wandert, errichtet hat und wer sie hegt und pflegt? Darum kümmert sich seit 1864 der älteste deutsche Wanderverein, der Schwarzwaldverein in Freiburg. Sage und schreibe 24.000 Kilometer ist das Wegenetz groß, das der Schwarzwaldverein betreut. Das bräuchte lange, wenn man das alles erwandern wollte! 300 sogenannte Wegewarte kümmern sich ehrenamtlich darum, dass die Wege begehbar bleiben. Zum Beispiel müssen sie Dornenbüsche wegschneiden, Steinschlag oder Erdrutsche wegräumen, kaputte Brücken und Stege reparieren sowie Leitern und Seilsicherungen prüfen. Außerdem bringen sie neue Wanderschilder oder Markierungen an, damit wir uns gut auf den Wegen zurechtfinden. Zusätzlich bietet der Verein allen Interessierten verschiedene Exkursionen an, die sich mit Natur- oder Heimatkunde befassen, und bildet in einer Wanderakademie staatlich geprüfte Wanderführer aus, die sich dann gut mit Wetterkunde, Orientierung im Gelände, Naturgefahren oder Landschaftsschutz auskennen.

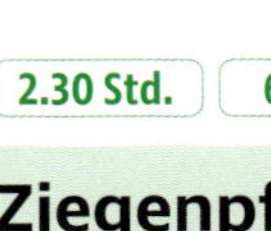

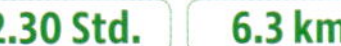

2.30 Std. | 6.3 km | ↗190 m | ↘190 m

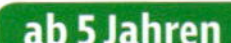

ab 5 Jahren

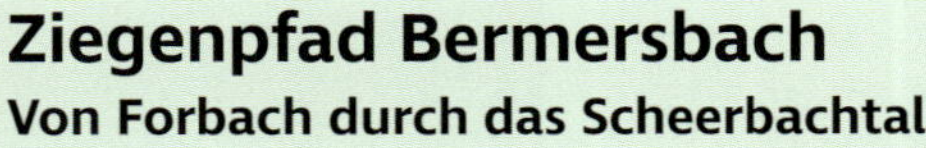

9 Ziegenpfad Bermersbach

Von Forbach durch das Scheerbachtal

Wie Heidi und der Geißenpeter zu den Ziegenweiden

Durch das herrlich grüne, idyllische Scheerbachtal, ein Seitental der Murg, wandern wir von Forbach auf schmalen Bergpfaden zum Ziegenstall in Bermersbach. Dabei erklimmen wir zuerst den Eulenfelsen mit seinem schönen Aussichtspavillon und kommen dann zu den Weiden der Ziegen und auch der Kühe, die hier als Gäste die kleineren Wiederkäuer bei ihrer landschaftspflegerischen Arbeit unterstützen. Dazu gibt es jede Menge interessante und auch spannende Informationen. Zum Beispiel durch welch glückliche Fügung des Schicksals die Ziegen hier im Schwarzwald und nicht im Bauch von hungrigen Löwen gelandet sind (siehe auch »Hallo Kinder«). Der Rückweg nach Forbach verläuft entlang des Scheerbaches über kleine Holzbrücken und mitten durch die Ziegenherden. Also heißt es für uns: Immer gut die Gattertüren schließen!

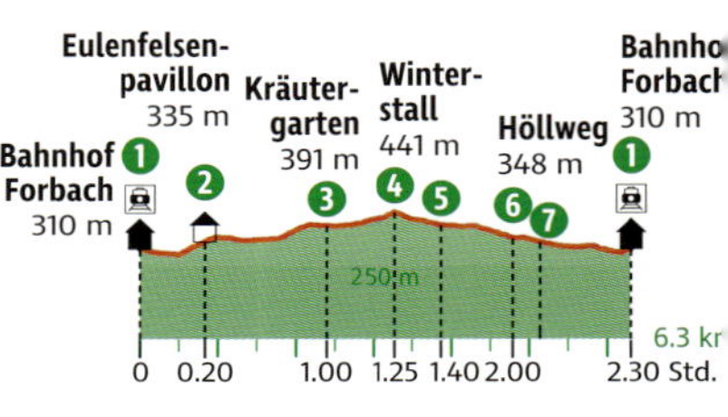

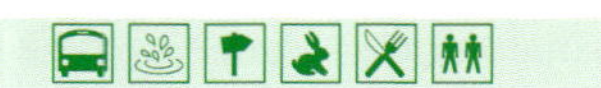

Ausgangspunkt: Bahnhof Forbach Schwarzwald, 310 m. Anfahrt ab Karlsruhe Hauptbahnhof mit der S-Bahn S81 Richtung Bondorf.

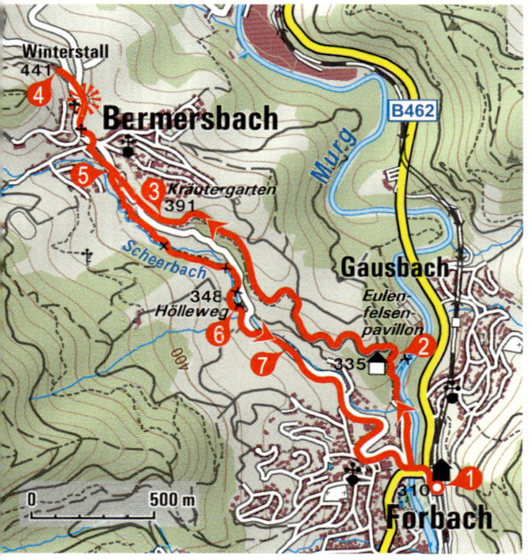

Mit dem Auto: Kostenfreie Parkplätze am Forbacher Bahnhof, Schifferstraße 1, 76596 Forbach.

Ausrüstung: Gut profilierte Wanderschuhe und eventuell ein kleines Handtuch für das Spielen am Bach sind sinnvoll.

Anforderungen: Kurzer, steiler Pfad zum Eulenfelsenpavillon und danach stetig, aber sanft bergauf bis zum Ziegenstall in Bermersbach. Bei Nässe herrscht hier Rutschgefahr.

Einkehr: Leckere Pizza und Pasta zum Ausklang der Wanderung im Ristorante-Pizzeria Schwarzwälder-Italiener am Forbacher Bahnhof; täglich 11–24 Uhr geöffnet, Schifferstraße 1, 76596 Forbach, Tel. +49 7228 8584662.

Tipp: Unter www.ziegenfreunde-bermersbach.de kann man herausfinden, wo die Ziegen zurzeit grasen. Der Verein Ziegenfreunde Bermersbach hält diese Internetseite mit den genauen Standorten der verschiedenen Herden tagesaktuell, mit Verlinkung einer Übersichtskarte auf Google Maps.

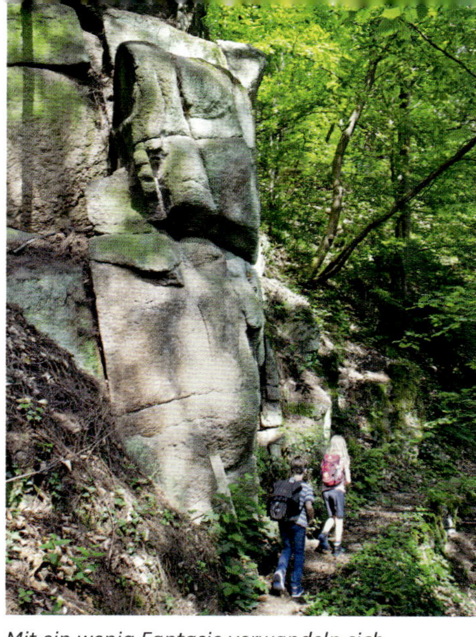

Mit ein wenig Fantasie verwandeln sich die Felsen in steingewordene Eulen.

Am **Bahnhof Forbach** ❶ wenden wir uns rechts zur Brücke über die Murg, überqueren sie mit einem Blick auf die überdachte Holzbrücke und biegen sofort rechts in die Friedrichstraße ein. Gleich darauf geht es nochmals rechts hinunter in die Eulenfelsstraße, die ihren Namen von unserem ersten Etappenziel hat, dem Eulenfelsen. Nach dem Wasserwerk verengt sich die geteerte Straße und geht in einen Weg über, der sich nach 60 m aufgabelt. Wir folgen dem linken Birket-Kirren-Rundweg und steigen in Serpentinen entlang von mit einem Moosteppich überzogenen Felsen und Baumstämmen hinauf zum **Eulenfelsenpavillon** ❷, die wild rauschende Murg steil unter uns. Die skurrilen Granitformationen erinnern uns tatsächlich stark an riesenhafte Eulen. Kurz nach dem Pavillon geht es für uns links in Richtung Hölleweg ab und geradeaus auf dem Forstweg über den nächsten Abzweig hinüber. Vorbei an üppig blühenden und duftenden Bergwiesen erreichen wir bald eine Kreuzung und wählen den Weg rechts hinauf. Nach knapp 200 m verlassen wir den Kiesweg und schlagen uns links in den blau markierten Ziegenpfad.

Beste Wanderlaune und gute Aussichten.

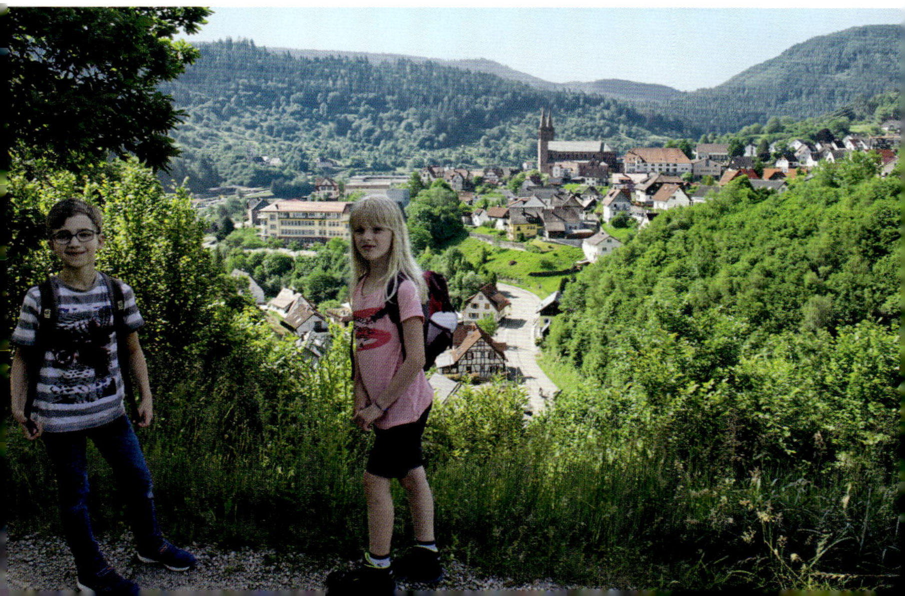

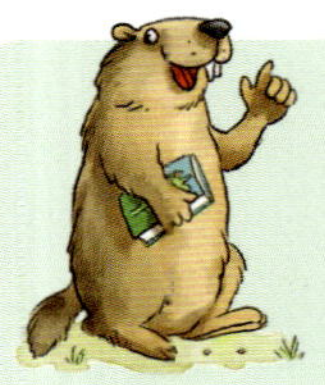

Hallo Kinder,

nur durch ein großes Glück sind vor vielen Jahren die südafrikanischen Burenziegen hier in Bermersbach gelandet. Ein Schiff aus Südafrika sollte Löwen zum Stuttgarter Zoo Wilhelma bringen. Als Futter für die Löwen hatte man lebendige Burenziegen geladen, die ein für Löwen schmackhaftes Fleisch besitzen. Als jedoch die Matrosen des Schiffes die nett anzuschauenden Widerkäuer an die Löwen verfüttern sollten, bekamen sie Mitleid mit den Ziegen und ließen sie am Leben. So wurden zum ersten Mal Burenziegen nach Deutschland gebracht und erreichten über den Stuttgarter Zoo auch das Murgtal. Nicht überliefert ist jedoch, ob die Löwen auf dem Schiff abgemagert im Zoo gelandet sind oder sich doch noch geeignetes Futter gefunden hat.

Hier sind die Farne höher als die Kinder gewachsen und begleiten uns durch den Wiesenhang mit den schönen Aussichten auf das Scheerbachtal und seine kleinen Heuhütten. Dann legen wir am **Kräutergarten ❸** eine kleine Pause ein.

Der schmale Ziegenpfad überquert anschließend die Landstraße und führt uns immer geradeaus ins Dörfchen Bermersbach hinein. Am Ende des kleines Weges biegen wir rechts ab und nach 10 m links in den Pfad zum Parkplatz mit dem Wanderschild Bermersbach. Hier geht es für uns links auf der Straße weiter bergauf in Richtung Panoramaweg, mit Blicken ins Tal und über das Dorf mit dem Friedhof auf einem Hügelrücken. An dieser Stelle nehmen wir kleinere Kinder an die Hand, denn für rund 100 m gibt es keinen Bürgersteig. An der Straßengabelung wandern wir links auf der L79 weiter geradeaus Richtung Baden-Baden und nach weiteren 100 m am etwas eingewachsenen Wanderschild Oberrain erneut links Richtung Panoramaweg. Kurz darauf stehen wir vor dem **Winterstall ❹** der von den Kindern schon heiß ersehnten Ziegen. Wenn keine Ziegen auf den Weiden sind, finden wir sie hier auf jeden Fall vor. Sie wandern vollkommen selbstständig auf die Bergweiden zum Fressen und in den Stall zum Trinken und Schlafen. Nach kurzer Zeit auf der Weide nähern sie sich uns neugierig und schnuppern und stupsen. Vor dem Stall legen wir auf

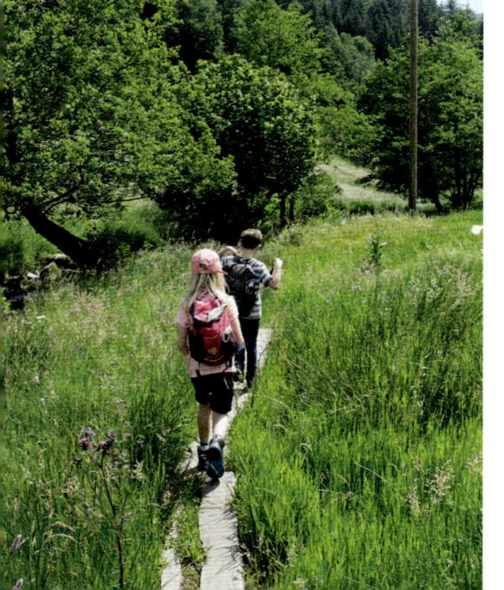

Durch Feuchtgebiete führen uns hölzerne Planken zurück nach Forbach.

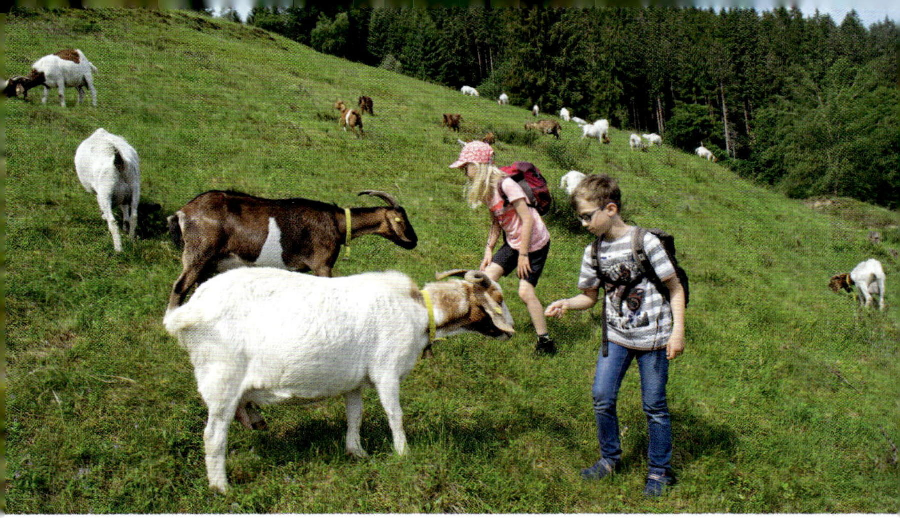

Vorsichtig fressen uns die Ziegen die dargebotenen Gräser aus der Hand.

der Himmelsliege dann noch eine Streichelpause ein.

Unsere Wanderung wendet sich danach wieder zurück in den Ort bis zum kleinen Parkplatz vor der Kreuzung, den wir vom Hinweg kennen. Wir biegen links in den bekannten Pfad ein und finden unten an der Straße das Ziegenpfadschild links hinunter. Der Teerweg geht wieder in einen Wanderpfad über und an der nächsten Weggabelung heißt es für uns diesmal rechts durch das **Ziegengatter ❺** hindurch. Wir begleiten nun den mäandernden Scheerbach auf seinem Weg durch die verschiedenen Ziegenweiden und durch das herrlich grüne Tal, über kleine Brücken und vorbei an den niedlichen Heuhütten. Nach einer guten Viertelstunde biegen wir links in den **Hölleweg ❻** ein, überqueren die Landstraße und halten uns rechts. Für 100 m laufen wir am linken Fahrbahnrand entlang, bevor uns unser Pfad links weiterführt. Hier treffen wir auf eine **Weide ❼** mit schönen, schwarzen und braunen Dexter-Rindern, die seit Jahren den Ziegen bei der Flurbereinigung helfen. Wenige Minuten später endet unser idyllischer Weg am Ziegenpfadtor an der Landstraße, die wir bis zur nächsten Kreuzung entlangwandern. Dort am Straßenschild folgen wir geradeaus der Friedrichstraße, die sich am Klinikum vorbei und mit Blicken auf die große St.-Johannes-Kirche bis zur Murgtalbrücke hinunterschlängelt. Über die Brücke erreichen wir unseren Startpunkt, den **Bahnhof Forbach ❶**.

Highlights

★ Zum Eulenfelsenpavillon steigen wir einen kleinen Urwaldpfad hinauf.

★ Am Ziegenstall und auf den Weiden begegnen wir den gutmütigen Burenziegen.

★ Auf der Himmelsliege vor dem Stall lässt es sich prima Pause machen.

★ Der Ziegenpfad versorgt die Kinder mit vielen interessanten Infos über die Ziegen.

★ Am Schluss der Tour werfen wir noch einen Blick auf die schöne Holzbrücke über die Murg.

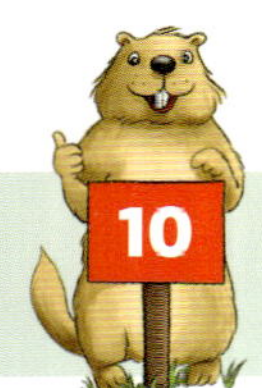

3.00 Std. | 9.0 km | ↗ 110 m | ↘ 110 m | ab 6 Jahren

10 Kaltenbronner Hochmoorseen

Rundweg um den Hornberg zum Wildsee

Auf Holzbohlen durch die Moorlandschaft

Ein einmaliges Erlebnis ist das Wandern auf dem fast zwei Kilometer langen Holzbohlenweg durch das Hochmoor auf dem Kaltenbronn. Kinder lieben es, den schnurgeraden Weg wie auf einer sehr langen Brücke entlangzulaufen und ihrer Fantasie freien Lauf zu lassen. Schon der Start der Tour am Infozentrum Kaltenbronn hält mit einer großen Murmelbahn und dem Wildgehege zwei Attraktionen bereit. Der Weg bis zum Wildsee, dem größten Moorsee Deutschlands, wird vom Naturerlebnisweg mit vielen Stationen begleitet. Im Wald entdecken die Kinder dann überraschend noch einen Trollpfad mit Rätselstationen, den sie aufgeregt erforschen. Nach dem Durchqueren des Hochmoores mit seinen beiden Moorkolken Wildsee und Hornsee ruhen wir uns auf einer Himmelsschaukel am Dobler Blick aus, schauen ins Tal und sammeln Kräfte für die zweite Hälfte des Rundweges. Hier warten ein Steinmännchengarten, ein plätschernder, brauner Moorbach und am Ende natürlich noch mal die Murmelbahn auf die Wanderkinder.

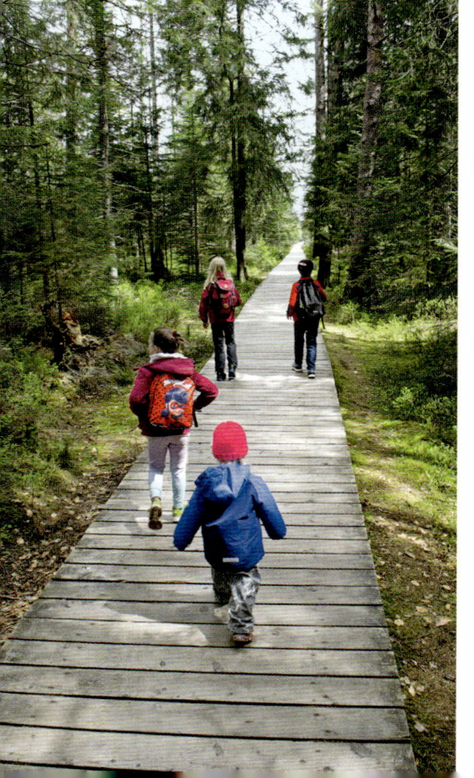

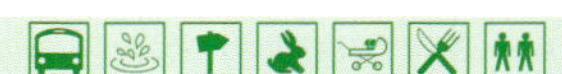

Ausgangspunkt: Bushaltestelle Kaltenbronn, 861 m. Anfahrt ab Bahnhof Bad Wildbad mit dem Regionalbus 722.
Mit dem Auto: Ausreichend kostenfreie Parkplätze stehen am Infozentrum Kaltenbronn zur Verfügung, Kaltenbronner Str. 600, 76593 Gernsbach-Kaltenbronn.
Ausrüstung: Für den Trollpfad sind gut profilierte Wanderschuhe sinnvoll. Ansonsten genügen auf den breiten Wanderwegen Halbschuhe oder Wandersandalen. Geländegängige Kinderwagen sind gut für die Tour geeignet, nur den Trollpfad sollte man dann auf dem Wanderweg umfahren.
Anforderungen: Relativ flache, etwas längere Wanderung mit sanften Steigungen. Im Wald auf dem Trollpfad ist es steinig und kann bei Nässe rutschig sein. Gegen Ende sind auf den breiten Wegen etwas Ausdauer und eventuell ein paar Spiele gefragt.

Den langen Holzbohlenweg durch das Moor lieben die Kinder.

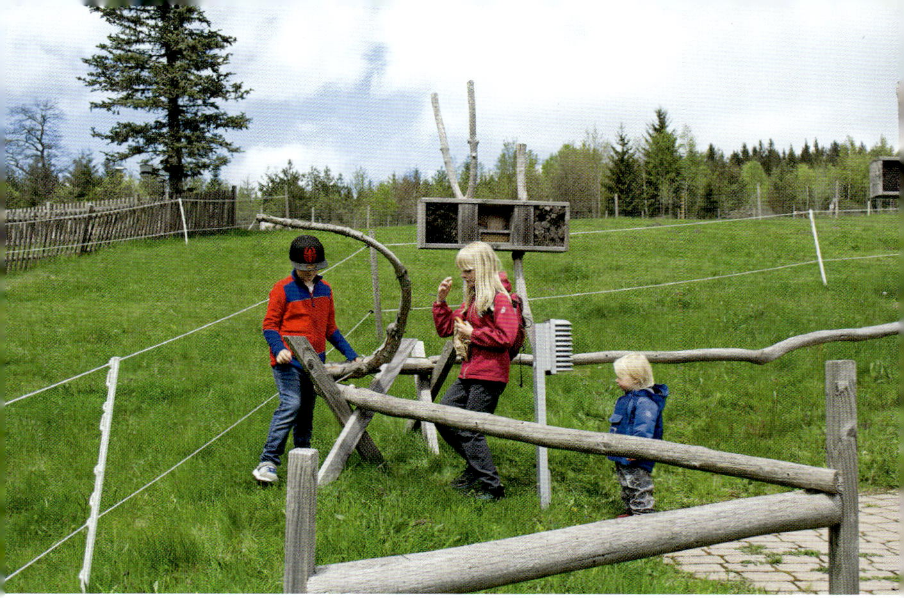

So eine lange Holzmurmelbahn wie am Infozentrum Kaltenbronn bekommen die Kinder nicht alle Tage zu sehen.

Einkehr: Kuchen und Würschtel finden hungrige Wanderer von Mittwoch bis Sonntag von 12 bis 20 Uhr am Hotel Restaurant Sarbacher im Kegelbachstüble, das im Winter auch Skifahrer schätzen; Hotel Sarbacher, Kaltenbronner Str. 598, 76593 Gernsbach-Kaltenbronn, Tel. +49 7224 93390, www.hotel-sarbacher.de.

Tipp: Geschichten über Auerhühner und Heidelbeeren und viele Infos rund um das Hochmoor Kaltenbronn gibt es im Infozentrum Kaltenbronn am Start der Wanderung; geöffnet von April bis November von Mittwoch bis Sonntag 10–17 Uhr, Tel. +49 7224 655197, www.infozentrum-kaltenbronn.de.

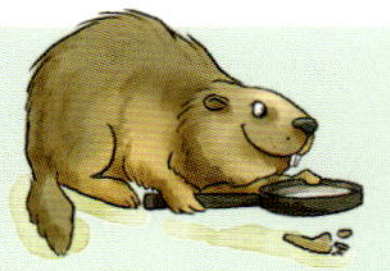

Hallo Kinder,

der Auerhahn ist ein beliebtes Symbol im Schwarzwald. Viele Gasthöfe, Firmen, aber auch Städte führen den stolzen Auerhahn im Namen oder im Wappen, wie Freudenstadt oder auch das Infozentrum Kaltenbronn. Der Auerhahn ist ein besonderer Vogel, schon allein weil er der größte Hühnervogel in Europa ist und mittlerweile leider äußerst selten. Aber wie zählt man eigentlich diese scheuen Tiere? Die Weibchen, die Auerhühner, sind durch ihre geringe Größe und ihre braune Tarnfarbe kaum zu entdecken. Man zählt deswegen nur die Männchen, die sich im Frühjahr meist an einer einzigen Stelle versammeln, um ihre Balztänze aufzuführen. Mit diesen versuchen sie, die Weibchen zu beeindrucken und für sich zu gewinnen. Ende 2021 zählte man dabei im gesamten Schwarzwald gerade noch 114 Auerhähne. Um mehr über diesen Vogel zu erfahren, könnt ihr euch am Infozentrum Kaltenbronn auf den 2,5 km langen Auerhahnsteig machen, siehe Freizeittipp K4.

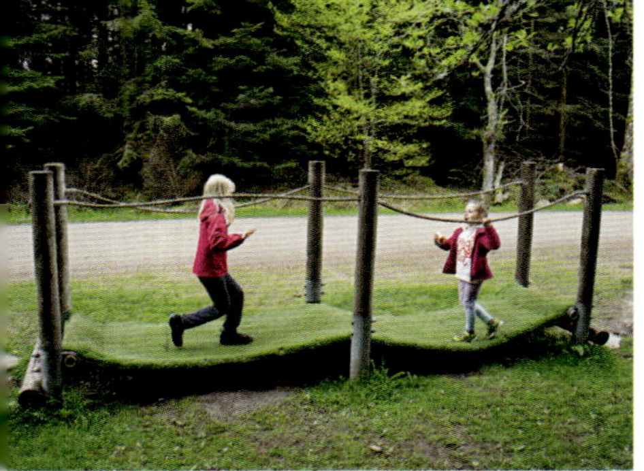

Während einer Wanderpause laden sich die Kinder mit neuer Energie auf.

Highlights

- ★ Wir veranstalten ein Wettrennen auf der Murmelbahn.
- ★ Am Wildgehege lassen sich Hirsche streicheln.
- ★ Auf dem Trollpfad lösen die Kinder Rätsel.
- ★ Auf Holzbohlen laufen wir über das Moor und schauen auf der Genießerschaukel in den Himmel.

Am Ausgangspunkt unserer Runde um den Hornberg, der **Bushaltestelle Kaltenbronn ❶**, überqueren wir die Landstraße und lassen die Kinder am Infozentrum Kaltenbronn die Murmelbahn und die Insektenhotels erkunden. Einige Meter weiter beginnt der beschilderte Wanderweg rechts hinauf in Richtung Wildseemoor. Wir halten uns rechts am Zaun des Wildgeheges und freuen uns über die größeren Hirsche und die kleineren Hirschkühe, die wir nicht füttern sollen, aber gerne streicheln dürfen. Am **Wanderschild Wildgehege ❷** geht es für uns geradeaus, bis wir nach knapp 200 m in den kleinen Kindererlebnispfad links hinauf und in den dichteren Wald hineingeführt werden. Dieser abenteuerliche **Trollpfad ❸** über Stock und Stein durchs Unterholz ist ein Genuss für Groß und Klein und hält viele Rätsel für die Kinder bereit, die gelöst werden wollen. Ungefähr auf der Hälfte des Trollpfades überqueren wir den Forstweg und stehen vor weiteren Rätseln, bis wir wieder auf den breiten Wanderweg geführt werden, der Teil des Naturerlebnisweges Kaltenbronn mit seinen vielen Infostationen ist. Diesem folgen wir geradeaus über eine Wegkreuzung und gelangen zur **Leonhardhütte ❹**, die sich für eine Rast anbietet. Die Kinder können hier an einem Schaukelband das Schwanken von Moorpolsterboden, auch Schwingrasen genannt, nachempfinden. In großen Pfützen sammelt sich rostbraunes Moorwasser und ist Lebensraum für Frösche und Kaulquappen.

Gleich hinter der Hütte beginnt der Holzbohlenweg ins Hochmoor Kaltenbronn und damit auch der Bannwald Wildseemoor, der seit fast 100 Jahren unberührt von Menschenhand wachsen darf und Platz für viele seltene Pflanzen- und Tierarten bietet. Der Bohlenweg durch das nasse Torfmoos ist wunderschön zu laufen und wird von Heidelbeeren, Rauschbeeren, Moorkiefern und vielen Birken begleitet. Nach einer guten Viertelstunde erblicken wir

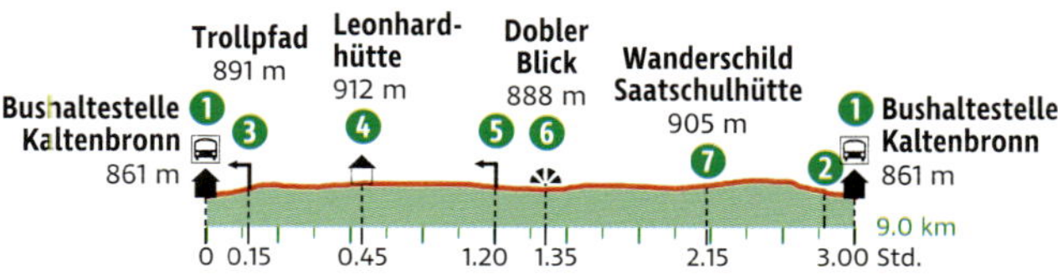

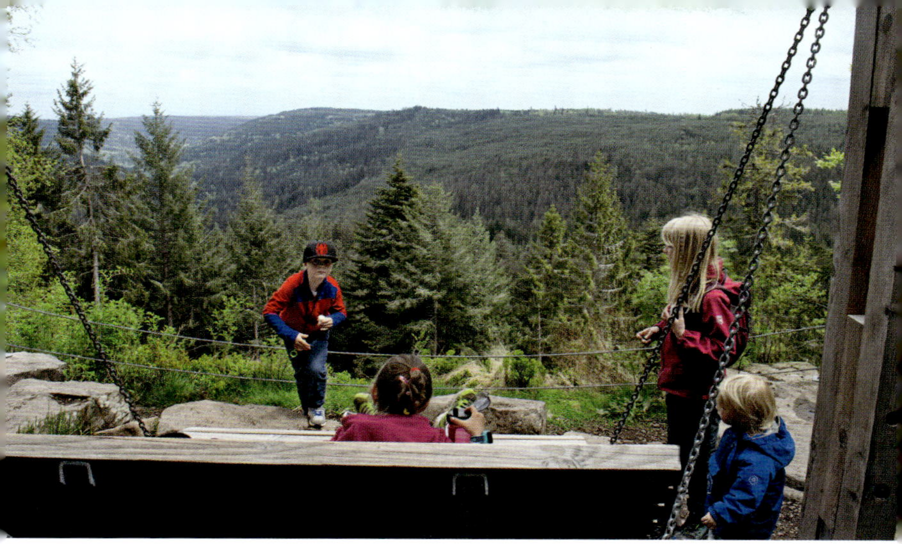

Eine Schaukel in luftiger Höhe.

rechts die Inseln aus Schwingrasen, die auf dem Moorkolk des Wildsees schwimmen. Bis zum Ende des Bohlenweges und gleichzeitig des Naturerlebnisweges sind es nochmals rund 15 Min. an einem plätschernden, braunen Moorbach entlang, dann finden wir uns am **Wanderschild Weißensteinhütte ❺** wieder. Wir biegen links in den breiten Wanderweg ein und steuern unser nächstes Ziel an, den **Dobler Blick ❻** mit der himmlischen Aussichtsschaukel. Für die nächsten zwei Kilometer marschieren wir auf dem festen Forstweg, vorbei an einem großen Steinmännchengarten, dem unsere Kinder liebend gern ein weiteres hinzufügen. Wir bleiben auf der Forststraße, bis wir kurz nach der Brücke über den Seegrabenbach links in einen breiteren Waldweg abzweigen. Am **Wanderschild Saatschulhütte ❼** wandern wir geradeaus weiter auf einem Kiesweg in Richtung Kaltenbronn, passieren gleich darauf die gleichnamige Hütte und bleiben auf dem Weg, bis wir wieder das **Wanderschild am Wildgehege ❷** und die **Bushaltestelle Kaltenbronn ❶** erreichen.

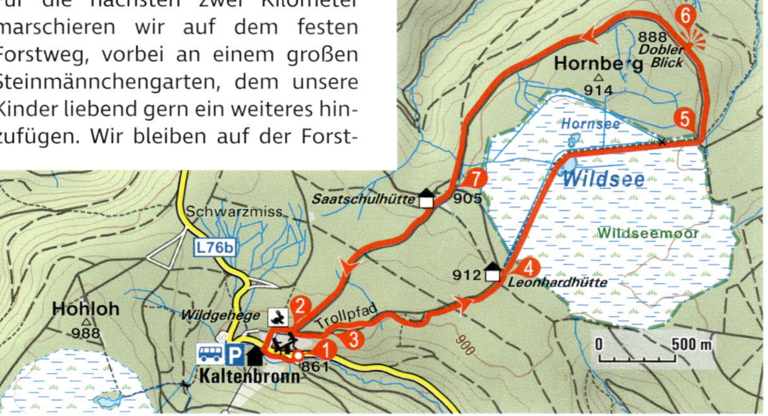

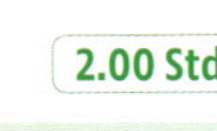

2.00 Std. | 6.1 km | ↗175 m | ↘175 m | ab 5 Jahren

11 Zur Fautsburg

Rundwanderung von Aichelberg

Die vergessene Burg und der abgelegene Schulweg

Von den Pferdekoppeln in Aichelberg pirschen wir auf abgelegenen Pfaden und einem kleinen Stück Landstraße, das zum offiziellen Historischen Fautsburger Rundwanderweg gehört, zur Burgruine Fautsburg. Hier zwischen der Kleinen und der Großen Enz liegt wildromantisch die kleine Höhenburg, die seit über 400 Jahren nicht mehr bewohnt wird. Der 20 Meter hohe Bergfried der Ruine ist der letzte verbliebene Rest der Burg und kann seit einigen Jahren wieder bestiegen werden. Vom Turm haben wir einen schönen Ausblick auf das Tal der Kleinen Enz und die Kinder können sich ins Turmbuch eintragen. Von dort wandern wir zumeist auf schmalen Waldpfaden zum Einstieg in den historischen Schulweg, den die Hünerberger und Aichelberger Schulkinder vor 100 Jahren nehmen mussten, um in ihre Schule zu kommen. Mannshohe Farne säumen den Weg, der mitten durch den tiefen Wald führt. Ob sich die Kinder vor ihrem täglichen Schulweg gefürchtet haben?

Ausgangspunkt: Bushaltestelle Aichelberg (Kr. Calw) Kindergarten, 785 m. Anfahrt ab Bahnhof Bad Wildbad mit Rufbus 420. Bitte Fahrt bis 60 Min. vor Abfahrt unter Tel. +49 7051 968855 oder www.vgc-online.de buchen.

Mit dem Auto: Parken am Sportplatz und Kindergarten Aichelberg, Freudenstädter Str. 9, 75323 Bad Wildbad, GPS: N48.668217, E8.524583.

Ausrüstung: Gut profilierte Wanderschuhe.

Anforderungen: Auf den kleinen Waldpfaden kann es feucht und rutschig sein. Ein kurzer, aber steiler Anstieg über die Fautsburg Richtung Hünerberg erfordert etwas Kondition.

Einkehr: Der Landgasthof Grüner Baum in Aichelberg hat kräftige Hausmannskost im Angebot, von der auch hungrige Wanderkinder satt werden; geöffnet Donnerstag bis Montag 11.30–20 Uhr, Freudenstädter Str. 42, 75323 Bad Wildbad, Tel. +49 7055 1772, www.landgasthof-gruenerbaum.de.

Tipp: Der Wald ist hier im Sommer und Herbst voller Pilze.

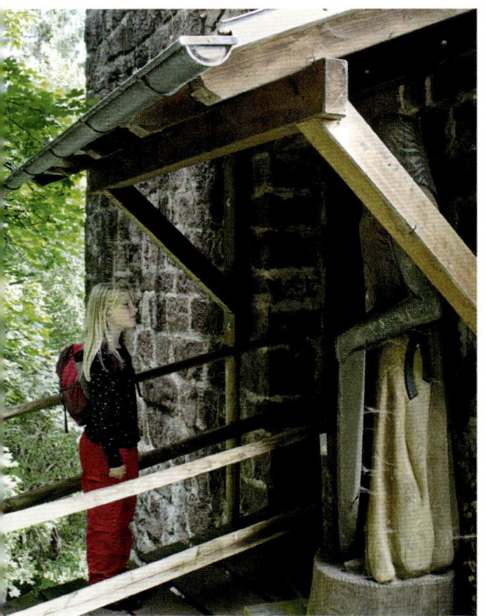

»Wohin des Weges, mein Fräulein?«, scheint der Wächter am Turmeingang zu fragen.

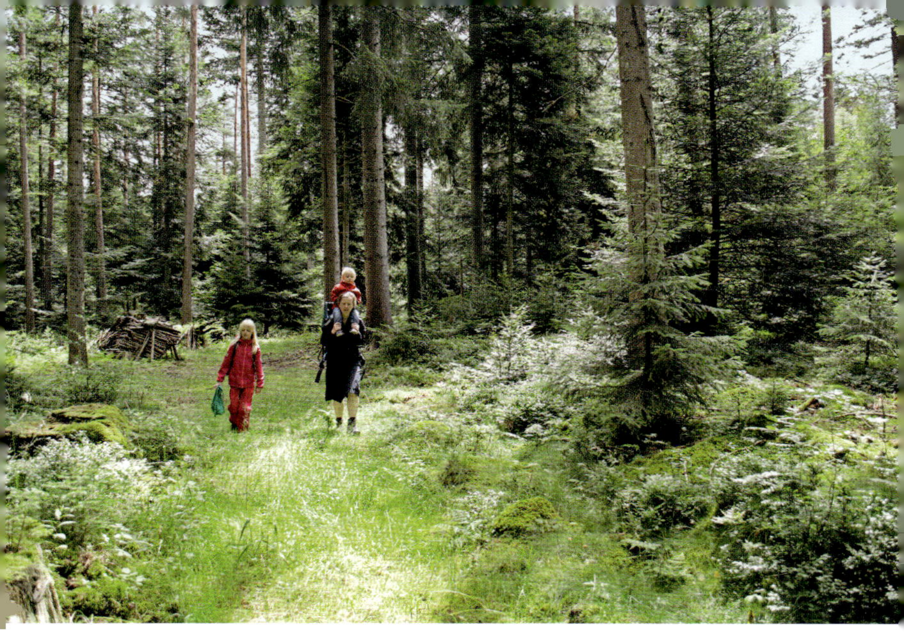

In diesem Wald könnten Rotkäppchen und der »böse« Wolf zuhause sein.

Von der **Bushaltestelle Aichelberg Kindergarten ❶** laufen wir den Waldrand zu unserer Linken leicht bergab am Kindergarten und dem Sportplatz vorbei auf einem Feldweg, bis wir rechts auf eine Teerstraße kommen, die uns nach Aichelberg hineinführt. Am Ende des Schulweges schwenken wir links auf die Freudenstädter Straße und nehmen am Landgasthof Grüner Baum die nächste Querstraße wieder links den Pirschweg, der tatsächlich so heißt.

Die gleich darauf folgende Linksabzweigung ignorieren wir und biegen an der Gabelung 30 m weiter links ab. Wir kommen an einem kleinen Holzhaus mit einem schönen, von Bäumen umgebenen Garten und großen Pferdekoppeln vorbei und marschieren über eine offene Wiese mit kaum erkennbarem **Weg ❷** geradewegs an einem alten Schuppen vorbei in den Wald hinein. Im Wald gehen wir nach gut 50 m rechts an einem Holzstapel vorbei. Nach weiteren 50 m macht der Pfad in den meisten Karten einen Linksschwenk, jedoch ist der **Einstieg ❸** komplett mit kleinen

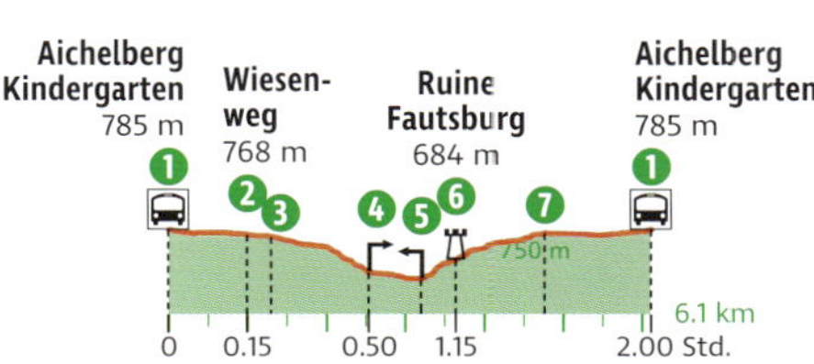

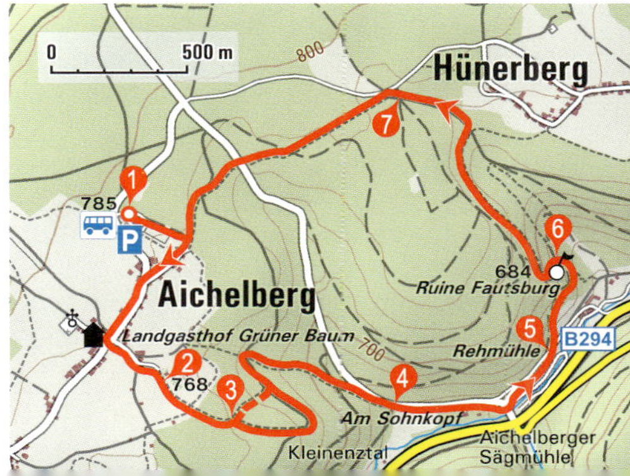

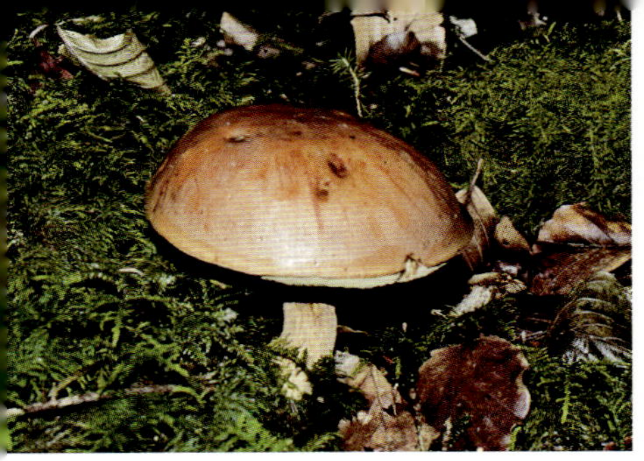

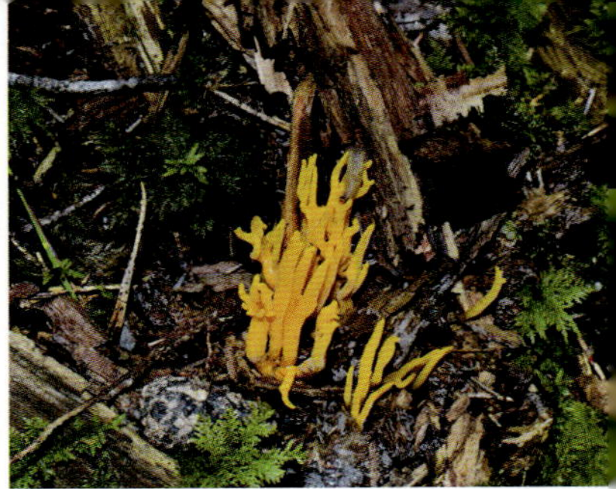

Leckere Steinpilze (re.), aber auch nicht genießbare Hörnlinge (li.) wachsen im Wald.

Tannen zugewachsen und dadurch gut getarnt. Wer es sich zutraut, klettert dort hindurch und folgt dem abenteuerlich unberührten Weg hinab, steigt über umgestürzte Bäume oder klettert unter ihnen hindurch. Wer es einfacher möchte, wandert stur geradeaus den Waldweg runter, bis nach ca. 5 Min. ein Forstweg auftaucht. Wir biegen links ab und nach weiteren guten 5 Min. kreuzt ein kleiner, unscheinbarer Pfad unseren Weg, den wir rechts der blauen Raute hinterher in den dichten Wald steil hinuntersteigen. Kleine Gebüschtunnel und querliegende Baumriesen machen den Abstieg zu einem eigenen, kleinen Erlebnis für die Kinder. Wir kreuzen bald darauf einen weiteren Forstweg, lassen uns aber von der blauen Raute weiter auf dem Pfad leiten. Durch ein Feld mit riesigen Pestwurzblättern kommen wir zu einer kleinen Landstraße und dem **Wanderschild Am Sohnkopf ❹**. Rechts Richtung Fautsburg verläuft unsere Tour nun für 5 Min. an der selten befahrenen Straße auf dem Seitenstreifen, kleinere Kinder nehmen wir zur Sicherheit an die Hand. Auf einem Stück der Historischen Fautsburgrunde führt uns ein alter Teerweg links von der Landstraße weg und oberhalb einer stillgelegten Bushaltestelle zum **Wanderschild Rehmühle ❺**. Wir halten uns links Richtung Fautsburg, wo es für uns einen Waldweg steil bergauf zu

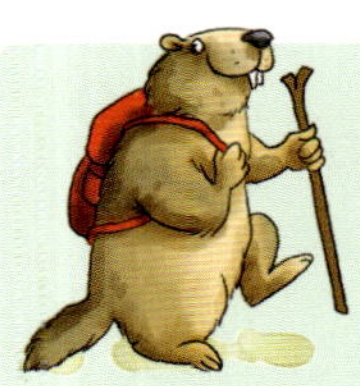

Hallo Kinder,

auf unseren Wanderungen entdecken wir bei feuchtwarmem Wetter oft viele Pilze, von denen wir aber leider nicht immer wissen, ob sie essbar sind. Die alte Faustregel, wonach alle Röhrenpilze essbar sind, stimmt leider nicht, denn es gibt einige seltene Röhrenpilzarten, die sehr wohl auch Gifte enthalten. Wie wäre es denn mit einer geführten Pilzexkursion, bei der die Teilnehmer von einem geschulten Pilzkenner erfahren, wie sie essbare und giftige Pilzarten unterscheiden können? Der Nationalpark Schwarzwald, der Naturschutzbund NABU und viele Volkshochschulen in den Gemeinden bieten geführte Exkursionen an, an denen auch Kinder teilnehmen können. Und findet ihr dann eure ersten eigenen Pilze selbst, seid ihr sicher bald vom Sammelfieber befallen und merkt, wie viel Spaß es macht, Pilze zu suchen und vor allem Pilze zu finden.

erklimmen gilt, bis wir am Wanderschild Fautsburg links die Steinstufen zur **Ruine 6** finden. Ein alter Ritter bewacht den Eingang zum Bergfried der Burg, die seit Jahrhunderten unbewohnt ist und ein beliebter Zufluchtsort missliebiger Adliger war. Erst in den 1960er-Jahren wurde der Turm wieder aufgebaut und erfreut uns mit seiner tollen Aussicht auf das Kleine Enztal.

Hinter der Burg setzen wir die Tour rechts auf einem steilen Serpentinenpfad fort, gekennzeichnet mit einer gelben Raute, der uns zu einer Weggabelung bringt. Wir halten uns rechts Richtung Hünerberg und genießen den schmalen Waldpfad, gesäumt von einer Unmenge an Blaubeeren, Farnen und Pilzen aller Art. Nach einer Viertelstunde, die es größtenteils bergauf geht, stoßen wir auf einen Forstweg, in den wir links einschwenken und nach knapp 10 Min. zu einer **Wegspinne 7** kommen, die wir geradeaus durchqueren. Gleich darauf stehen wir an einer Lichtung vor der Infotafel des alten Schulweges, den wir links einschlagen. Der schmale Pfad verläuft schnurstracks geradeaus durch den Wald, kreuzt erst einen Forstweg, dann eine kleine Landstraße und danach noch einen Forstweg, stets begleitet von einer gelben Raute in Richtung Aichelberg. Sobald wir den Wald verlassen, biegen wir rechts ab auf den Feldweg, der uns zum Ausgangspunkt an der **Bushaltestelle Aichelberg Kindergarten 1** bringt.

Highlights

★ In der alten Fautsburg können die Kinder ihrer Fantasie freien Lauf lassen und Ritter und Burgfräulein spielen, während die Erwachsenen die Aussicht auf das Kleine Enztal bewundern.

★ Die Kinder dürfen ins Turmbuch der Burg malen oder schreiben.

★ Am Wegesrand erkennen kundige Pilzprofis viele Pilzarten.

★ Auf engen, verwachsenen Pfaden schleichen wir durch die Wälder.

★ Auf dem historischen Schulweg durch den Wald staunen wir über den Mut der früheren Schulkinder.

Auf diesem Waldweg gingen früher die Schüler von Hünerberg nach Aichelberg.

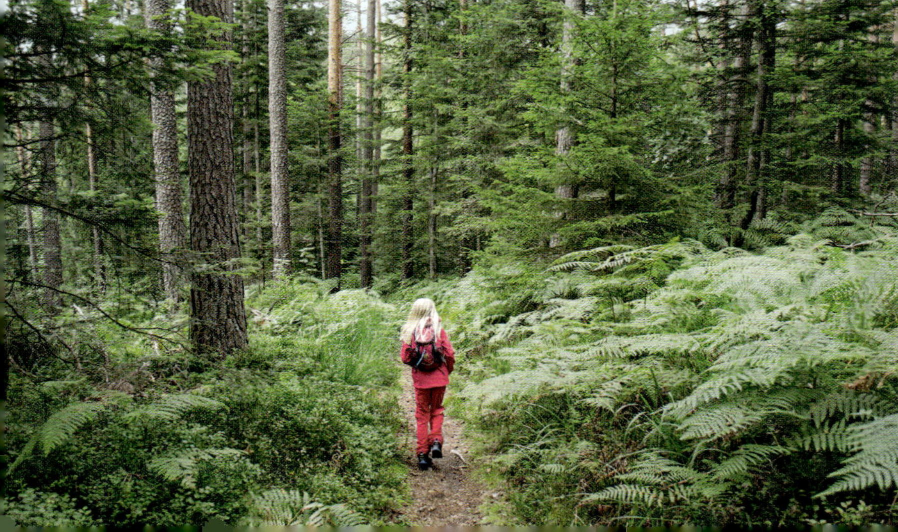

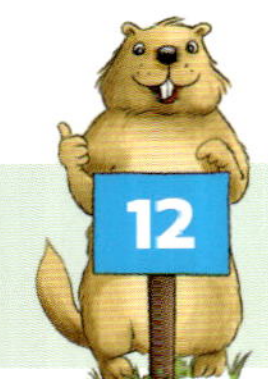

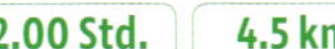

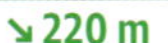

2.00 Std. | 4.5 km | ↗ 220 m | ↘ 220 m | ab 5 Jahren

12 Burg Zavelstein

Rundtour durch das Rötenbachtal bei Bad Teinach

Von Quellen, Bächen und Brunnen

Diese naturnahe und abwechslungsreiche Rundtour verbindet auf kurzer Wegstrecke alles, was wir am Wandern so lieben: Über einen steilen Waldpfad geht es zu einem Aussichtspunkt auf der Wilhelmshöhe und weiter zu einer riesigen, hölzernen Wasserflasche mit Erfrischungsmöglichkeit für jedermann. Von dort wandern wir die von Moos und Farn überwachsene Rötenbachschlucht hinauf und auf der anderen Seite des Baches wieder hinunter, bis uns der Pfad nochmals steil nach oben in das alte Fachwerkstädtle Zavelstein mit seiner Stauferburg und den alten Steinbrunnen bringt. Der abenteuerliche Aufstieg über die Holztreppe auf den 28 Meter hohen Bergfried wird mit einer Rundumsicht auf die Burg, das Städtchen und den Schwarzwald belohnt, bevor wir zum Abschluss den grün verwachsenen Kurpark von Bad Teinach besuchen. Die Kinder streunen zwischen Kaskadenwasserfall, Forellenteich und dem historischen Mühlrad hin und her und haben Riesenspaß an einer Partie Riesenschach.

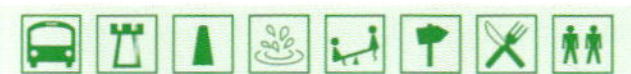

Ausgangspunkt: Bushaltestelle Bad Teinach Kurhaus, 411 m. Anfahrt ab Pforzheim Hauptbahnhof mit der Regionalbahn RB74 Richtung Horb bis Bahnhof Bad Teinach, dort Umstieg in den Regionalbus 635 Richtung Calw.

Mit dem Auto: Kostenloses Parken am Parkplatz, Badstraße 1, 75385 Bad Teinach-Zavelstein. Von dort 500 m zu Fuß zum Ausgangspunkt der Tour. (Oder am Wanderparkplatz Teufelsbrücke, Bad Teinach, GPS: N48.686438, E8.677295. Von dort knapp 200 m zu Fuß an der Landstraße, bis es links hinauf auf einen Forstweg Richtung Mathildenanlage geht.)

Ausrüstung: Gut profiliertes Schuhwerk. Für die Kinder an ein Handtuch und eventuell an Wechselkleidung denken, denn es gibt reichlich Wasserlöcher auf der Runde.

Anforderungen: Kurze Wanderung auf teils steilen Waldpfaden, auf denen es bei Nässe auch rutschig sein kann.

Einkehr: Die urig-moderne Schlossberghütte gehört zum Hotel Therme und bietet feine badische Spezialitäten, deftige Brotzeiten und leckere Süßspeisen; geöffnet von Mittwoch bis Sonntag 11–21 Uhr, Uhlandstraße 50, 75385 Bad Teinach-Zavelstein, Tel. +49 7053 290, www.hotel-therme-teinach.de/de/schlossberghuette.

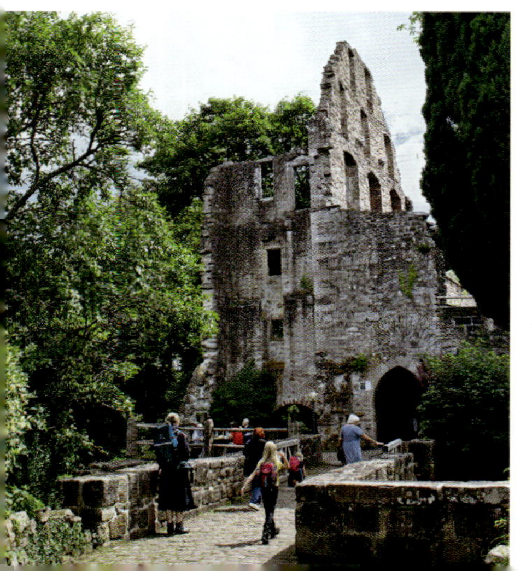

Die romantische Burgruine Zavelstein thront auf einer Bergnase oberhalb des Teinachtales.

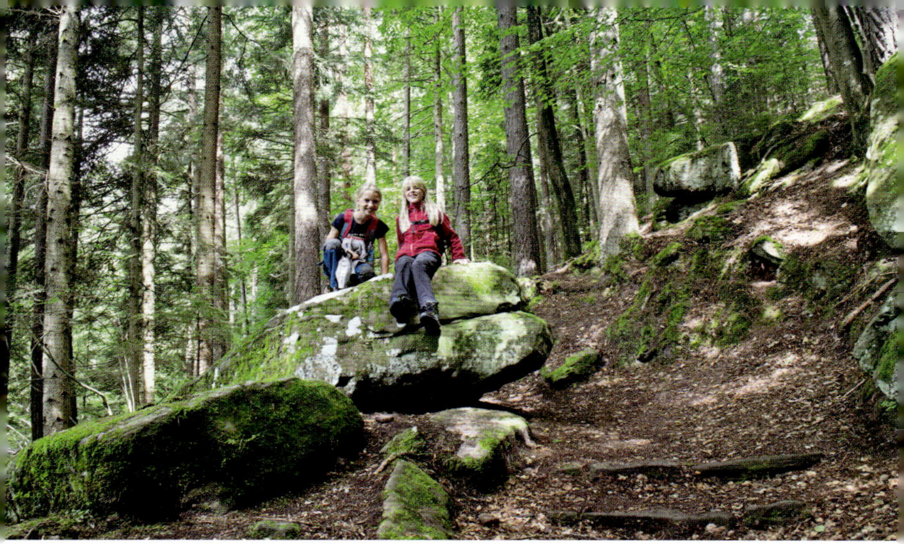

Walfischförmige Felsen sind das Markenzeichen dieses Anstiegs.

Gegenüber dem noblen Thermalbad steigen wir an der **Haltestelle Bad Teinach Kurhaus ❶** aus dem Bus und finden sofort am Wanderschild den Einstieg in die Tour hinauf in Richtung Schlossberghütte. Wir queren einen Weg, kommen zum **Erfrischungsspender ❷** des Wegsponsors Teinacher mit Aussicht auf die Mineralwasserfabrik und 20 m weiter geradeaus zum Einstieg in die Mathildenanlage, benannt nach der ersten württembergischen Königin Mathilde. Am dortigen Wanderschild führt uns rechts ein steiler Pfad hoch Richtung Burg Zavelstein. Auf dem Weg begegnen uns immer wieder Felsformationen, die an Walfische, steingewordene Riesen-Hamburger oder an wilde Fantasiewesen erinnern. Steinerne Sitzbänke laden zum kurzen Pausieren ein, denn früher gab es hier überall Aussicht auf die umgebenden Berge, die Bäume ließ man erst später wachsen. An der nächsten Gabelung wandern wir rechts den flacheren Pfad weiter. Immer wieder tauchen am Wegesrand ältere Infotafeln auf, die uns die hiesigen Waldtiere näherbringen möchten. Das bald folgende **Wanderschild Mathildenstaffel ❸** zeigt uns links den 50 m entfernten **Aussichtspunkt Wilhelmshöhe**, an dem früher ein edler Pavillon für die Adligen stand. Dafür steigen wir ein paar Steinstufen hinab und biegen am Forstweg rechts ab Die Aussicht von der Wilhelmshöhe auf Bad Tei-

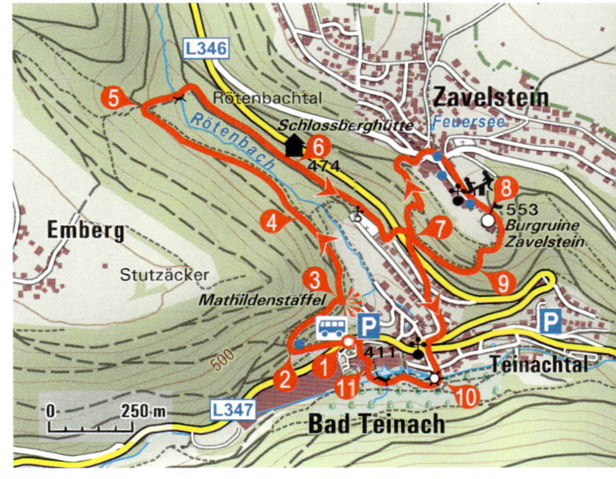

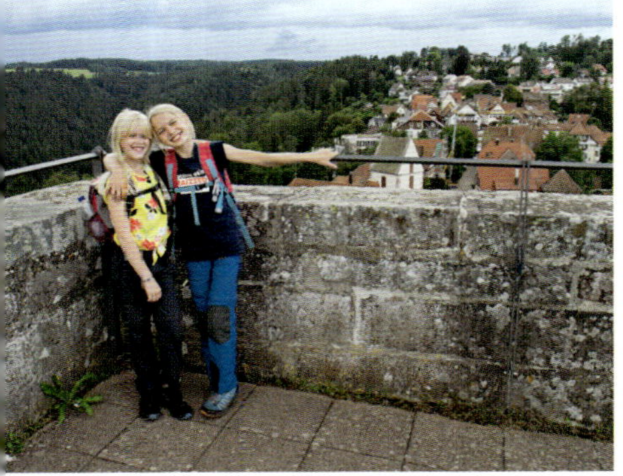

Glücklich auf der Aussichtsplattform des Bergfrieds angekommen.

nach verbinden wir mit einer kleinen Vesperpause im Unterstand und setzen danach unseren Weg auf dem schmalen Pfad vor dem Aussichtspunkt fort.

Nach wenigen Minuten geradeaus wählen wir an einer Gabelung den linken Pfad und schwenken gleich danach rechts auf einen Forstweg ein, der uns zum **Wanderschild Feierabendbrückle ❹** führt. Unser Weg verläuft geradeaus in Richtung Stauwehr immer am leise glucksenden Rötenbach entlang, an dem die Kinder nach Fischen und Wassertieren Ausschau halten. Am **Wanderschild Stauwehr ❺** biegen wir rechts ab in Richtung Burg Zavelstein, überqueren über eine steinerne Brücke den Rötenbach und halten uns am Forstweg rechts, bis wir die **Schlossberghütte ❻** erreichen. Hier kann man gut einkehren, um dann frisch gestärkt weiterzuwandern, denn nach wenigen Minuten zweigen wir am Wanderschild Schlossberghütte links ab und beginnen den Aufstieg zur Burg Zavelstein. Vorbei an langen Trockenmauern und einem malerisch gelegenen Friedhof biegen wir links auf den Pfad, der uns auf dem Teinacher Premiumweg steil nach oben führt. Wir queren die Landstraße und einen Forstweg, steigen auf Stahltreppen über unwegsames Gelände und wählen am **Wanderschild Schlossberg ❼** die linke Variante zur Burg hoch. Wieder treffen wir auf verwegene Felsgesellen, die am Rand der steilen Steinstufen stehen und uns fast bis ganz hinauf begleiten. Wir kreuzen einen weiteren Forstweg und halten uns am beschilderten 5-Minuten-Wegle

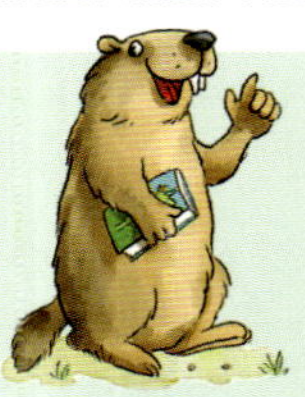

Hallo Kinder,

schon vor über 700 Jahren nutzten die Einheimischen das Sauerwasser im Teinachtal zum Baden und Trinken. Sauerwasser nennt man Wasser aus Mineralquellen, das von Natur aus viel Kohlensäure enthält. Von weit her reisten die Reichen und Adligen des Landes in das Tal, um vom Sauerwasser der Quellen zu trinken und sich heilen zu lassen. Sie ließen Sommerschlösschen, Hotels, eine Trinkhalle und ein Badehaus bauen und bald reichte das Wasser aus der Quelle nicht mehr aus, um den Bedarf zu stillen. So bohrte man in den Jahren 1839 bis 1841 mehrere Löcher in die verschiedenen Gesteinsschichten und stieß in 25 m Tiefe auf kohlensäurehaltiges Wasser, von dem rund fünf Liter in der Minute hervorsprudelten. Man bohrte im Lauf der Zeit noch viele Löcher und heutzutage wird das gewonnene Wasser in Flaschen abgefüllt und verkauft. Ihr kennt es alle unter der Bezeichnung: Sprudel.

rechts in den Ort hinein, wo wir rechts um das große Hotelgebäude herum in die Fußgängerzone mit den schönen Fachwerkhäusern kommen. Den Städtlesbrunnen und den Rathausbrunnen nutzen die Kinder zum Planschen und Spielen, genauso wie das Schulmeisterbrünnele am Spielplatz vor dem zweiten Burggraben. In der **Burgruine Zavelstein 8** erkunden die Kinder alles vom gruseligen Keller bis zum Aussichtpodest auf der Spitze des Bergfrieds.

Nach der Besichtigung dieser gut erhaltenen, sehr alten Burg schlüpfen wir durch einen mit rot-schwarzer Raute beschilderten Ausgang Richtung Bad Teinach durch die Burgmauer und finden rechts den Abstieg hinunter ins Tal, hier noch auf dem Premiumweg »Der Teinacher«. Nach den steilen Serpentinen wenden wir uns auf einem Forstweg erst kurz nach links und verlassen gleich darauf den Teinacher Premiumweg nach rechts hinunter, dem **Wanderschild Burgweg 9** in Richtung Weihreute und Schlossberg folgend. Bald erreichen wir das schon bekannte **Wanderschild Schlossberg 7**, halten uns Richtung Weihreute und an der Landstraße und der Beschilderung links in Richtung Bad Teinach. Im Stadtgebiet schwenken wir kurz links auf die Teerstraße Weihreute, biegen aber kurz darauf rechts ab und gehen den Fußweg und die Treppe hinunter bis zur Uhlandstraße. Dem Straßenverlauf folgen wir bis zur großen Kirche, an der wir die Straße überqueren und geradeaus in die verkehrsberuhigte Spielstraße marschieren. Nach rund 50 m leiten uns die grünen Kurparkschilder rechts über die Teinachbrücke in den Park. Wir schlendern rechts am **Historischen Mühlrad 10** von 1889 vorbei und entlassen die Kinder in die Freuden des abwechslungsreichen und herrlich grünen Kurparks. Hier kann man sich noch mal richtig Zeit nehmen, vielleicht auch in der **Trinkhalle 11** das Mineralbrunnenwasser der Hirschquelle probieren und die königlichen Anlagen und Gebäude genießen. Geradewegs zwischen Kurhaus und Hotel gelangen wir zurück zur **Bushaltestelle Bad Teinach Kurhaus 1**.

Highlights

★ Auf kleinen Pfaden geht es hinauf in das unberührte Rötenbachtal.

★ Wale und andere Fantasiewesen in Form von Gesteinsblöcken warten am Wegesrand.

★ Brunnen, Bäche und Quellen begleiten uns fast auf Schritt und Tritt.

★ Die Mittelalterburg Zavelstein mit ihrem hohen Bergfried ist ein spannender Abenteuerspielplatz für die Kinder.

★ Im Bad Teinacher Kurpark dreht sich nochmals alles ums Wasser.

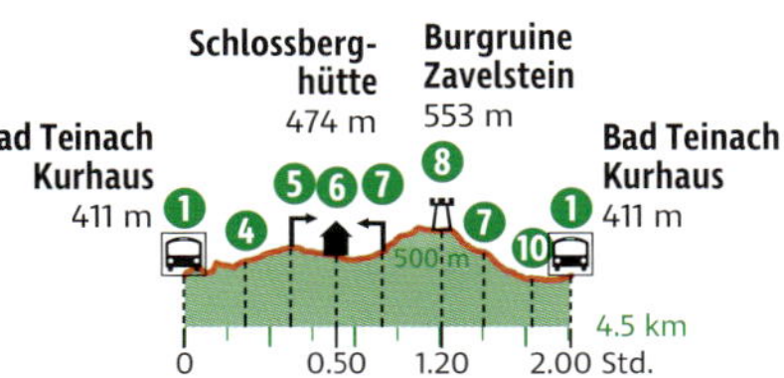

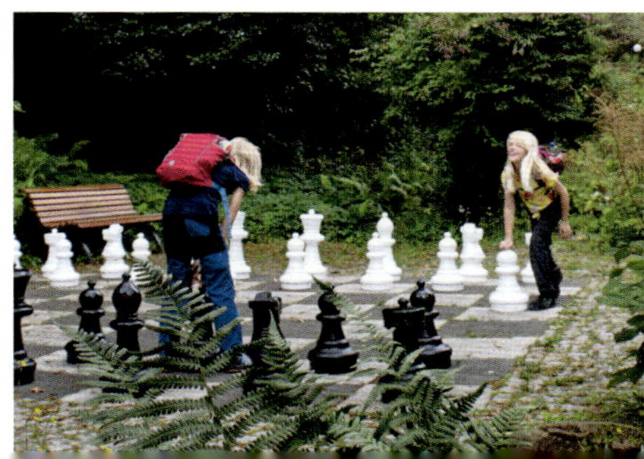

Eine Partie Schach im Kurgarten.

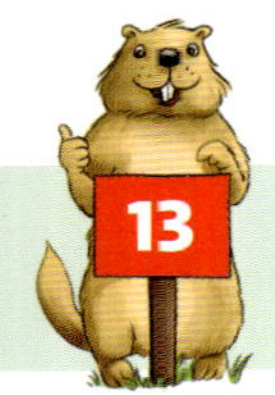

3.00 Std. | 8.1 km | ↗ 220 m | 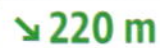 ↘ 220 m | ab 6 Jahren

13 Schloss Altensteig

Entlang der Nagold nach Berneck

Mittelalterliche Burgenwanderung

Je höher wir die Hänge im Städtchen Altensteig im oberen Nagoldtal hinaufsteigen, desto schöner wird die Aussicht auf die mittelalterliche, komplett denkmalgeschützte Oberstadt mit dem Alten und dem Neuen Schloss. Wir wandern oberhalb der Nagold auf grünen Wald- und Wiesenwegen bis Berneck, und staunen über die riesige, 38 Meter hohe Schildmauer, die die Burg Berneck seit Jahrhunderten vor feindlichen Angriffen schützen soll. Unterhalb von Berneck verlockt uns der kleine, idyllische Köllbachsee zu einer ausgiebigen Vesperpause mit See- und Burgblick am Fuße einer 300-jährigen Linde. Auf einem steilen Waldpfad gelangen wir über den Spielplatz in Altensteigdorf in die Oberstadt von Altensteig und besichtigen die einzige bis heute unzerstörte Burganlage im Schwarzwald. Beim Abstieg durch die Mittelaltergassen in die Unterstadt ergeben sich herrliche Blicke auf die Stadt und die Hänge gegenüber.

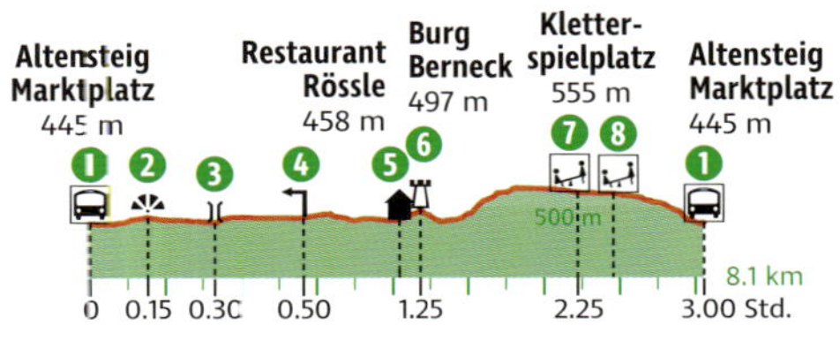

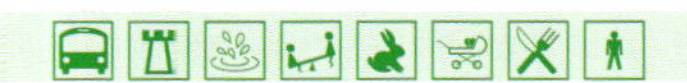

Ausgangspunkt: Bushaltestelle Marktplatz Altensteig, 445 m. Anfahrt ab Freudenstadt Hauptbahnhof mit dem Regionalbus 7938.

Mit dem Auto: Parkhaus am Marktplatz, Poststraße 49/1, 72213 Altensteig.

Ausrüstung: Auf den auch im Sommer teilweise nassfeuchten Wiesenwegen empfehlen sich geschlossene Wanderschuhe. Wer den sehr steilen Anstieg nach Altensteigdorf nicht scheut, kann die Wanderung mit geländegängigem Kinderwagen laufen.

Anforderungen: Die steilen Anstiege sind meist kurz und gut zu bewältigen, im Wald kann der Pfad aber feucht und rutschig sein. Das längere Stück Forstweg ab dem Rondell an der Nagolder Straße überbrücken wir mit Liedern oder Spielen.

Einkehr: Das Restaurant Café Rössle in Berneck unterhalb der Burg bietet regionale und überregionale Küche auf einer großen Sonnenterrasse am Marktplatz; Restaurant Mo–So 12–14 Uhr, So–Do 17.30–20 Uhr, Fr und Sa 17.30–20.30 Uhr geöffnet, Vesper, Kaffee und Kuchen täglich ab 14 Uhr, Tel. +49 7453 932000, www.roessle-berneck.de.

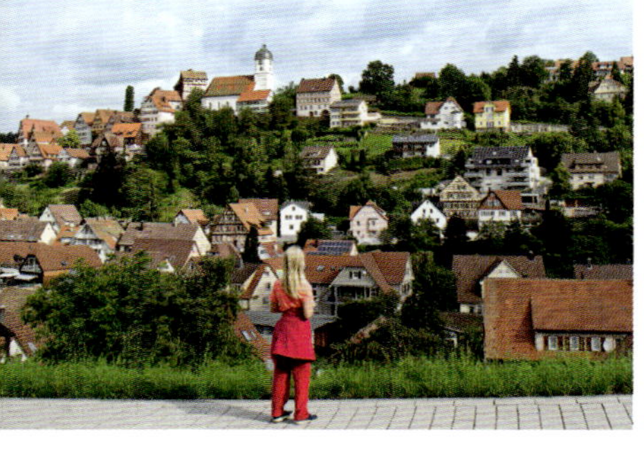

Vom Gegenhang überblicken wir die ganze Stadt bis zum Schloss hinauf.

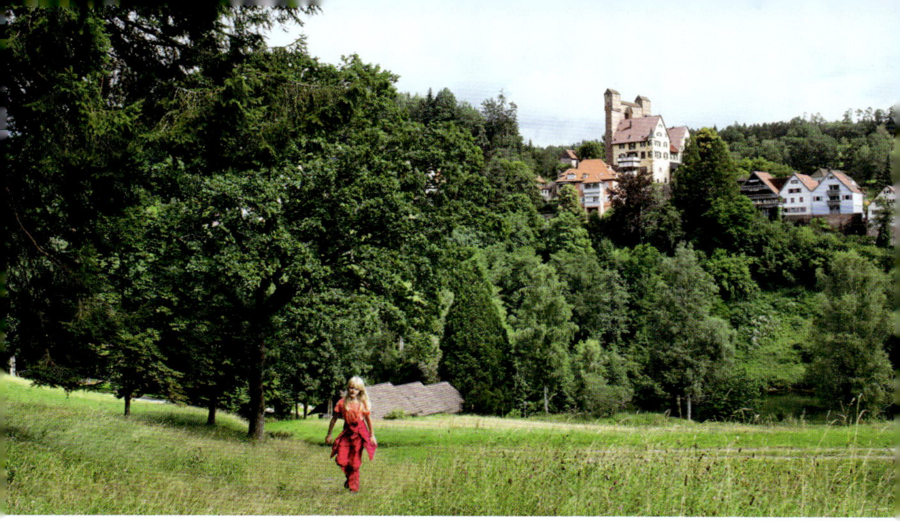

Die eigentümliche Schildmauer der Burg Berneck ist schon von Weitem zu sehen.

Am modernen Rathaus in **Altensteig** ❶ entsteigen wir dem Bus und die Kinder stürzen natürlich sofort zum dazugehörigen Spielplatz mit Brunnenanlage. Jeden Samstag ist hier am Marktplatz vor dem Rathaus ein Wochenmarkt, der mit der historischen Oberstadt im Hintergrund ein idyllisches Bild abgibt. Um einen ersten Eindruck vom Städtchen zu bekommen, gehen wir geradeaus über den Marktplatz und über die Nagold hinüber. Hinter der Brücke biegen wir gleich rechts in eine kleine Gasse direkt am Fluss ein. Nach reichlich 100 m halten wir uns immer rechts dem Weg entlang und überqueren die Nagold über eine schmale Fußgängerbrücke. Wir gehen über die Hauptstraße und biegen halb links in eine Gasse, die uns zum Postplatz führt. Hier verläuft die Straße um eine Kurve links bergauf, wobei wir an Höhe und **Aussicht** ❷ auf die historische Altstadt mit der großen Kirche und dem Schloss gewinnen. Gleich danach dürfen wir die Straße verlassen und links in einen kleinen mit blauer Raute markierten Wiesenpfad in Richtung Kapf abzweigen. Nach einer Viertelstunde geradeaus treffen wir auf die Landstraße und einen Fahrradweg, den wir links hinunternehmen. An einem Wehr geht es durch die Unterführung und gleich darauf links über die große hölzerne **Fußgängerbrücke** ❸ über den Kanal und den Fluss. Wir umrunden den Verkehrskreisel rechts und treffen auf der anderen Seite rechts auf zwei parallel verlaufende Wege. Wir entscheiden uns für den linken, leicht ansteigenden Forstweg mit

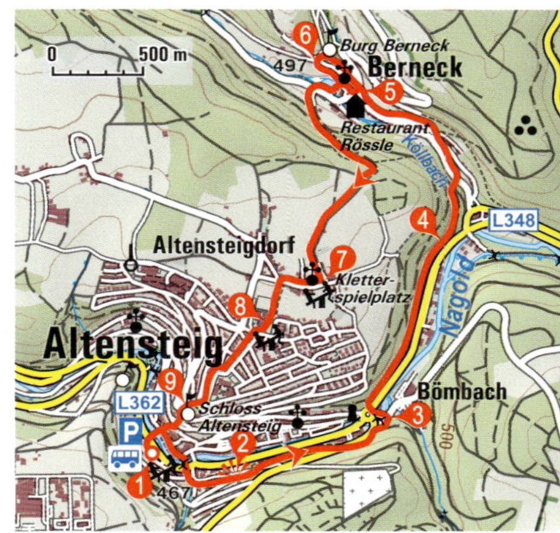

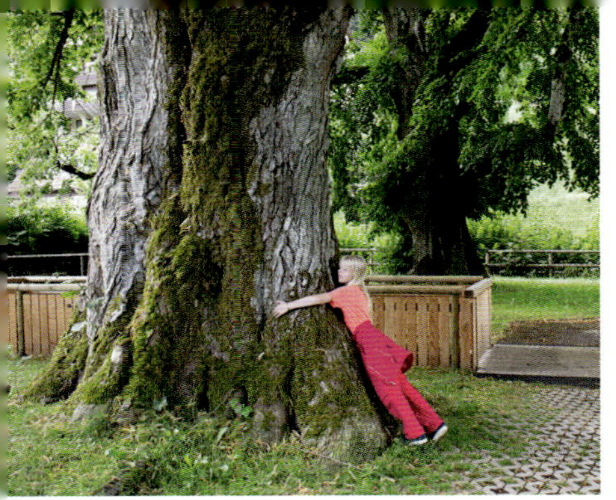

300 Jahre Baum sind schwer zu umfassen. Dafür bräuchte man mindestens sechs Kinder.

Highlights

★ Auf der Route liegen zur Freude der Kinder mehrere Spielplätze.

★ Wir genießen von Anhöhen aus herrliche Ausblicke auf Altensteig und Berneck.

★ Die historische Altstadt, Schloss Altensteig und Burg Berneck versetzen uns ins Mittelalter zurück.

★ Die herrliche Rast unter einer mächtigen, 300 Jahre alten Linde vergessen wir nicht so schnell.

der gelben Raute, man könnte aber auch den Radweg nutzen. Die nächsten 20 Min. bleiben wir auf dem breiten Forstweg durch den Wald und spielen mit den Kindern »Ein Hut, ein Stock, ein Regenschirm«, falls Langeweile einsetzen sollte. Bald stehen wir am **Wanderschild Berneck Bahnhof** ❹ mitten im Wald und folgen hier einem langsam breiter werdenden Pfad links nach Berneck, unserem Ziel. Wir kreuzen anschließend einen Forstweg und schlagen uns in den zugewachsenen Pfad hinein, in Richtung ausgeschildertem Marktplatz und Schloss. Vorbei an Himbeersträuchern bringt uns der Wiesenweg zum Bürgersteig an der Hauptstraße, den wir nach knapp 100 m wieder verlassen und rechts über eine Brücke zur Neuen Straße hinaufsteigen. Hier halten wir uns links und begleiten den plätschernden Köllbach für gute 5 Min., bis wir wieder in die Hauptstraße einschwenken und den Marktplatz mit dem **Restaurant Rössle** ❺ erreichen. Geradeaus auf Kopfsteinpflaster und steil hinauf verläuft nun der Weg zur Burg Berneck, während wir zu unserer Linken den kleinen Köllbachsee unter uns liegen sehen. Nach 100 m steigen wir rechts eine Treppe hoch und gehen links die Kirchgasse weiter, bis wir vor der riesigen 38 Meter hohen Schildmauer stehen, die die **Burg Berneck** ❻ im Mittelalter vor Angriffen schützen sollte. Besichtigen lässt sich die Burg leider nicht, denn sie ist seit dem 14. Jahrhundert im Privatbesitz des Adelsgeschlechts von Gültlingen. Wir kehren deshalb um, nehmen den Kopfsteinpflasterweg rechts hinunter zum **Restaurant Rössle** ❺ und kommen hinter dem Restaurantparkplatz zum idyllischen **Köllbachsee**, wo wir unter gutmütiger Beobachtung durch Enten und Eichhörnchen an einer mächtigen 300 Jahre alten Linde eine Vesperpause einlegen können.

Danach wandern wir über das Brückenwehr, queren am Wanderschild die kleine Landstraße und steigen nun immer der schwarz-roten Raute hinterher in Richtung Altensteigdorf hoch, vorbei an einer herrlichen Schmetterlingswiese und mit einem tollen Blick auf Berneck mit seiner Burg. Wir kreuzen mehrere Wege, und der Forstweg wird dabei zu einem schmalen Pfad, der bald aus dem Wald herausführt und uns auf einer kleinen Teerstraße auf eine weit ausladende Anhöhe entlässt. Vorbei an großen Blumenwiesen,

Statt Pause machen ist für die Kinder Klettern angesagt.

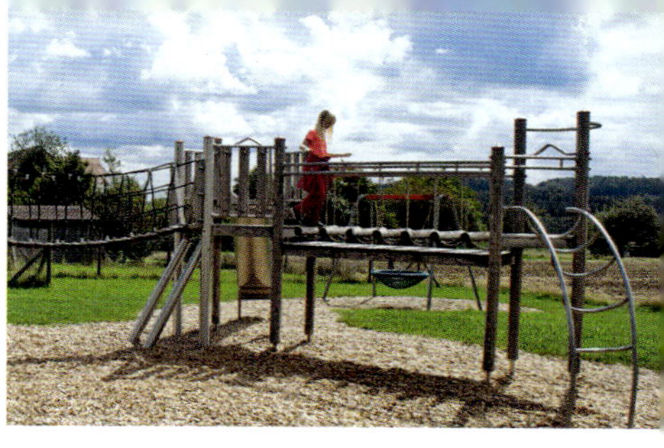

Feldern und einem Hühnerstall marschieren wir geradeaus nach **Altensteigdorf** hinein, wo wir am Ende der Straße rechts einbiegen und links einen tollen **Kletterspielplatz 7** entdecken, den die Kinder sofort ausprobieren. Dann kommen wir an einem Backhaus vorbei, wo man noch mit einem Holzofen sein eigenes Brot backen kann, und biegen an der nächsten Gelegenheit links in einen kleinen Weg, gekennzeichnet mit der schwarz-roten Raute. Vorbei an Hühnern und Pferden nehmen wir an der Weggabelung rechts den Weg zum **Spielplatz der Markgrafenschule 8**.

Wir halten uns nach dem Spielplatz erst rechts und zweigen gleich darauf links in den Markgrafenweg, dem wir bis zum Ende folgen. Dort geht es für uns links auf der Lerchenstraße bis zur Speidelstraße weiter. In diese biegen wir rechts ein und stehen auch schon vor dem Schlossgarten des **Alten Schlosses 9** und seinem Amphitheater. Durch das Burgtor hinter der Brücke gelangen wir ins Burginnere und besichtigen ausgiebig den Wehrgang, die kleine Feldschmiede und den Kräutergarten.

Hinter der Burganlage führen Treppen hinunter auf die Kirchstraße, in die wir rechts einbiegen und die nächste Treppe gleich links hinunter für uns bereitsteht. Wir schlendern nun auf den folgenden Treppen immer weiter steil bergab durch die historische Altstadt mit ihren sehenswert erhaltenen Giebelhäusern und staunen über das Panorama mit der Stadt und den Bergen dahinter. Schließlich enden die Stufen im Badergässchen, durch das wir geradeaus weiter zur **Bushaltestelle Marktplatz 1** zurückkehren.

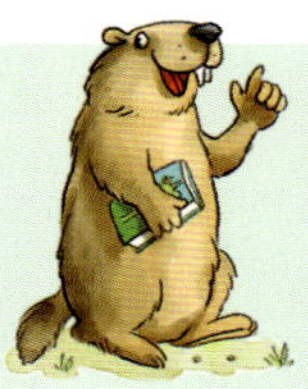

Hallo Kinder,

sicher habt ihr so eine spezielle Burg noch nicht zu Gesicht bekommen wie die Höhenburg Berneck mit ihrer gigantischen Schildmauer. Diese Schildmauer schützt nur eine Seite der Burg, und zwar die Seite, von der die feindlichen Angriffe mit Wurfgeschossen erfolgen konnten. Die anderen drei Seiten wurden mit einer normalen Ringmauer befestigt. So hat man also schon damals sicher und kostengünstig gebaut. Erst nachdem man die riesigen Steinschleudern noch stärker und größer bauen konnte, wurde auch die Mauer nachträglich erhöht. Schließlich erreichte die Mauer eine Höhe von stolzen 38 Metern und war dadurch schon von Weitem sichtbar. Natürlich gab es an der Mauer auch einen Abort-Erker, also eine Toilette, in der die Fäkalien hinter der Burg abgelassen wurden, und einen Pech-Erker, von dem aus Feinde mit heißem, flüssigem Pech begossen werden konnten.

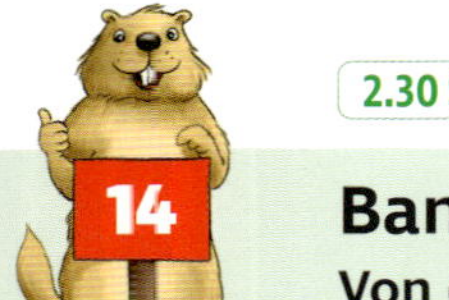

2.30 Std. | 7.4 km | ↗190 m | ↘190 m | ab 5 Jahren

14

Bannwald Enzklösterle

Von der Enzquelle zum Urwalderlebnis Bärlochkar

An der heidelbeerblauen Großen Enz

Von der Enzquelle in Gompelscheuer bringt uns ein kleiner Waldweg hinein in den Bannwald und zum Urwalderlebnis Bärlochkar. Einzig der schmale Wanderweg durch den Bannwald wird von Ästen und Bäumen freigehalten, ansonsten wandern wir auf diesem Erlebnispfad im oberen Enztal ein gutes Stück durch unberührte Natur, denn seit fast 30 Jahren darf hier kein Baum mehr gefällt oder gepflanzt werden. Von der Forellenzucht Petersmühle führt uns eine kleine Teerstraße zum Einstieg in den Pfad nach Gompelscheuer, der direkt an der Großen Enz entlangläuft und uns mit meterhohen Heidelbeersträuchern verwöhnt, die den Kindern fast in den Mund wachsen.

   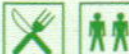

Ausgangspunkt: : Bushaltestelle Gompelscheuer, 673 m. Anfahrt ab Pforzheim Hauptbahnhof mit der S-Bahn S6 bis Bad Wildbad, dort Umstieg in den Regionalbus 7780 Richtung Freudenstadt.

Mit dem Auto: In Gompelscheuer gibt es keine ausgewiesenen Parkplätze, man parkt am besten in einer Seitenstraße.

Ausrüstung: Profilierte Wandersandalen oder Wanderschuhe. Ein Handtuch trocknet die nassen Füße vom Spielen am Bach. Bitte Vesper einpacken, der Forellenhof hat nur zwei Tage in der Woche geöffnet.

Anforderungen: Die Tour zeichnet sich durch flache Anstiege aus, jedoch gibt es auf dem Urwalderlebnispfad und auf dem Wiesenweg an der Großen Enz entlang mehrere steinige Wurzelwege zu bewältigen, dadurch ist ein Kinderwagen hier ungeeignet.

Einkehr: Der Biergarten Petersmühle liegt direkt an den Forellenteichen, bei schlechtem Wetter geht es ins Fischerstüble, wo man sich Räucher- oder Grillforelle schmecken lässt; geöffnet von Mai bis Oktober nur Do und So 11–16 Uhr, Petersmühlenweg, 75337 Enzklösterle, Tel. +49 7085 7431, www.forellenzucht-klaiber.de.

Tipp: Nur rund 1,5 km zu Fuß sind es vom Bus zur Riesen-Rutschbahn Poppeltal (s. Freizeittipp G4) mit Kleinkinder-Freizeitpark.

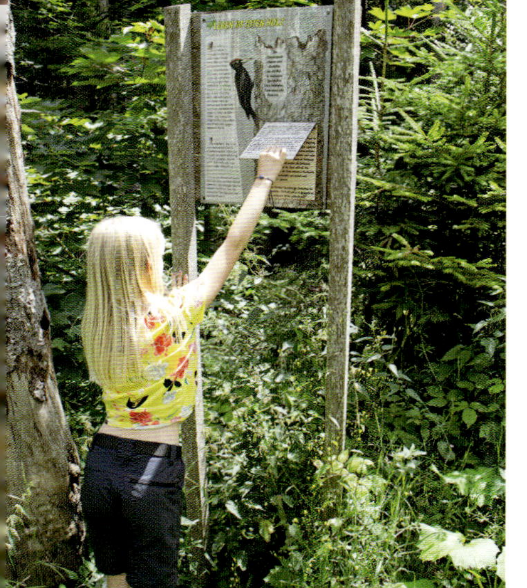

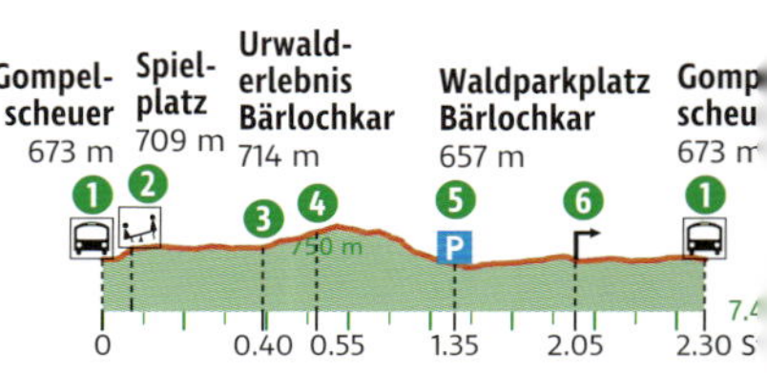

Station am Erlebnispfad.

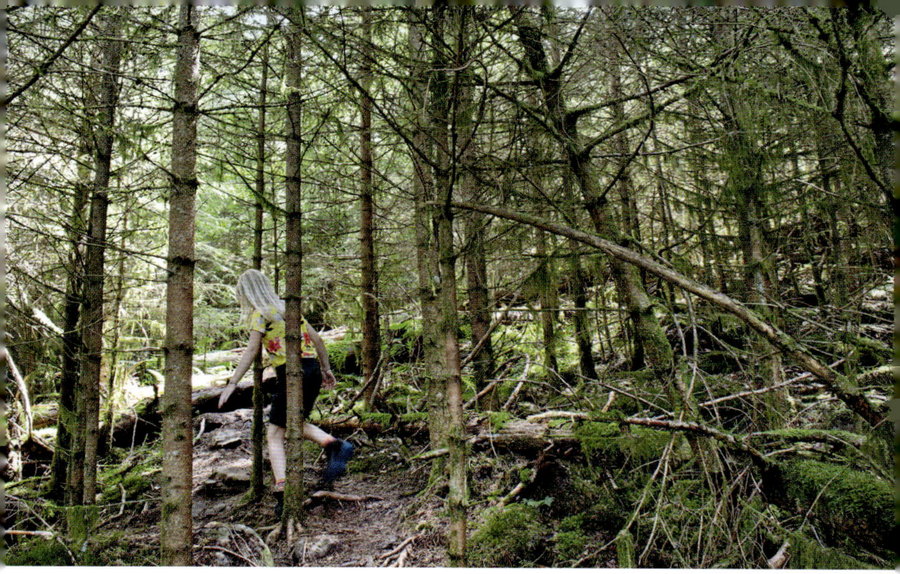

Man merkt, dass hier seit 30 Jahren nicht mehr ordentlich aufgeräumt wurde.

Inmitten des beschaulich kleinen Weilers steigen wir an der **Haltestelle Gompelscheuer ❶** aus dem Bus und sehen uns einige Meter hinter der Brücke zuerst die Quelle an, aus der die Große Enz entspringt. Immerhin wird der Fluss noch über 100 km lang, bis er in den Neckar fließt. Wir gehen wieder zurück über die Brücke und wandern links den Schulweg hinauf, kommen am alten Schulhaus vorbei und halten uns danach an der Gabelung rechts. Ein Wanderschild mit gelber Raute zeigt uns den Weg nach Enzklösterle, durch die wunderschönen Gärten auf einem Wiesenweg und vorbei am **Wiesenspielplatz ❷**. Gleich darauf folgen wir links der gelben Raute in den Bannwald hinein. Der kleine Waldpfad ist zur Freude der Kinder gesäumt mit Heidelbeersträuchern, die fast den ganzen Waldboden bedecken und sich mit Pilzen und moosüberzogenen Felsen abwechseln. Wir überqueren einen Forstweg und steigen weiter bergauf, bis wir einen breiten Forstweg und den Beginn des **Urwalderlebnisses Bärlochkar ❸** erreichen. Auf der ersten Tafel wird den Kindern etwas über den Bannwald Bärlochkar und dessen Namensgebung verraten. Einige Hinweistafeln später biegen wir vom

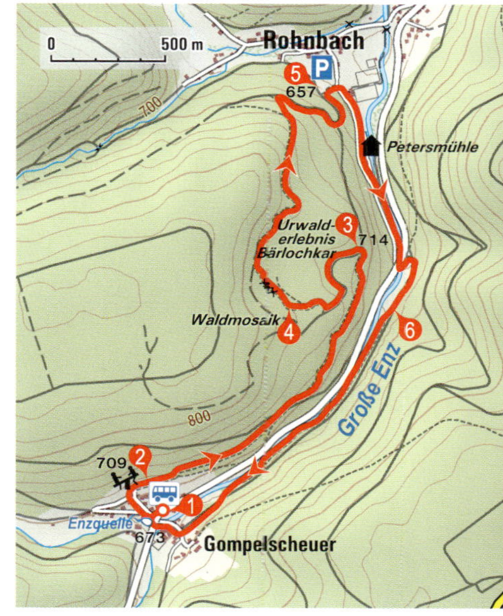

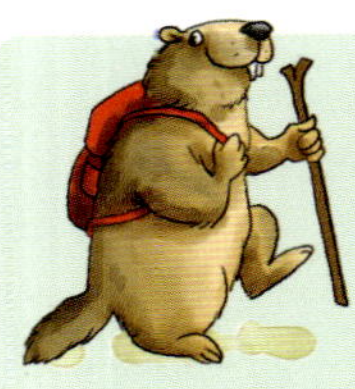

Hallo Kinder,

wenn ihr im Sommer im Schwarzwald wandert, trefft ihr sicher auf viele Heidelbeersträucher. Die flachen Sträucher, die auch gerne Blaubeeren genannt werden (und im Lateinischen Vaccinium myrtillus), wachsen nicht sehr hoch, denn so können sie im Winter unter einer schützenden Schneedecke auch große Kälte überstehen. Sie können deshalb auch bis in größere Höhen gedeihen und Früchte tragen. Die Auerhühner fressen hier im Mittelgebirge des Schwarzwaldes bis zu zwei Kilogramm am Tag von diesen tollen Beeren, aber sie verschmähen auch die Blüten, Blätter und Stängel nicht, wenn sie Hunger haben. Also bitte sammelt für euch selber nur so eine große Menge Heidelbeeren, die in eure Hand passt und die ihr problemlos auf einmal essen könnt. Im Schwarzwald waren die sehr gesunden Beeren übrigens lange Zeit Lebensgrundlage vieler Menschen, die sie sammelten und dann auf den Märkten verkauften.

Forstweg rechts ab in einen schmalen Pfad. An der nächsten Gabelung folgen wir dem Erlebnispfadschild links und kommen in immer dichteren Wald, links und rechts vom Weg gibt es kaum ein Durchblicken durch das Dickicht. An der **Tafel Waldmosaik ❹** widerstehen wir dem Impuls, links den größeren Pfad weiterzulaufen, sondern halten uns rechts am unbeschilderten kleineren Weg. Über Stock und Stein springen die Kinder und freuen sich an den Holzbohlenbrücken und über eine erste Vesperpause, die wir auf einem der umgestürzten Bäume einlegen. Die Bärentatze leitet uns dann weiter auf dem Waldweg, viele junge Tannen wachsen hier ungestört und unbeschattet von älteren Kollegen. Nach einer Viertelstunde und einigen Rätseltafeln folgen wir an einer Verzweigung der Tatze rechts hinunter und am nächsten Forstweg ebenso rechts. 300 m weiter schwenken wir links in einen anderen Forstweg und kommen zum **Waldparkplatz Bärlochkar ❺**, dem offiziellen Start des Erlebnispfades. Wir stechen vom Parkplatz aus rechts am Waldrand zu einer alten Teerstraße hinunter, die wir rechts vorbei am Sportplatz und den **Forellenteichen Petersmühle** entlangmarschieren. An flachen Uferstellen können die Kinder in die glasklare Große Enz steigen und ihre

Wie ein grüner Teppich bedeckt das Moos den gesamten Waldboden.

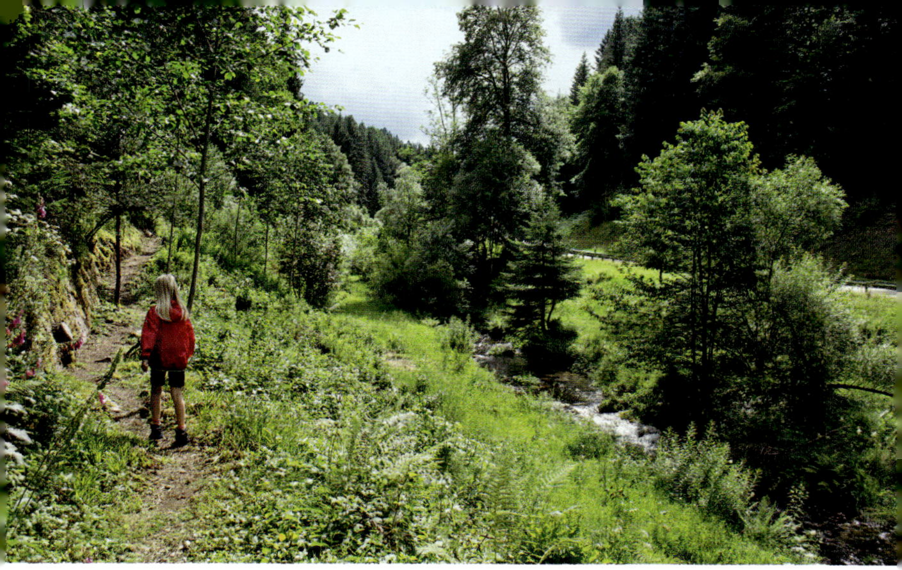

An der Großen Enz wachsen die leckersten Heidelbeeren.

heißen Wanderfüße kühlen, bis wir nach einer Viertelstunde vorsichtig auf der Hauptstraße den Fluss überqueren und rechts hoch in einen Radweg Richtung Gompelscheuer einbiegen. Nach 5 Min. zweigt zu unserer großen Freude ein kleiner, mit blauer Raute gekennzeichneter **Wiesenpfad ❻** rechts ab, der nicht in den Karten verzeichnet ist. Er führt uns dicht am Bach und am Waldrand an Heidelbeeren, Farnen und Schmetterlingswiesen entlang. Hier kommen die Kinder nochmals gut an den Bach zum Spielen und Planschen, bevor dieser idyllische Weg kurz vor Gompelscheuer nach einer kleinen Anhöhe wieder in den Rad- und Forstweg rechts einmündet. An dessen Ende biegen wir am Wanderschild rechts in den Sägmühlenweg ab und erreichen an der Hauptstraße erneut rechts wieder die **Bushaltestelle Gompelscheuer ❶**.

Highlights

★ Wandern auf schmalen Pfaden durch den moosbedeckten Wald.

★ Pflücken und Genießen von leckeren Heidelbeeren.

★ Staunen über den unberührten, verwilderten Bannwald.

★ Rätselfragen über die Tiere und Pflanzen des Bannwaldes lösen.

★ Brotzeiten im Biergarten am Forellenteich.

★ Spielen und Planschen an der Großen Enz.

Die Leibspeise der Auerhühner: Heidelbeeren am Strauch.

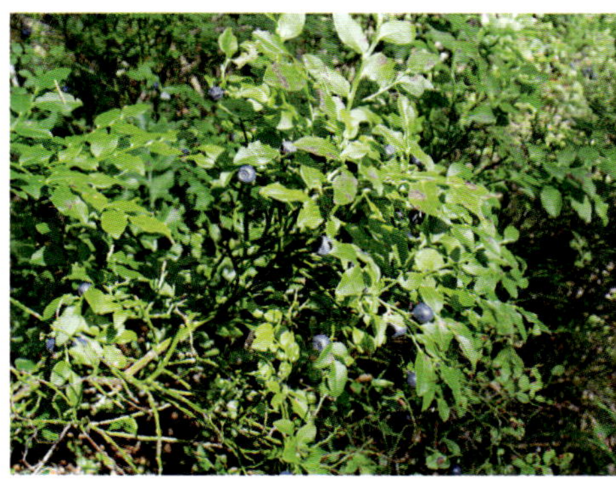

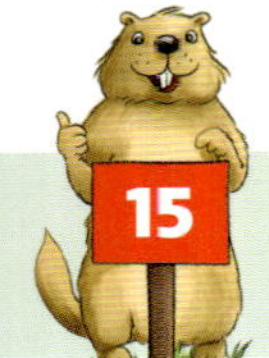

2.30 Std. | 8.4 km | ↗ 200 m | ↘ 200 m | ab 6 Jahren

Teufelskamin am Hohen Ochsenkopf

Vom Hundseck über den Beckerweg

Einsame und naturnahe Wanderung über Bannwaldpfade

Eine der schönsten Touren ohne spektakuläre Highlights findet sich am Hundseck. Durch endlosen Bannwald mit schulterschmalen Waldpfaden und einer hellen, lichten Vegetation, wie sie auch in Skandinavien zu finden ist, steigen wir vom Hundseck an der berühmten Schwarzwaldhochstraße hinauf zum Gipfelplateau des Hohen Ochsenkopfes. Die natürlichen Hürden in Form umgestürzter Bäume sind für die Kinder willkommene Klettergerüste und die felsigen, mit Wurzeln und Moosen durchsetzten Wanderwege lassen keine Langeweile aufkommen. Am Gipfel lassen wir uns auf dem Steinhaufen des ehemaligen Aussichtsturmes für eine längere Vesperpause nieder, während die Kinder im Dickicht der Heidelbeersträucher verschwinden. Der Abstieg auf der anderen Seite des Berges verläuft durch jungen Fichten-, Kiefern- und Tannenwald, der hier nach dem Sturmtief Lothar die umgeknickten und entwurzelten Bäume überwächst. Auf dem selten begangenen Beckerweg finden wir bald den Teufelskamin, eine Felsspalte im Wald, hinter der sich ein 20 Meter tiefes Loch verbirgt, aus dem es im Winter manchmal höllengleich herausdampfen soll. Der weitere Abstieg über kleinere Findlingsfelder und halb zugewachsene Trampelpfade ist reiner Wandergenuss, den wir mit einem noch warmen Stück Apfelkuchen mit Sahne vor der Skihütte Hundseck veredeln.

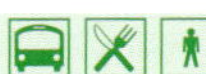

Ausgangspunkt: Bushaltestelle Hundseck, 880 m. Anfahrt von Baden-Baden Bahnhof mit dem Regionalbus X45 Richtung Ruhestein.

Mit dem Auto: Kostenlose Parkplätze an der Bushaltestelle Hundseck, Schwarzwaldhochstraße 15, 77815 Bühlertal, GPS: N48.645370, E8.231026.

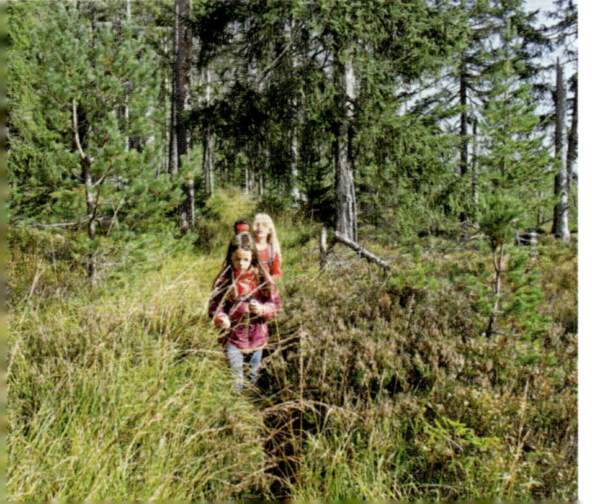

Ausrüstung: Gut profilierte Wanderschuhe. Bitte Vesper mitnehmen, die Skihütte zum Einkehren steht am Tourstart/-ende.

Anforderungen: Mittelschwere Wanderung mit meist moderaten Steigungen, die steinigen Wurzelpfade verlangen Trittsicherheit. Teilweise können die Wege ab den Dreikohlplatten hinauf zum Ochsenkopf matschig sein. Rund um den Teufelskamin ist der bewaldete Abhang recht steil, hier sollten kleine Kinder an der Hand gehen.

Einkehr: Die Hundshütte an der Bushaltestelle Hundseck ist sommers wie winters eine beliebte Pausenstation. Wir fanden die selbst gemachten Kuchen toll; geöffnet an Wochenenden und bei schönem Wetter, Schwarzwaldhochstr. 15a, 77815 Bühl, Tel. +49 7226 920927, www.hundshuette.de.

Im Wald und auf der Heide, da hab ich meine Freude.

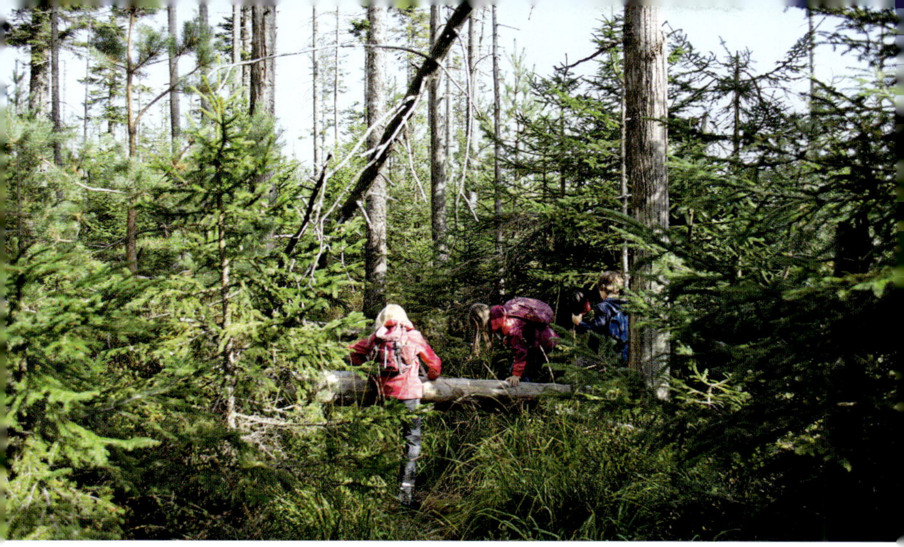

Wanderkinder lieben Waldhürdenlaufen über alles.

Von der **Bushaltestelle Hundseck ❶**, vis-à-vis des alten, leider stark verfallenen Kurhauses, in dem schon Bundeskanzler Adenauer seine Bahnen schwamm, steigen wir leicht bergauf am Restaurant Hundseck und dem dazugehörigen Skilift vorbei, dem Wanderschild in Richtung Dreikohlplatten folgend. Der rund 1 km lange, breite Forstweg ist mit gelben Rauten markiert und bringt uns unter dem Rauschen der Fichten und Tannen zum **Wanderschild Westliche Dreikohlplatten ❷** und damit zur Grenze des Nationalparks Schwarzwald. Nach wenigen Minuten erreichen wir die **Östlichen Dreikohlplatten ❸**, wo wir halb rechts in 20 m Entfernung eine Weggabelung erkennen, an der wir links Richtung Hoher Ochsenkopf abzweigen. Der matschige Forstweg wird nach einer Weile zum weichen Waldboden, führt uns auf dem breiten Gratbuckel des Dreikohlplattensattels erst zum Abzweig des **nördlichen Beckerweges ❹** und 15 m weiter geradeaus zum Abzweig des südlichen Beckerweges. Wir halten uns geradeaus in Richtung des ausgeschilderten Hohen Ochsenkopfes, den wir zuerst erklimmen wollen, bevor wir den Beckerweg erkunden. Wir wandern den felsigen, etwas steileren Bergpfad, der anfangs fast zugewachsen ist, nun steil bergauf.

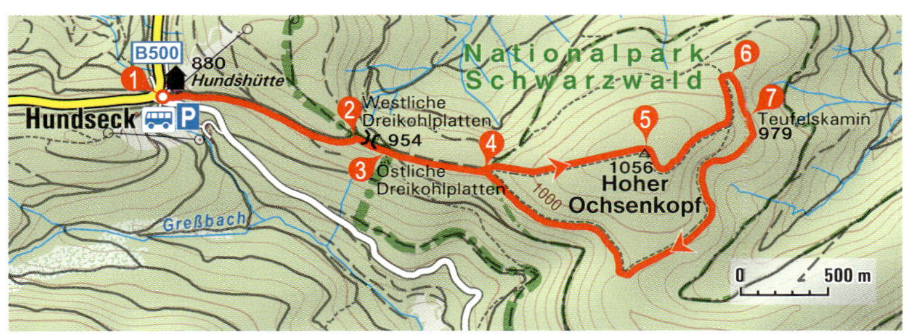

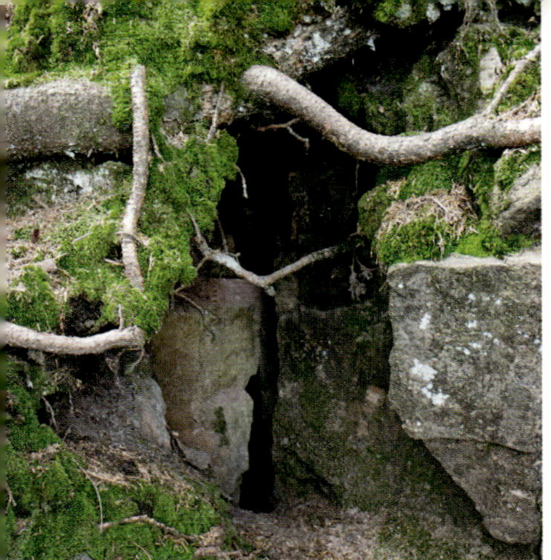

Im Winter kann gespenstischer Dampf aus dem Teufelskamin aufsteigen.

Highlights

- ★ Kinder lieben die felsigen Wurzelpfade, die teilweise mit Gräsern zugewachsen sind.
- ★ Die vom Sturm geknickten Bäume sind ideale Klettermöglichkeiten.
- ★ Auf dem Gipfel werden fleißig Heidelbeeren gesammelt.
- ★ Am Teufelskamin kommt Spannung auf, denn wer weiß, was sich darin verbirgt?
- ★ An der Skihütte Hundseck nutzen die Kinder den Einkehrschwung zum Toben.

Die Kinder haben richtig Freude an dem unwegsamen Gelände, denn auch die vielen umgestürzten Bäume sind zu überwinden. Vielleicht wird der Weg deshalb so selten begangen? 20 Min. später gelangen wir zum Gipfelplateau des **Hohen Ochsenkopfes** ❺ und machen auf den moosüberzogenen Resten des ehemaligen steinernen Aussichtsturmes eine Rast. Nachdem die Kinder ihre Vitaminspeicher in den großen Heidelbeerfeldern aufgefüllt haben, setzen wir die Tour auf dem schmalen Wanderpfad fort.

Er verläuft nun bergab durch ausgedehnte Felder mit Torfmoos und Heidekraut, die uns an das Hochmoor auf der benachbarten Hornisgrinde erinnern, und führt durch die typische Landschaft einer ehemalige Grinde mit jungen Bäumen und niedrigen Büschen. Teilweise verschwinden die Kinder zur Hälfte in den hohen Gräsern. Nach einer guten Viertelstunde wird der Wald wieder dichter und der Weg flacher und wir stehen bald vor den Wegweisern des **Beckerweges** ❻. Wir biegen rechts in den südlichen, mit blau-weißen Stangen gekennzeichneten Weg und halten nun Ausschau nach dem **Teufelskamin** ❼, einer Verwerfung im Fels, die 20 m tief sein und aus der es im Winter rausdampfen soll. Schade, dass man nicht tief hineinschauen kann, aber für die Kinder ist es trotzdem eine spannende Sache, sich vorzustellen, wie tief es hinuntergeht und was dort unten wohl sein mag.

Nachdem jeder den Spalt im Fels genau inspiziert und vielleicht sogar

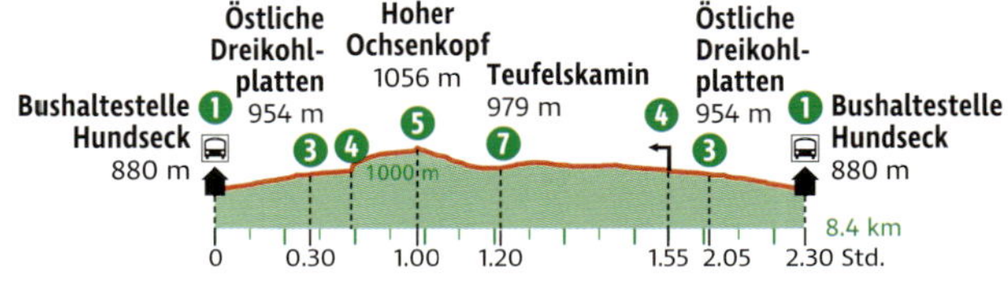

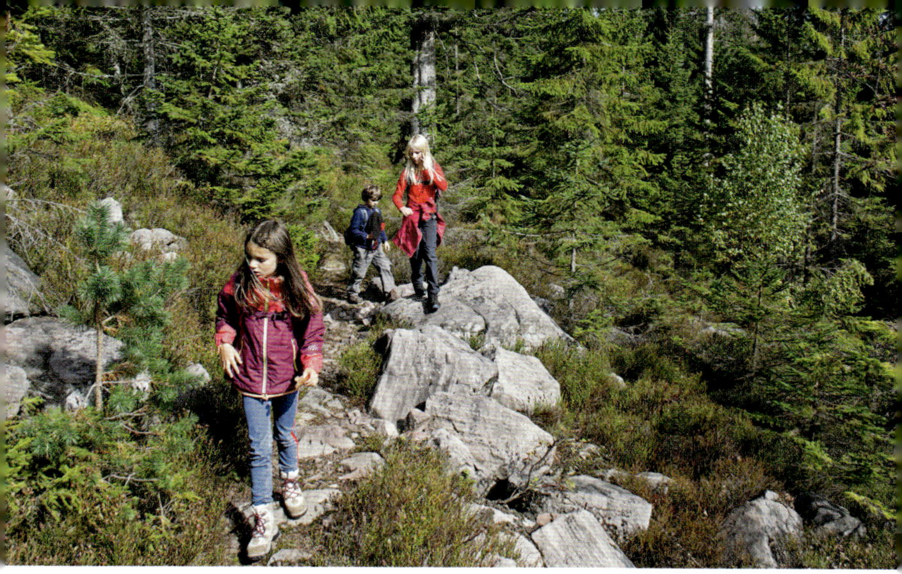

Am Ende der Tour wartet Grinden- und Felslandschaft auf Erkundung.

mit einem langen Ast hineingelangt hat, folgen wir dem Beckerweg weiter über die quer liegenden alten Bäume und durch kleinere Granitfelder, die fast alpin anmuten. Schließlich landen wir wieder an der Kreuzung des nördlichen und südlichen **Beckerweges** ❹ mit dem Bergpfad auf den Hohen Ochsenkopf. Von hier bringt uns der schon vom Hinweg bekannte Forstweg wieder hinunter zum **Hundseck** ❶.

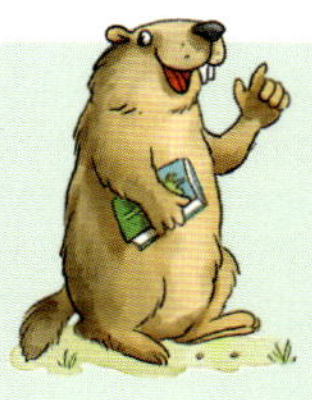

Hallo Kinder,

auf dem flachen Gipfelplateau des Hohen Ochsenkopfes hat man früher die sogenannte Grinden-Wirtschaft betrieben. Weil unten im Tal nicht mehr genug Platz war, hat man die Bäume am Gipfel gefällt und dann Kühe und Ziegen dort oben auf den Bergheiden, den sogenannten Grinden, gehalten. So konnten keine neuen Bäume mehr nachwachsen, denn die Tiere haben die kleinen Keimlinge und nachwachsende Pflänzchen immer gleich abgefressen. Auf den entstandenen freien Weideflächen konnte man zudem Heu als Viehfutter gewinnen. Als man dann im letzten Jahrhundert vermehrt auf Stallhaltung im Tal umstellte, wurden die Grindenflächen nicht mehr benötigt und die Vegetation konnte ungehindert sprießen. Erst heutzutage wieder mäht man die Buckelgipfel im Nordschwarzwald einmal im Jahr oder lässt sie von Rindern, Ziegen und Schafen beweiden. So soll die typische Grindenvegetation erhalten bleiben, die der Lebensraum von seltenen Vogel- und Insektenarten ist. Außerdem braucht man die schöne Aussicht, um Wanderer und Touristen anzulocken, denn einen tollen Fernblick mag jeder gerne.

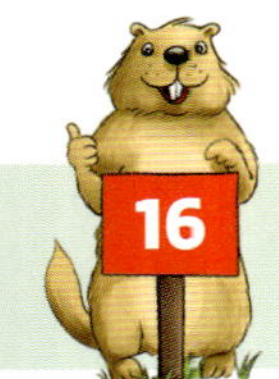

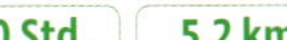
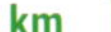
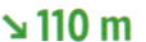

2.30 Std. | 5.2 km | ↗ 110 m | ↘ 110 m | ab 4 Jahren

16 Der Luchspfad auf der Bühlerhöhe

Abwechslungsreiche Rundtour am Plättig

Auf den Spuren der scheuen Pinselohren

Die Bühlerhöhe liegt an einer der bekanntesten Panoramastraßen in Deutschland, der Schwarzwaldhochstraße. Von hier starten mehrere tolle Wandertouren, und zum berühmten Schlosshotel Bühlerhöhe und den nächsten Skiliften ist es nur ein Katzensprung. Vorbei an der kleinen Antoniuskapelle starten wir an der Infohütte unsere Erforschung des Luchspfades. Wurzelige Bergpfade, plätschernde Bächlein, moosüberwachsene Felsen und jede Menge Infos und pfiffige Spiele rund um den Luchs und sein Leben in der Wildnis begleiten uns auf dieser Runde im nördlichen Teil des Nationalparks Schwarzwald. Noch ist der Luchs im Schwarzwald nicht sesshaft, aber manchmal durchquert er schon das Gebiet. Keine Angst: Für uns Menschen ist der Luchs nicht gefährlich. Bleibt am Ende der Wanderung noch Zeit, kann man das Schlosshotel von außen besichtigen oder dem urigen Waldgasthof Kohlbergwiese und seinem Abenteuerspielplatz am Bach einen Besuch abstatten.

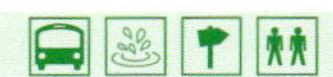

Ausgangspunkt: Bushaltestelle Bühlerhöhe-Plättig, 771 m. Anfahrt von Baden-Baden Bahnhof mit dem Regionalbus X45 Richtung Ruhestein.

Mit dem Auto: Wanderparkplatz Plättig an der Schwarzwaldhochstraße B500 gegenüber dem alten Hotel Plättig, Schwarzwaldhochstr. 1, 77815 Bühl.

0 250 m
B500
Nationalpark Schwarzwald
700
Station Tierspuren
Luchsruf
Grobbach
Unterer Plättig
Infohütte Luchspfad
760
764
Märchenwiese
760
771
Maria Frieden
Station Fernrohr
St.-Antonius-Kapelle
Bühlerhöhe-Plättig

Ausrüstung: Gut profilierte Wanderschuhe oder Trekkingsandalen, Brotzeit mitnehmen.

Anforderungen: Gut zu laufende Waldpfade mit kurzen Steigungen, am Ende sind einige umgefallene Bäume des Bannwaldes zu übersteigen. Nicht geeignet für Kinderwägen. Im Winter ist der Luchspfad meist gesperrt (Infos unter www.nationalpark-schwarzwald.de/de/erleben/unterwegs-im-park/wegesperrungen).

Einkehr: Unterwegs keine. Der Waldgasthof Kohlbergwiese mit schönem Biergarten und großem Spielplatz am Bach wartet auf durstige und hungrige Wanderer und ist rund 800 m von unserem Ausgangspunkt entfernt (ausgeschildert vom Wanderparkplatz Plättig, siehe auch Tour 17); Mittwoch bis Sonntag 11–18 Uhr, Kohlbergstr. 4, 77815 Bühl/Sand, Tel. +49 7226 250, GPS: N48.672333, E8.224972.

Tipp: Am Plättig beginnt auch der naturbelassene Wildnispfad Baden-Baden, der über Stock und Stein durch den von Sturm Lothar gestalteten Bannwald führt (siehe auch Freizeittipp K5).

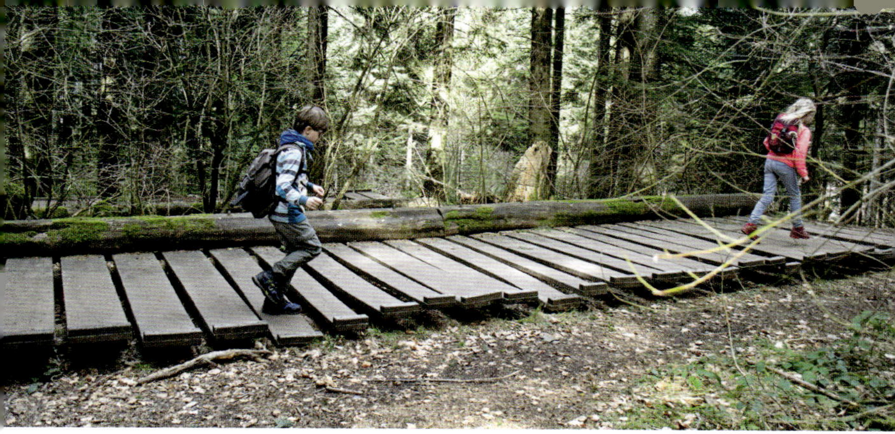

Etwas andere Erlebnisstationen hat man sich am Luchspfad einfallen lassen.

An der **Haltestelle Bühlerhöhe-Plättig** ❶ entsteigen wir dem Bus und entdecken gegenüber dem alten Kurhaus die **Maria-Frieden-Kapelle** ❷ am Mariafelsen. Die sehenswerten bunten Fenster und der Beiname Adenauerkapelle nach dem ersten deutschen Bundeskanzler locken uns auf einen Sprung in und um die Kapelle, bevor wir an der Bushaltestelle dem Luchspfadschild über die Schwarzwaldhochstraße hinüber folgen. Wir gehen rechts bis zum Plättig Hotel und passieren das verlassen aussehende Hotel an seiner linken Seite. Kurz darauf an der Information des Nationalparks Schwarzwald teilt sich der Weg rechts in den Wildnispfad und links in den Luchspfad auf. Wir wählen den Luchspfad und kommen nach wenigen Schritten zur **St.-Antonius-Kapelle** ❸, die ebenfalls den Beinamen Adenauerkapelle trägt und leider dauerhaft verschlossen ist. Der Pfad verläuft links an der Kapelle vorbei und auf einem Holzbohlenweg zur ersten Station des Luchspfades, wo wir durch das Fernrohr eine lebensechte Luchsfigur sehen und einen ersten Eindruck von der Größe und Farbe dieses schönen und wilden Tieres bekommen. Nach wenigen Minuten und der Überquerung einiger kleiner Holzbrücken

Highlights

★ Auf abenteuerlich verschlungenen Pfaden entdecken wir den unberührten Bannwald.

★ Der Luchspfad ist mit besonders spannenden und abwechslungsreichen Stationen gestaltet.

★ Die gemütlichen Rastplätze im lichten Buchenwald und an der Märchenwiese nutzen wir ausgiebig.

★ Die Luchshütte bietet sehr viel Detailwissen über die wilden Großkatzen.

Wer hier gut aufpasst, kann das Luchsquiz des NABU schnell lösen und etwas gewinnen.

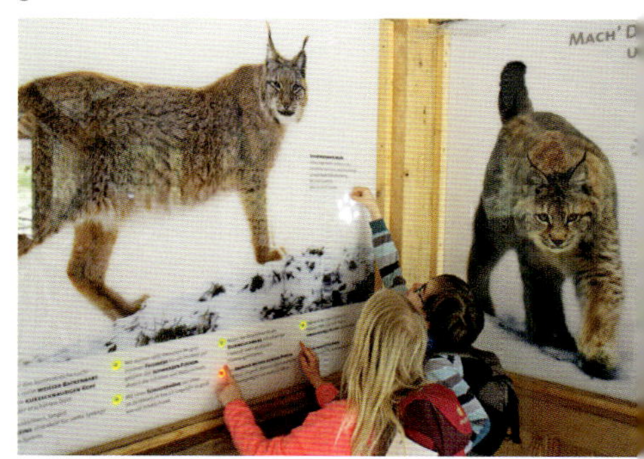

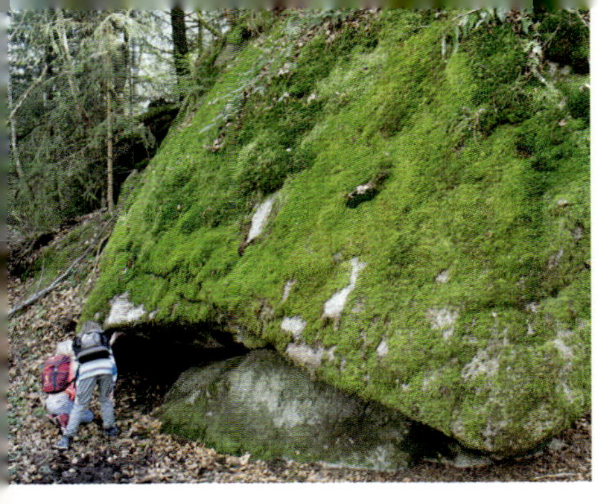

Famose Felsen und spannende Felsspalten wollen erforscht werden.

macht der Weg einen Linksknick und trifft kurz darauf auf einen Forstweg, dem wir rechts am Luchsschild bis zur **Infohütte 4** nachwandern. Die Hütte hält viele Informationen über die Luchse und die umgebende Natur für die Kinder parat und mit dem Faltblatt Luchsquiz können aufmerksame Besucher sogar etwas gewinnen.
An der Hütte geht es rechts und nach 20 m an einer Weggabelung links hinauf weiter, immer den Luchsschildern folgend. Zur Freude der Kinder sind in den Felsen am Boden die Spuren eines Luchses zu sehen, denen wir einfach nachlaufen können. Nach ein paar Minuten überqueren wir auf einer schönen Holzbrücke einen Bach und kreuzen einen Forstweg. An der darauffol-

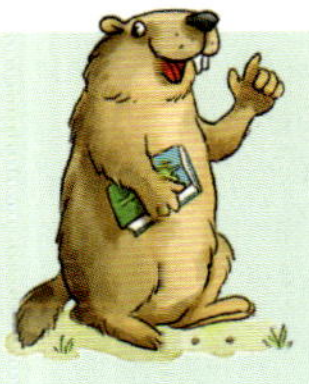

Hallo Kinder,

dass der Wald ringsherum um den Luchspfad so schön wild und ursprünglich aussieht, haben wir kurioserweise einer Naturkatastrophe zu verdanken, dem Orkan Lothar. Dieser Jahrhundertsturm fegte am 26. Dezember 1999 über Frankreich und Deutschland hinweg und hinterließ eine Schneise der Verwüstung in den Wäldern. Sturmböen mit einer Geschwindigkeit von bis zu 270 Kilometern pro Stunde wurden auf den deutschen Mittelgebirgsgipfeln gemessen. Dieser Kraft konnten viele Bäume nicht standhalten, besonders die Fichten brachen ab wie Zahnstocher. An einigen Stellen im Schwarzwald hat man seitdem den Wald sich selbst überlassen und zu sogenanntem Bannwald erklärt, in dem sich die Natur ungestört entwickeln soll. Umgeknicktes, totes Holz ist sehr nährstoffreich und so sind in kurzer Zeit viele neue Bäume gewachsen und auf dem Totholz haben sich Moose und Pilze angesiedelt, die die Landschaft nun so einzigartig und unberührt erscheinen lassen. Auf einem mit Stegen und Leitern eingerichteten Sturmwurf-Erlebnispfad, dem Lotharpfad zwischen Oppenau und Obertal, kann man diese Entwicklung besonders anschaulich erleben (siehe auch Tour 25).

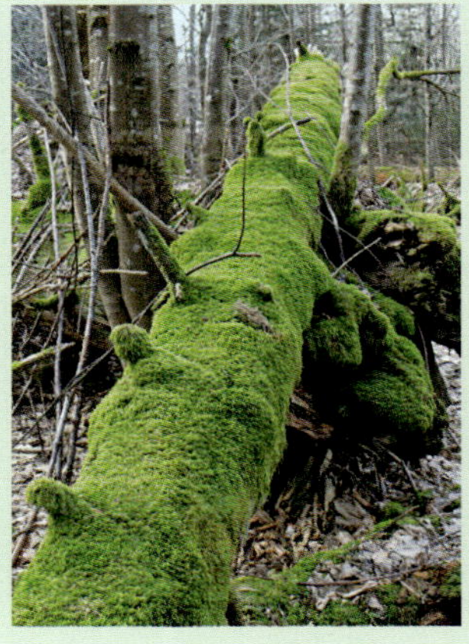

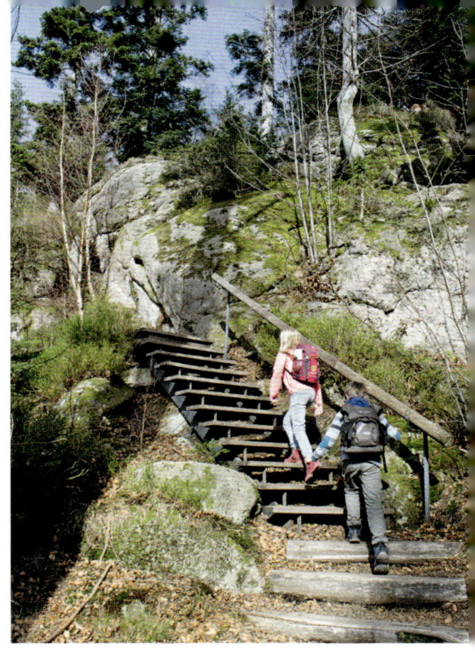

Die Tour ist so abwechslungsreich, dass niemals Langeweile aufkommt.

genden Spielanlage können wir den federnden Gang eines Luchses nachahmen und auf federnd angebrachten Brettern springen wie auf einem Trampolin. 10 Min. weiter queren wir den nächsten Forstweg und werden kurz darauf bergauf und bergab teilweise auf **Treppen ❺** durch felsiges Gelände geführt. Riesige mit Moos überzogene Felsblöcke bilden hier kleine Höhlen, die als ideale Verstecke für Luchse gelten. Wenige Minuten später kreuzen wir erneut einen Forstweg und kommen immer wieder an interessanten und spannenden Stationen des abenteuerlich verschlungenen Luchspfades vorbei. Eine weitere Viertelstunde später erreichen wir den großen **Rastplatz ❻** in einem lichten Buchenwald. Hier können sich die Kinder nach einer kurzen Ruhepause auf der großen hölzernen Balancieranlage noch mal richtig austoben und als Luchs auf Beutefang gehen, bevor wir dem Pfad weiter nachwandern und nach einigen Minuten auf einen breiteren Forstweg treffen, in den wir rechts einbiegen. An der Weggabelung kurze Zeit später zeigt das Luchsschild nach links und geleitet uns nach 50 m zu einer Station mit Tierspuren zum Anfassen. Von hier verläuft der Weg rechts weiter, und wir hören plötzlich den krächzenden Ruf eines Luchses. Allerdings ist es nur eine **Station mit Bewegungsmelder ❼**, die den Luchsruf von sich gibt, sobald wir in ihre Nähe kommen. Einige weitere Tiergeräusche probieren wir per Knopfdruck noch aus, bevor wir den Weg geradeaus fortsetzen und auf dem wilden Bannwaldpfad immer wieder Bäche überqueren und bizarr geformten Baumresten begegnen. Nach gut 10 Min. kreuzen wir einen breiten Forstweg und erfreuen uns weiterhin an der ursprünglichen Wegführung über umgestürzte, moosbekleidete Baumgesellen sowie über Bäche und kleine Rinnsale. An den nächsten beiden Weggabelungen halten wir uns entsprechend der Beschilderung rechts und finden uns bald darauf an der **Märchenwiese ❽** mit gemütlichen Bänken und Blick über die Feuchtwiese wieder. Noch gut 50 m wandern wir den Pfad weiter und gelangen so zur **Luchshütte ❹** zurück. Von hier wandern wir auf dem Hinweg zurück zur **Bushaltestelle ❶**.

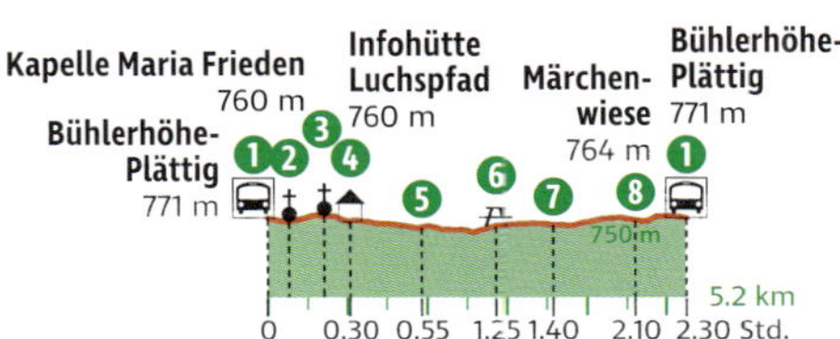

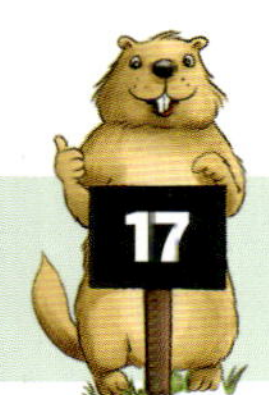

4.30 Std. | 9.9 km | ↗430 m | ↘430 m | ab 6 Jahren

Gertelbach-Wasserfälle Bühlertal

Über den Wiedenfelsen zur Kohlbergwiese

Beliebte Schlucht- und Felstour für heiße Wandertage

Ein wildromantischer Bergbach und kaskadenartige Wasserfälle zwischen mächtigen Granitfelsen erwarten die Wander- und Kletterkinder zwischen Bühlertal und der Schwarzwaldhochstraße. Entlang des Wiedenbaches pirschen die Kinder durch den Wald und planschen am Bach. Am Gertelbach ändert sich dann die Szenerie und wir steigen vorbei an bemoosten Granitblöcken über Felsentreppen und kleine Holzbrücken immer höher hinauf. Der Berg ist hier so steil, dass sich der Bach an vielen Stellen in kleinen Wasserfällen in die Tiefe ergießt und uns in eine fast alpin anmutende Landschaft eintauchen lässt. Vom bizarr geformten Wiedenfelsen aus haben wir eine tolle Fernsicht ins Rheintal und in den Schwarzwald. Über kleine Wanderwege erreichen wir anschließend die auf einem Felsensporn gelegene Hertahütte. Das nächste Highlight gegen Ende der Tour ist das Waldgasthaus Kohlbergwiese mit seinem riesigen Abenteuerspielplatz samt Kletterwand, Bachzugang und Liegewiese, ideal für eine letzte ausgedehnte Rast.

Der Gertelbach stürzt sich tosend über mächtige Granitfelsen ins Tal.

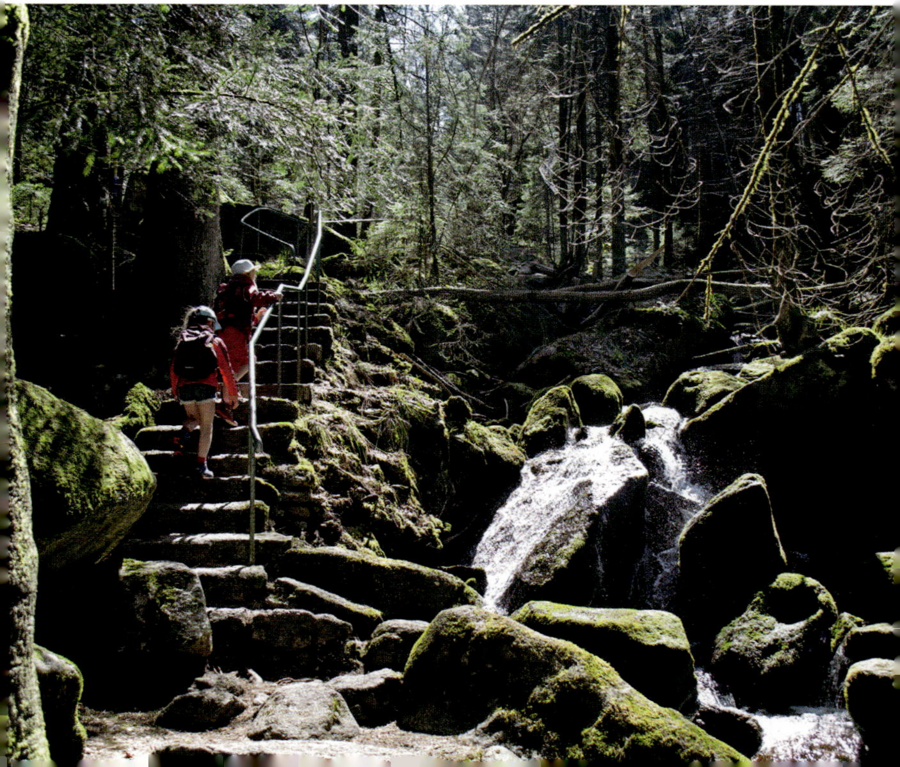

Ausgangspunkt: Bushaltestelle Bühlertal Gertelbachstraße, 382 m. Anfahrt ab Offenburg mit der Regionalbahn RE2 Richtung Karlsruhe bis Bühl, dort Umstieg in den Regionalbus 264 Richtung Hundsbach.
Mit dem Auto: Wanderparkplatz P2 Gertelbach-Wasserfälle, Gertelbachstraße, 77830 Bühlertal, GPS: N48.668971, E8.202821. Alternativ am Parkplatz P1 Friedhof Obertal, GPS: N48.6761691, E8.192249.
Ausrüstung: Gut profilierte Wanderschuhe werden für den steilen Aufstieg benötigt. Zum Baden in den Bachgumpen ein Handtuch einpacken.
Anforderungen: Zu Beginn gilt es einen 3 km langen Anstieg mit 330 Höhenmetern zu bewältigen. Trittsicherheit ist an den steileren, engen Pfaden gefordert, bitte kleinere Kinder auch am Wiedenfelsen und an der Hertahütte an die Hand nehmen. Bei Nässe kann es rutschig sein. Der Abstieg findet auf breiten Wanderwegen statt und stellt kein Problem dar.
Einkehr: Frisch gebackene Flammkuchen serviert der Imbiss direkt am Wiedenfelsen; Sandstr. 2a, 77830 Bühlertal, am besten vorher nach den Öffnungszeiten fragen unter Tel. +49 1623433221, www.wiedenfelsen-imbiss.de.
Das Waldgasthaus Kohlbergwiese mit Biergarten und Gaststube bietet Wanderer-Vesper und badische Küche, geöffnet Mittwoch bis Sonntag 11–18 Uhr, Kohlbergstr. 4, 77815 Bühl-Sand, Zufahrt über Plättig, Tel. +49 7226 250, www.waldgasthaus-kohlbergwiese.de.
Tipp: Das Waldgasthaus ist auch sehr gut mit dem Rad zu erreichen, E-Bike-Aufladestelle vorhanden.

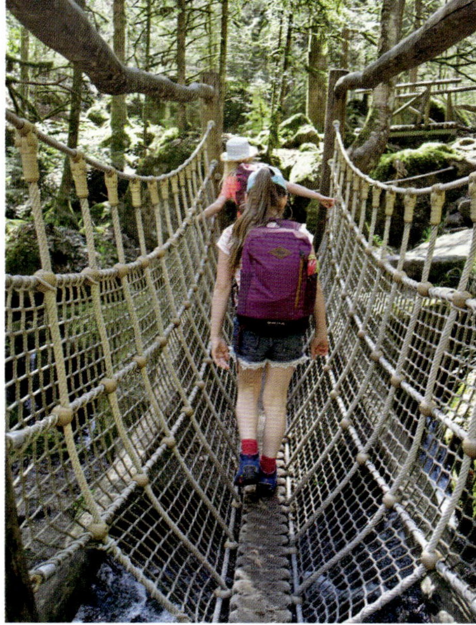

Diese Mutprobe über eine Seilbrücke meistern die Kinder mit links.

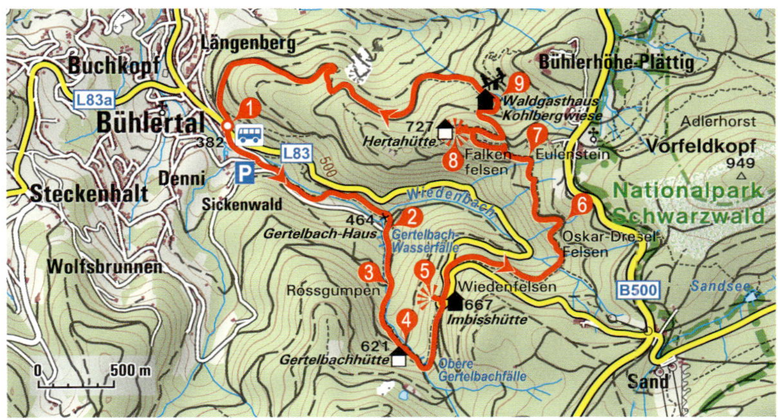

Highlights

- ★ Wir erkunden den Wiedenbach, gerne auch barfuß im Flussbett.
- ★ Das alte Kurhaus versetzt uns in altehrwürdige Tage zurück.
- ★ Das Erklimmen der Gertelbachschlucht ist aufregend und bringt uns nahe an das tosende und brausende Wasser.
- ★ Steinerne Riesen bewachen den Wiedenfelsen.
- ★ Von der Hertahütte genießen wir die tolle Fernsicht in die Vogesen und auf das Rheintal.
- ★ Das Waldgasthaus Kohlbergwiese mit seinem Abenteuerspielplatz ist ein Magnet für Kinder.

An der **Bushaltestelle Bühlertal Gertelbachstraße ❶** orientieren wir uns bergab am grün ausgeschilderten Gertelbach-Rundweg. Wir passieren den Wanderparkplatz P2 und überqueren auf der Straße die kleine Brücke, hinter der der Wanderweg ins Wiedenbachtal links abzweigt und wir nun am Waldrand dem Bachverlauf folgen. Hier können die Kinder an vielen Stellen direkt an den mit kleinen Felsen durchsetzten Wasserlauf zum Spielen hinabsteigen, überall scheint es zu gurgeln und zu plätschern. Bald nach einem privaten Fischteich kommen wir über eine Holzbrücke auf die andere Seite des Wiedenbaches, der breite Wanderweg wird nun zum schmalen Waldpfad und bringt uns über Stock und Stein zum altehrwürdigen **Gertelbach-Haus ❷**, dem ehemaligen Kurhaus von 1890. Hier mündet der kurze, aber steile Gertelbach in den Wiedenbach, nachdem er über 300 Höhenmeter kaskadenartig die Granitfelsen hinunterstürzt und dabei eine wunderschöne Schlucht mit Farnen, Felsen und Gumpen erschaffen hat, die wir uns nun erwandern wollen. Wir halten uns an das Wanderschild Richtung Wiedenfelsen und freuen uns über den aufregenden Wanderpfad mit Seilbrücken, Felsentreppen und die Bademöglichkeit am **Rossgumpen ❸**. Nach

Im flacheren Gelände können wir im Fluss spielen.

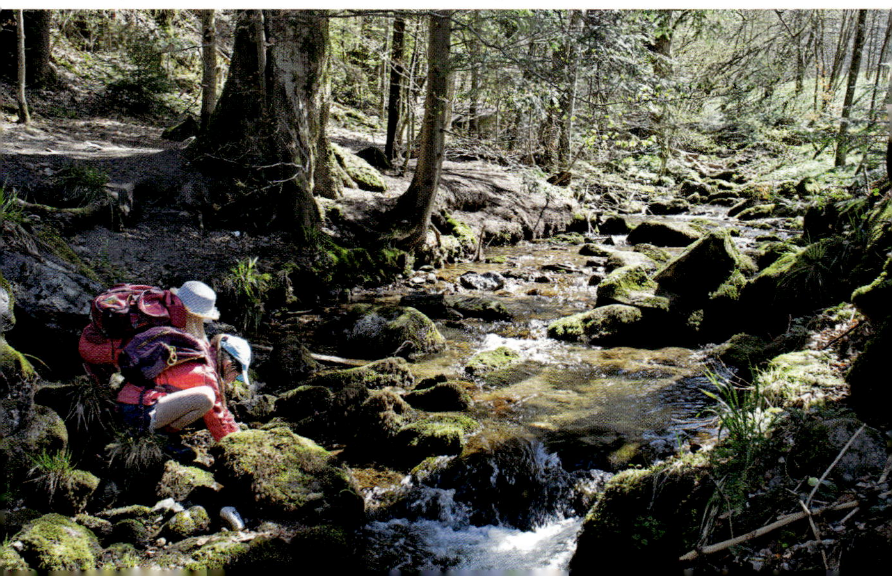

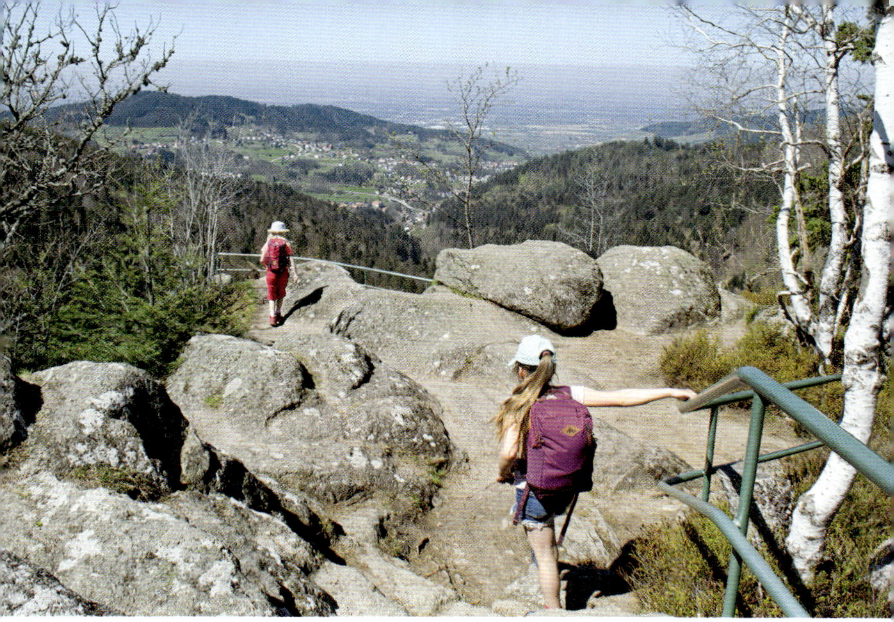

Bis ins Rheintal reicht der Blick vom Wiedenfelsen.

dieser Erfrischung steigen wir weiter bergauf bis zur **Gertelbachhütte ④**, wo wir eine Rast einlegen und fasziniert nach oben zu den Wasserfällen blicken, die so abenteuerlich aussehen wie aus einem Karl-May-Film. Über viele Holzbrücken und Granitstufen erklimmen wir die letzten 200 m der Wasserfälle und kommen dem tosenden Wasser ganz nah. An der nächsten Wegkreuzung biegen wir scharf links ab und steuern steil bergauf den Wiedenfelsen an, immer der grünen Beschilderung des Gertelbach-Rundwegs hinterher. Den Aussichtspunkt auf dem wunderlich geformten **Wiedenfelsen ⑤** besteigen wir natürlich auch und können auf großen Granitfelsen sitzend das Rheintal tief unter uns und die Hertahütte auf einem Felsvorsprung nördlich von uns erblicken.

Nach dem Abstieg vom Felsen gehen wir an einer großen Imbisshütte vorbei, die genau in der Haarnadelkurve der Straße steht. Wir steuern rechts an ihr vorbei und gelangen an der Bushaltestelle über eine kleine Steintreppe wieder auf unseren grün markierten Gertelbach-Rundweg. Die gelbe Raute begleitet uns auf unserem Weg zur Hertahütte, dem nächsten Highlight. Wir überqueren zwei kleinere Bergbäche und wen-

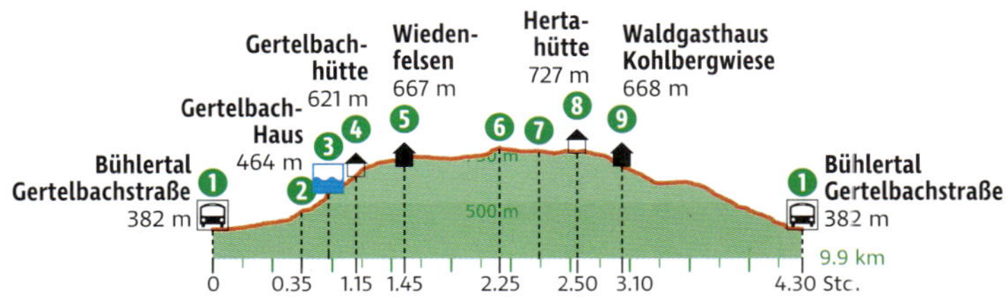

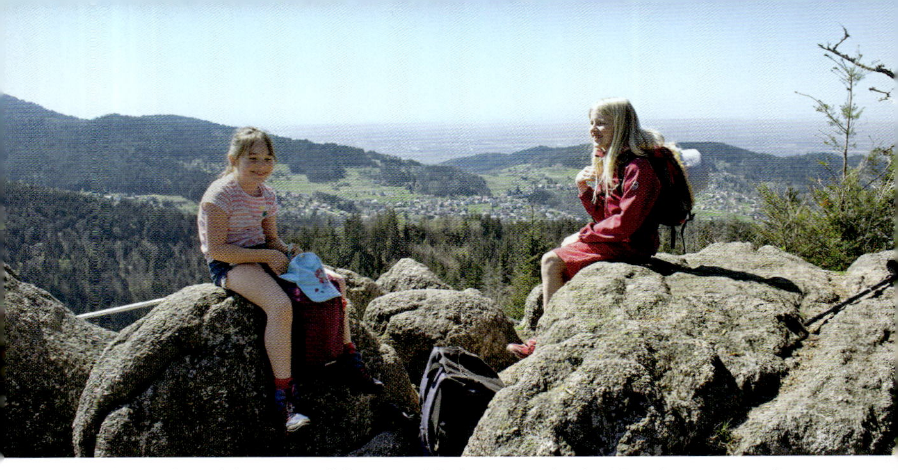

Glücklich auf dem Hertafelsen am höchsten Punkt der Wanderung angekommen.

den uns bald darauf an der nächsten Gabelung rechts hinauf. Alternativ können wir links einen kurzen Abstecher zum **Naturdenkmal Oskar-Dresel-Felsen** unternehmen.

Die rechte Weggabel bringt uns auf einen breiteren Wanderweg, in den wir links einschwenken. Vorbei am **Wanderschild Paradiesweg** ❻ wandern wir in Richtung Hertahütte. 200 m später verlassen wir den breiten Weg und steigen auf einem steinigen Wurzelpfad rechts hinauf der gelben Raute nach, bis wir an der **Wegkreuzung Eulenstein** ❼ stehen. Wir halten uns halb links Richtung Hertahütte und erreichen nach wenigen Minuten eine Abzweigung, an der wir die Beschilderung der Gertelbach-Runde ignorieren und links weitermarschieren. Alternativ kann man der Beschilderung nach rechts folgen und kommt ebenso zur Hütte, jedoch ohne an den imposanten Felsformationen des Falkensteins vorbeizukommen, die steil neben uns aufragen und gerne von Sportkletterern bestiegen werden.

Wir halten uns nun immer links und erreichen nach einigen Minuten die Beschilderung, die rechts zum Gasthaus Kohlbergwiese weist. Zuerst aber steigen wir weiter geradeaus hinauf zur **Hertahütte** ❽, von der aus wir wieder einen tollen Fernblick zu unserer Vesper genießen können.

Danach kehren wir die rund 80 m zum Wegweiser zurück und erreichen nun in Richtung Gasthaus Kohlbergwiese schnell einen breiten Forstweg, in den wir links einbiegen und dem grünen Gertelbach-Schild bis zur nächsten Gabelung und dem

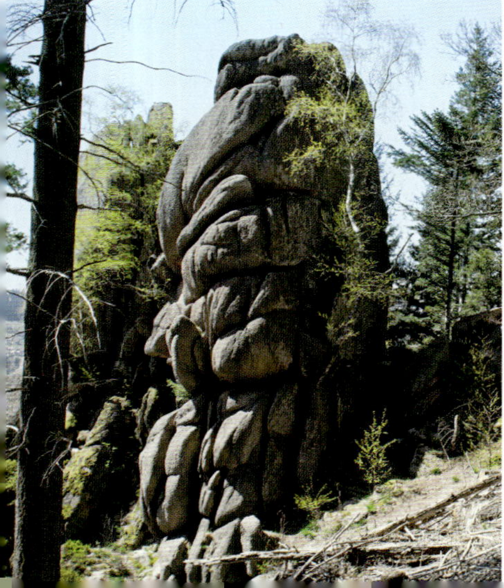

Eigentümliche Gesellen grüßen uns am Wegesrand.

Wanderschild Unterm Falkenfelsen nachwandern. Gleich hinter dem Schild entdecken die Kinder links hinunter eine Abkürzung, denn das **Waldgasthaus Kohlbergwiese ⑨** ist durch den lichten Fichtenwald schon gut erkennbar. Nun gibt es kein Halten mehr, denn der tolle Spielplatz und die Aussicht auf Eis sind zu verlockend.

Nach einer guten Weile in diesem kleinen Paradies für Kinder und Wanderer setzen wir unsere Tour hinter dem Haus fort. Gemäß dem Schild Gertelbach-Rundweg verläuft die Tour wieder in den Wald hinein, bis wir nach einem halben Kilometer links auf einen breiten Forstweg einschwenken und nun weit ausschreiten, denn es liegt noch ein gutes Stück Weg vor uns. Eine Viertelstunde später weist uns die gelbe Raute rechts in einen kleineren Pfad hinein, der wiederum nach wenigen Minuten links in einen Forstweg mündet. An der darauffolgenden Gabelung halten wir uns rechts der Beschilderung hinterher bis zum Wanderschild Briefträgerweg und dort weiter geradeaus auf dem Forstweg hinunter bis zum Ausgangspunkt an der **Bushaltestelle ①**.

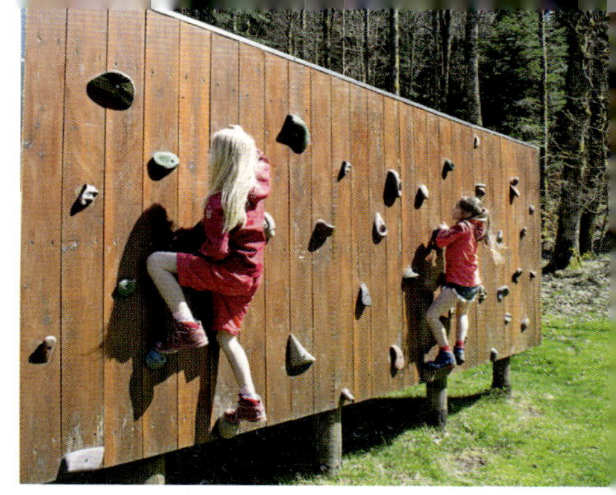

An der Kletterwand beim Waldgasthaus Kohlbergwiese.

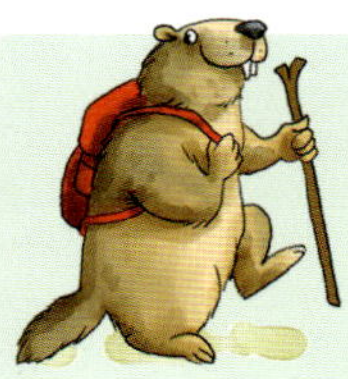

Hallo Kinder,

früher war der Verkauf von Brennholz eine sehr wichtige Einnahmequelle für die Schwarzwälder Bevölkerung. Holz gab es ja mehr als genug in den bergigen Wäldern, nur wie bekam man es vom hohen Berg ins tiefe Tal hinunter, ohne Lastwagen oder Seilbahnen? Hier waren die alten Flößer sehr pfiffig und haben die Kraft des Wassers für sich genutzt. Da die Bäche nicht so groß und reißend waren, um jederzeit die auf einen Meter Länge vorgeschnittenen Holzbalken transportieren zu können, errichtete man sogenannte Schwallungen. Das waren kleine Weiher, die von Hand gebaut wurden, um zum Beispiel das Wasser des Gertelbaches aufzustauen. Im Frühjahr zur Zeit der Schneeschmelze gab es besonders viel Wasser, das man in dieser Schwallung aufstaute. Dann wurden Tausende Holzscheite hineingeworfen und das Wehr geöffnet, um das Wasser mitsamt der Scheite ins Tal strömen zu lassen. Die Flößer mussten nun gut darauf achten, dass es im Bach keine Staus durch verkantete Hölzer gab. Mit langen Holzstangen, sogenannten Floßhaken, schoben und drehten sie die Holzbalken in Fließrichtung und holten sie unten im Tal wieder aus dem Wasser heraus. Mit Pferdefuhrwerken wurde das Holz dann in die größeren Städte wie Straßburg, Offenburg oder Baden-Baden transportiert, damit die Menschen dort heizen konnten.

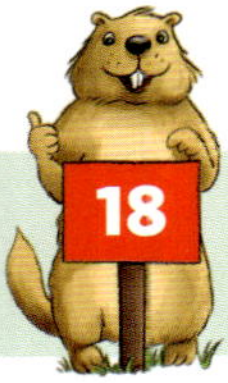

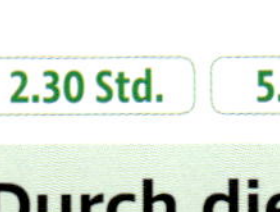

2.30 Std. | 5.3 km | ↗ 240 m | ↘ 240 m

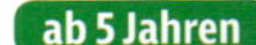

18

Durch die Gaishöllschlucht

Von Sasbachwalden zur Straubenhofmühle

Über 13 Brücken musst du gehen

Genau 13 Holzbrücken überqueren wir bei unserer Wanderung vom sehenswerten und mehrfach preisgekrönten Wein- und Blumendorf Sasbachwalden durch die kleine, wilde Gaishöllschlucht. Vorbei an moosüberwucherten riesigen Findlingen aus Granit lauschen wir dem Plätschern von vielen kleinen Wasserfällen, die nach Regenfällen oder zur Zeit der Schneeschmelze mächtig anschwellen und dann ein Tosen und Donnern verbreiten können. Am Ende der Schlucht angelangt, staunen wir über den Weitblick bis zum Straßburger Münster und zu den Vogesen, während es die Kinder zu den Weiden der Alpakas zieht, die in der Sonne grasen und uns nur kurz neugierig beäugen. Für eine Vesper wählen wir die Bänke vor der alten Straubenhofmühle mit ihrem imposanten Mühlrad, bevor wir entlang des Sasbaches ins Dorf zurückwandern. Den Spielplatz am Erlebnisfreibad nehmen wir natürlich auch noch mit und können uns im Sommer mit einem Sprung ins kühle Nass belohnen.

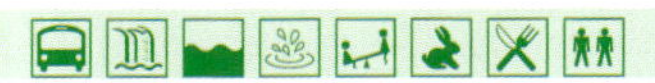

Ausgangspunkt: Bushaltestelle Sasbachwalden Gaishölle, 253 m. Anfahrt ab Offenburg Bahnhof mit dem Regionalexpress Richtung Karlsruhe bis Achern, dort Umstieg in den Regionalbus 400 Richtung Ruhestein.

Mit dem Auto: Kostenlose Parkplätze gibt es am Kurhaus, Talstraße 51, 77887 Sasbachwalden.

Ausrüstung: Wanderschuhe oder -sandalen mit gutem Profil. Eventuell Badesachen für das Freibad, auf jeden Fall aber Wechselkleidung für das Spielen am Bach. Brotzeit und Getränke einpacken oder im Ort einkehren.

Anforderungen: Der Weg ist anfangs steil und bei Nässe rutschig, die Steine am Bach können glitschig sein. Die Steilheit der Höllschlucht vergessen die Kinder aber vor Freude über die Wasserfälle und ab dem Ende der Schlucht geht es nur noch bergab. Der Weg ist nicht kinderwagentauglich.

Einkehr: Unterwegs keine. Der Ortskern von Sasbachwalden ist aber reich ausgestattet mit Biergärten und Gaststätten.

Tipp: Die Fachwerkhäuser von Sasbachwalden und die herbstlich-bunten Weinberge der Umgebung sollte man sich nicht entgehen lassen und noch etwas durch das Dorf schlendern. Im Sommer lockt das Freibad am Kurhaus mit seiner Riesenrutsche und vielen schattigen Bäumen (Talstr. 53, Tel. +49 7841 6407955, www.sasbachwalden.de).

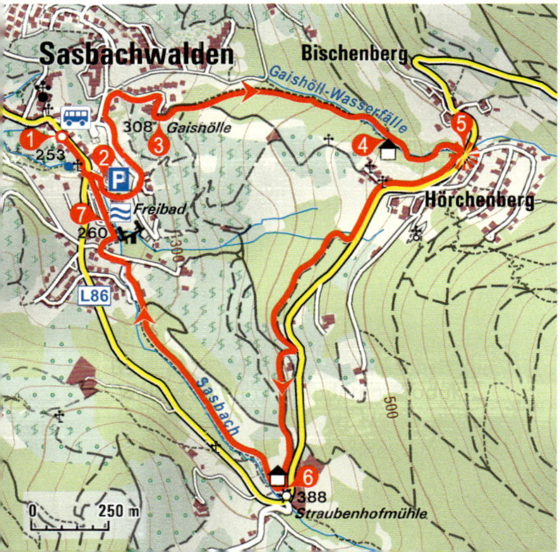

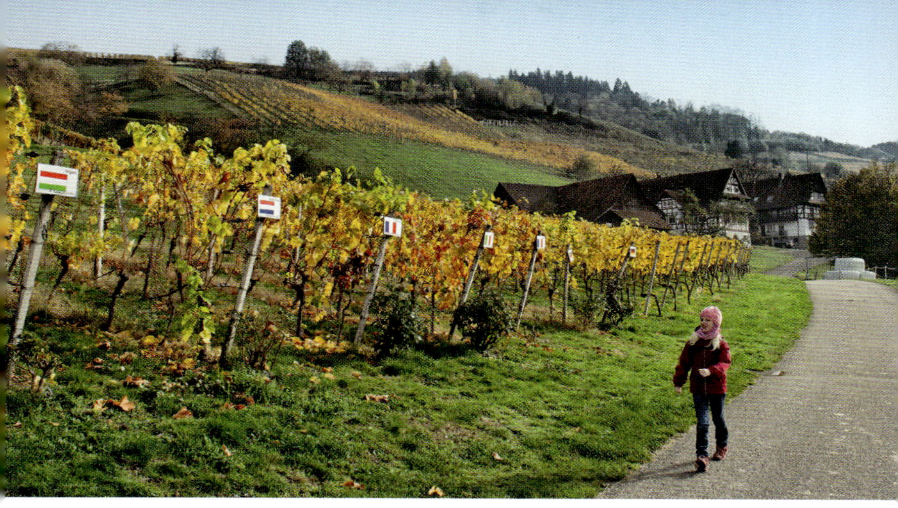

Im Herbst leuchten die Blätter der Weinreben besonders schön.

Wir starten unsere Tour an der **Bushaltestelle Gaishölle ①**, die schon den Namen unseres ersten Zwischenziels trägt. Dazu setzen wir uns in südlicher Richtung in Gang und biegen an der nächsten Gelegenheit links zum **Kurhaus Zum Alde Gott ②** ein, das wir an seiner rechten Seite durch den Kurpark umlaufen, vorbei an den Boulefeldern und dem Musikpavillon. Hier finden wir auch die hölzernen Wegweiser zur Gaishöllschlucht, die uns am Ende des Parks links auf die Teerstraße leiten, direkt an den Fuß der Rebanlagen, die im Herbst in prächtigen Farben leuchten. Von Kühen und Hühnern begleitet zieht sich die Straße entlang der wunderschönen Fachwerkhäuser und der Weinberge. Am Funpark für BMX-Geländeräder wenden wir uns nach rechts Richtung Gaishölle-Wasserfälle, und an der nächsten Gabelung auf dem »Hundeberg«, erneut nach rechts. Nach 30 m zweigt der Hundeberg nochmals rechts ab und wir mit ihm. Wir folgen der blauen Raute steil den Berg hinauf, auch wenn die Beschilderung zum Wasserfall nach links zeigt, denn wir bevorzugen die kleineren Pfade anstelle der Teerstraße.

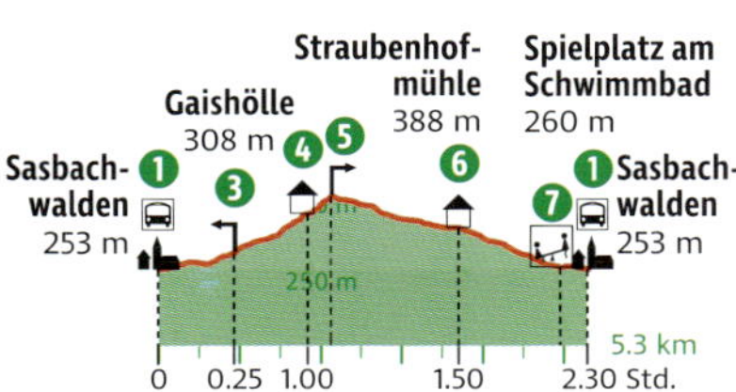

Highlights

- ★ Die wilde Schlucht mit 13 hölzernen Brücken ist ein kleines Abenteuer.
- ★ Viele kleine Wasserfälle zum Planschen und Staudämme-Bauen.
- ★ Urige Vesperhütten laden zum Rasten ein.
- ★ Wir staunen über die tolle Aussicht am Schluchtende.
- ★ Hühner, Ziegen und Alpakas warten unterwegs auf uns.
- ★ Am Schluss können alle noch den Spielplatz, das Freibad und die Minigolfanlage genießen.
- ★ Eine Besichtigung der Fachwerkhäuser im Ortskern bietet sich an.

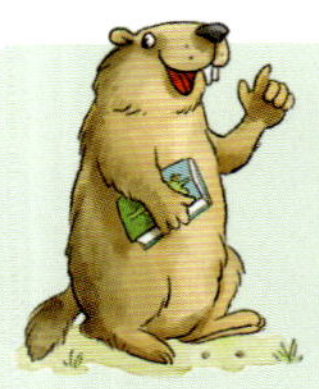

Hallo Kinder,

sind euch unterwegs schon die blauen Infotafeln mit dem Titel »Weg des Friedens« aufgefallen? 50 Jahre nach dem Ende des Zweiten Weltkrieges wurde das Jugendprojekt »Eine Welt von Freunden« gegründet, um allen Menschen zu zeigen, wie wichtig ein friedliches Miteinander zwischen den europäischen Ländern ist, damit es nie wieder zu einem Krieg kommt. An dem rund zwei Kilometer langen Weg des Friedens findet ihr aus jedem Land des Jugendprojektes eine Persönlichkeit, die sich für Frieden und Freundschaft zwischen den Ländern besonders verdient gemacht hat. Für Deutschland wird Konrad Adenauer auf einer der Tafeln vorgestellt, weil er sich in seiner Funktion als erster Bundeskanzler nach dem Krieg sehr stark für eine Freundschaft mit unserem Nachbarland und vergangenem Kriegsgegner Frankreich eingesetzt hat. Noch heute hat diese Freundschaft Bestand und ist sehr wichtig für beide Länder und ihre Nachbarn.

An den kubisch-bizarren Wohnhäusern finden wir auch wieder hölzerne Wegweiser zur Gaishölle. Ein wenig weiter weist uns das Schild nach links in die **Gaishölle ❸**, deren Beginn wir nach rund 300 m erreichen. Der kleine Brandbach hat hier ein wild-verzaubertes Tal geschaffen, das wir nun weiterhin bergauf durchwandern, vorbei an grün bemoosten runden Steinen, die wie Filzkugeln aussehen und das Bachbett einrahmen. 13 hölzerne Brücken helfen bei den Bachüberquerungen und schenken uns tolle Blicke auf den Bach mit seinen vielen kleinen Wasserfällen und der dschungelartigen Vegetation. Die **Vesperhütte ❹** an der Mittleren Gaishölle bietet sich besonders bei heißem Wetter als schattiger Rastplatz an, hier können die Kinder auf den Felsen herumklettern, kleine Höhlen entdecken oder an den Bachgumpen spielen.

Knapp 300 m ist die Schlucht noch lang, dann erreichen wir den Ausstieg am **Wanderschild »Gaishölle oben« ❺**, das uns nach rechts Richtung Straubenhofmühle weist. Wir spazieren an der Landstraße entlang und bekommen fantastische Blicke ins Rheintal geboten, bis nach Sasbachwalden und bei guter Sicht bis nach Straßburg und zu den Vogesen. Ein kleiner Pfad führt nach ungefähr

Durch eine märchenhafte Schluchtenlandschaft geht es aufwärts.

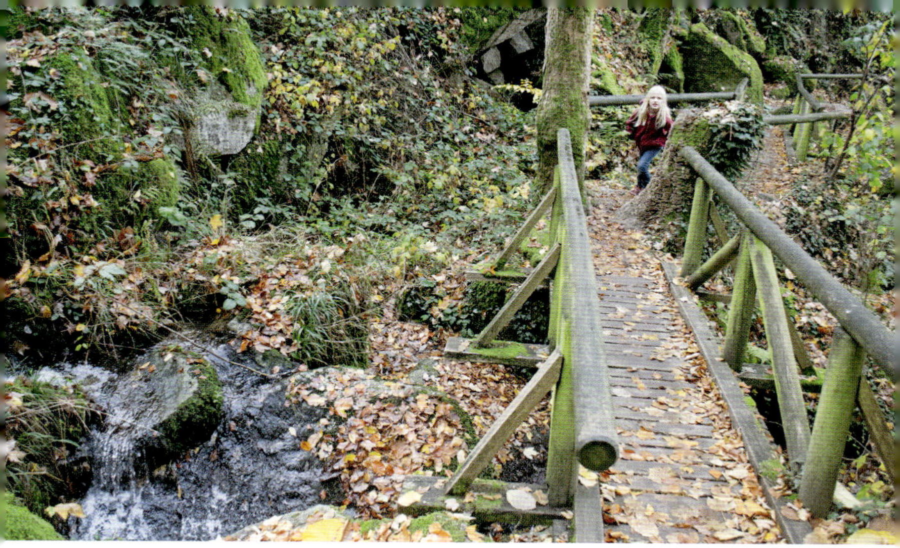

Im Zickzack schlängelt sich der Brandbach durch die Gaishölle.

10 Min. rechts in den Wald hinein und gleich darauf steil bergab. Wenig später verlassen wir den Wald und genießen tolle Ausblicke auf das Tal. Das Schild zur Straubenhofmühle weist uns nach rechts um den Ferienhof Wild herum, auf dem sich den Erwachsenen skurrilerweise ein Schnapsbrunnen zur Selbstbedienung bietet. Die Fässer am Wegesrand, in denen man übernachten kann, begeistern uns und wir freuen uns am Anblick einer Herde Alpakas, die in der Sonne grast. Wir wandern den Pfad geradeaus weiter bis zur **Straubenhofmühle** ❻, die uns mit ihrem über vier Meter großen Mühlrad und dem reetgedeckten Dach kurzzeitig in die Vergangenheit zurückversetzt, als hier noch mit Wasserkraft Getreide zu Mehl verarbeitet wurde. Daneben lädt eine komplett mit Baumrinde verkleidete Pausenhütte zu einer Rast ein.

Anschließend weist uns das Wanderschild nach rechts in Richtung Sasbachwalden Kurhaus. Wir treffen auf eine weitere Alpakafamilie und eine Ziegenherde, bleiben auf der rechten Bachseite und laufen nun einen knappen Kilometer der ausgeschilderten Augenblickrunde und der gelben Raute nach immer am Sasbach entlang. Wir passieren eine Schranke und marschieren geradeaus an der Weinkellerei vorbei bis zum Straßenende, dort biegen wir links ab, um gleich darauf rechts in Richtung Schwimmbad und Kurhaus abzuzweigen. Die Minigolfanlage und der **Spielplatz** ❼ lassen die Kinderherzen höherschlagen. Nach einer Spielpause gehen wir schließlich geradeaus über den Parkplatz des Kurhauses und erreichen wieder die **Bushaltestelle Gaishölle** ❶.

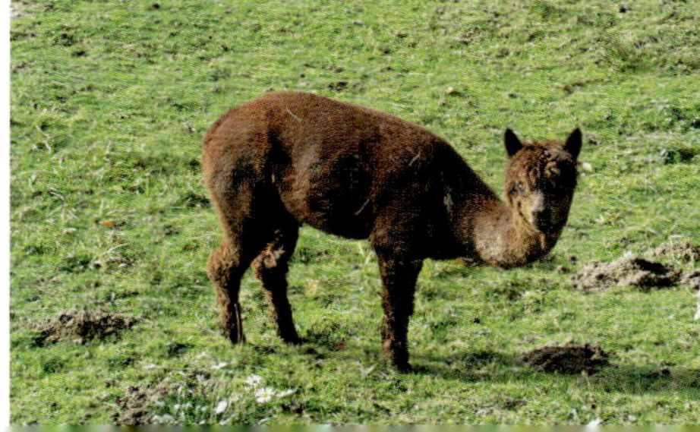

Immer öfter werden im Schwarzwald Alpakas gehalten.

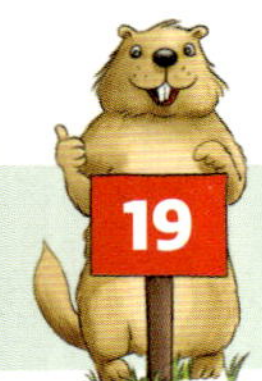

2.30 Std. | 6.3 km | ↗270 m | ↘270 m | ab 6 Jahren

19

Hornisgrinde und Mummelsee

Vom Seibleseckle zum Hochmoor

Auf das Dach des Nordschwarzwaldes

Das Gebiet um die Hornisgrinde herum hat so viel zu bieten, dass es leicht für mehrere Wanderungen reichen würde. Der ausgezeichnete Premiumwanderweg Mummelsee-Hornisgrindepfad verbindet die sehenswertesten Punkte miteinander auf einer nicht allzu langen Runde. Vom Skilift Seibelseckle wandern wir begleitet von der tollen Fernsicht zum Mummelsee, auf dem die Kinder natürlich Tretboot fahren und sich eine Andenkenplakette pressen dürfen. Der Aufstieg zum höchsten Punkt des Nordschwarzwaldes, der Hornisgrinde, ist nicht allzu steil und lässt noch Kraft, einen der beiden Türme zu besteigen. Im Gegenlicht der Sonne sieht das Rheintal auf den ersten Blick aus wie ein riesiges blaues Meer und beeindruckt uns sehr. Hier lohnt sich auch ein Besuch im Herbst oder Winter, wenn die Nebel im Tal oder auf dem Hochmoor liegen und zusammen mit der Kargheit der Natur eine geheimnisvolle Landschaft erschaffen. Ein Holzbohlenweg führt uns durch das Plateaumoor der Hornisgrinde mit vielen Infostationen, bevor unsere Kinder ihre Fähigkeiten beim steilen Abstieg über einen felsigen Bergpfad zeigen können.

Dieser Anblick ist ein Traum für große und kleine Wanderer.

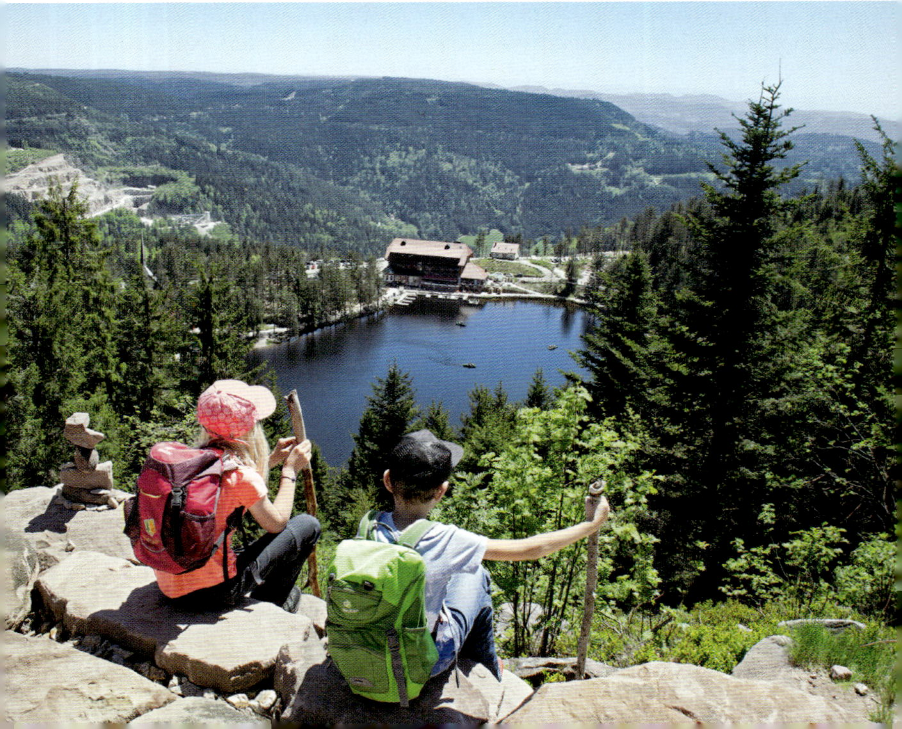

     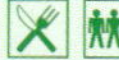

Ausgangspunkt: Bushaltestelle Seebach Seibelseckle, 958 m. Anfahrt ab Baden-Baden mit dem Regionalbus X45 Richtung Ruhestein.

Mit dem Auto: Kostenfreie Parkplätze am Skilift Seibelseckle, Schwarzwaldhochstraße 8, 77889 Seebach.

Ausrüstung: Gut profilierte, knöchelhohe Wanderschuhe sind besonders für den steilen Abstieg am Ende der Tour wichtig. Wechselkleidung und ein kleines Handtuch, falls die Kinder das kalte Wasser des Mummelsees nicht abschreckt.

Anforderungen: Bis auf den steilen Bergpfad zurück ins Tal, auf dem Trittsicherheit gefordert ist, sind die Gefälle und Steigungen moderat und die Wege meist breit und leicht zu begehen.

Einkehr: Mit der Rasthütte Seibelseckle, dem Hotel Mummelsee und der Grindehütte auf der Hornisgrinde gibt es vielfältige Einkehrmöglichkeiten auf der Wanderung.

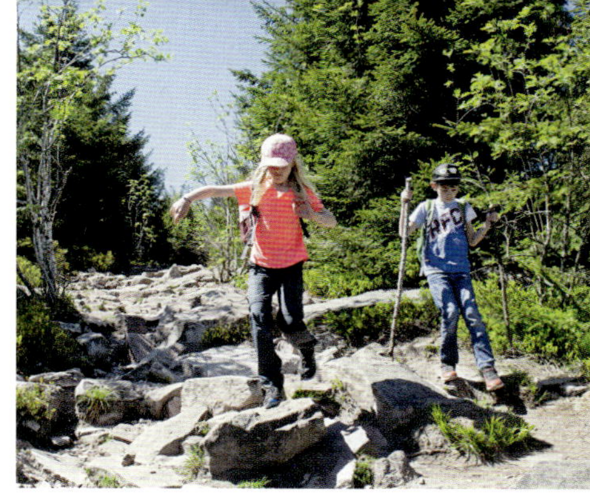

Die alpinen Steige machen den Kindern besonders großen Spaß.

Variante: Möchte man die Tour im Winter gehen, muss für den steilen Abstieg ab dem Dreifürstenstein ein anderer Weg zum Seibelseckle gewählt werden, denn der Bergpfad ist dann vom Nationalpark gesperrt. Man könnte im Süden des Moores zum Hornisgrindeturm und über den Mummelsee zum Seibelseckle zurückkehren. Das ergibt 2,5 km mehr Wegstrecke.

Am Fuß des Skihanges steigen wir an der **Haltestelle Seebach Seibelseckle ❶** aus dem Bus, gehen ein paar Meter in Richtung der Rasthütte Seibelseckle und dann links unter der legendären Schwarzwaldhochstraße B500 hindurch. Dort halten wir uns an das kleine blaue Genießerpfad-Schild geradeaus und erreichen eine beschilderte Weggabelung, an der wir rechts den Forstweg hinauf zum Mummelsee einschlagen. Wir kreuzen einen schmalen Teerweg und wandern den immer enger werdenden Bergpfad bis fast zur Landstraße hoch, die wir nun eine Weile rechts neben uns sehen. Wir bleiben auch an der nächsten Gabelung links auf dem markierten Forstweg, der den Kindern büscheweise Heidelbeeren bietet und den Erwachsenen erste tolle Blicke weit in die hügelige Landschaft des Schwarzwaldes. Nach rund 10 Min. schwenkt der Weg nach rechts und bringt uns zum **Wanderschild Lenderswald ❷**, an dem es rechts zum

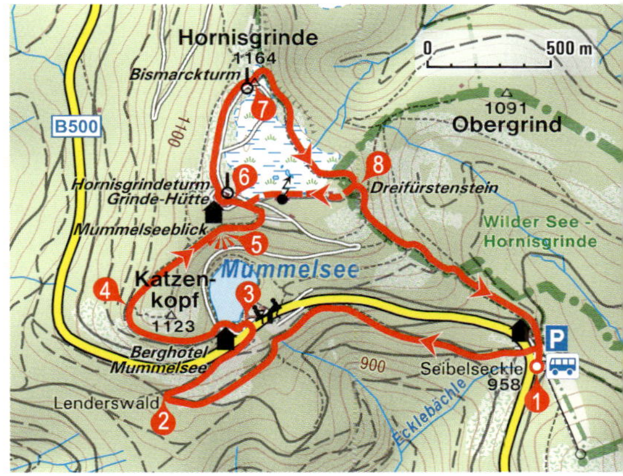

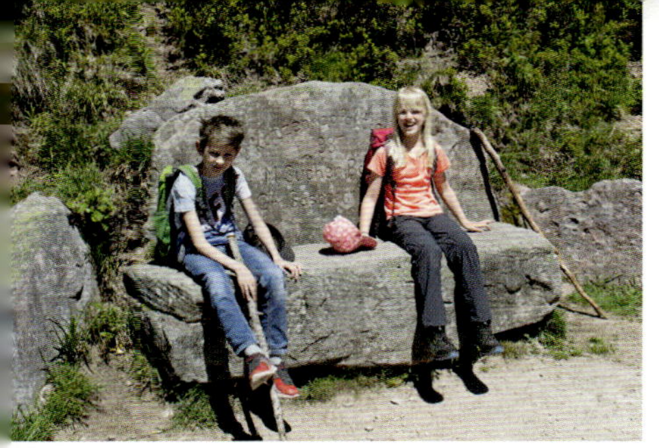

Kleine Pause auf der steinernen Bank am Katzenkopf.

Berghotel Mummelsee geht, unserem ersten Zwischenziel. Bei immer größerer Fernsicht überschreiten wir die 1000-m-Höhenlinie und erreichen erneut die Schwarzwaldhochstraße, die wir auf einem kleinen Pfad für knapp 200 m entlanggehen, bevor wir sie direkt gegenüber dem Berghotel am **Mummelsee 3** überschreiten.

Am See erobern die Kids gleich den Spielplatz mit der langen Murmelbahn, dann dürfen sie Kapitän auf dem geliehenen Tretboot spielen, mit dem es einmal rundherum geht.

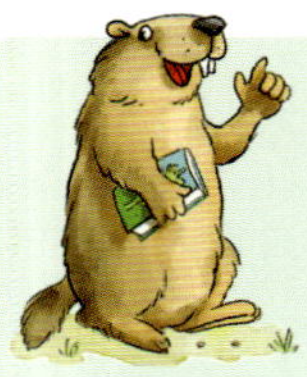

Hallo Kinder,

Dutzende Sagen ranken sich um den Mummelsee und berühmte Dichter wie Eduard Mörike haben über die Geister und andere sagenhafte Bewohner und Bewohnerinnen des Mummelsees geschrieben. Einige davon finden sich im Badischen Sagenbuch aus dem Jahr 1846, so auch das Gedicht vom Jäger am Mummelsee von August Kopisch, der auch als Erfinder der Kölner Heinzelmännchen gilt:

Der Jäger am Mummelsee

Der Jäger trifft nicht Hirsch noch Reh,
Verdrießlich geht er am Mummelsee.

Was sitzt am Ufer? – Ein Waldmännlein,
Mit Golde spielt es im Abendschein. –

Der Jäger legt an: »Du Waldmännlein,
Bist heute mein Hirsch, dein Gold ist mein!«

Das Männlein aber taucht unter gut, –
Der Schuß geht über die Mummelfluth.

„Ho ho, du toller Jägersmann!
Schieß du auf – was man treffen kann!

Geschenkt hätt' ich dir all das Gold,
Du aber hast's mit Gewalt gewollt.

Drum troll' dich mit lediger Tasche nach Haus!
Ihr Hirschlein tanzet, sein Pulver ist aus!«

Da springen ihm Häselein über die Bein'
Und kichernd umflattern ihn Lachtäubelein.

Und Elstern stipitzen ihm Brod aus dem Sack,
Mit Schabernak, husch, und mit Gik und Gack;

Und flattern zur Liebsten, und singen um's Haus:
„Leer kommt er, leer kommt er, sein Pulver ist aus!

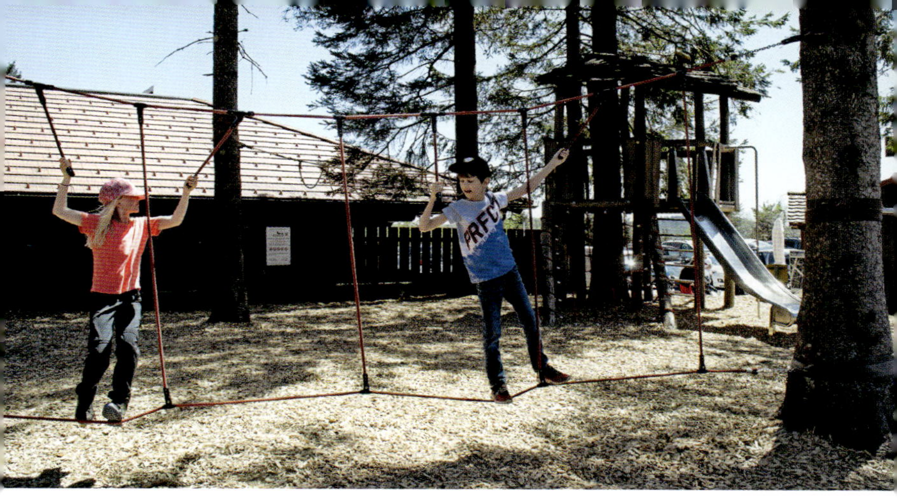

Spielplatz am Mummelsee.

Wer mag, kann den kleinen sagenumwobenen Karsee auch zu Fuß auf einem Holzbohlenweg umrunden und verschiedenste Skulpturen moderner Kunst bewundern.

Hinter dem Hotel finden wir an zwei Himmelsliegen den Wegweiser Richtung Hornisgrinde und Mummelseeblick, dem wir erst links und an den nächsten Weggabelungen immer nach rechts folgen. Wir kommen nun immer höher hinauf und können uns auf den Ruhebänken an den herrlichen Fernblicken ins Rheintal und den Schwarzwald freuen. Nach einigen Minuten zweigt rechts vom Forstweg ein alpin anmutender **Steinpfad** ❹ ab und führt uns hinauf zum Wanderschild Katzenkopf. Von hier ist es rechts haltend nur mehr eine kurze Strecke bis zum **Mummelseeblick** ❺, den man von vielen Postkarten kennt.

Gut 100 m nach den Aussichtsbänken verlassen wir an einer Weggabelung den breiten Sandweg, wandern links den unmarkierten Steinweg hinauf und halten uns gleich darauf an der nächsten Verzweigung steil links aufwärts. In die Teerstraße biegen wir links ein und sehen schon den über 100 Jahre alten, burgähnlichen **Hornisgrindeturm** ❻, von dem man bei günstiger Witterung sogar den Pfälzer Wald ausmachen kann. Die Fernsicht hier oben ist überwältigend, auf den ersten Blick meinen wir an einem riesigen Meer zu stehen, bis wir realisieren, dass dies die Blaufärbung des Rheintals im Gegenlicht ist.

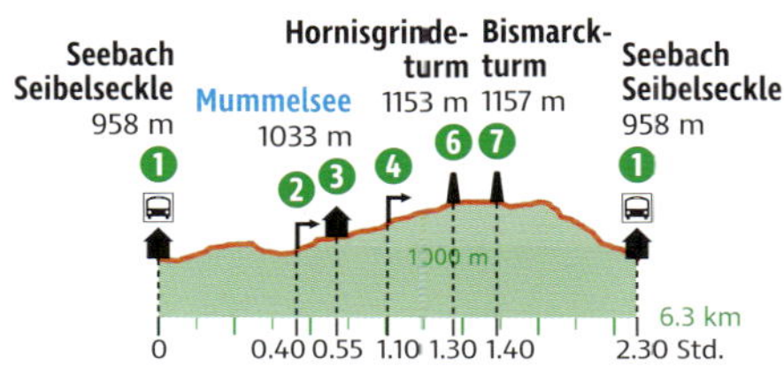

Natürlich wollen wir wissen, wie tief das Moor auf der Hornisgrinde ist.

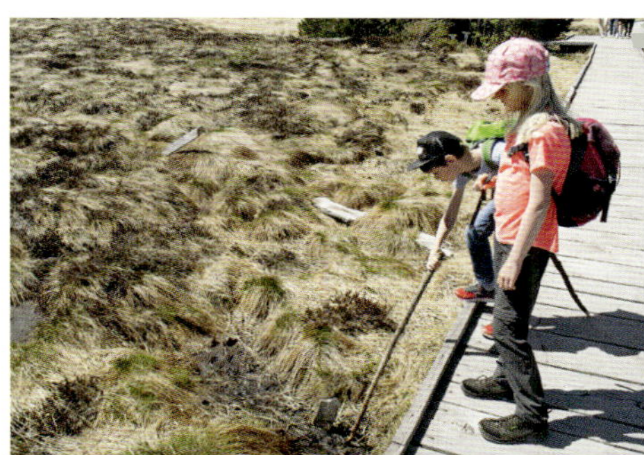

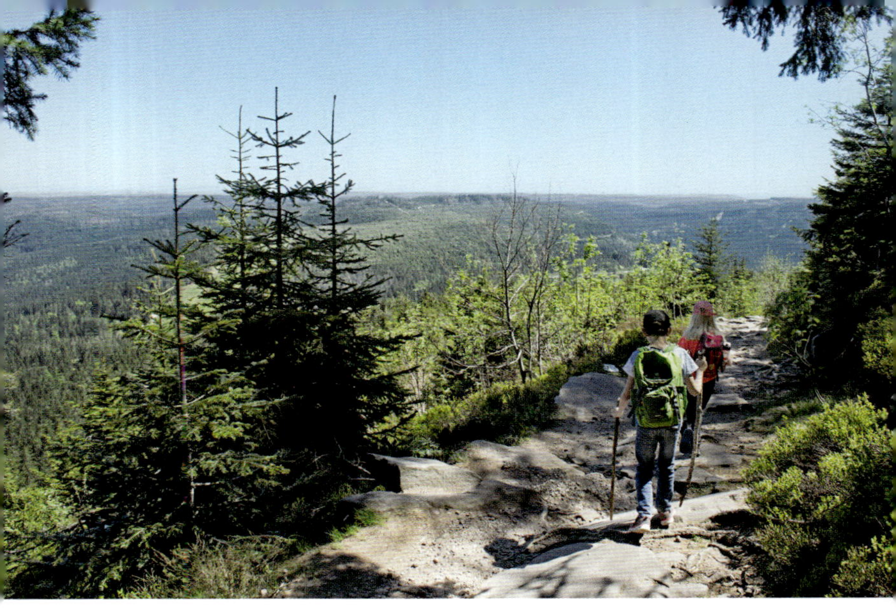

Die letzten Meter zum Seibelseckle schenken uns noch mehr schöne Momente.

Am Wegweiser beim Hornisgrindeturm wenden wir uns nach Norden und wandern auf dem Bergrücken geradeaus an den Erlebnisstationen des Moorpfades entlang bis zum **Bismarckturm 7**, der höchsten Stelle der Hornisgrinde. Den weiteren Weg durch das Hochmoor finden wir, indem wir uns hinter dem Turm am Wegweiser erst weiter in Richtung Norden und gleich darauf rechts zum Bohlenweg und Dreifürstenstein halten. Links blicken wir steil hinunter in den Biberkessel, an dem im Winter sogar Lawinen abgehen können. Kurz danach verwandelt sich der gepflasterte Steinweg in einen Holzbohlenweg und geleitet uns direkt durch das rund 10.000 Jahre alte Hochmoor, dessen Torfschicht jedes Jahr um einen Millimeter anwächst. An manchen Stellen können die Kinder ihre geschnitzten Wanderstöcke tief ins Moor hineinstecken und sich tüchtig gruseln.

Vom Ende des Bohlenwegs bis zum **Wegweiser Dreifürstenstein 8** sind es dann nur noch gut 100 m. Ab hier verläuft ein alpiner Felsenpfad steil bergab Richtung Seibelseckle, gekennzeichnet mit dem blauen Genießerpfad-Schild und der gelben Raute, den wir vorsichtig hinuntersteigen. Der Weg endet an der Rasthütte Seibelseckle und unserem Ausgangspunkt, der **Bushaltestelle Seibelseckle 1**.

Highlights

- ★ Der geheimnisvolle Mummelsee wartet auf kleine Tretbootkapitäne.
- ★ Ein alpiner Pfad versetzt uns ins Hochgebirge.
- ★ Auf der Hornisgrinde haben wir eine phänomenale Aussicht über das Rheintal.
- ★ Ein spannender Holzbohlenweg führt durch das sumpfige Hochmoor.
- ★ Der felsige Abstieg ins Tal ist eine kleine Herausforderung für die Kinder.

ab 6 Jahren | 3.00 Std. | 8.7 km | ↗ 250 m | ↘ 250 m

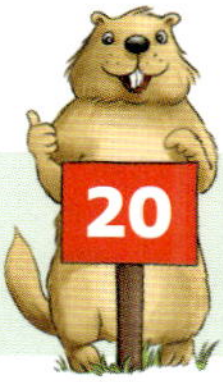

20

Zum Wilden See

Vom Nationalparkzentrum Ruhestein um den Seekopf

Entdeckertour durch über 100 Jahre unberührten Wald

Vom modernen und sehr informativen Nationalparkzentrum an der Passhöhe Ruhestein geht es mit herrlichen Ausblicken auf das Tal und die Skisprungschanzen hinauf zu den Hängen des Seekopfes im Nationalpark Schwarzwald und in das Bannwaldgebiet Wilder See, eine der ältesten Waldschutzzonen in Deutschland. Die Wanderkinder erwartet ein spannender Abstieg auf einem felsigen Bergpfad hinab zum eiszeitlichen Gletscherkar des Wilden Sees. Hier ist Trittsicherheit gefragt. Am See angekommen legen wir eine lange Vesperpause ein und schauen auf das schöne Wasser, in dem sich die bewaldeten Berge spiegeln, während die Kinder ihre Füße im kühlen Wasser baumeln lassen. Auf unserer Rundtour überschreiten wir dann die Tausend-Meter-Marke und finden an der Darmstädter Hütte eine tolle Sonnenterrasse, auf der Kuchen und Eis besonders lecker schmecken. Mit frischem Treibstoff gelingt uns der Abstieg zum Nationalparkzentrum Ruhestein noch mal so schnell.

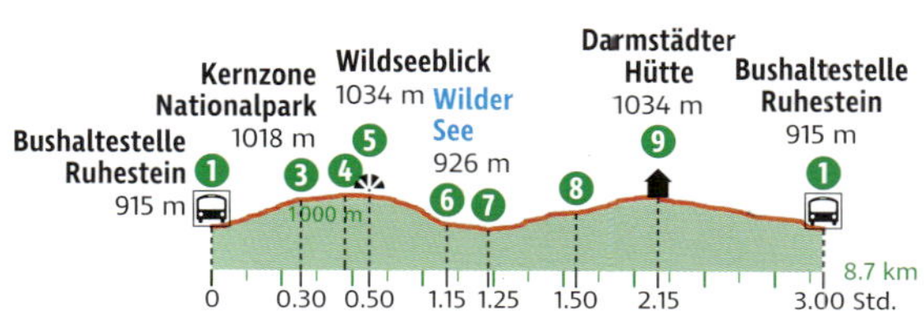

Der Wilde See ist eigentlich sehr friedlich.

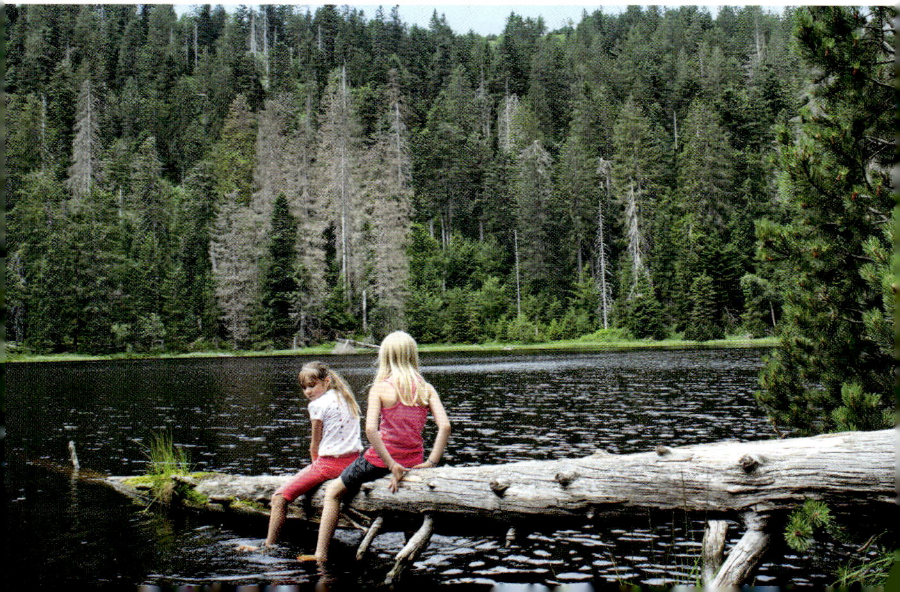

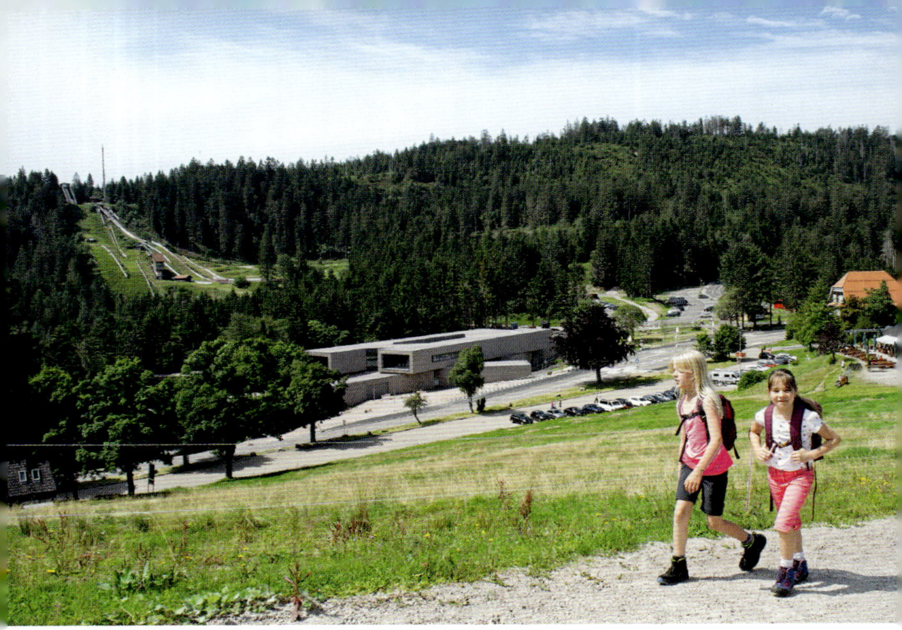

Oberhalb des Naturzentrums steht die Skisprunganlage der Großen Ruhesteinschanze.

   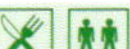

Ausgangspunkt: Bushaltestelle Ruhestein, 915 m. Anfahrt ab Freudenstadt Hauptbahnhof mit Bus 100 oder ab Baden-Baden mit Regionalbus X45.

Mit dem Auto: Kostenpflichtige Parkplätze sowie zwei Ladestationen für Elektroautos am Nationalparkzentrum Ruhestein, Ruhestein 1, 72270 Baiersbronn.

Ausrüstung: Gute Wanderschuhe mit rutschfestem Profil sind besonders auf dem steilen Abstieg zum Wilden See wichtig.

Anforderungen: Zwei nicht zu steile Anstiege à 2 km Länge sind zu bewältigen und für die Kinder kein Problem. Beim Abstieg zum See kraxeln die Kinder über Felsen und Bäume und haben große Freude dabei. Bei Nässe herrscht hier hohe Rutschgefahr!

Einkehr: Die Darmstädter Hütte auf dem bekannten Westweg wartet ganzjährig von 10 bis 18 Uhr mit regionalen Speisen und einer exponierten Sonnenterrasse auf; Schwarzwaldhochstraße 5, 77889 Seebach, Tel. +49 7842 2247, www.darmstaedter-huette.de.

Tipp: Wer lieber das steile Stück zum See bergauf wandert und die sanfteren Steigungen bergab, weil das sicherer bzw. einfacher ist, macht die Tour einfach in der entgegengesetzten Richtung.

Highlights

★ Beim Aufstieg haben wir eine tolle Aussicht über die Skischanzen und den Schwarzwald.

★ Walderdbeeren und Heidelbeeren versüßen den Anstieg zum Wildseeblick.

★ Den Bergpfad hinab zum Wilden See hinunterzusteigen macht riesigen Spaß, die Kinder klettern über Felsen und Baumstämme.

★ Im kühlen Gletscherkarsee lassen wir unsere Füße im Wasser baumeln.

★ In der Darmstädter Hütte belohnen wir uns für die anstrengenden Wanderkilometer.

Von der **Bushaltestelle Naturzentrum Ruhestein** ❶ gehen wir in nordöstlicher Richtung zum **Sessellift** ❷ hinüber und orientieren uns am Westweg mit der roten Raute in Richtung Wildseeblick. Wir steigen den breiten, serpentinenartig angelegten Wanderweg hoch bis zum Beginn der **Kernzone des Nationalparks** ❸ mit dem beschilderten Wegegebot. Bis dahin begleiten uns grasende Kühe und Ausflügler, die im Sessellift über uns hinwegschweben. Mit jeder Serpentine gewinnen wir an Aussicht und am Gegenhang liegen die Skischanzen wie hineingewachsen in der Berglandschaft. Wir kommen am alten **Ölleitungspfad** ❹ vorbei, wo uns eine Infotafel zum Bannwald Wilder See erklärt, durch welche botanische Besonderheit wir gerade wandern. Blaubeeren, Besenheide und Farne wechseln sich am Wegesrand ab, dann können wir begeistert den **Wildseeblick** ❺ bestaunen, der sich uns bietet.

40 m weiter kommen wir an der Gedenkstätte des Euting-Grabes vorbei, an der tatsächlich ein echtes Urnengrab steht. Wir freuen uns hier über den Beginn des kleinen, fast schon mediterranen Bergpfades zum Wilden See hinunter, der rechts an der Weggabelung mit knorrigen Wurzeln und kleinen Felsen gelb berautet auf uns wartet. Nach wenigen Minuten biegen wir am Wan-

Kletterfreude im Bannwaldgebiet Wilder See.

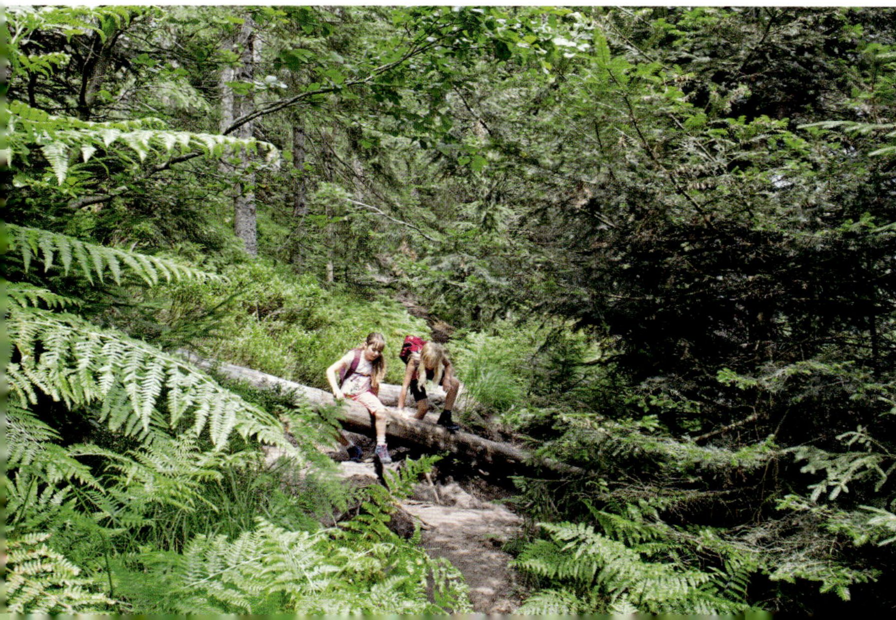

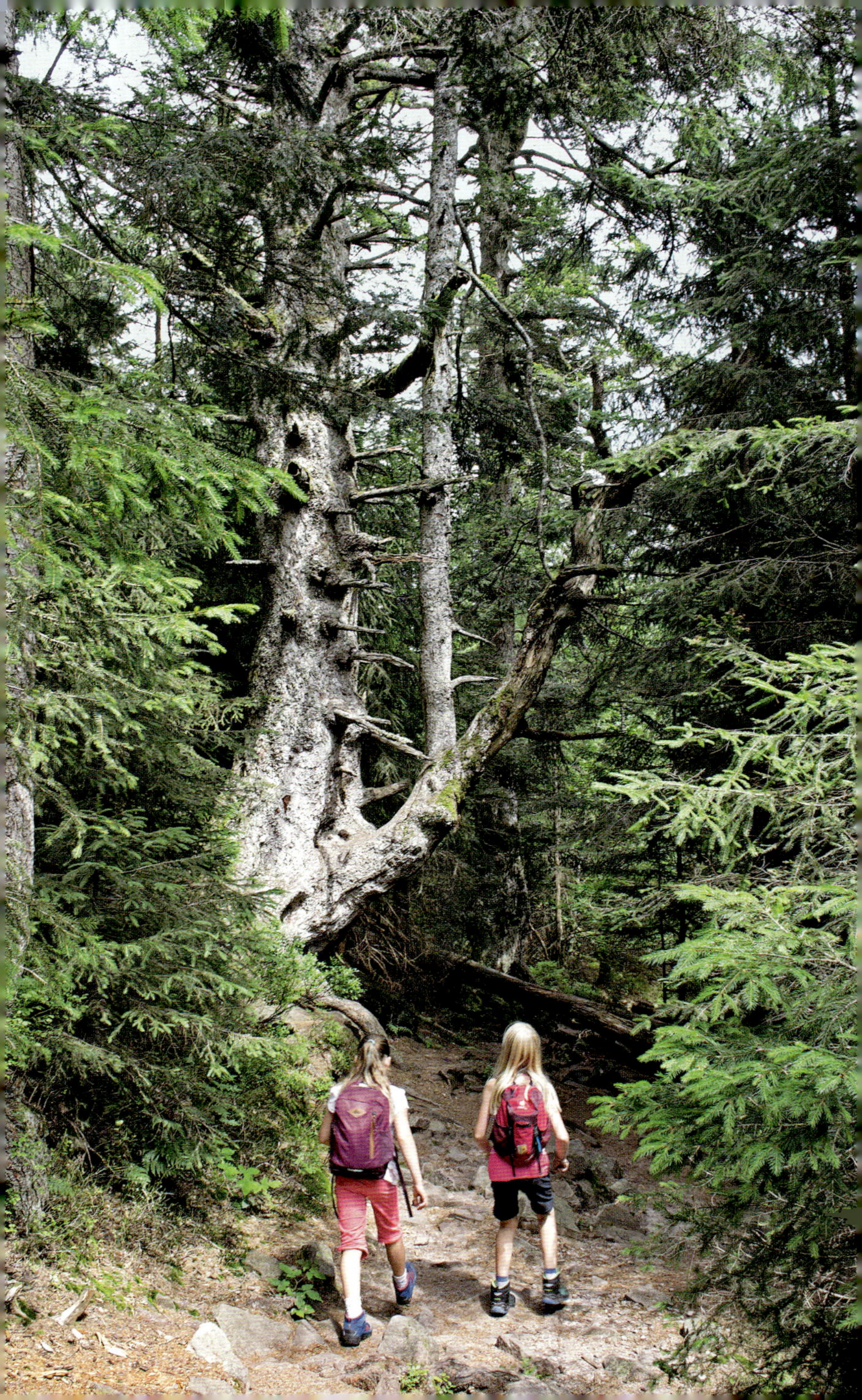

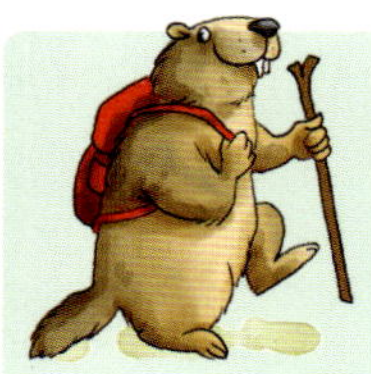

Hallo Kinder,

schon vor über 200 Jahren hat der große Naturforscher Alexander von Humboldt erkannt, dass auf der Welt alles mit allem zusammenhängt und wie wichtig der Erhalt und der Schutz der Natur und speziell der Wälder für das Gleichgewicht auf der Erde sind. Es dauerte über 50 Jahre, bis seine Ideen in die Tat umgesetzt wurden und 1864 der weltweit erste große Schutzpark im Yosemite-Tal in den USA entstand. Präsident Abraham Lincoln unterzeichnete das Gesetz dazu. Wenig später wurden in Amerika erste Nationalparks gegründet und bald ging die Idee um die ganze Welt. Geschützt und gepflegt werden die Parks von erfahrenen Rangern, die auch Besucher betreuen und Forschungsprojekte begleiten. Im Nationalpark Schwarzwald können sich auch Kinder zwischen 5 und 12 Jahren von den Rangern des Parks zu Juniorranger/-rinnen ausbilden lassen. Das ist eine tolle Sache, denn die Juniorranger/-rinnen lernen auf ihren Touren durch die unberührten Wälder zum Beispiel Spuren zu lesen, Vogelarten zu unterscheiden und Pilze zu bestimmen.

derschild Wildseewegle scharf rechts ab und klettern vorsichtig den Weg über einige Felsenstufen und über Baumhindernisse hinweg zum See hinunter. Dieser Teil der Tour ist für die Kinder der spannendste, und so bedauern sie es fast, dass wir nach einer knappen halben Stunde schon unten am Ufer des **Wilden Sees ❻** ankommen.

Nach einer Pause, in der die Kinder ihre Füße von einem liegenden Baumstamm aus ins Wasser halten können, zeigt uns die gelbe Raute der Bannwaldtour einen Pfad links hinab, anfangs noch am Seelochbach entlang. Nach 10 Min. weist uns das **Wanderschild Seeloch ❼** geradeaus Richtung Darmstädter Hütte, unserem nächsten Zwischenziel. Bald darauf stoßen wir auf einen Forstweg und wandern auf ihm links Richtung Ruhestein, den hölzernen Wegweisern nach, bis wir zum Standort der ehemaligen **Falzhütte ❽** kommen, an der nur mehr eine Infotafel steht. Wir halten uns links weiterhin auf dem Forstweg, der uns über die heideartigen Grindenflächen (siehe auch »Hallo Kinder« Tour 15) mit Latschenkiefern und Beerensträuchern zur **Darmstädter Hütte ❾** führt. Hier können wir einkehren, picknicken oder gleich weitermarschieren in Richtung **Skilift Darmstädter Hütte ❿** und von dort geradeaus in Richtung Skilift Ruhestein. An der nächsten Gabelung ignorieren wir links den gesperrten Weg und gehen die 20 m zu einer weiteren Gabelung. Wir wählen den linken Ast, beschriftet mit »Alternativroute für Kinderanhänger«, der uns in guten 20 Min. bis hinunter zur **Talstation des Sesselliftes ❷** geleitet. Auf dem bekannten Weg finden wir dann über die Ruhesteinstraße hinüber zu unserem Ausgangspunkt an der **Bushaltestelle Naturzentrum Ruhestein ❶**.

Jahrhundertealte, knorrige Baumriesen blicken wohlwollend auf uns hinunter.

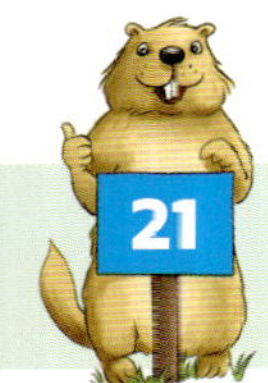

2.00 Std. | 6.0 km | ↗190 m | ↘190 m | ab 5 Jahren

21 Kneippstation Silberberg

Von Schönmünzach um das Eckköpfle

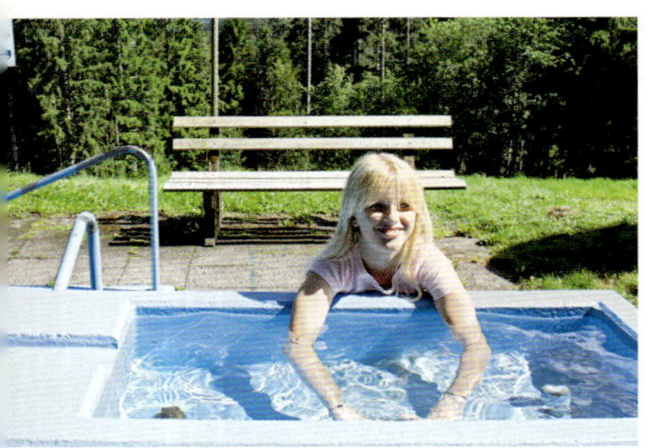

Herrlich, so ein kühlendes Unterarmbad bei großer Hitze.

Hier bleiben kein Auge und kein T-Shirt trocken

Das bekannte Märchen »Das kalte Herz« von Wilhelm Hauff spielt nicht zufällig an diesem Ort. Der Kneippkurort Schönmünzach liegt am Ende eines engen, waldreichen Tales, wo die Schönmünz in die Murg mündet. An einem Waldspielplatz und einer natürlichen Kneipp-Gesundheitsanlage überqueren wir den Fluss über einige Felsen, denn die Brücke existiert nicht mehr, und wandern anfangs am plätschernden Emersbach entlang. Durch scheinbar unberührten, dichten Wald gelangen wir zur großen Kneippstation Silberberg mit schöner Aussicht über das Murgtal, wo die Kinder mit Freuden die separaten Fuß- und Armbecken zum Kühlen nutzen, aber nicht zum Spritzen. Weiter über den Genussplatz am Blockhaushof kehren wir über schöne Forst- und Wiesenwege ins Schönmünzachtal zurück.

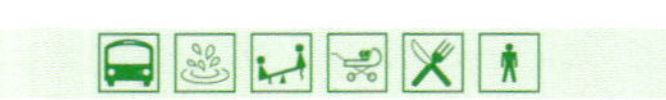

Ausgangspunkt: Bushaltestelle Schönmünzach Kirche, 483 m. Anfahrt ab Freudenstadt Hauptbahnhof mit der S-Bahn S81 Richtung Karlsruhe bis Schönmünzach Bahnhof, dort Umstieg in den Regionalbus 23 Richtung Hinterlangenbach.

Mit dem Auto: Kostenfreie Parkplätze gegenüber dem Hotel Klumpp, Schönmünzstraße 95, 72270 Baiersbronn.

Ausrüstung: Gut profilierte Wandersandalen oder Wanderschuhe. Ein kleines Handtuch für die Wasserstellen und etwas Leckeres für eine Pause sollten mit im Gepäck sein.

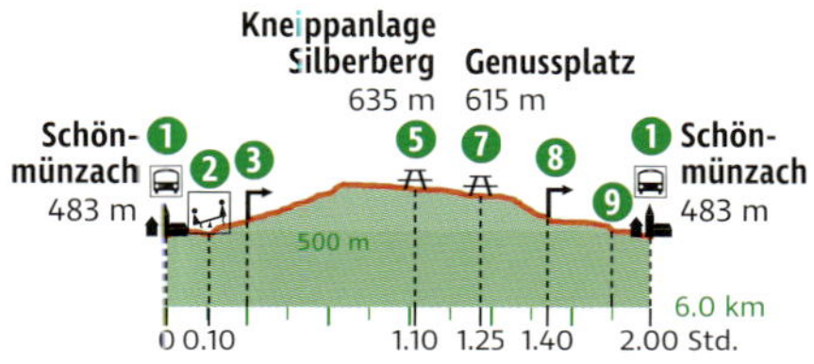

Anforderungen: Die kürzere Tour auf guten Wegen ist bis auf die knapp 2 km lange, nicht allzu steile Steigung leicht zu gehen. Die Schönmünz überqueren wir auf extra aufgestellten Findlingen, da die Brücke nicht mehr existiert. Der abschließende Pfad am Hang kann durch hohes Gras führen, hier passen wir besonders auf die kleineren Kinder auf, dass sie nicht stolpern. Mit einem geländegängigen Kinderwagen ist die Tour gut zu bewältigen, bei der Überquerung des Flusses muss man den Wagen allerdings tragen.

Einkehr: Unterwegs keine. Im Hotel Café Klumpp lässt es sich nach der Tour gut auf der sonnigen Terrasse sitzen und den selbst gemachten Kuchen verspeisen; Infos unter Tel. +49 7447 94670, Schönmünzstraße 95, 72270 Baiersbronn, www.hotelklumpp.de.

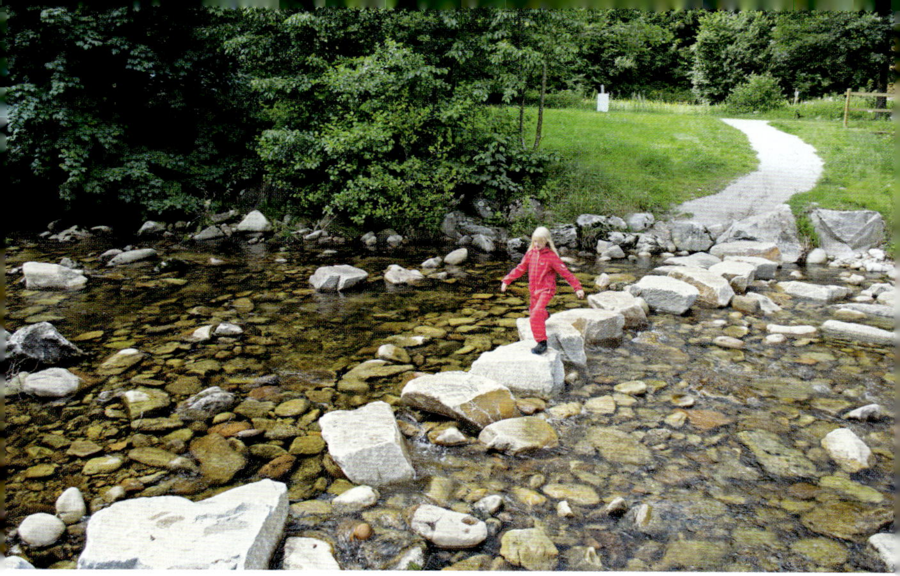

Anstatt der alten Brücke wurden einfach Felsen zur Überbrückung platziert.

An der **Bushaltestelle Schönmünzach Kirche ❶** spazieren wir über die kleine Holzbrücke auf die andere Flussseite und gehen links auf der Schifferstraße an der Kirche vorbei. Vor dem Schuppen der Wasserkraftanlage folgen wir links der Beschilderung Richtung Flößerweg und kommen zum **Abenteuerspielplatz ❷** und der natürlichen Wassertretstelle, ganz im Sinne von Pfarrer Kneipp. Hier ließe sich auch wunderbar picknicken, aber nach einer ausgiebigen Kletterrunde heißt es für die Kinder, die Schönmünz von Fels zu Fels hüpfend zu überqueren. Eine Brücke existiert hier schon länger nicht mehr. Wir kreuzen die kleine Landstraße und wandern am Emersbach, der in vielen Karten nicht verzeichnet ist, entlang eines Forstweges bergauf, am Tennisplatz vorbei. An der folgenden Verzweigung wandern wir rechts dem **Wanderschild Emersbach ❸** Richtung Silberberg nach, das feucht-warme Tal mit großen Pestwurzblättern, einem lichten Blätterdach und seinen vielen Schmetterlingen immer weiter hinauf. Die alten, moosüberzogenen Buchen sehen aus, als stammten sie aus einem Zauberwald, und der plätschernde Bach spielt eine leise Musik dazu. Bald nach einer Spitzkehre verlassen wir den Emersbach, kreuzen einen Forstweg und erreichen 50 m nach einer weiteren Wander-

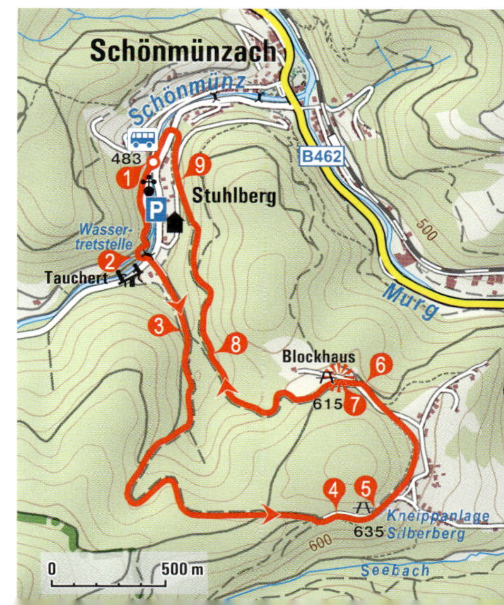

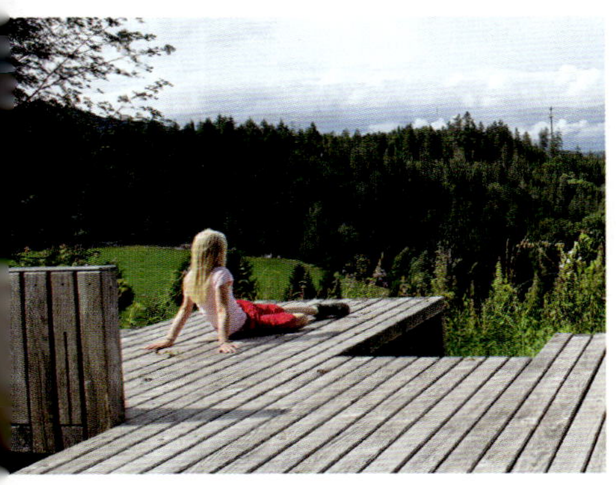

Der Genussplatz am Blockhaushof mit Blick auf Wiesen und Wälder.

Highlights

- ★ Direkt am Fluss liegt ein schöner Waldspielplatz mit Grillstelle und einer Kneipp-Naturanlage.
- ★ Die Schönmünzach überqueren wir abenteuerlich auf Felsen, da eine Brücke fehlt.
- ★ Oben im unberührten Wald fühlen wir uns wie im Märchenwald.
- ★ Eine große Kneippanlage und eine hölzerne Picknickdecke mit toller Aussicht ins Murgtal laden uns zu langen Pausen ein.

kreuzung das **Schild Silberberg ❹**, dem wir halb links Richtung Blockhaus auf einer kurzen Straße folgen. Gleich danach sehen wir schon links die **Kneippanlage Silberberg ❺**, an der wir uns bei heißem Wetter herrlich abkühlen können, und die großen Aussichtsbänke kommen für eine längere Rast wie gerufen.
Hinter den Bänken verläuft der Pfad weiter, bis er sich verzweigt und wir links der blauen Raute und dem Panoramaweg nachlaufen. Nach guten 10 Min. schwenken wir links in eine Teerstraße ein und bleiben auf der Straße bis zum **Wanderschild Reitbahn ❻**. Dort halten wir uns ganz links den Forstweg bergauf in Richtung Schönmünzach. Nach wenigen Minuten treffen wir auf eine »Picknickdecke« aus Douglasienholz, die wohl zurecht **Genussplatz am Blockhaushof ❼** genannt wird.
Nachdem wir den Genussplatz mit

Vorbei an großen Farnen und Pestwurz führt der Wanderweg durch dichten Wald.

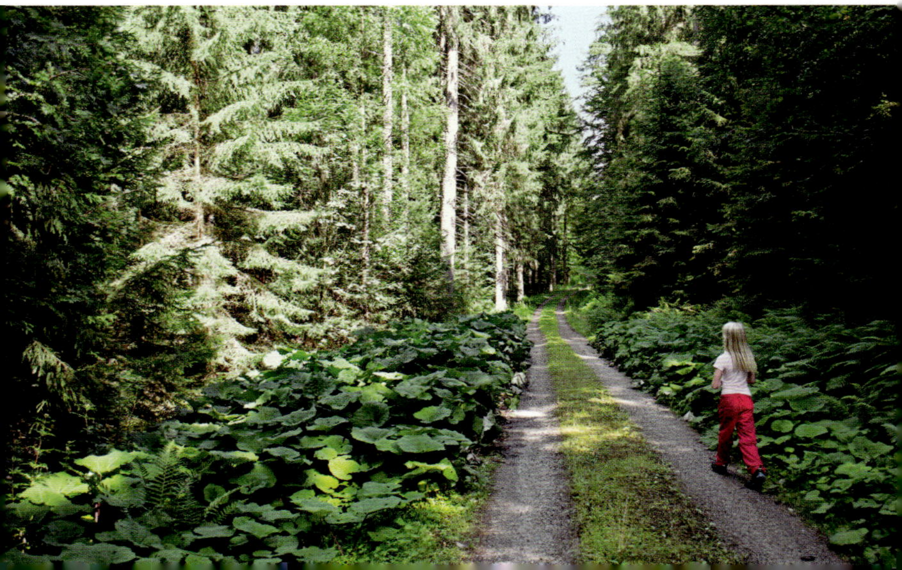

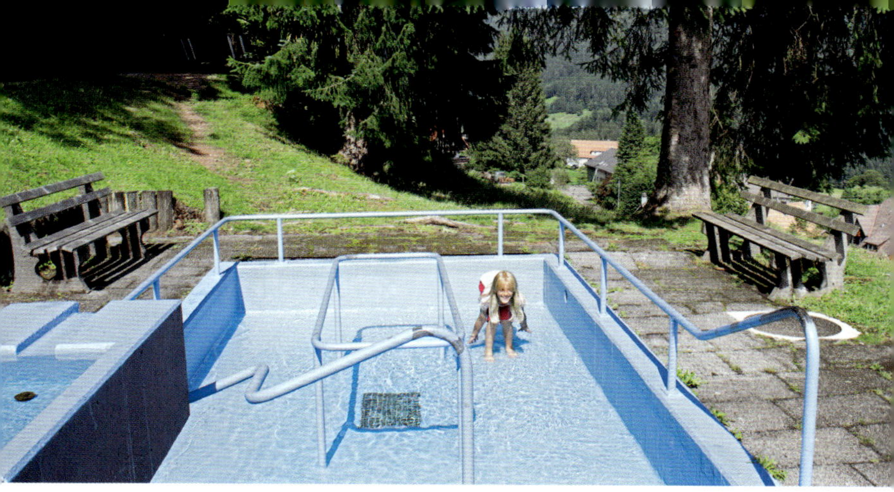

Kneippen mit lieblichem Ausblick ins Murgtal.

der schönen Aussicht auf die Hügel des Murgtales getestet haben, biegen wir gleich darauf an einer gelben Raute rechts hinunter in einen Forstweg, der uns zum **Wanderschild Blockhaus 8** bringt, an dem wir rechts leicht bergauf zum Stuhlbergwegle abzweigen. Links unten sehen wir unseren Hinweg und marschieren noch rund 300 m auf diesem Waldweg, dann zweigt ein unscheinbarer Weg links weg. Wir wandern auf weichem Waldboden hinunter und erreichen eine Straße, die wir überqueren und rechts an dem **Wohnhaus 9** mit der gelben Raute an der Dachrinne vorbei in einen kleinen Wiesenpfad hineinstechen. Er bringt uns auf die Schönmünzstraße, in der wir links nach kurzer Zeit wieder unsere **Bushaltestelle Schönmünzach Kirche 1** erreichen.

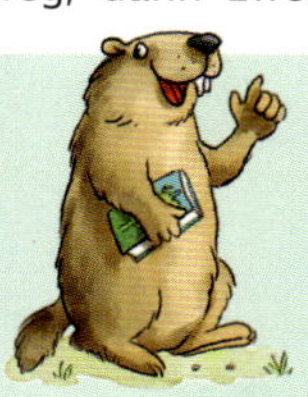

Hallo Kinder,

auf dieser und sicher auch auf anderen Wanderungen sind euch schon Kneippanlagen begegnet, aber wer war eigentlich dieser Kneipp? Sebastian Kneipp war ein katholischer Pfarrer, der als junger Mann eine schwere Lungenkrankheit hatte und sich mithilfe einer alten, überlieferten Wassertherapie erst selber heilte und danach auch an Tuberkulose erkrankte Menschen. Sein Leben lang hatte er damit zu kämpfen, dass seine Heilmethode von den studierten Ärzten und Medizinern abgelehnt wurde, aber seine Wassermethode war so erfolgreich, dass sie schließlich offiziell erlaubt wurde. Pfarrer Kneipp behandelte auch Fürsten, Könige und sogar den Papst und es dauerte nicht lang, bis der erste Kneipp-Verein gegründet wurde. Heutzutage sind es weltweit 40 Länder, die sich im Kneipp-Bund aktiv für die Erhaltung und Verbreitung dieser Heilmethode einsetzen. Allein in Deutschland gibt es rund 750 öffentlich zugängliche Kneippanlagen zum Wassertreten und Armekühlen.

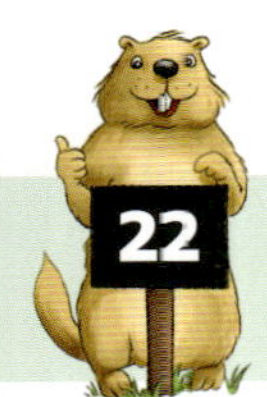

3.50 Std. | 8.7 km | ↗ 280 m | ↘ 280 m | ab 6 Jahren

Erlebnispfad LEPO bei Ottenhöfen

Rundweg auf den Anhöhen des Achertales

Wasserspielplatz und Riesenmurmelbahn

Ein eigener Zuganschluss, der seit 1898 existiert, brachte schon Kaiser Wilhelm II. in seiner Sommerfrische in den Luftkurort Ottenhöfen im Oberen Achertal und befördert uns Wanderer noch heute direkt bis in den Ortskern am Kurpark. Von den vielen Wanderwegen in der Umgebung entscheiden wir uns für LEPO, den Landwirtschaftlichen Erlebnispfad Ottenhöfen. In je einem Wasser-, Holz- und Steinbereich erwarten uns viele informative Stationen, aber auch Möglichkeiten zum Toben oder Ausruhen. Der Startpunkt des Pfades im umtriebigen Kurpark punktet bei unseren Kindern mit seinem großen Wasserspielplatz und einer Riesenmurmelbahn, die zu ausgedehntem Spielen einladen. Gleich neben dem Park gibt es einen Abenteuerspielplatz am Bürgerhaus, dem wir auch noch einen Besuch abstatten können.

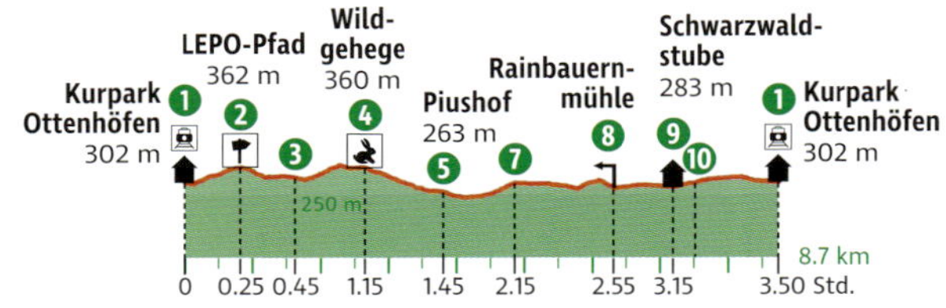

Auf der Riesenmurmelbahn: Ja, wo laufen sie denn?

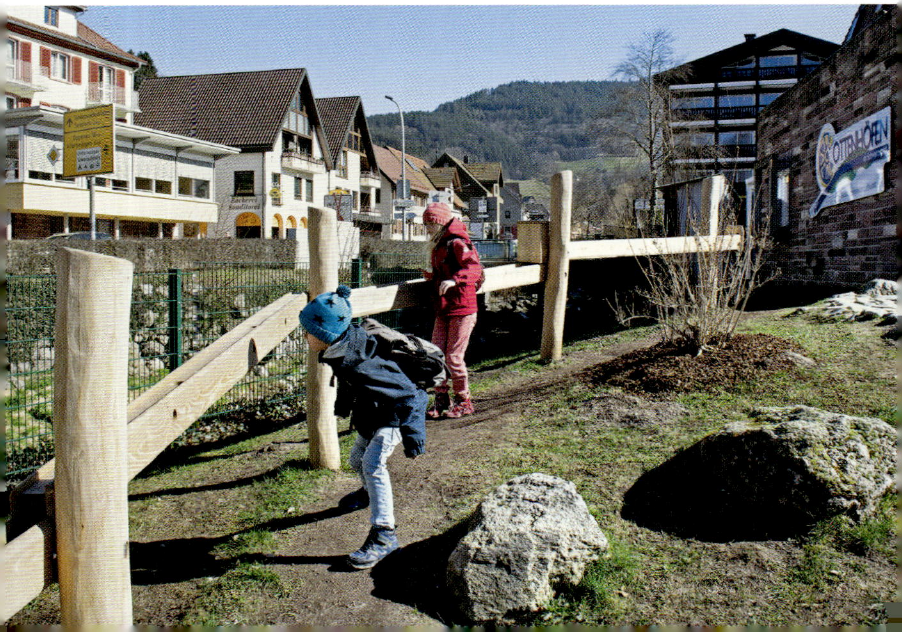

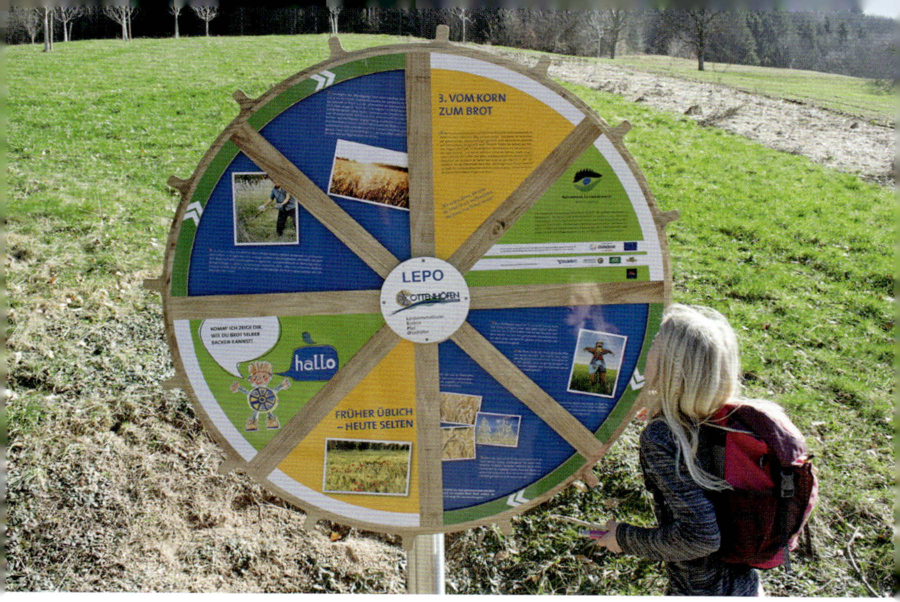

Die Wanderrunde ist mit vielen Infotafeln gespickt.

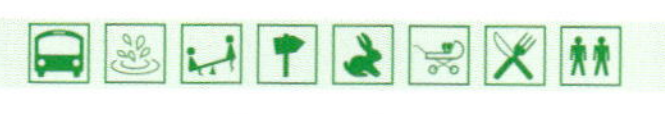

Ausgangspunkt: Bahnhof Ottenhöfen, 302 m. Anfahrt von Offenburg Bahnhof mit dem Regionalzug RE2 Richtung Karlsruhe bis Achern, dort Umstieg in den Regionalzug RB24 nach Ottenhöfen.

Mit dem Auto: Parkplatz am Bahnhof Ottenhöfen, 77883 Ottenhöfen.

Ausrüstung: Wanderschuhe oder Trekkingsandalen.

Anforderungen: Ausgedehntere Tour mit vielen interessanten Wissensstationen über die Landwirtschaft, meist auf breiteren Forstwegen und Straßen. Kinderwagentauglich.

Einkehrmöglichkeiten auf dem Weg: Regionale Produkte und Getränke gibt es auf dem Piushof; Weinbergweg 15, 77883 Ottenhöfen-Furschenbach, Tel. +49 7842 3115. Leckere Speisen und einen Hof zum Toben bietet der Schmälzlehof; Dorfstraße 12, 77883 Ottenhöfen, Tel. +49 7842 60385. Deftige Brotzeiten zum Ende der Tour finden sich im Mühlenhof; Lauenbach 129, 77883 Ottenhöfen, Tel. + 49 7842 2969. Deutsche Küche serviert am Wochenende die Schwarzwaldstube; Simmersbach 1, 77883 Ottenhöfen. Tel. +49 7842 488. Der Kiosk am Kurpark versorgt Spielplatzbesucher und Wanderer mit Snacks, Kuchen, Eis und Getränken.

Tipp: An der Südseite des Kurparks führt ein Weg zum toll erneuerten Abenteuerspielplatz am Bürgerhaus, Großmatt 15, 77883 Ottenhöfen.

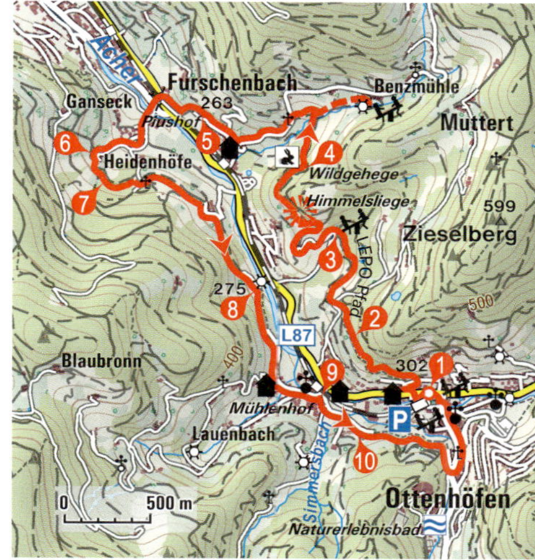

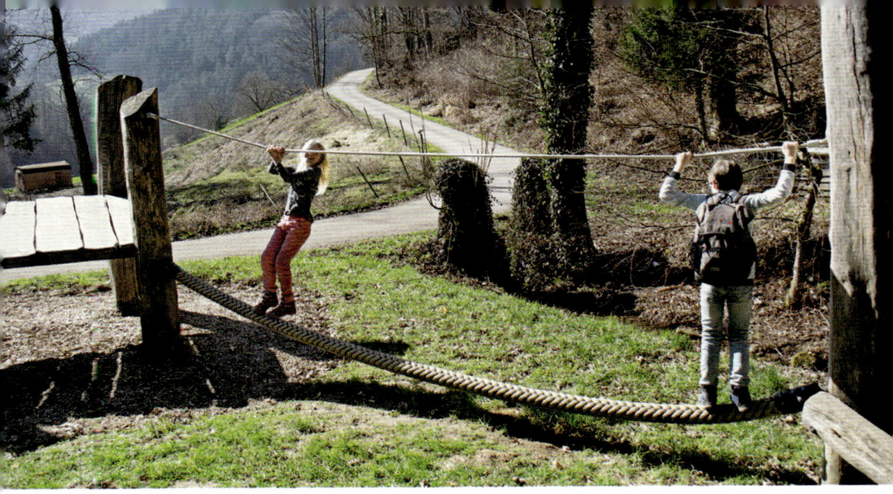

Zum Glück fließt kein reißender Bach unter uns.

Am Bahnhof Ottenhöfen steigen wir aus dem Zug und stehen schon so gut wie im Kurpark mit den Wasserspielanlagen und der großen Murmelbahn des LEPO-Pfades, die von den Kindern sofort alle auf Herz und Nieren getestet werden. Startpunkt der Wanderung ist der **Kiosk am Kurpark 1**, an dem wir dem Wanderschild zum Günsberghof und dem kleinen, grünen LEPO-Schild folgen. Wir überqueren am Kiosk die Straße, gehen am Parkplatz vorbei und biegen rechts in den Fußweg ein, der uns über die Acher und in die Ruhesteinstraße bringt. Hier halten wir uns links bis zum Ende und dort gleich wieder links, die Straße heißt hier immer noch Ruhesteinstraße. 40 m weiter geht es rechts in den Köllenweg hinein, immer der grünen LEPO-Beschilderung hinterher. Der Köllenweg gabelt sich nach wenigen Schritten, wobei wir die rechte Va-

Hallo Kinder,

auf eurer Tour wandert ihr an vielen Obstbäumen und Rebanlagen vorbei, die im Frühling wunderbar blühen. Dadurch finden die Bienen viel Nektar und die Imker verkaufen ihren Honig gerne an den Ständen an euch. Aber gibt es auch Honig aus den Blüten der Weinreben? Tatsächlich sind die Weinreben nicht auf die Bestäubung durch Insekten angewiesen, denn Weinpflanzen sind meistens selbstbestäubend sowie selbstbefruchtend und bilden deshalb nur wenig von dem süßen Nektar, der die Bienen anlocken könnte. Und so sieht man im Weinberg nur vereinzelt einige Wildbienen an den Blüten der Rebpflanzen nach Nektar suchen. Manche Winzer stellen trotzdem Bienenstöcke in ihren Weingärten auf, denn zum einen gedeihen neben und zwischen den Trauben noch andere blühende Blumen und Sträucher für einen leckeren Honig und zum anderen können Bienen dabei helfen, bestimmte Schädlingsarten im Weinberg zu verringern.

riante wählen und kurz darauf links dem Schild gemäß auf dem Forstweg bergauf wandern. Wir gewinnen schnell an Höhe und kommen zu einer Bank mit guter Aussicht auf das Dorf und zur ersten Tafel des **LEPO-Pfades ❷**, auf der wir viel über die Veränderungen in der Landwirtschaft und damit auch in der Landschaft des Tales lesen können.
Kurz darauf schwenken wir rechts auf einen streckenweise geteerten Weg ein, der sich nach 50 m gabelt. Wir folgen der Beschilderung nach links und nehmen wenig später am Jägerstand an einer in den meisten Karten nicht verzeichneten Abzweigung den Wegweiser links zum Günsberghof. Nach wenigen Minuten erwartet uns an einer Kreuzung schon der **Holzbereich ❸** des LEPO-Pfades, an dem die Kinder die nächste Murmelbahn ausprobieren können und die Kletteranlage zum Toben nutzen. Und an dem kleinen Bächlein, das zur Acher hinunterfließt, lässt es sich prima planschen. Geradeaus über die Kreuzung setzen wir unsere Tour bergauf fort und streicheln am **Günsberghof** die Ziegen auf der Weide. Am Hof halten wir uns rechts und wandern steil bergauf bis zum Wanderschild Oberer Günsberg, das uns links nach Fur-

Highlights

★ Der Wasserspielplatz am Kurpark ist im Sommer herrlich erfrischend.

★ Auf dem LEPO-Pfad gibt es viele Infos über die Umgebung.

★ Die Acher und weitere Bäche laden zu Spielen am Wasser ein.

★ An Wegesrand warten einige Stände mit Getränken und Honig auf die Wanderer.

★ Kurze Abstecher zu sehenswerten alten Mühlen lohnen den Umweg.

★ Obstbäume und Weinberge sind in der warmen Jahreszeit ein echter Hingucker.

★ Zur Belohnung nach der Wanderung gibt es einen Sprung ins Naturerlebnisbad (s. Freizeittipp C3).

Himmelsliege mit Aussicht ins Tal der Acher.

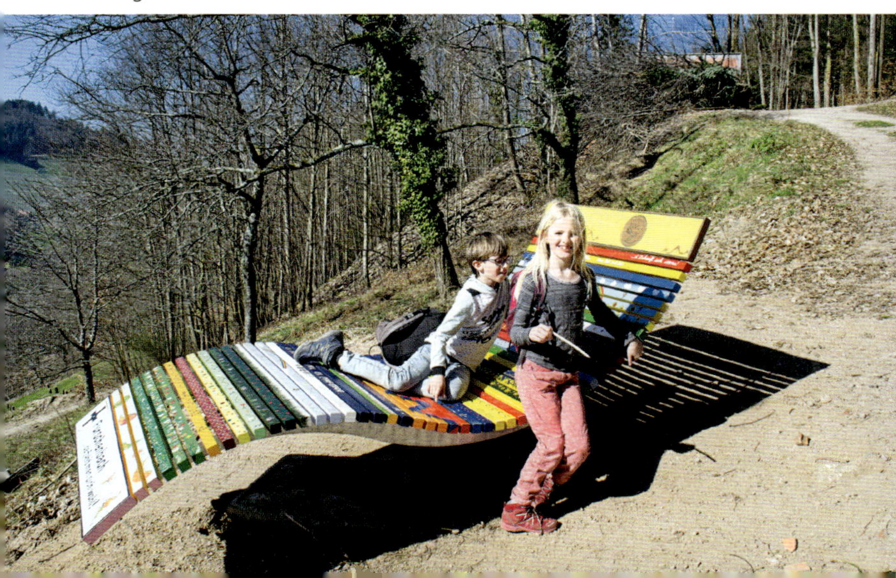

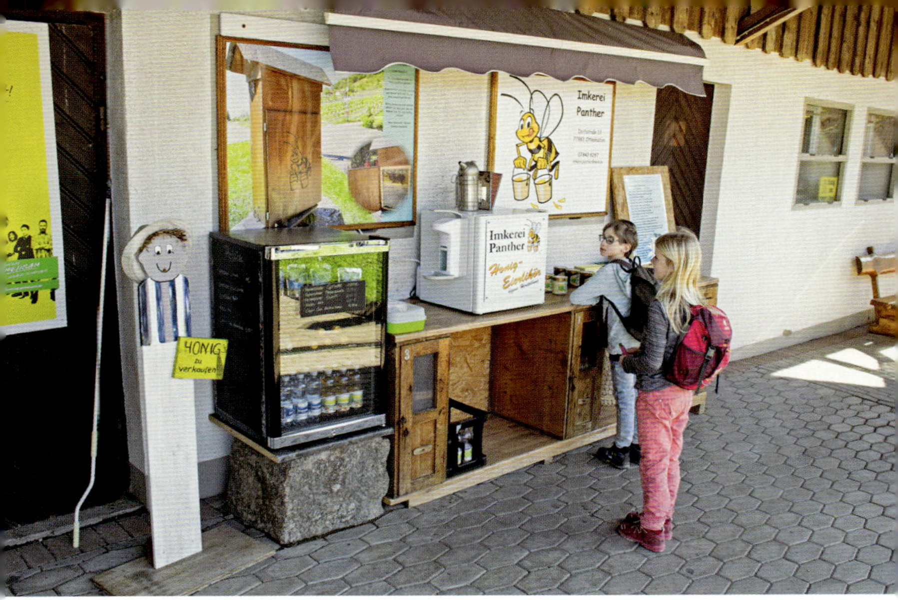

Honig und Erfrischungsgetränke gibt es bei der Imkerei Panter.

schenbach leitet. Die **Himmelsliege** wenige Meter weiter wird natürlich probegelegen und die schöne Aussicht auf die Gegenhänge genossen. Danach weisen uns an den nächsten Kreuzungen und Abzweigungen die grünen LEPO-Schilder bergab, vorbei an weiteren Wissensstationen bis an den Rand eines großen **Wildgeheges** ❹. Nach weiteren 300 m biegen wir am Wanderschild Unterer Bach rechts ab, falls wir einen Abstecher zur **Benzmühle** machen wollen, die nur 10 Min. Wegstrecke entfernt ist und mit Biotop, Spielplatz, vielen Tieren, der Gartenlaube und natürlich der restaurierten Mühle ein lohnenswertes Ziel ist.
Ansonsten halten wir uns am Schild links in Richtung des Piushofs und wandern, geleitet von den LEPO-Wegweisern, vorbei an Rebanlagen, Obstbäumen und Bienenstöcken, bis zur Imkerei Panther und dort rechts abbiegend noch 200 m bis zum **Piushof** ❺ mit seinem Hofladen und dem Schnapsbrunnen, der den Erwachsenen vorbehalten bleibt.
Wir halten uns links vom Hofgebäude auf der geteerten Straße und überqueren an der nächsten Kreuzung nach 200 m links die Bahngleise, die Landstraße und die Brücke über die Acher in Richtung Heidenhof. Nach wenigen Minuten gabelt sich der Weg, wobei wir uns uns nach den Wanderschildern des LEPO-Pfades bergauf in Richtung Ottenhöfen richten und wenig später zum **Heidenhof** ❻ mit der Brennerei Baßler gelangen. Wir spazieren links durch den Hof zum skurrilen Hexenbänkle und können dort gut eine Rast einlegen und den Blick bis zum höchsten Berg des Nordschwarzwaldes, der Hornisgrinde, genießen.
Die weiterhin perfekt ausgeschilderte Route führt nun auf einem Forstweg vorbei an Obstplantagen nach ein paar Minuten zum **Steinbereich** ❼ des LEPO-Pfades. Nachdem wir erfahren haben, wie die Granitfelsen des Achertales entstanden sind, bringt uns der Weg durch ein kleines

Sehenswerte Bauernhöfe inmitten idyllischer Landschaft.

Waldstück auf einen Teerweg, auf den wir rechts einbiegen, um nach 40 m links in den nächsten Forstweg zu kommen. Dieser führt uns unterhalb des Feriendorfes Kappelrodeck mit seinen braunen Holzhäuschen zu weiteren interessanten Wissensstationen des Erlebnispfades. Nach der kleinen Häuseransammlung Winterseite wandern wir rund einen halben Kilometer rechts oberhalb des Flusses immer am Hang entlang, bis wir zum **Wanderschild Rainbauernmühle ❽** kommen, von dem aus wir einen kleinen Abstecher links hinunter zur sehenswerten, hölzernen **Rainbauernmühle** unternehmen.
Zurück am Wanderschild verläuft der Wanderpfad in Richtung Ottenhöfen weiterhin oberhalb der Acher. Vorbei an einem Schnapsbrunnen und einem Honigstand verlassen wir den Fluss für kurze Zeit und erreichen auf geteerter Straße das Ottenhöfener Wohngebiet Am Lauenbach, das wir, immer gut begleitet von den LEPO-Hinweisschildern, durchwandern, bis

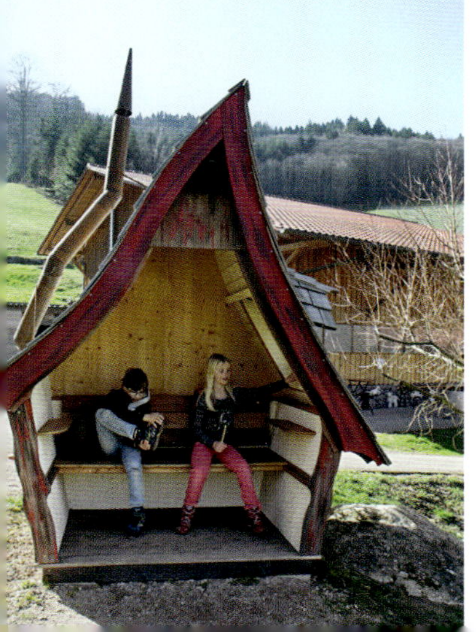

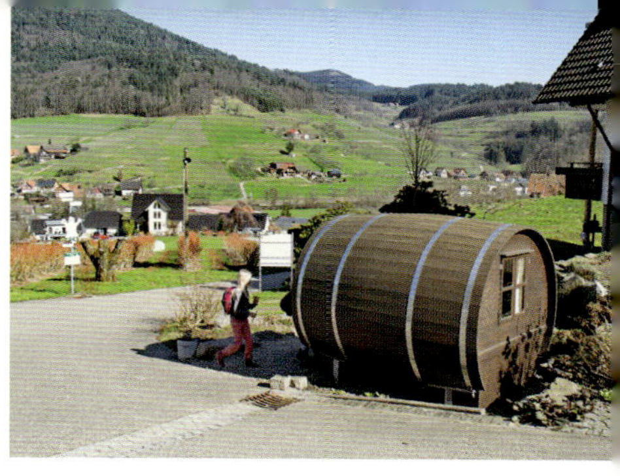

wir am **Restaurant Schwarzwaldstube ❾** die Straße rechts hinauf geführt werden. Die Kiesberge zur Linken werden von Kindern zum willkommenen Klettergebiet erklärt, bevor wir an der nächsten Gabelung links über die Bachbrücke des Unterwassers geführt werden und vorbei an Obstplantagen auf einer schmalen Teerstraße zur 12. und letzten **LEPO-Station ❿** kommen, die sich mit der Besiedelung und Urbarmachung des Achertales beschäftigt.
Kurz darauf verläuft links abzweigend ein schmalerer Wanderweg, der uns nach rund 80 m eine Abkürzung links hinunter direkt zum Bahnhof und zum Kurpark ermöglicht. Da wir aber neugierig sind, setzen wir unsere Tour auf dem weiterhin mit den grünen LEPO-Schildern gekennzeichneten Wanderweg oberhalb der Acher fort. Hier schauen wir über das ganze Dorf und durch das Achertal bis hoch zur Hornisgrinde. Der Wanderweg führt schließlich entlang der Wiesen in den Blustenweg und über den Unterwasserbach auf die Allerheiligenstraße, in die wir links einbiegen und noch rund 400 m entlanglaufen, bevor wir den Kurpark mit seinem **Kiosk ❶** und damit unseren Ausgangspunkt am Bahnhof Ottenhöfen erreichen.

Wohlverdiente Pause auf dem Hexenbänkle am Heidenhof.

3.30 Std. | 8.0 km | ↗ 470 m | ↘ 470 m | ab 6 Jahren

23 Karlsruher Grat bei Ottenhöfen

Von den Edelfrauengrab-Wasserfällen

Eine pfundige Kraxelei am zerklüfteten Felskamm

Gleich zwei spektakuläre Sehenswürdigkeiten des Achertales verbinden wir mit dieser Wanderung bei Ottenhöfen: Die verwilderte Schlucht des Gottschlägbaches mit dem sagenumwobenen Edelfrauengrab und ihren unzähligen kleinen Wasserfällen und Gumpen erscheint uns wie aus einem verwunschenen Märchenland, so überwuchert ist die kleine Schlucht mit Moosen und Farnen. Überall plätschert, rauscht und gurgelt es beim Aufstieg in Richtung der zweiten Attraktion, dem Karlsruher Grat. Diesen Gebirgsstock aus hartem Quarzporphyr überschreiten wir kletternd und kraxelnd auf allen Vieren, was den Kindern großen Spaß macht. Hier sind Trittsicherheit und etwas Schwindelfreiheit gefragt, denn der Grat ist nicht mit Seilen gesichert, aber zum Glück gibt es einen kleinen Umgehungspfad, den wir jederzeit nutzen können, wenn es uns zu heikel erscheint. Auf dem Rückweg genießen wir am Brennte Schrofen die tolle Fernsicht ins Acher- und Rheintal und steigen durch Wälder und vorbei an Obstwiesen ins Tal hinab.

Im sogenannten Deglerbad kann man im Sommer herrlich baden.

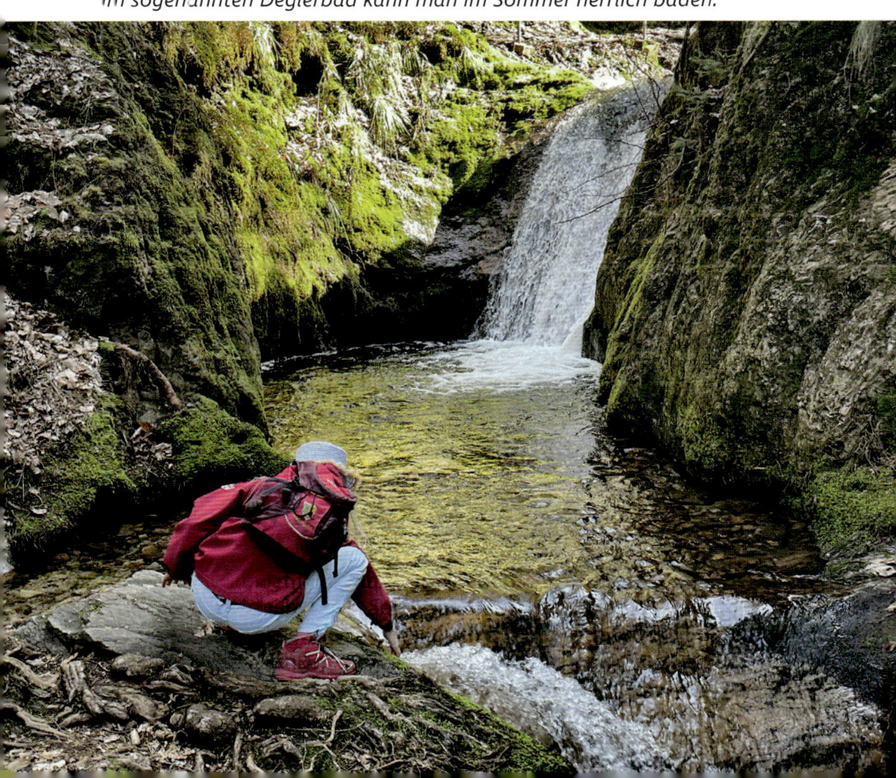

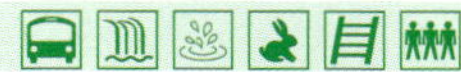

Ausgangspunkt: Wanderparkplatz Edelfrauengrab (direkt nur mit Pkw erreichbar), 392 m, Edelfrauengrab 55, 77883 Ottenhöfen, GPS: N48.559020, E8.168673.

Mit Bahn und Bus: Ab Bahnhof Achern mit der Regionalbahn RB24 bis Ottenhöfen Bahnhof, dort umsteigen in den Regionalbus 7125 Richtung Seebach und eine Station bis Haltestelle Hagenbrück fahren. Von dort geht man 130 m auf der Landstraße ortsauswärts über die Brücke und folgt dann am großen steinernen Wegekreuz dem Wanderschild rechts hinauf Richtung Brennte Schrofen. Die Beschilderung zum Genießerpfad Karlsruher Grat bringt uns zum Wegpunkt 9. Dort halten wir uns rechts und folgen der Tourenbeschreibung (zusätzlich 130 Hm und 1 km).

Ausrüstung: Feste Wanderschuhe mit gutem Profil sind Pflicht auf dem Grat, da wir dort guten Halt für unsere Füße benötigen. Ein Wechselshirt ist auf Bergtouren immer sinnvoll. Eine große Vesper und ausreichend Getränke müssen ebenfalls in den Wanderrucksack.

Anforderungen: Der steile Aufstieg ist für die Kinder kein wirkliches Problem, denn der abwechslungsreiche Wasserfallweg und die Kletterpassagen lenken von jeder Anstrengung ab. Bei Regen oder Sturm meiden wir in jedem Fall die steilen Stellen am Karlsruher Grat. Der Grat selber kann umgangen werden, die meisten Kinder klettern jedoch sehr gerne und sind schwindelfrei.

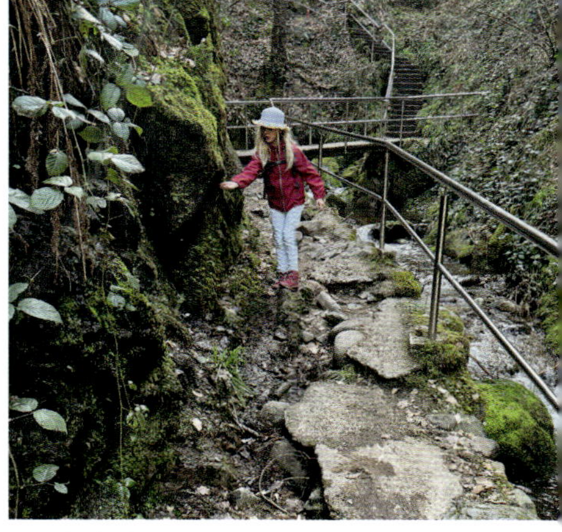

Durch die feuchte und felsige Schlucht des Gottschlägbaches.

Einkehr: Am Weg zurzeit keine, der Gasthof Bosenstein hat auf unbestimmte Zeit geschlossen. Kurz vor Ende der Tour wartet ein Getränkebrunnen auf durstige Wanderkinder.

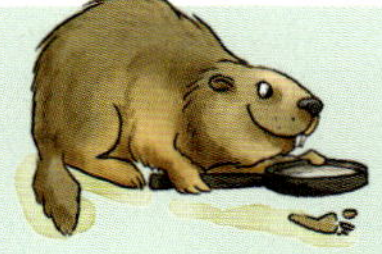

Hallo Kinder,

habt ihr schon einmal von Salamanderwetter gehört? So nennt man gemeinhin ein Wetter, bei dem sich Feuersalamander so richtig wohlfühlen und aktiv werden. Am liebsten haben sie Temperaturen von ungefähr 9 Grad und nebeliges, feuchtes Wetter. Im Schwarzwald sind die besonders geschützten Feuersalamander weit verbreitet, denn hier finden sie ideale Lebensbedingungen: feuchte, kühle Laubwälder mit kleinen Teichen, Quellen oder Tümpeln in der Nähe, in denen sie ihre Eier ablegen können. Wenn ihr euch also auf eine Fotosafari nach diesen schwarz-gelb gezeichneten Amphibien machen wollt, wartet im Frühling oder Herbst auf das entsprechend kalte Wetter, am besten nach einem langen Regenguss, und sucht möglichst am Waldrand von feuchten Laubwäldern. Kommt den Tieren aber bitte nicht zu nahe und nehmt keine Hunde mit, denn Feuersalamander haben am Ohr spezielle Drüsen, mit denen sie ein leicht giftiges Sekret absondern können, das für kleinere Hunde schon gefährlich sein kann.

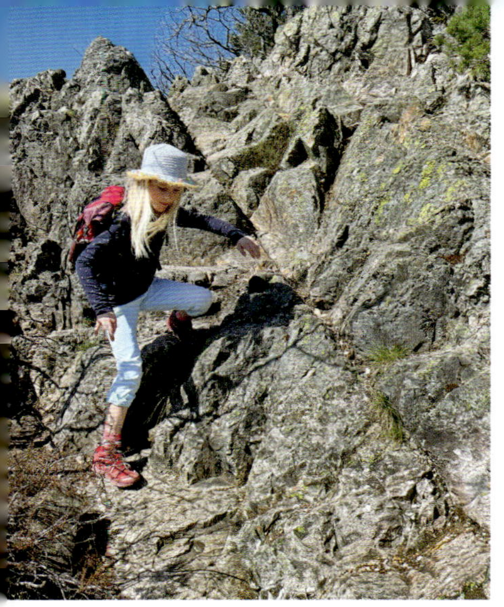

Das Absteigen ist oft schwieriger als das Aufsteigen.

Am **Wanderparkplatz Edelfrauengrab ❶**, direkt am Eingang zur engen Schlucht des Gottschlägtales, beginnt unsere Lieblingstour im Nordschwarzwald. Rechts und links ragen bald die Felsen empor und lassen gerade noch genug Platz für einen Wanderweg und den Bach, dem wir nachgehen, bis wir nach gut 10 Min. den Felsen des **Edelfrauengrabes ❷** erreichen, zu dem wir den Kindern eine gruselige Sagengeschichte erzählen können. Ein Wasserfall folgt nun dem anderen und die Brücken und gesicherten Treppen nahe am tosenden Bach schenken uns spannende Momente. An vielen Stellen tropft das Wasser die mit langen Mooszotteln bewachsenen Felsen hinunter und wir fühlen uns wie auf einem Amazonas-Abenteuer. Vorbei an der **Romantischen Brücke**, einer mittelalterlich wirkenden Steinbrücke, gelangen wir zum sogenannten **Deglerbad ❸**, einer Wasserfallstufe mit einer einladenden Badegumpe voller glasklarem Wasser, das im Sommer herrlich sein muss. Danach verbreitert sich das Tal und wir wandern der gelben Raute gemäß bis zum **Wanderschild Gottschlägtal ❹** an einer Wegkreuzung. Hier biegen wir links ab in Richtung Karlsruher Grat. Die ganz Waghalsi-

Wie auf einer Leiter kann man über die schroffen Felsen klettern.

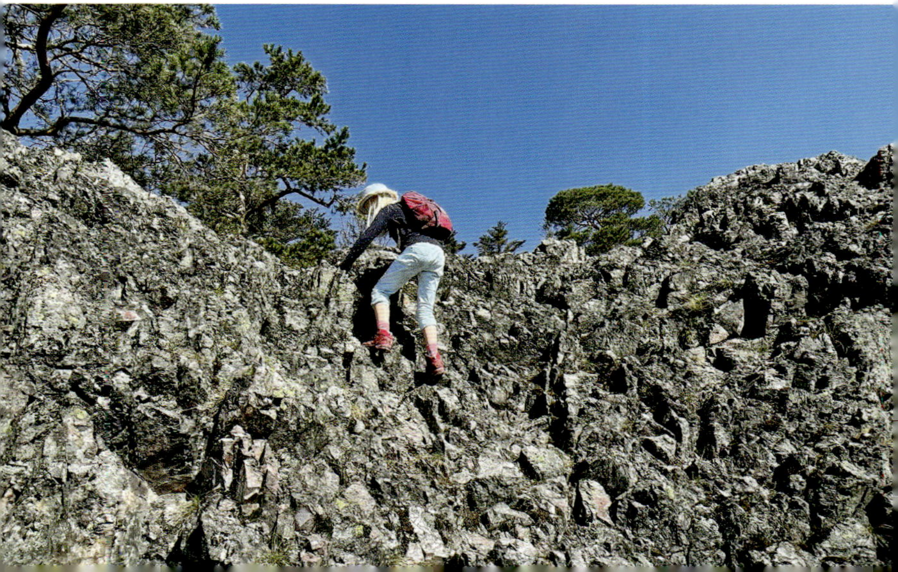

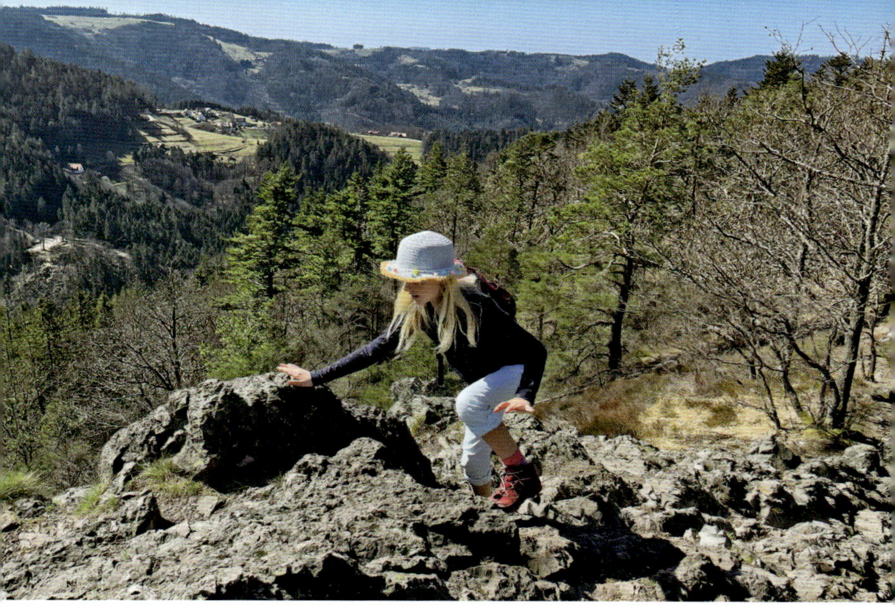

Trittsicher sollten die Kinder sein, wenn sie die steileren Wege wählen.

gen können knapp 300 m weiter die gelbe Raute ignorieren und links die Abkürzung über den **Steilhang ❺** hinaufsteigen, der durch das viele Geröll jedoch beschwerlich ist. Alle anderen bleiben geradeaus auf dem breiten Forstweg und schwenken nach knapp 10 Min. die nächste Abzweigung links hinein in Richtung Karlsruher Grat. Vorbei am Aussichtsfelsen **Herrenschrofen ❻**, an dem wir schon etwas Kraxeln üben und eine stärkende Pause einlegen können, finden wir an der nächsten Kreuzung das Infoschild des Karlsruher Grates und steigen voller Vorfreude rechts zum Klettersteig hoch. Mehrere Hinweisschilder auf den Umgehungsweg um den Grat herum geben uns das sichere Gefühl, dass wir jederzeit auf unserem Weg weiterkommen, auch wenn wir nicht direkt auf dem Grat herumsteigen möchten. Auf dem Grat erwartet uns eine tolle Aussicht ins Tal und auf die Gegenhänge, wobei die Kinder so eifrig bei der Sache sind, dass sie dafür keinen Blick übrig haben. Eine gute halbe Stunde benötigen wir für diese Gratwanderung, dann leitet uns an einer Weggabelung ein Wanderschild nach links zum Bosensteiner Eck. Knapp 100 m später stoßen wir auf einen schmalen Waldpfad, hier

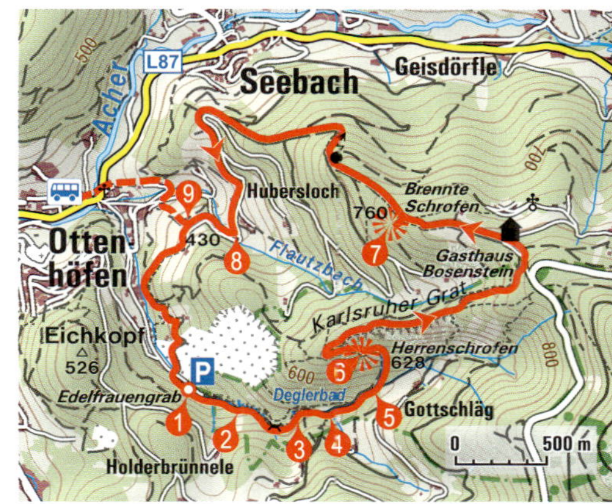

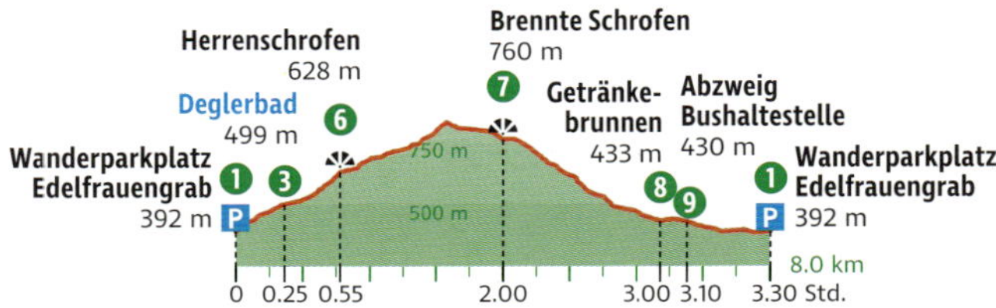

wandern wir entgegen der Beschilderung rechts weiter und erreichen bald die Teerstraße am **Bosensteiner Eck**, in die wir links Richtung Brennte Schrofen einschwenken. Gleich darauf kommen wir am geschlossenen Gasthaus Bosenstein vorbei und spazieren geradewegs vorbei an Viehweiden, hinter denen der höchste Berg des Nordschwarzwaldes, die Hornisgrinde, ins Bild rückt. Der Weg wird nun ganz schmal und zeigt uns einige Lichtungen mit Bruchholz, das der Orkan Lothar 1999 hier hinterlassen hat. Bis zum **Brennte Schrofen** 7 sind es nur ein paar Minuten. Vom Aussichtsfelsen blicken wir über Ottenhöfen und einen halben Kilometer entfernt entdecken wir auch noch einmal den Karlsruher Grat.

Schade, dass der Kletterspaß bald endet.

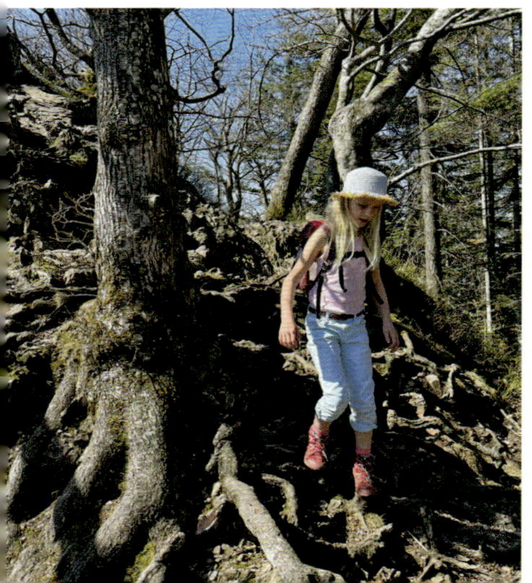

Unser Weg verläuft dann bergab und geradeaus weiter in Richtung Ottenhöfen, auch an der nächsten Wegkreuzung »Am Grenzweg«. Gut 50 m später zweigt unser Pfad rechts ab, der gelben Raute hinterher, um nun etwas breiter, aber auch steiler zu werden. Nach 10 Min. kreuzen wir einen Forstweg und folgen der gelben Raute und den Schildern Richtung Ottenhöfen/Seebach. Bald darauf treten wir aus dem Wald heraus und gehen auf der geteerten Straße durch die Spitzkehre. An der nächsten Gabelung heißt es für uns rechts hinunter, der gelben Raute nach an schönen Bauernhöfen vorbei, bis wir nach rund 10 Min. einen **Getränkebrunnen** 8 entdecken, an dem die Kinder liebend gerne eine gekühlte Limonade zur Stärkung genießen.

Highlights

- ★ Wir wandern durch die verwunschene Schlucht des Gottschlägbaches mit seinen Wasserfällen.
- ★ Viele kleine Brücken, Treppen und Gumpen warten auf Erkundung durch die Wanderkinder.
- ★ Trittsichere und schwindelfreie Kinder haben einen Riesenspaß beim Klettern am Karlsruher Grat (Umgehung möglich).
- ★ Am Brennte Schrofen haben wir eine tolle Aussicht auf den Schwarzwald und das Rheintal.
- ★ Wer noch Energie nach der Tour hat, springt ins Naturerlebnisbad Ottenhöfen (s. Freizeittipp C3).

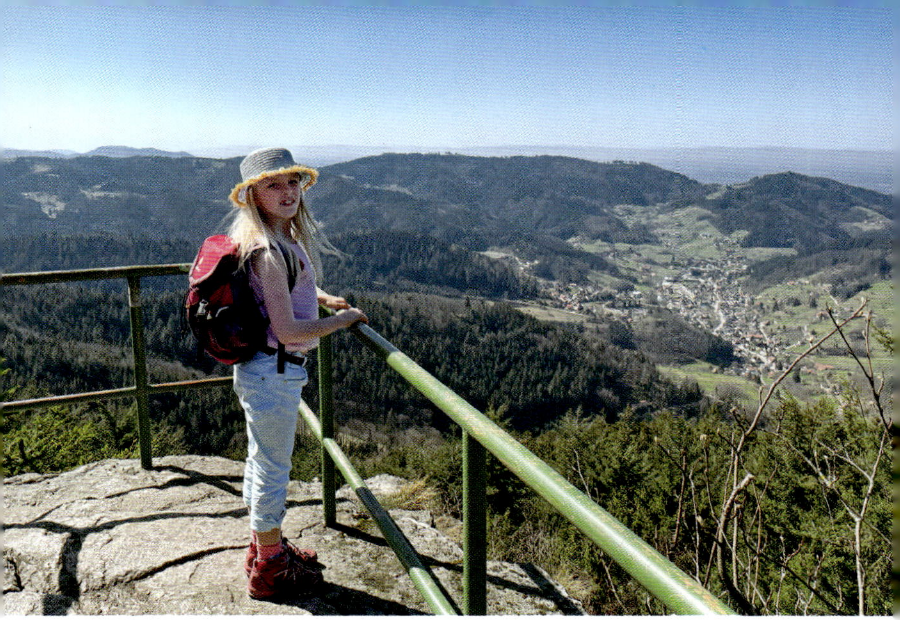

Tolle Aussicht vom Brennte Schrofen.

Dann laufen wir geradeaus weiter durch die Rechtskurve, überqueren den Flautzbach und stehen dann vor einer Straßengabelung und einer Einfahrt. Hier halten wir uns am Wanderschild Hubersloch auf dem mittleren Weg in Richtung Ottenhöfen/Bromberg, an einem Holzstapel hängt das Genießerpfad-Schild, das uns den richtigen Weg anzeigt. Nach 300 m führt ein kleiner beschilderter **Abzweig ❾** rechts hinunter, den diejenigen wählen, die direkt ins Dorf Ottenhöfen und zur Bushaltestelle möchten.
Wer weiter zum Parkplatz Edelfrauengrab will, ignoriert die Schilder, bleibt auf dem geteerten Weg geradeaus und bewundert die Obstbäume am Wegesrand. Am nächsten kleinen Bauernhof wird die Straße zu einem kleinen Forstweg und verläuft an Ziegenweiden vorbei in den Wald hinein. Im Wald gabelt sich der Weg, wobei wir den rechten Zweig Richtung Ottenhöfen wählen, wie auch 70 m später an der nächsten Verzweigung. Ab hier ist das Edelfrauengrab mit einer blauen Raute beschildert. Kurz danach verlassen wir den Wald und sehen schon das große Kieswerk im Tal, zu dem wir hinabsteigen. Auf der Hauptstraße kommen wir links zurück zum **Wanderparkplatz Edelfrauengrab ❶**.

Die Erfrischungslimo haben wir uns redlich verdient.

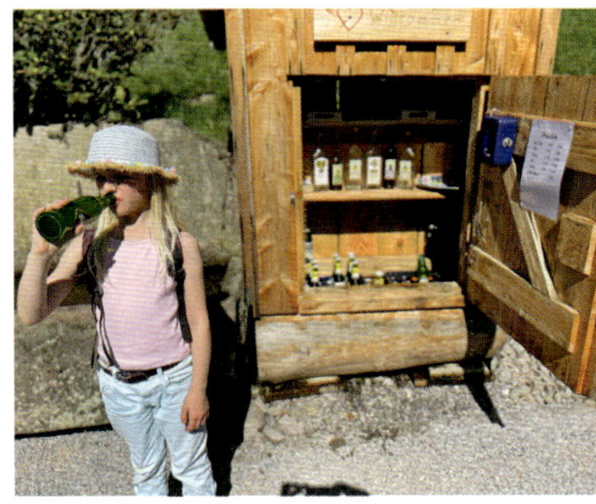

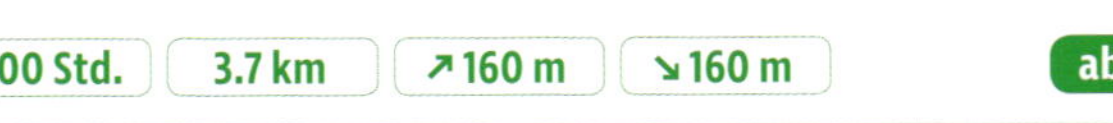

2.00 Std. | 3.7 km | ↗160 m | ↘160 m | ab 5 Jahren

24

Allerheiligen-Wasserfälle von Oppenau

Rundwanderung im Lierbachtal

Eiszapfentour im Winterwunderland

Winterwanderungen sind angesagt und die Allerheiligen-Wasserfälle bei Oppenau sind bei Schnee und Eis fast noch schöner als im Hochsommer. Sie sind Teil des Nationalparks und mit 66 Meter Fallhöhe verteilt auf sieben Kaskaden die höchsten Wasserfälle des Nordschwarzwaldes. Sehr praktisch beim Erklimmen des ersten steilen Anstiegs sind die aus 226 Sandsteinstufen erbauten Treppen, die seit rund 180 Jahren den Wanderern den Aufstieg erleichtern. Im Winter bilden sich überall an den Steilhängen und Felsen tolle Eiszapfen, von denen die Kinder nicht genug bekommen können. Der traumhafte Pfad führt vorbei am Ehrenmal des Schwarzwaldvereins zum großen Areal des alten Klosters Allerheiligen mit seiner wunderschönen Gartenanlage. An den Zierteichen kann man eine gemütliche Rast einlegen und danach das kleine Museum, die Klosterruine und die angrenzenden altehrwürdigen Gebäude besichtigen (s. Freizeitttipp A8). Der Rückweg auf dem Sagenrundweg erlaubt an einigen Aussichtskanzeln großartige Blicke in die tief eingeschnittene Schlucht.

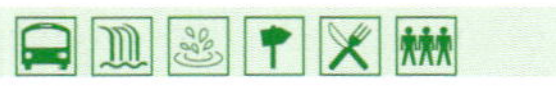

Ausgangspunkt: Bushaltestelle Allerheiligen-Wasserfälle, 518 m. Anfahrt ab Bahnhof Offenburg mit dem Regionalzug RB20 Richtung Bad Griesbach bis Oppenau, dort Umstieg in den Regionalbus 425 Richtung Hornisgrinde.
Mit dem Auto: Wanderparkplätze gibt es an der Bushaltestelle Allerheiligen-Wasserfälle, 8 km nördlich von Oppenau auf der Kommunalstraße K5370, GPS: N48.528119, E8.1881725.
Ausrüstung: Feste Wanderschuhe.
Anforderungen: Mittelschwere, kürzere Wanderung auf stellenweise steilen und steinigen Bergpfaden, Treppen und Forstwegen. Nach Schnee- und Regenfällen herrscht erhöhte Rutschgefahr, manchmal wird der Pfad deshalb auch von der Leitung des Nationalparks gesperrt, bitte vorher erkundigen unter Tel. +49 7804 4836 im Touristenbüro Oppenau oder unter www.nationalpark-schwarzwald.de/de/erleben/unterwegs-im-park/wegesperrungen.
Einkehr: Restaurant Kloster Allerheiligen, Allerheiligen 3, 77728 Oppenau, Tel. +49 7804 1200, www.kloster-allerheiligen.de.

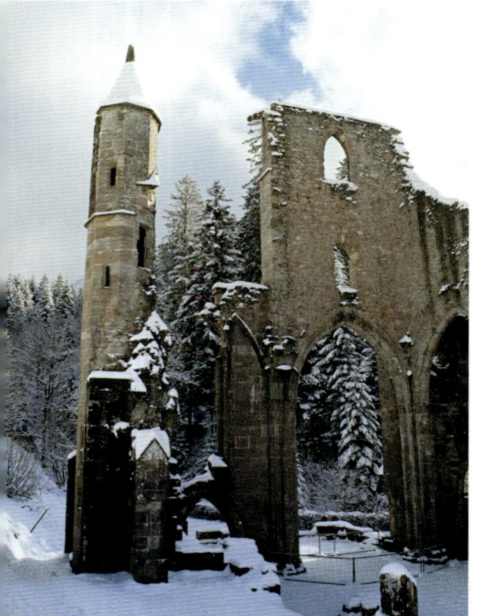

Geisterhaft-morbide erscheint die Ruine des Klosters Allerheiligen.

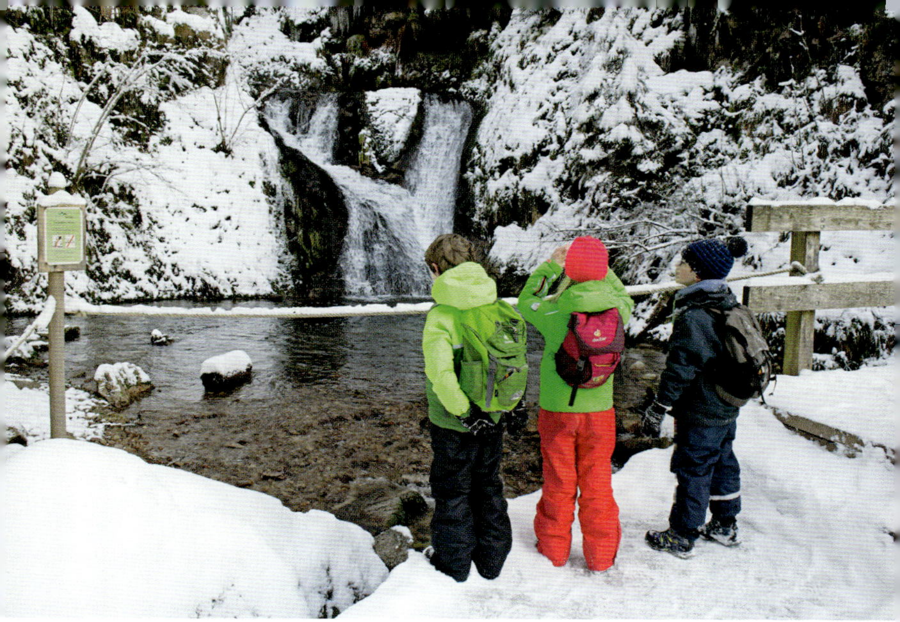

Beeindruckt blicken die Kinder auf den tosenden Sturzeisbach.

Von der **Bushaltestelle Allerheiligen-Wasserfälle ❶** aus können wir schon das große hölzerne Eingangstor des Nationalparks sehen. Wir schreiten durch das Tor, überqueren wenige Meter weiter rechts die erste Brücke über den Lierbach und folgen dem Wegweiser Richtung Wasserfälle. Im Winter sehen die vielen langen Eiszapfen an den verschneiten Steilhängen wie weiße Bärte aus, finden die Kinder und freuen sich über die ersten Wasserfallstufen mit ihren Gumpen. Kleinere Kinder sollte man hier an der Bergseite an der Hand führen. Die gesicherten Treppenstufen und Wege sind steil und führen direkt am tosenden Bach entlang bis zur obersten Kaskade des **Wasserfalls ❷**, die wir nach einer knappen halben Stunde erreichen.

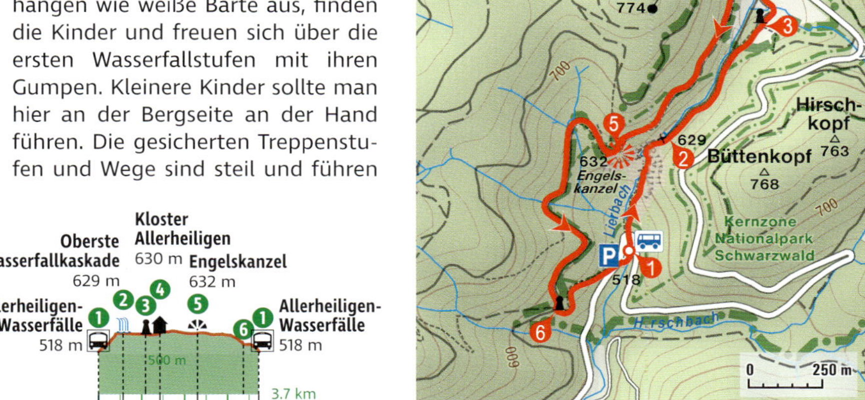

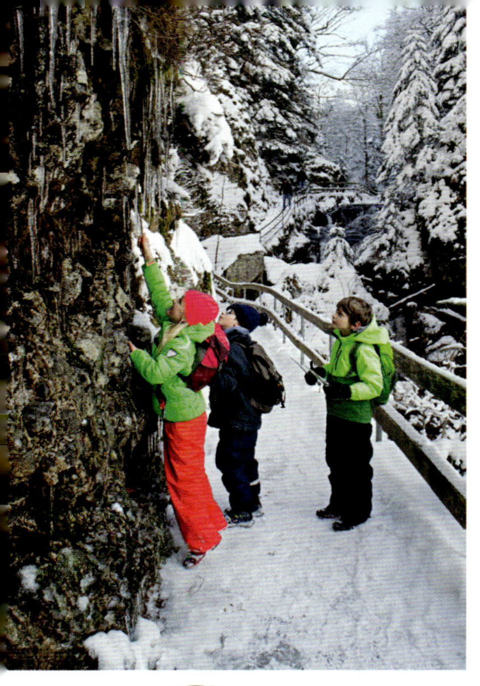

Lange Eiszapfen sind ein begehrtes Gut bei Winterwanderkindern.

An der nächsten Weggabelung verlassen wir den Bachlauf und halten uns rechts hinauf in Richtung des ausgeschilderten **Ehrenmals des Schwarzwaldvereins ❸**, das imposant auf einer kleinen Anhöhe inmitten von Wiesen und Weiden platziert wurde. Ist man am frühen Morgen schon hier oben, kann man Hirsche am Waldrand entdecken.
Der Pfad leitet uns zurück zum Bach und dem Beginn des Klosterareals mit seinen Brunnen- und Teichanlagen. Nachdem wir eine längere Pause im Klostergarten eingelegt haben, lohnt sich die Besichtigung des kleinen Museums und der jahrhundertealten Ruinen des **Klosters Allerheiligen**, das erst 600 Jahre lang

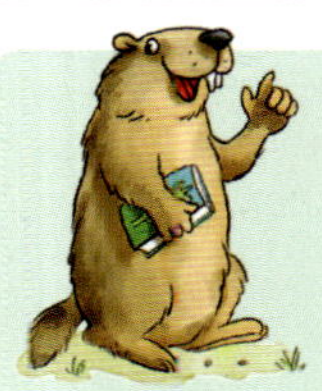

Hallo Kinder,

am Eingangstor zu dieser Wanderung habt ihr sicher das große Hängeschild mit der Aufschrift des Nationalparks Schwarzwald entdeckt. Ihr befindet euch im einzigen Nationalpark von Baden-Württemberg und in einem von nur 16 Nationalparks in Deutschland. In Nationalparks müssen strenge Naturschutz-Regeln eingehalten werden, die von einer internationalen Organisation vorgegeben werden. Der Nationalpark Schwarzwald wurde erst 2014 eröffnet und ist damit ein sehr junger Nationalpark. Er hat zum Ziel, die Natur zu schützen und sie gleichzeitig dem Menschen näher zu bringen. Ab dem Jahr 2044 sollen zwei Drittel des Parks eine sogenannte Kernzone bilden, in der die Natur sich selbst überlassen bleibt. Nur in das restlich Drittel darf dann noch vom Menschen eingegriffen werden, zum Beispiel, um zu verhindern, dass sich schädliche Borkenkäfer, die sich in totem Holz vermehren, auf benachbarte Waldregionen ausbreiten.

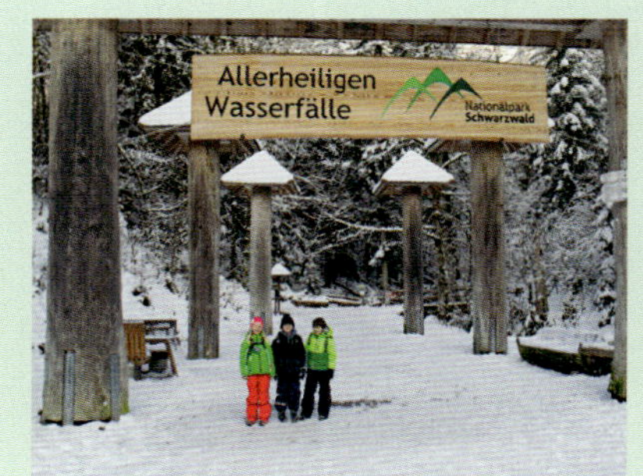

als Prämonstratenserstift und Abtei diente und seit rund 200 Jahren ein touristischer Zielpunkt im Nordschwarzwald ist. Die Weltenbummler Karl Baedeker und Mark Twain berichteten schon zu ihren Zeiten von diesem Kraftort im Lierbachtal.

Am **Wanderschild Kloster ❹** folgen wir nun dem Weg Richtung Engelskanzel, der sich nach 15 Min. zu einem schmalen Pfad verengt. Der Lierbach fließt hier rund 20 Höhenmeter unter uns. Der Abhang links unter uns ist zwar sehr steil, aber gut mit Geländern gesichert. Kurz danach finden wir den Aussichtspunkt des Steinernen Gesichts, einer Felsformation am Gegenhang, und wenig später kommen wir zur **Engelskanzel ❺**, einem Aussichtspunkt mit spektakulärem Blick auf das Tal und die 50 m unter uns talwärts brausenden Wasserfälle. Die verwachsenen Bergkiefern am Hang über uns sehen hier aus wie verschneite geheimnisvolle Waldwesen. Gegenüber blicken wir auf den Studentenfelsen, der eine sehr markante Felswand besitzt, von der der Sage nach einst tragischerweise ein Student der Klosterschule und seine Geliebte in den Tod stürzten.

An der nächsten Verzweigung folgen wir der gelben Raute und dem Wanderschild Richtung »Wasserfälle Parkplatz« nach links, genauso wie 30 m weiter am Schild Sagenweg-Felsenpfad. Gleich darauf kommt eine weitere Verzweigung, links bringt sie uns zu einem ausgesetzten Aussichtspunkt auf das Tal, rechts entlang führt sie uns anschließend zu einer Lichtung mit Sitzbank und dem kleinen Lorenz-Brunnen. Der breite Forstweg verläuft nun bergab bis zur Rossgrundhütte und kurz danach an einem Abzweig weiter links, bis wir auf eine Kreuzung mit dem **Moospfaff-Gedenkstein ❻** stoßen. Wir wählen der gelben Raute folgend den kleinen Pfad links, der uns sehr steil bergab bis zur **Bushaltestelle Allerheiligen-Wasserfälle ❶** führt.

Highlights

- ★ Die abenteuerliche Lierbachschlucht ist im Winter oft herrlich verschneit und mit tausenden Eiszapfen behangen.
- ★ Über Holzbrücken queren wir den tosenden Lierbach.
- ★ Mehrere spektakuläre Aussichtskanzeln prüfen unsere Schwindelfreiheit.
- ★ Die sehenswerten Ziergärten des Kloster Allerheiligen laden zu einer langen Rast ein.
- ★ Wir erfahren von einigen unglaublichen Sagengeschichten, die sich hier zugetragen haben sollen.

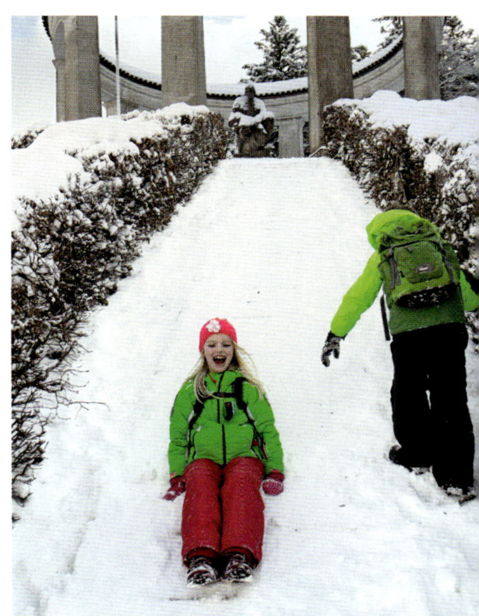

Zur Not rutscht es sich auf dem Hosenboden auch ganz gut.

3.30 Std. | 9.3 km | ↗ 300 m | ↘ 300 m | ab 6 Jahren

25 Zum Buhlbachsee

Rundweg über die Zuflucht und den Lotharpfad

Von Gletschern und Orkanen geformt

Eine wunderbar abwechslungsreiche Wandertour mit Bächen, dem Buhlbachsee und dem Holzbohlenweg über den Lotharpfad erwartet uns rund um den Höhenzug an der berühmten Schwarzwaldhochstraße. Vom Infohäuschen des Lotharpfades wandern wir am goldbraunen Spaltbächle und dem Buhlbach mit seinen meterhohen Farnen bis zum romantisch im Wald gelegenen Gletscherkar des Buhlbachsees. Über die Zuflucht geht es zur Röschenschanze am Rossbühl, einer ehemaligen Schanzenbefestigung, von der aus wir eine herrliche Aussicht ins Renchtal und bis in die Rheinebene genießen. Auf einem kleinen Stück des bekannten Westwegs erreichen wir den Lotharpfad, einen 1 km langen Lehr- und Erlebnispfad, der auf Holzbohlen über kleine Brücken, Hochsitze und eine Aussichtsplattform führt und Kindern wie Erwachsenen zeigt, wie sich hier der Wald vom verheerenden Orkantief Lothar innerhalb von 20 Jahren erholt hat.

Der Buhlbachsee ist ringsum von Wäldern umgeben.

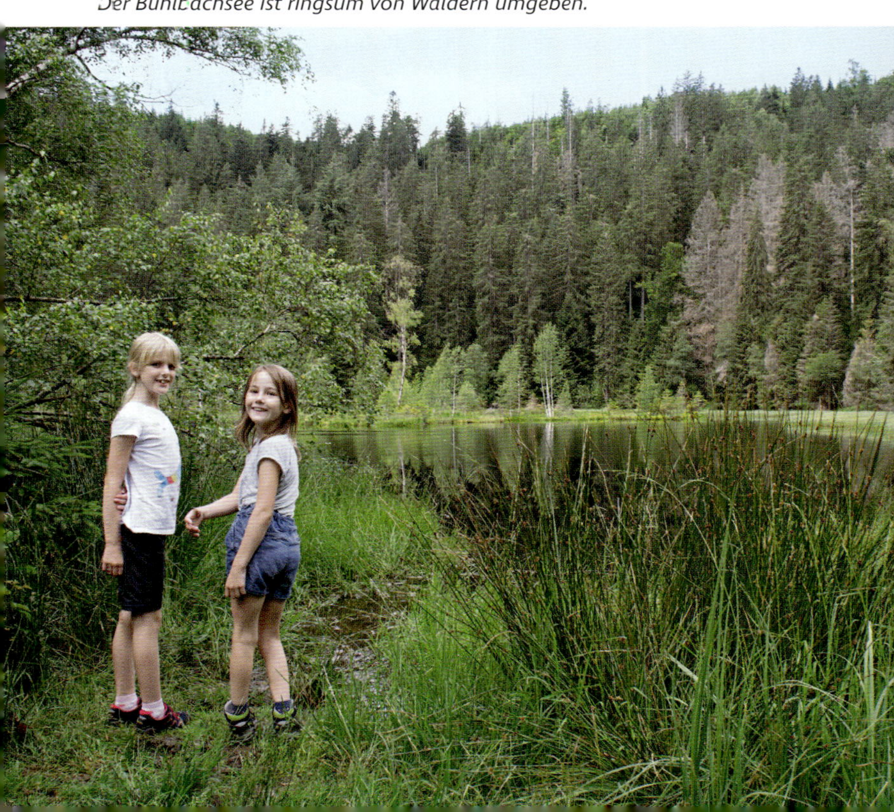

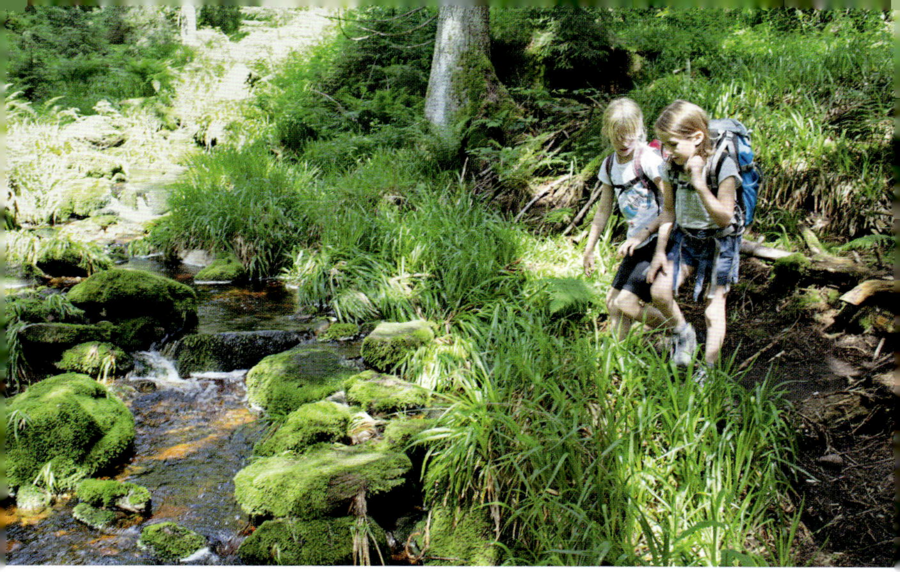

Das Spaltbächle schimmert goldbraun im Sonnenlicht.

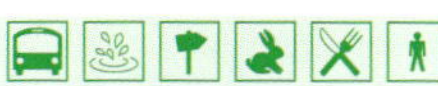

Ausgangspunkt: Bushaltestelle Lotharpfad Baiersbronn, 913 m. Anfahrt ab Freudenstadt Hauptbahnhof mit dem Bus Nr. 100 Richtung Ruhestein.
Mit dem Auto: Kostenfreie Parkplätze am Parkplatz Lotharpfad an der Schwarzwaldhochstraße B500, GPS: N48.506492, E8.2232.
Ausrüstung: Knöchelhohe Wanderschuhe.
Anforderungen: Der knapp 3 km lange Anstieg zum Buhlbachsee und zur Zuflucht sowie die Länge der Tour insgesamt erfordern gute Kondition, mit Wurzeln und Felsen durchsetzte Pfade Trittsicherheit.
Einkehr: Das Restaurant des Natur- & Sporthotels Zuflucht hat einen netten Biergarten und eine abwechslungsreiche Speisekarte zu bieten; Zuflucht 1, D-72250 Freudenstadt-Zuflucht, Tel. +49 7804 912560, www.hotel-zuflucht.de.
Tipp: Auf den letzten 2 km vor dem spannenden Lotharpfad am Ende der Tour kann man den Kindern mit einigen Spielen den Weg verkürzen. Hier stehen auch viele Aussichtsbänke und bieten sich für Pausen an.

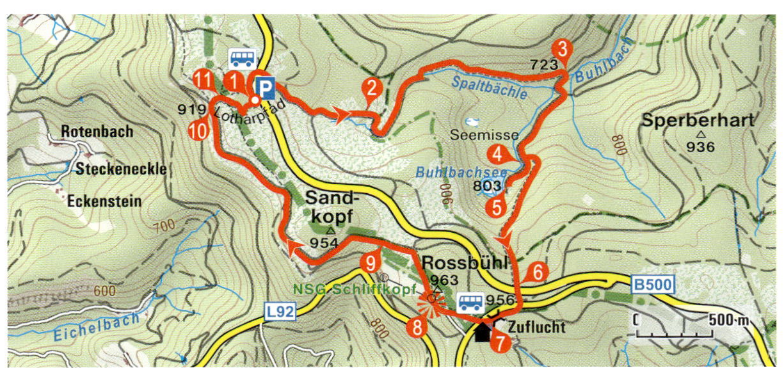

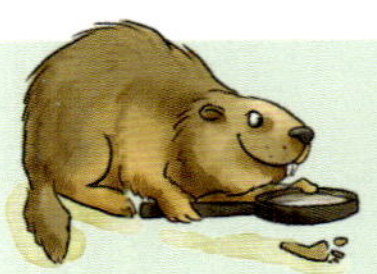

Hallo Kinder,

wenn ihr hier im Frühjahr wandert, werdet ihr höchstwahrscheinlich auf Erdkröten treffen, die auf dem Weg zu ihren Laichgewässern sind. Weibliche Erdkröten laichen nur ein einziges Mal in ihrem Leben und starten ab einer Nachttemperatur von mehr als 6 Grad Celsius ihre Wanderung. Spätestens im April erreichen die Weibchen den Buhlbachsee und lassen ein Männchen im Huckepack auf ihren Rücken klettern. An einer seichten Stelle im Wasser wickelt das Weibchen seine Eier in Form von bis zu fünf Meter langen Laichschnüren um Äste und Pflanzen und das Männchen gibt seine Samenflüssigkeit dazu. Nach einigen Tagen entwickeln sich Kaulquappen aus den befruchteten Eiern und wachsen in den nächsten drei Monaten zu kleinen Kröten heran. Diese Veränderung vom Wassertier zum Landtier wird Metamorphose genannt, aber das habt ihr vielleicht schon in der Schule gehört, denn auch Schmetterlinge entstehen durch eine Metamorphose.

Von der **Bushaltestelle Lotharpfad ❶** gehen wir über den Parkplatz zur neu gebauten Infohütte des Lotharpfades und den gemütlichen Sitzbänken, die man nach der Wanderung gut zum Vespern benutzen kann. Das Wanderschild weist uns am Ende des Parkplatzes den Weg über die Landstraße und in einen Forstweg hinein. Hier beginnt auch der Nationalpark Schwarzwald, was für uns bedeutet, dass wir gemäß dem Wegegebot auf den ausgewiesenen Wegen und Pfaden bleiben. Vor lauter Erdbeer- und Heidelbeerernten kommen wir kaum voran, erreichen aber dann das nächste Wanderschild an einer Weggabelung, wo es links zu unserem ersten Zwischenziel, dem Buhlbachsee, weitergeht. Kurz darauf schickt uns das **Wanderschild Hahnenmisse ❷** weiter geradeaus, bis uns 70 m später eine gelbe Raute nach rechts weist. Wir überqueren das Spaltbächle und folgen der gelben Raute an der nächsten Gabelung (Hinweis: sie ist in Karten nicht verzeichnet) nach links, immer dem Verlauf des fast kaffeebraunen Baches hinterher. Bald verläuft der gekennzeichnete Weg in einer Spitzkehre nach links und über das Spaltbächle hinüber. Gleich darauf zweigt ein Pfad rechts weg, der frühere Hauptweg ist vom Nationalpark gesperrt worden. Der wurzelige und mit Steinen durchsetzte Pfad wird nun immer schmaler, der Wald dichter und das Sonnenlicht verzaubert das kleine Tal mit dem unberührten, fast schon magischen Urwald. Nach

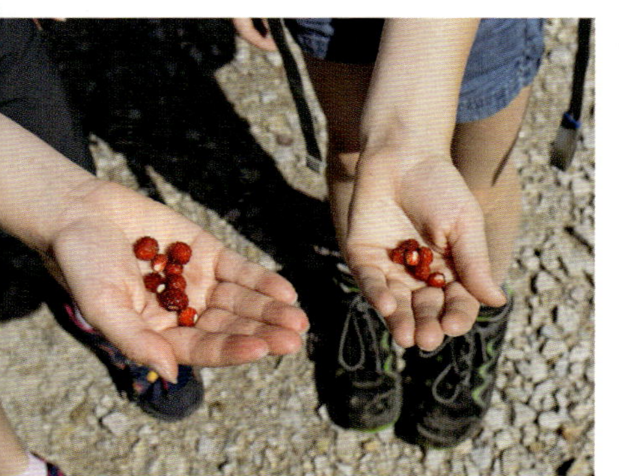

Am Wegesrand warten kleine Walderdbeeren auf fleißige Sammler.

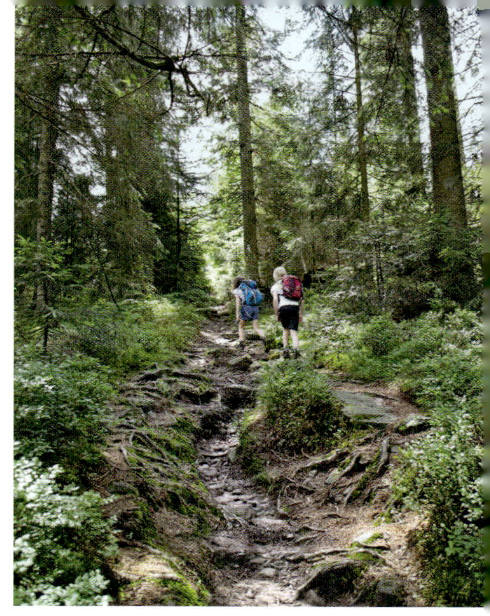

Fast 300 Höhenmeter bewältigen wir bis zur Passhöhe Zuflucht.

einem kleinen Farnwald gelangen wir zum **Wanderschild Spaltbächle ❸**, das uns scharf rechts Richtung Buhlbachsee in einen Forstweg abbiegen lässt. Nach knapp 200 m stoßen wir auf eine weitere Weggabel und folgen rechts der blauen Raute zum See hinauf. Roter Fingerhut und gelbe Kaisermantel-Schmetterlinge versüßen uns den kurzen, steilen Aufstieg. Eine weitere Gabelung mit dem **Wanderschild Buhlbachsee ❹** führt uns halb rechts auf den Abstecher zum **Buhlbachsee ❺**. Der große, neu gezimmerte Holztisch mit Bänken direkt am See ist schnell mit unserer Brotzeit gedeckt und wir genießen zusammen mit ein paar blauen Libellen die Natur rings um uns herum.
Für einen anderen Blick auf den See spazieren wir noch ein Stück den Weg entlang, kehren dann zurück zum **Wanderschild Buhlbachsee ❹** und folgen der Beschilderung Richtung Zuflucht auf einem herrlichen Bergwaldpfad nach oben. Ein fast geschlossener Moosteppich überzieht hier die Steine und den Waldboden. Der Pfad wird gegen Ende immer steiler, durchschneidet einen

Tolle Aussicht von der Röschenschanze.

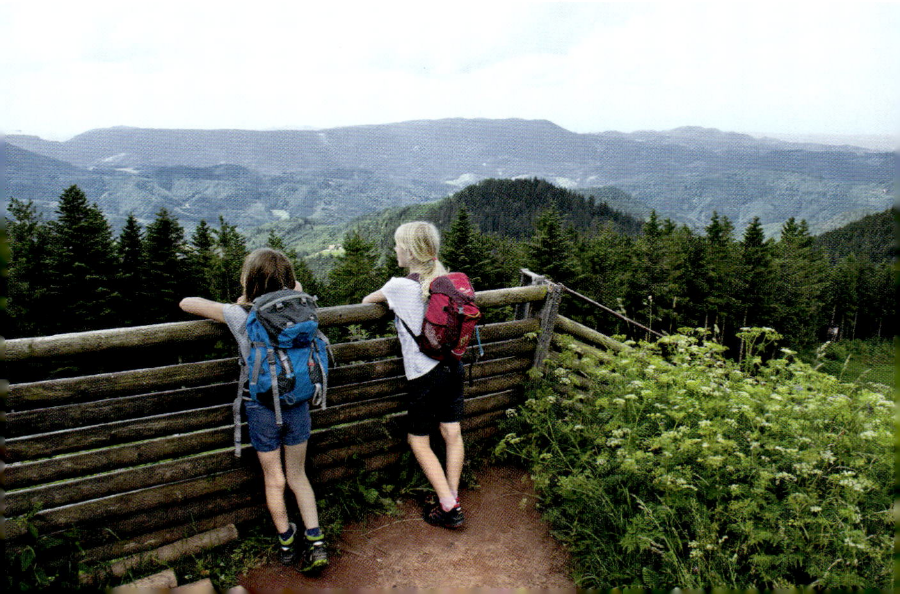

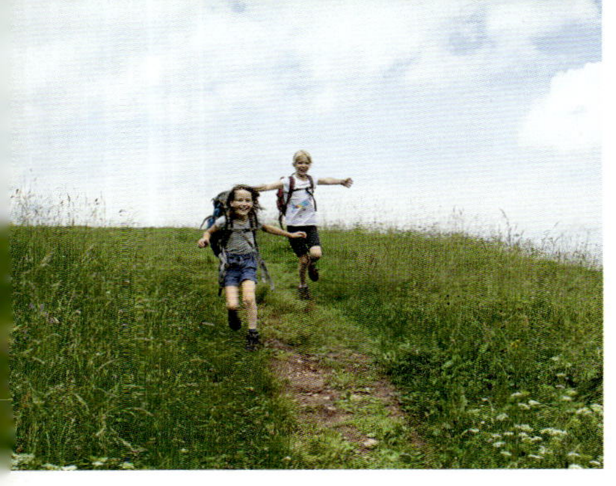

Bergab geht es wie im Flug.

Forstweg und erreicht am **Wanderparkplatz Bärenteich ❻** die Straße, die wir vorsichtig überqueren. Wir steigen den Pfad geradeaus weiter bergauf, bis er an einer kleinen Landstraße endet. Hier wandern wir rechts entlang der Straße auf einem Trampelpfad in Richtung Buchkopfturm bis zur **Passhöhe Zuflucht ❼** mit dem gleichnamigen Hotel.
Hinter der Bushaltestelle verläuft ein ebener, mit der roten Raute des bekannten Westweges versehener Wiesenweg rechts in Richtung Lotharpfad, den wir immer geradeaus

Hier scheint ein Elefantenrüssel eine Sitzgelegenheit anzubieten.

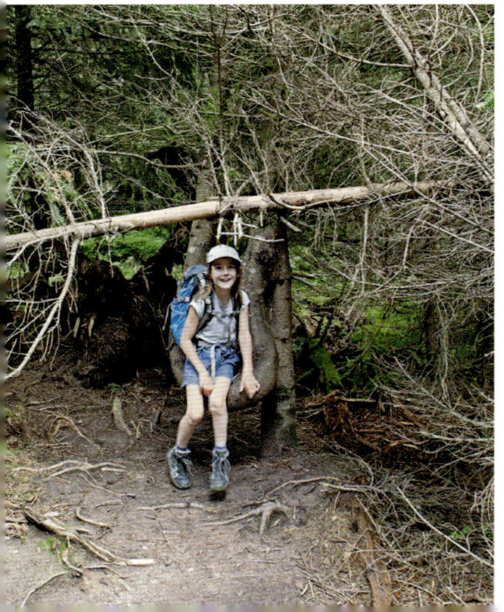

in der Verlängerung des Parkplatzes entlanggehen, bis wir am Ende des Skilifts Zuflucht stehen und die herrliche Aussicht über das Renchtal bis in die Rheinebene und zur Hornisgrinde genießen. An dieser Stelle befand sich früher die **Röschenschanze ❽**, die wie viele andere Schanzen im Schwarzwald als Bollwerk gegen die verfeindeten französischen Soldaten errichtet wurde.
Zurück auf dem kleinen Wiesenweg stürmen die Kinder dann steil bergab und auf einem schmalen Waldpfad erreichen wir bald eine Lichtung und einen geteerten Forstweg, in den wir links einbiegen. Eine herrliche grüne Hochtalwiese mit ganz eigener Vegetation erwartet uns hier mit vereinzelten Birken und purpurroten Sumpf-Kratzdisteln. An der Weggabelung mit dem **Wanderschild Schwarze Lache ❾** und der großen Langhorn-Rinderherde marschieren wir links in Richtung Lo-

Highlights

- ★ Walderdbeeren und Heidelbeeren pflücken.
- ★ Am Spaltbächle fühlen sich die Kinder wie in einem verwunschenen kleinen Tal.
- ★ Wir beobachten die Enten im vom Wald umgebenen Buhlbachsee.
- ★ Viele wurzelige Wanderpfade machen den Kindern so richtig Spaß beim Wandern.
- ★ Von der Röschenschanze blicken wir über das weite Land.
- ★ Der Holzbohlenweg des Lotharpfades mit seinen vielen Brücken und Treppen ist ein eigenes kleines Abenteuer.

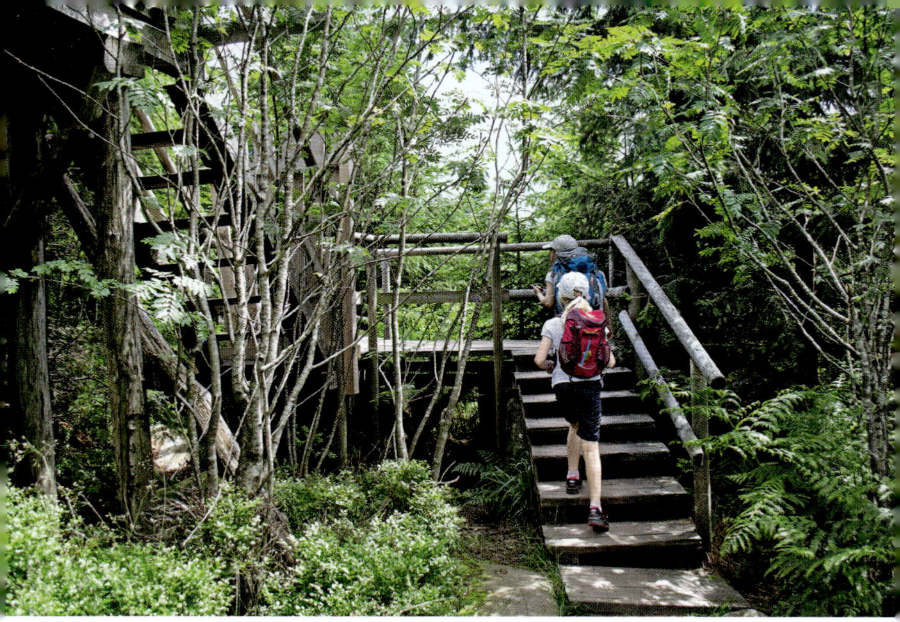

Auf und ab leitet uns der Lotharpfad durch das Sturmwurfgebiet.

tharpfad/Schliffkopf, weiterhin der roten Raute hinterher. Nach einem kurzen Waldstück öffnet sich der Blick ins Renchtal und begleitet uns auf einem breiten Panoramaweg, der zum Renchtalsteig und zum Europäischen Fernwanderweg E1 gehört, für die nächsten 2 km bis zum Einstieg in den Lotharpfad. Ein hier parallel verlaufender, kleiner Pfad, der noch in einigen Karten verzeichnet ist, existiert aus Naturschutzgründen nicht mehr.

Nach gut 40 Min. kommen wir an das **Wanderschild Lotharpfad** ⑩ und steigen rechts hinauf. Nach einem kurzen Wurzelpfad erklimmen wir die Stufen zum **Holzbohlenweg** ⑪, den wir gegen den Uhrzeigersinn erforschen. Die Kinder sind vom stetigen Treppauf und Treppab begeistert und erreichen in Rekordzeit die Infohütte und die **Bushaltestelle Lotharpfad** ①. Man kann sich hier aber auch viel Zeit zum Schauen und Verweilen lassen, denn es ist eindrucksvoll, was in 20 Jahren aus der kahlen Sturmwurffläche geworden ist (siehe hierzu auch Tour 21 Hornisgrinde). Wer noch Kondition hat, kann den insgesamt 900 m langen Rundweg des Lotharpfads auch einmal komplett begehen, um alles zu sehen.

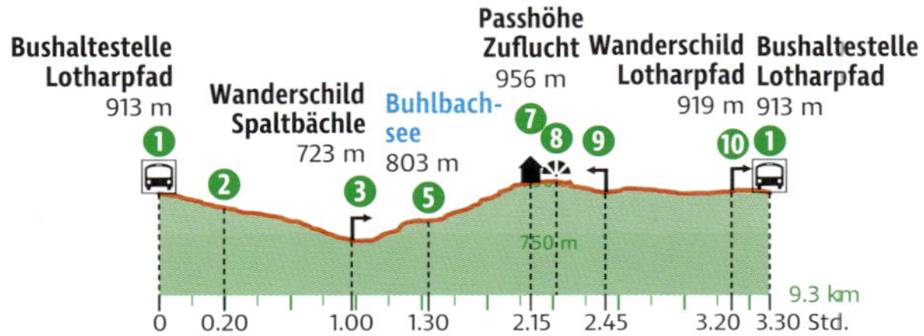

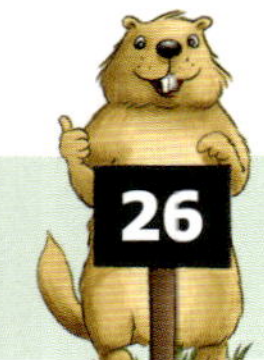

4.00 Std. | 10.3 km | ↗ 300 m | ↘ 350 m | ab 6 Jahren

26 Sankenbach-Wasserfall

Streckentour von Friedrichstal nach Baiersbronn

Wasserfall mit Selbstbedienung

Satte 550 Kilometer Wanderwege bietet der Urlaubsort Baiersbronn seinen Gästen, und zehn davon eignen sich für Kinder ganz besonders. Auf der Streckenwanderung vom Baiersbronner Friedrichstal ins Oberdorf begegnen den Kindern und Erwachsenen die Naturschönheiten der Murg und ihrer Seitentäler. Auf einem herrlichen Wurzelpfad gewinnen wir Höhe bis zur aussichtsreichen Wasenhütte und weiter zum alpinen Sankenbachsteig, der uns steil bergab zum naturgeschützten Sankenbach-Wasserfall bringt. Er ist wohl der einzige Wasserfall, den die Wanderer selber regulieren können, denn mit einer Stauklappe kann man das Wasser anstauen und in einem großen Schwall die 40 Meter hohe Buntsandsteinwand hinunterstürzen lassen. Ein Riesenspaß für die Kids. Der Bach ergießt sich in den Sankenbachsee, einen Karsee, der während der letzten Eiszeit entstand. Ringsum von Grün umgeben kann man hier herrlich baden. Ein Waldpfad bringt uns dann durch das kleine und helle Sankenbachtal zum Wildgehege und weiter zu einem Spielplatz im Wald, wo die Kinder sich noch mal richtig austoben können, bevor wir direkt am Bach entlang bis nach Baiersbronn weitermarschieren.

Wunderschön liegt die Michaelskirche abseits des Ortes am Berg.

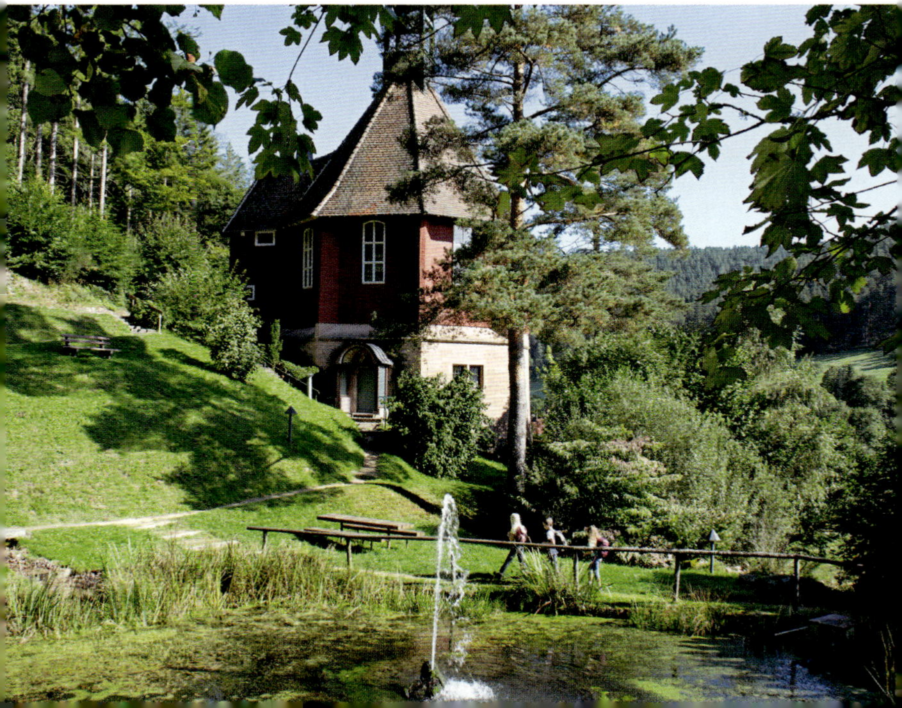

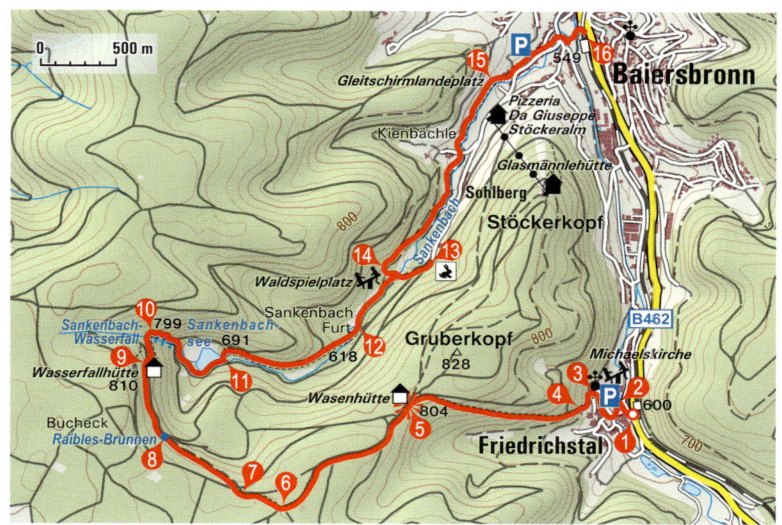

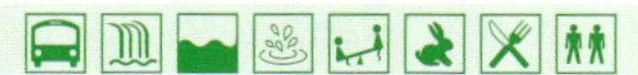

Ausgangspunkt: Bahnhaltepunkt Friedrichstal Bahnübergang, 600 m. Anfahrt von Freudenstadt mit der S81 Richtung Karlsruhe.

Mit dem Auto: Kostenfreie Parkplätze am Abenteuerspielplatz im Kniebisweg, 72270 Baiersbronn, GPS N48.481364, E8.374296.

Endpunkt: Bahnhof Baiersbronn, 549 m. Zurück zum Ausgangspunkt: eine Station mit der S81 Richtung Bondorf oder direkt weiter nach Freudenstadt.

Ausrüstung: Feste, gut profilierte Wanderschuhe. Badesachen, Wechselkleidung und Handtuch für ein Bad im See oder eine Dusche am Wasserfall.

Anforderungen: Bergwanderung mit einem längeren Anstieg zu Beginn. An manchen Stellen laufen wir in einem kleinen Bachlauf, dort herrscht Rutschgefahr. Am alpinen Sankenbachsteig geht es steil bergab, Trittsicherheit und in einigen Bereichen auch Schwindelfreiheit sind von Vorteil.

Einkehr: Unterwegs keine. Leckere Pasta und Pizze serviert die Pizzeria da Guiseppe Stöckeralm direkt am Landeplatz der Gleitschirmflieger in Baiersbronn; Öffnungszeiten Fr ab 17 Uhr, Sa und So ab 12 Uhr, Sankenbachstraße 121, 72270 Baiersbronn, Tel. +49 7442 3508, www.pizzeria-stoeckeralm.de.

An der Bergstation Stöckerkopf kann man an Wochenenden in der urig-gemütlichen Berghütte Glasmännlehütte toll einkehren. Bitte erst Öffnungszeiten prüfen, da sich durch die Schließung und Neuplanung der Seilbahn Änderungen ergeben können, Tel. +49 7442 121433 oder im Touristenbüro Baiersbronn, Tel. +49 7442-84140.

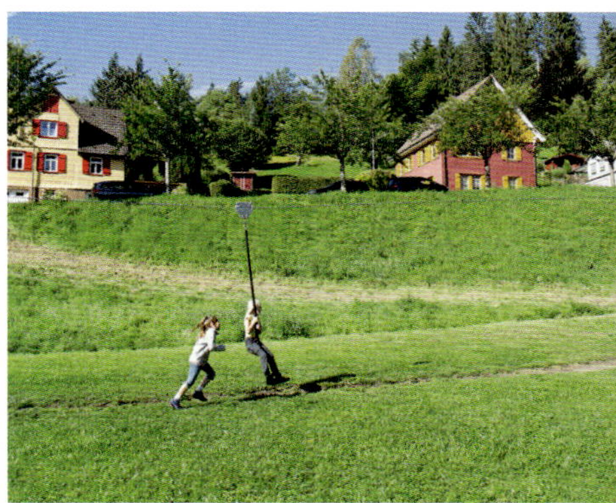

Genug Zeit für ausgedehnte Spielplatzbesuche ist immer miteingeplant.

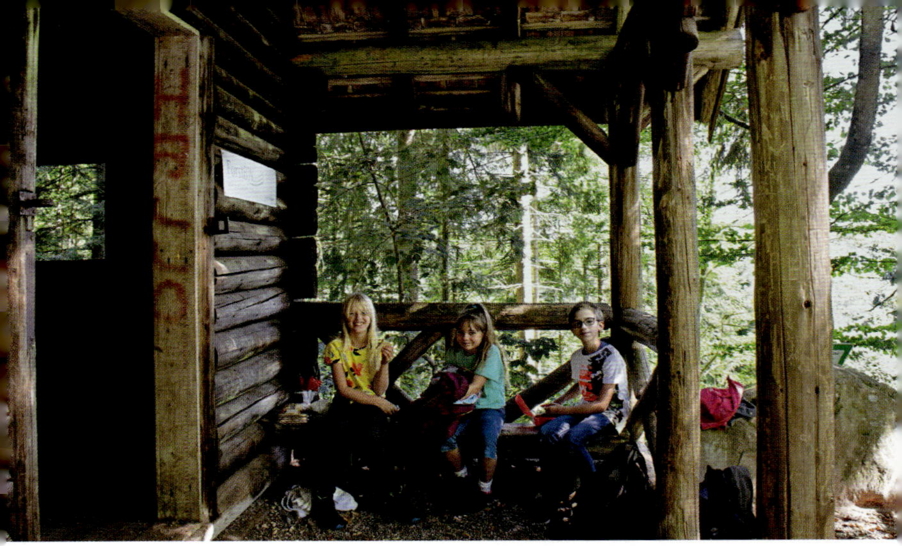

Kurze Rast an der Wasserfallhütte am Beginn des alpinen Abstiegs.

Am **Bahnhaltepunkt Friedrichstal** ❶ überqueren wir an der Ampel die Bundesstraße, gehen geradeaus die Treppe hinauf, Am Steigle rechts und gleich darauf noch mal rechts in die Wilhelm-Heusel-Straße. Nach wenigen Metern führt an der ausgestellten Turmuhr der Königlichen Hüttenwerke links eine kleine Brücke über den Forbach und weiter links auf den **Abenteuerspielplatz** ❷, auf dem die Kinder Trampolinspringen und sich mit der langen Seilrutsche vergnügen. Am Ende des Spielplatzes biegen wir scharf rechts ab zur Michaelskirche. Der kleine **Park** ❸ an der Kirche hat ein nettes Biotop und lohnt einen kurzen Abstecher zum Besichtigen.

Am Ende des Parkplatzes wenden wir uns erst links in Richtung Hohacker und folgen nach 10 m halb rechts und leicht bergauf dem kleinen Wanderpfad »Im Tal der Hämmer«, bis wir am Hohacker Schleifsteinwerkplatz an einem historischen Schleifstein vorbeikommen, der vor vielen Jahren den Transport bis zu den Schwäbischen Hüttenwerken nicht unbeschadet überstanden hatte und zerbrochen am Weg liegengeblieben war. Auf den folgenden Teerweg biegen wir rechts ein und wandern geradeaus den gelben Rauten und dem **Wanderschild Hohacker** ❹ in Richtung Wasenhütte nach, unserem nächsten Zwischenstopp. Der Wanderweg verengt sich

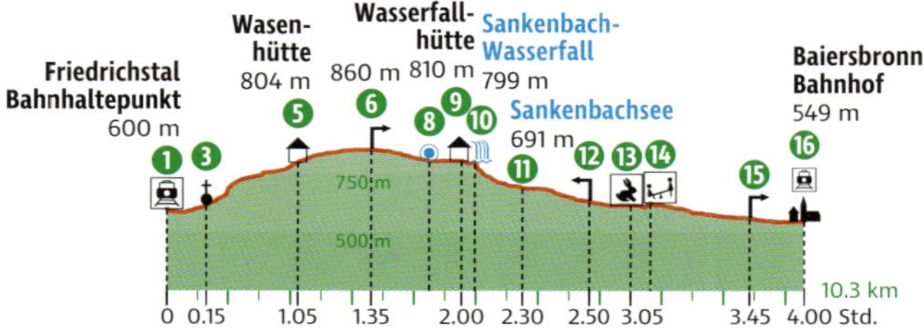

zu einer schmalen Rinne, gesäumt von Heidelbeeren, Farnen und Moos. Über Felsen und Wurzeln zieht sich der Pfad gut 20 Min. hinauf und trifft auf einen Forstweg, in den wir links zur **Wasenhütte 5** einbiegen. Hier hat man eine schöne Fernsicht auf den Schwarzwald und auf die Silhouette des nahen Freudenstadt.

Wir bleiben nun die nächste halbe Stunde auf dem breiten Forstweg und halten uns an den weiteren Verzweigungen an die Beschilderung des Premiumwegs Sankenbachsteig mit den gelben Rauten, bis wir das **Wanderschild Professor-Endriss-Weg 6** und den höchsten Punkt unserer Wanderung erreichen. Hier schlagen wir uns rechts in den Waldweg hinein in Richtung Wasserfallhütte, Sankenbachsee und Raibles-Brunnen, biegen am Ende links auf den Forstweg und nach 100 m am **Wanderschild Weihermisse 7** rechts bergab auf einen kleinen Waldpfad. Steil und felsig ist der Abstieg, quert einen Forstweg und endet am **Raibles-Brunnen 8**, an dem die Kinder freudig ihre Flaschen auffüllen. Den Brunnen zu unserer Linken steuern wir nun die **Wasserfallhütte 9** an, die sich mit ihrer Aussicht auf den See und den gemütlichen Sitzmöglichkeiten auch für eine längere Pause anbietet.

Vor dem Abstieg auf dem Sankenbachsteig beachten wir noch die Hinweistafel, denn der alpine Pfad eignet sich nur für geübte Wanderer, die trittsicher und schwindelfrei sein sollten. Kleinere Kinder nimmt man besser an die Hand. Kurz darauf stehen wir am **Sankenbach-Wasserfall 10** und die Kinder betätigen sich als Hüter des fallenden Wassers, denn mit einer Hebelklappe lassen

Highlights

★ Gleich zu Beginn der Wanderung toben die Kinder über den Abenteuerspielplatz in Friedrichstal.

★ Das Biotop an der Michaelskirche ist besonders schön angelegt und lohnt eine Besichtigung.

★ Viele schmale Berg- und Wurzelpfade versprechen Wanderfreuden für Groß und Klein.

★ Ein Wasserfall zum Selbstbedienen ist der Hit für Kinder.

★ In heißen Sommern ist ein erfrischendes Bad im Sankenbachsee herrlich.

★ Auf der großen Sankenbachwiese bestaunen wir Gleitschirmflieger bei ihren Landemanövern.

★ Im Wildgehege tummeln sich Rothirsche (s. Freizeittipp B7).

★ Ein Besuch des Naturbades Mitteltal-Baiersbronn ist unbedingt empfehlenswert (s. Freizeittipp C4).

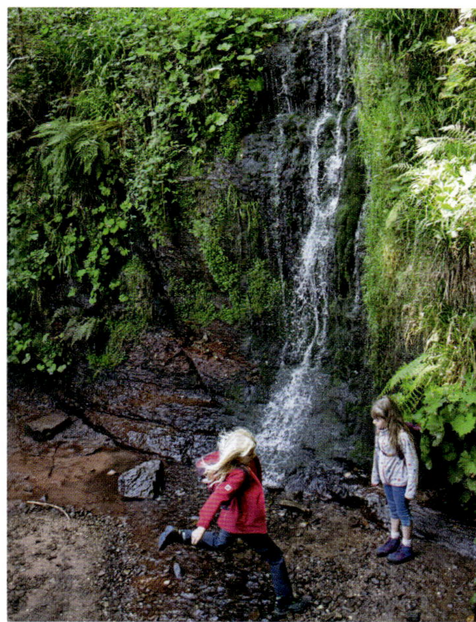

Am Sankenbach-Wasserfall.

sie hier große Mengen Schwallwasser auf einmal den Felshang hinunter. An der nächsten Staustufe bewundern wir die herrlichen Farben, die sich auf der steilen Buntsandsteinwand in Verbindung mit dem herabstürzenden Wasser und dem Moosbewuchs ergeben.

Bis zu den Picknickplätzen am Ende des Steiges ist es nicht weit. Wir halten uns dort rechts und wandern auf dem Dr.-Engstler-Rundweg mit der blauen Raute um den See herum bis zum Wanderschild und der Hinweistafel **Sankenbachsee ⑪**. Hier gibt es Sitzgelegenheiten direkt am See und Schwimmer dürfen nach Herzenslust in den kühlen Karsee eintauchen.

Nachdem alle wieder trocken sind, finden wir ein paar Schritte weiter am See das Wanderschild Sankenbach-Kessel und lassen uns rechts in Richtung des Wildgeheges auf einen felsigen, wurzeldurchsetzten Waldpfad am plätschernden Sankenbach leiten. Ab und zu tauchen die kleinen Libellenschilder der 2-Seen-Tour auf und zeigen uns, dass wir richtig liegen. Etwas später queren die Kinder den Sankenbach – natürlich nicht auf der Brücke, sondern auf den Felsen im Bach – und kommen zum **Wanderschild Sankenbach Furt ⑫**. Wir halten uns links und wandern im kleinen, hellen Sankenbach-Tal bis zum Sankenbach-Brückle, dann zum Wanderschild Spielplatzwegle und von dort immer geradeaus weiter zum **Wildgehege ⑬**. Liegen die Rothirsche in unserer Nähe im Schatten, lassen sie sich sehr gut beobachten.

Danach kehren wir zum Wanderschild Spielplatzwegle zurück und biegen nun rechts Richtung Spielplatz ab. Wir kreuzen den Sankenbach, kommen an einem kleinen Fisch-Biotop vorbei und steigen hinauf zum **Waldspielplatz Sankenbach ⑭**, den die Kinder trotz fortschreitender Müdigkeit austesten.

Am Wanderschild halten wir uns rechts Richtung Bahnhof Baiersbronn am Gehege entlang, ebenso an den beiden folgenden Verzweigungen, und kommen nach wenigen Minuten aus dem Wald heraus. Ab

Am Sankenbachsee lohnt sich eine längere Pause.

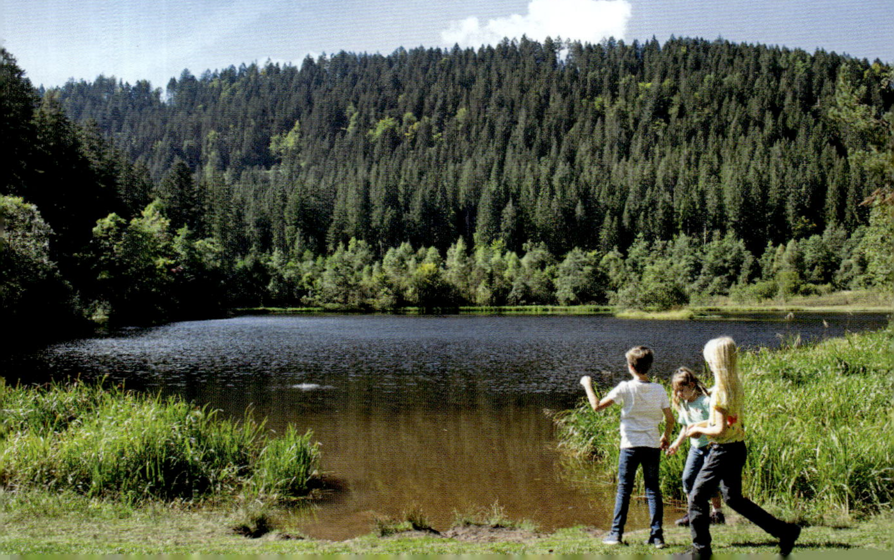

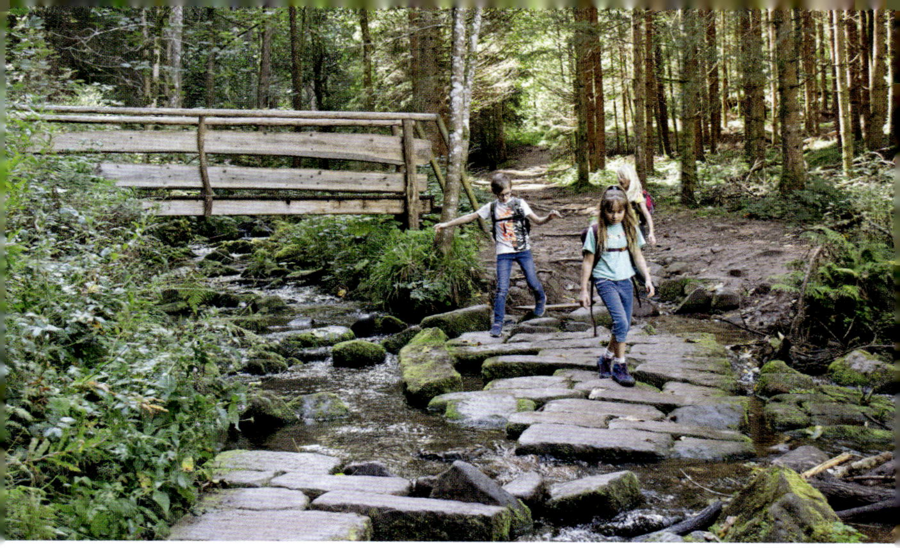

Durch den Bach ist es spannender als einfach über die Brücke.

jetzt wandern wir durch das kleine grüne Tal immer direkt am Sankenbach entlang, der sich fast wie in einem Kurpark durch die Wiesen schlängelt. Vorbei an Schafen und Kühen überqueren wir eine Teerstraße und mit etwas Glück können wir hier Gleitschirmflieger beim Landen beobachten. Nach dem **Wanderschild Gleitschirmlandeplatz ⑮** geht es für uns an der nächsten Verzweigung rechts, dann schwenken wir links auf die Sankenbachstraße ein und folgen ihr bis zum Stöckerweg. Blaue Bahnhofschilder zeigen uns erst rechts und gleich wieder links abbiegend die letzten 200 m durch den Park und über den Forbach und den Mühlgraben hinüber zum **Bahnhof Baiersbronn ⑯**.

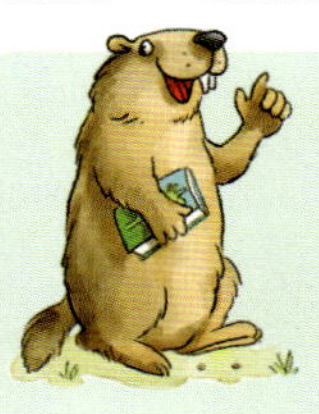

Hallo Kinder,

hättet ihr gedacht, dass die Orte um unseren Wanderort Baiersbronn-Friedrichstal herum früher wie ein kleines Ruhrgebiet aussahen? Wie beim großen Bruder in Nordrhein-Westfalen wurde hier Bergbau betrieben, es gab Hochöfen und Eisenverarbeitung. Schon vor fast 500 Jahren grub man nach Eisenerz und vor 200 Jahren produzierten die Königlich Schwäbischen Hüttenwerke einen besonders harten Stahl, der sich hervorragend für die Herstellung von Sensen eignete. Die Qualität war so hoch, dass der vom Forbach angetriebene Königshammer 30.000 Stück pro Jahr herstellte und die Friedrichstäler Sensen weltbekannt wurden. Sensen waren vor der Erfindung von Mähmaschinen bis ins 20. Jahrhundert hinein das wichtigste Werkzeug der Bauern zum Mähen ihrer Felder und Wiesen. In den Bergen und in ärmeren Ländern werden Sensen auch heute noch eingesetzt, weil sie sehr robust und günstig sind.

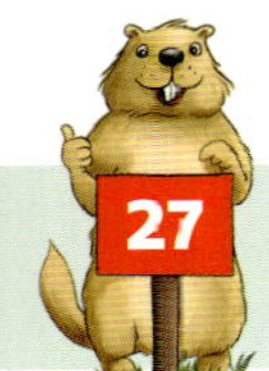

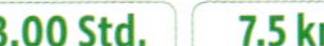

↗190 m

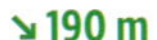

ab 5 Jahren

27 Zum Freudenstädter Friedrichsturm

Rund um den Kienberg

Waldwanderung unter Tannenriesen

Auf wurzeligen, engen Waldpfaden umrunden wir den Kienberg, den Freudenstädter Hausberg in der Mitte des Nordschwarzwaldes, und streifen dabei verschiedene Lehrpfade. Anfangs noch auf dem alten Teuchelpfad, erklimmen wir die sanften Höhen des Kienbergs und genießen besonders im Sommer die große idyllische Waldliegewiese auf einer Lichtung an der Goldenkugelhütte. Nach einem kürzeren Stück Forstweg geht es auf verschlungenen und verwachsenen Pirschwegen durch Heidelbeer- und Besenheidesträucher. Von der Berghütte Lauterbad haben wir einen tollen Ausblick auf das weite Land bis hin zur Burg Hohenzollern auf der Schwäbischen Alb. Der Obere Palmenwaldweg führt uns abschließend zum steinernen Friedrichsturm, der schon über 100 Jahre auf dem Buckel hat, und zu Deutschlands höchstgelegenem Rosenweg mit Hunderten von bunten Rosen. Eine Rosensorte wurde sogar Black Forest getauft. Auch im Winter oder bei Osterschnee eine kurzweilige Tour, auf der es für die Kinder alle paar Hundert Meter etwas zu entdecken gibt.

Ausgangspunkt: Freudenstadt, Bushaltestelle Straßburger Straße, 739 m. Anfahrt ab Freudenstadt Hauptbahnhof mit dem Bus Nr. 100 Richtung Ruhestein.

Mit dem Auto: Parkplatz Straßburger Str. 60, 72250 Freudenstadt.

Ausrüstung: Bei Schnee knöchelhohe Wanderschuhe, im Sommer genügen profilierte Wandersandalen.

Anforderungen: Mittelschwere Tour auf wurzeligen Pfaden mit geringen Anstiegen zu Beginn und am Ende.

Einkehr: Kleine, leckere Mahlzeiten sowie verschiedene Kuchensorten und Eis finden wir im Friedrichs am Kienberg, direkt neben dem Friedrichsturm; geöffnet täglich von April bis September 11–20 Uhr und Oktober bis März 11–18 Uhr, Herzog-Friedrich-Straße 33, 72250 Freudenstadt, Tel. +49 7441 3013, www.friedrichs-kienberg.de. Speckknödel und Hüttenwürschtl bei grandioser Aussicht bietet die Berghütte Lauterbad direkt an der Piste des Stokinger Skihanges; geöffnet täglich von April bis September 11–20 Uhr und Oktober bis März 11–17 Uhr, Am Zollernblick 1, 72250 Freudenstadt-Lauterbad, Tel. +49 7441 950990, www.berghuette-lauterbad.de.

Tipp: Wer möchte, kann ab dem Friedrichsturm (geöffnet von Mai bis Oktober ohne Eintritt) mit dem Kurbähnle zur Bushaltestelle Straßburger Straße hinunterfahren oder gleich eine komplette Rundfahrt in die Innenstadt zum beeindruckenden Freudenstädter Marktplatz unternehmen.

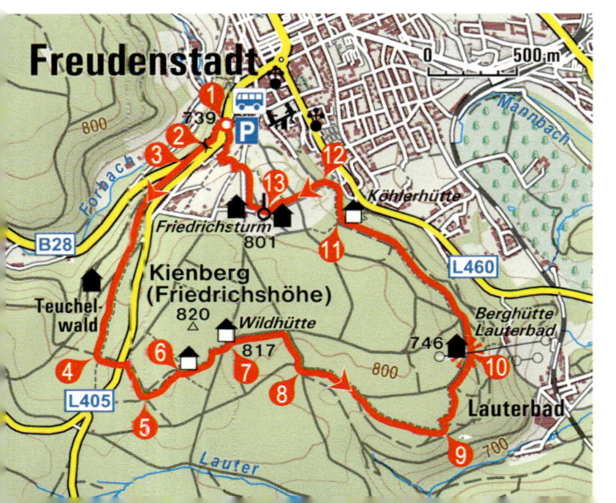

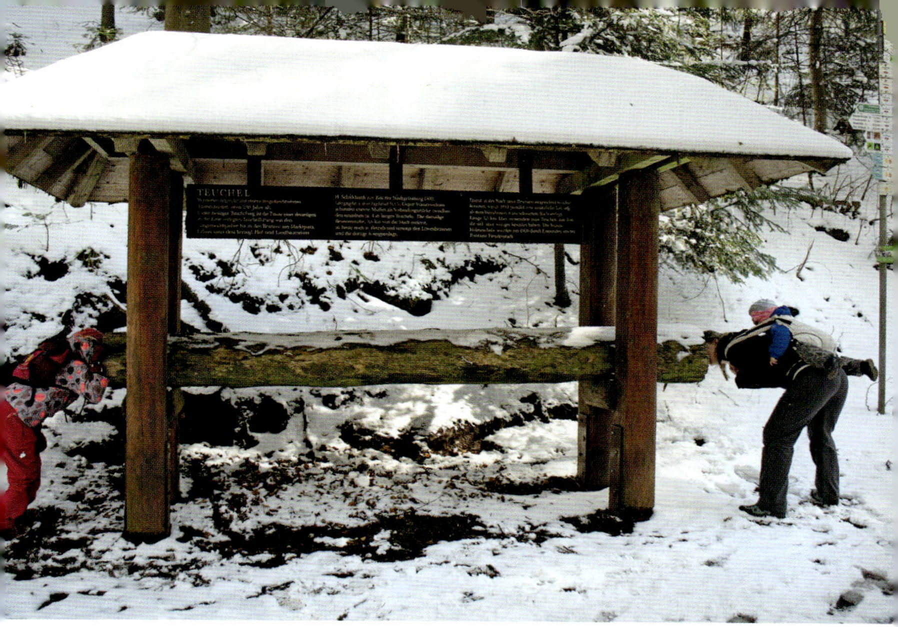

Tatsächlich eine alte Wasserleitung aus Holz: das Teuchelrohr.

Unsere Kienbergrunde beginnt an der **Bushaltestelle Straßburger Straße** ❶, an der wir uns stadtauswärts wenden und gleich links in die Schömberger Straße einbiegen. Rechts hinter dem anschließenden Parkplatz beginnt an der **Bässler Brücke** ❷ die Beschilderung für uns Wanderer. Wir folgen dem Pfeil in Richtung Hartranftweg auf dem linken der beiden parallel verlaufenden breiten Wanderwege. Die gleich folgende Infostation zeigt uns eine alte **Teuchelleitung** ❸, eine aus längs durchbohrten Tannenstämmen zusammengesetzte Wasserleitung, die

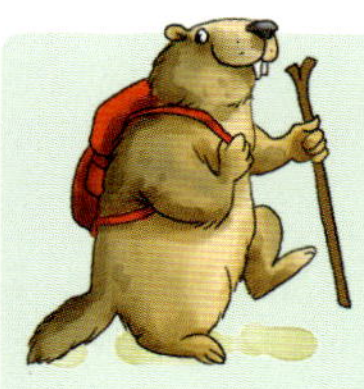

Hallo Kinder,

sicher habt ihr auch durch die Teuchelleitung zu Beginn der Tour hindurchgeguckt. Habt ihr eine Idee, wie die Holzarbeiter vor ein- oder zweihundert Jahren ohne Maschinen solche Löcher durch eine Tanne, Eiche oder Kiefer bohren konnten? Dazu gab es speziell ausgebildete Röhrenmeister, die in die vier Meter langen Stämme per Hand einen zwei Meter langen Eisenstab mit Bohrspitze genau durch die Mitte des Baumes trieben. Dann bohrte man von der anderen Seite ein zweites Loch und traf sich in der Mitte, wenn man sauber und genau gearbeitet hatte. Mit einem Metallstück verband man dann die Teuchelrohre zu Wasserleitungen, die in der Erde vergraben wurden und mehrere Kilometer lang waren. Nach einigen Jahren schmeckte das Wasser aus diesen Leitungen allerdings richtig übel, denn das Holz verrottete mit der Zeit.

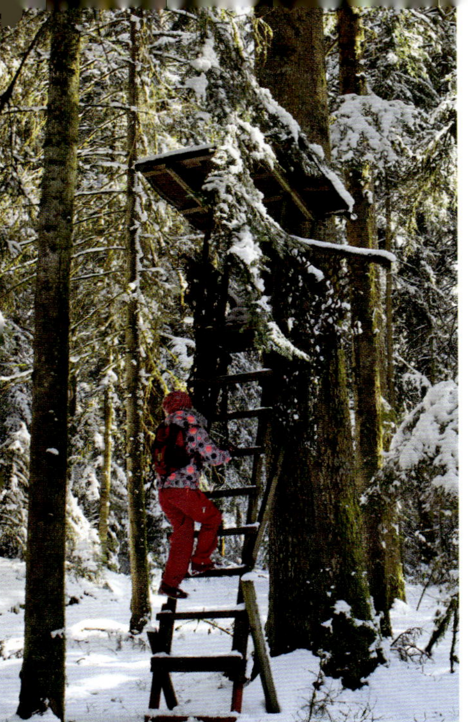

Welches Kind klettert nicht gerne auf einen Jägerstand?

Highlights

- ★ Enge, verschlungene Pfade führen uns im tiefen Wald durch den Baldenweger Graben.
- ★ An der Berghütte Lauterbad gibt es eine lange Pause mit toller Fernsicht.
- ★ Wir steigen die Wendeltreppe hinauf auf den Friedrichsturm.
- ★ Im Duftrosenpark lassen wir im Sommer süßen Blütenduft in unsere Nasen strömen.
- ★ Der Kienberg lockt mit Minigolf, Boccia, Liegewiese und einem Bewegungsparcours.
- ★ Das Besucherbergwerk »Heilige Drei Könige« wartet nur 200 m vom Tourstart entfernt auf Erkundung (s. Freizeittipp D6).

früher direkt unter unserem Wanderweg im Boden verlegt war.

Gleich hinter der Teuchelleitung wandern wir am Schild Hartranftweg links den kleinen, lauschigen Waldpfad in Richtung Agnesruheweg hinauf. Nach rund 10 Min. überqueren wir einen Forstweg, und die Kinder freuen sich, einen Jägerstand besteigen zu können, der bald darauf am Wegesrand auftaucht. An der nächsten Kreuzung halten wir uns am **Wanderschild Agnesruheweg ❹** links auf dem Tannenriesenpfad Richtung Goldenkugelhütte. Wir gehen vorsichtig über die Landstraße und links bis ans Ende des Parkplatzes zum großen Wanderschild. Hier orientieren wir uns geradeaus am Tannenriesenpfad, der uns nach wenigen Metern rechts hinein zum **Wanderschild Wölperweg ❺** bringt. Begegnen wir hier einem zwei Meter großen Grizzlybären, wissen wir, dass wir richtig liegen. Wir biegen scharf links ab in Richtung Goldenkugelhütte und schlagen uns nach rund 20 m rechts in den Wald hinein, um uns auf einem winzigen, verwachsenen Waldpfad bis zur **Waldliegewiese ❻** und der Hütte mit der goldenen Kugel auf dem Dach voranzupirschen, die links von der nächsten Kreuzung liegt und den höchsten Punkt unserer Wanderrunde darstellt. Die Himmelsliegen werden von den Kindern sofort belegt, um eine längere Pause auf dieser schönen Waldwiese einzulegen.

Am Wanderschild Goldenkugelhütte geht es für uns auf schmalen Waldwegen weiter zur **Wildhütte ❼**, unserer nächsten Zwischenstation, und von dort halb rechts Richtung Zollernblick und Lauterbach. An der nächsten Kreuzung in 300 m Entfernung biegen wir rechts ab, die gelbe Raute als unseren Richtungswei-

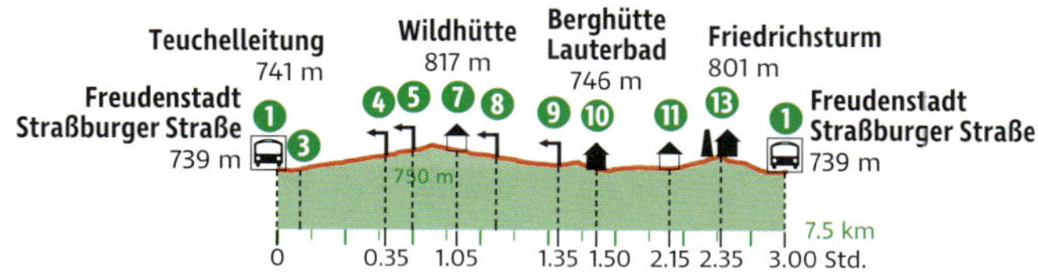

ser finden wir nach 20 m am Baum hängen. Nach wenigen Minuten erreichen wir das **Wanderschild Baldenhofer Graben ❽**, biegen links ab und schlagen uns nach wenigen Metern links in den Wald, um auf dem Baldenhofers Wässerungsgraben zu landen, ausgeschildert mit den kleinen grünen Plaketten des Tannenriesenpfades. Im Schnee ist der winzige Naturpfad schwer zu finden, er verläuft links neben dem Zollernblickweg mitten durch den Tannenwald an Rauschbeeren und kleinen Kiefern vorbei. Nach rund 10 Min. halten wir uns links und finden nach 20 m auf dem breiten Zollernblickweg unseren Unterholzpfad dank der grünen Plakette und der gelben Raute wieder. Nachdem wir gleich darauf einen nicht in Karten verzeichneten matschigen Forstweg queren, passieren wir zur Freude aller ein großes rosa Ferkel aus Holz und eine Wohlfühlliege und wenden uns am **Wanderschild Am Baldenhofer Graben ❾** links hinauf Richtung Zollernblick und Tannenriesen. Noch einige wenige Minuten dürfen wir den urig-verschlungenen Waldweg genießen, bevor es an der nächsten Kreuzung wieder rechts auf den breiten Zollernblickweg geht, der uns bergab zur wunderschönen **Berghütte Lauterbad ❿** geleitet. Bei herrlicher Aussicht über die Skipiste bis zu den Höhenzügen der Schwäbischen Alb im Osten lässt es sich hier prima vespern.

Danach setzen wir unsere Tour auf dem breiten Wanderweg fort, bis wir zum Wanderschild Zollernblick-

Mehrere Holzskulpturen von Kettensägenkünstlern begegnen uns im Wald.

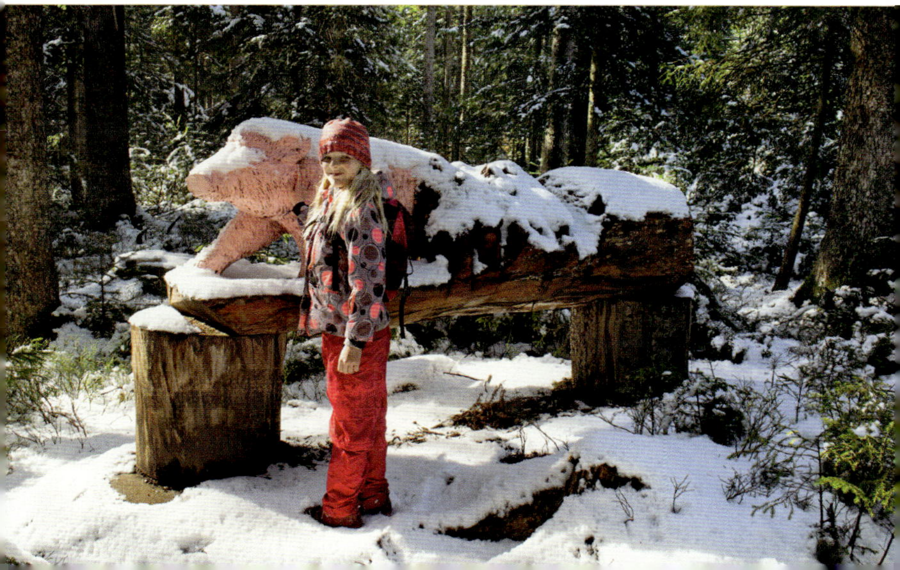

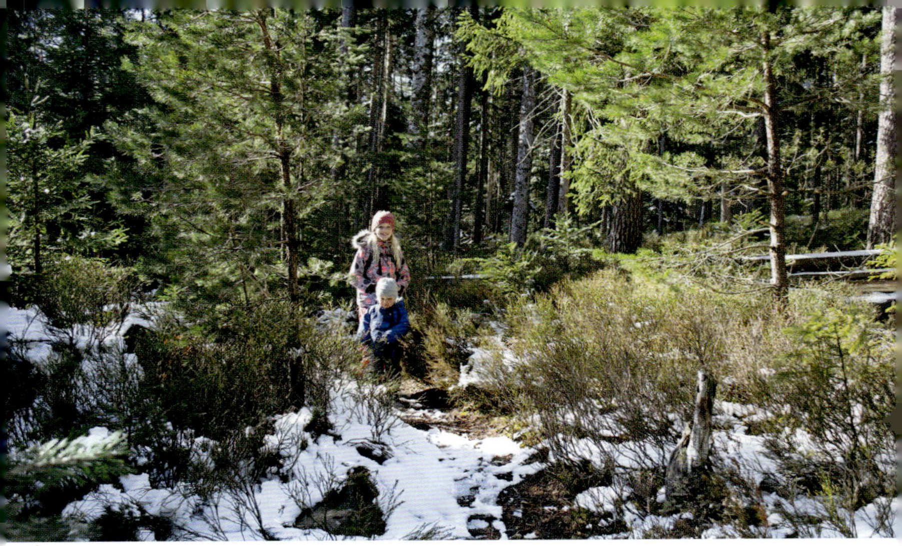

Auch die Kleinsten streunen schon durchs Unterholz.

steige kommen, dem wir zuerst links Richtung Köhlerhütte und gleich darauf an der Gabelung rechts (Tannenriesen-Schildchen und gelbe Raute) nachfolgen. Die nächste Gabelung ignorieren wir und bleiben auf unseren Pfad, der nun Oberer Palmenwaldweg heißt und immer geradeaus und leicht bergauf bis zur **Köhlerhütte ⑪** führt.

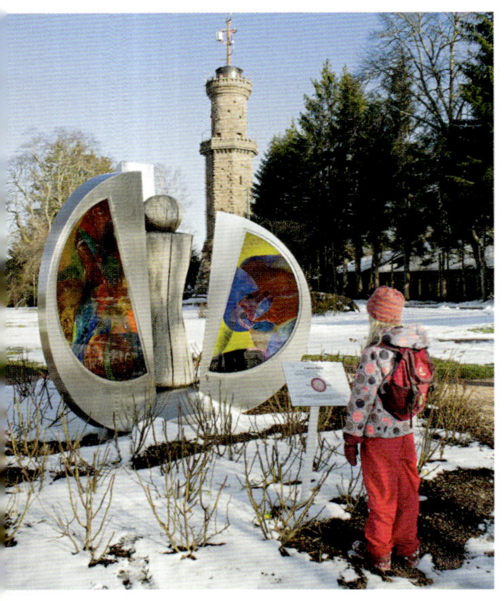

An der Wegespinne hinter der Hütte steuern wir erst rechts die ausgeschilderte Friedrichshöhe an, steigen nach 200 m steil links bergauf zum **Wanderschild Frank-Buchmann-Weg ⑫** und bleiben dann bis zur Friedrichshöhe auf einem ansteigenden, geteerten Weg. Die Besteigung des alten **Friedrichsturmes ⑬** über die fast 150 Stufen der Wendeltreppe ist für die Kinder eine spannende Sache und schenkt uns Erwachsenen einen Rundblick über das Wäldermeer bis nach Frankreich.

Vorbei am Duftrosenpark und dem Café Friedrichs verläuft unser Weg anschließend bergab und nach 200 m links hinein Richtung Bässler Brücke. Nun schlängelt sich der Teerweg auf dem Tannenriesenpfad hinunter und oberhalb des Parkplatzes wenden wir uns nach rechts, um zur **Bushaltestelle Straßburger Straße ①** zurückzugelangen.

Die Skulptur erinnert uns an die Rosen, die hier im Sommer blühen.

ab 6 Jahren | 3.00 Std. | 7.8 km | ↗ 260 m | ↘ 260 m

28

Zum Ellbachsee

Von der Passhöhe Kniebis

Spektakuläre Aussichtsplattform 150 Meter über dem See

Sommers wie winters ist die Runde zum Gletscherkar Ellbachsee für Kinder und Erwachsene spannend und abwechslungsreich. Gleich mehrere verschiedene Erlebnispfade berühren wir dabei und suchen auf verschlungenen Waldpfaden versteckte Räubermünzen, tasten uns barfuß auf einem Barfuß-Parcours voran oder erfahren von den Schneeberghexen etwas über das Brauchtum der Walpurgisnacht. Das Highlight ist jedoch die Aussichtsplattform Ellbachseeblick, die hoch über dem Karkessel einen spektakulären Blick über die Schwarzwaldhöhen bietet. Der steile Abstieg auf den wurzeligen, schmalen Pfaden zum See hinunter ist ein echtes Bergabenteuer und bereitet uns großen Spaß. Am idyllischen Ellbachsee mit seinen schwimmenden Torfinseln gibt es viele seltene Pflanzen- und Tierarten zu entdecken, weshalb der See unter Naturschutz steht. Und wir genießen bei einer Vesperpause hier im Kessel umgeben von der Natur die wunderbare Ruhe und Abgeschiedenheit.

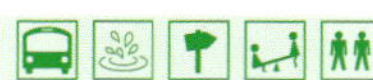

Ausgangspunkt: Bushaltestelle Kniebis Skistadion, 930 m. Anfahrt ab Freudenstadt Hauptbahnhof mit dem Bus Nr. 100 Richtung Ruhestein.

Mit dem Auto: Parkplätze gegenüber der Kniebis-Hütte, Straßburger Straße 347, 72250 Freudenstadt-Kniebis.

Ausrüstung: Gut profilierte Wanderschuhe sind für den Ab- und Aufstieg zum Ellbachsee unerlässlich.

Anforderungen: Die steilen, mit Wurzeln und Steinen durchsetzten Pfade hinunter zum Ellbachsee erfordern Trittsicherheit und sollten bei Nässe wegen der Rutschgefahr gemieden werden. Die beiden längeren Anstiege sind von Kindern mit guter Kondition leicht zu meistern.

Einkehr: Unterwegs keine. Typische Gerichte wie Maultaschen, Linsen mit Spätzle oder Schäufele serviert die Kniebis-Hütte am Ausgangspunkt; im Sommer 11–19.30 Uhr, im Winter 11–18.30 Uhr geöffnet, Straßburger Straße 347, 72250 Freudenstadt-Kniebis, Tel. +49 7442 121160, www.kniebishuette.de.

Tipp: Picknick in den Rucksack packen und an der Ellbachseehütte oder direkt am See eine Vesperpause einlegen.

Ein herrlicher Panoramablick eröffnet sich uns auf der hölzernen Plattform.

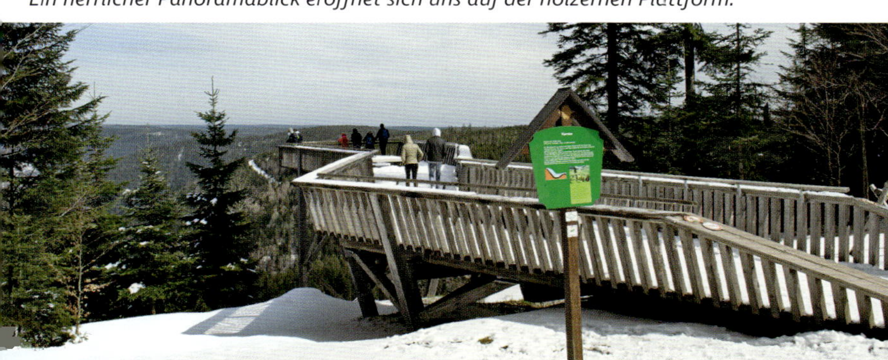

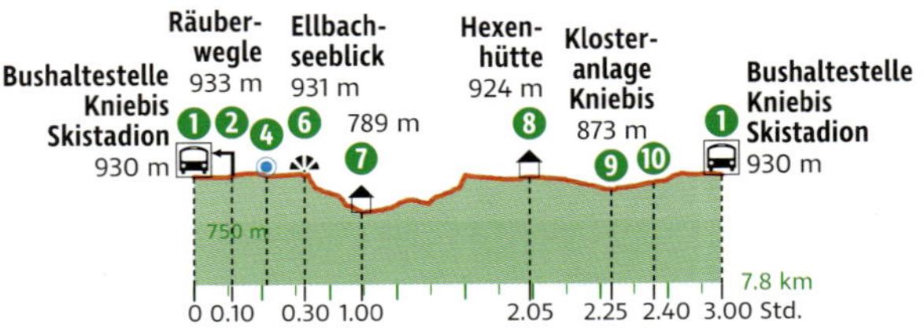

Startpunkt der Wanderung ist die **Bushaltestelle Kniebis Skistadion ❶**, hinter der am Waldrand der Kniebiser Heimatpfad entlangführt, dem wir in südöstlicher Richtung folgen, die Landstraße zu unserer Rechten. Dann geht es vorbei am Kniebiser Skistadion, einem Mekka für Langlauffreunde, und am Wanderschild links Richtung Ellbachsee über die Langlaufloipe hinüber auf das schmale **Räuberwegle ❷**. Die Kinder suchen fleißig die versteckten Münzen der Räuber, bis uns am nächsten Abzweig das bei Schnee kaum zu sehende **Wurzelwegle ❸** rechts noch tiefer in den Wald hineinführt. Es beginnt kurz vor dem breiteren Forstweg und bringt uns in wenigen Minuten zur **Forbachquelle ❹**. Die Quelle ist nett mit Bänken, einer Infotafel über den Forbach und einer kleinen Brücke ausgestattet und eignet sich gut für eine erste kleinere Pause. Das Wanderschild zeigt uns die richtige Richtung zum Ellbachsee und wir setzen die Runde auf einem Forstweg fort, begleitet

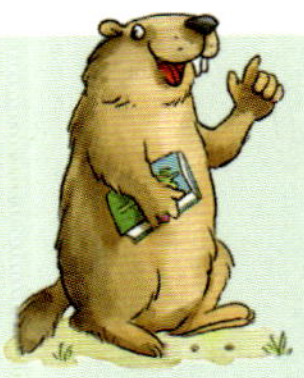

Hallo Kinder,

immer wenn ihr beim Wandern im Schwarzwald auf eine Kohlhütte, einen Kohlplatz oder Kohlweg trefft, gab es dort früher mit ziemlicher Sicherheit einen Kohlenmeiler, mit dem man Holzkohle herstellte. Holzkohle war sehr wichtig, denn das Verbrennen von purem Holz kann nicht genug Hitze zum Eisenschmelzen erzeugen, mit Holzkohle dagegen können 1000 Grad Celsius und mehr erreicht werden. Und Eisen brauchte man in großen Mengen, um Werkzeuge, Maschinen oder Waffen herzustellen. Kurz vor der Aussichtsplattform am Ellbachsee haben die Kniebiser einen Kohlenmeiler für euch aufgebaut. Dazu wird Holz gestapelt, nur in der Mitte wird ein Kanal für das Anfeuern freigelassen. Der Stapel wird vor dem Anzünden komplett mit Erde und Tannenreisig abgedichtet, damit nur wenig Luft an das Feuer kommt und es nur schwelt, aber nicht richtig brennt. Dadurch verliert das Holz sein Wasser und andere Stoffe, die sehr hohe Verbrennungstemperaturen verhindern. Bis so ein großer Holzstapel fertig geschwelt hat, dauert es sage und schreibe 1 bis 2 Wochen, wobei immer jemand dabei sein muss, um die Temperatur mit kleinen, eingestochenen Luftlöchern zu regulieren. Am Schluss wird die Holzkohle mit einem Rechen ausgebreitet und mit Wasser abgelöscht, bis sie gut ausgekühlt ist und in Säcken verpackt werden kann.

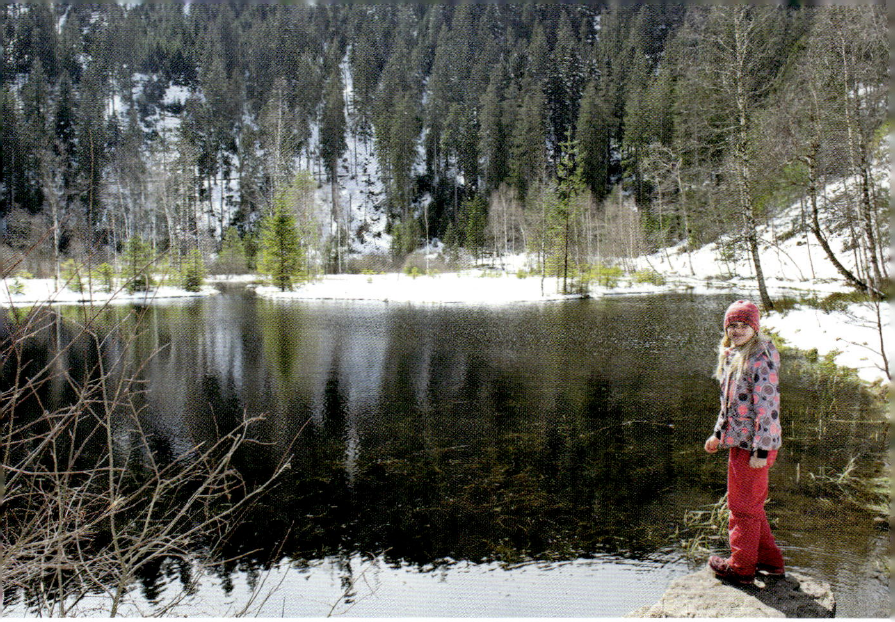

Ein steiler Abstieg bringt uns zum Ellbachsee hinunter.

von Infotafeln über den einheimischen Wald und die Bedeutung der Köhlerei. Nach der nächsten Gabelung, an der wir uns links weiter zum Ellbachsee halten, überqueren wir einen breiten Forstweg und kommen an einem **Kohlenmeiler ❺** vorbei, der Teil des Heimatpfades ist und interessierten Wanderern den fachmännischen Aufbau eines Kohlenmeilers nahebringen möchte.

Von hier sind es noch wenige Minuten bis zur mächtigen **Aussichtsplattform Ellbachseeblick ❻**, die uns 150 m über dem Karsee einen prächtigen, freien Blick in die Tiefe gewährt. Hier sind wir auch nicht lang allein, was sich aber beim steilen Abstieg ins Tal schnell ändert, der am Wanderschild in Richtung Ellbachsee beginnt und mit einer blauen Raute gekennzeichnet ist. Den gleich folgenden Linksabzweig ignorieren wir und verlieren in kurzer Zeit deutlich an Höhenmetern. Der lichte Wald lässt uns immer mal wieder zum See hinunterblicken, aber an den schmalen Wegstellen passen wir gut auf die Wurzeln und Steine am Boden auf. Der nächste Wegweiser leitet uns zur **Ellbachseehütte ❼**, die nur einen Steinwurf vom See entfernt liegt. Während die Kinder am Wasser spielen können, blicken die Erwachsenen über den klaren See und hinauf zu den steilen,

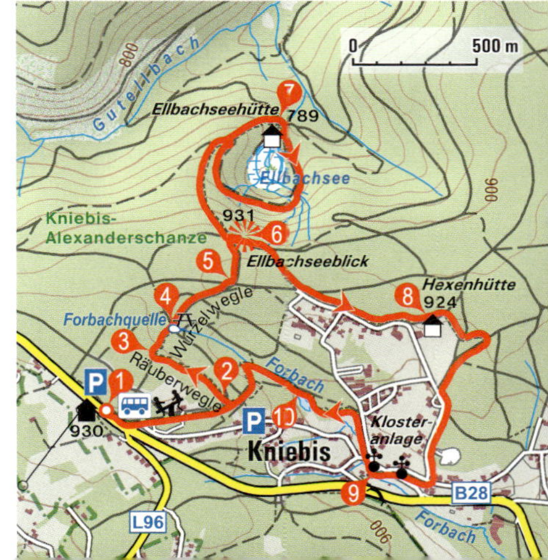

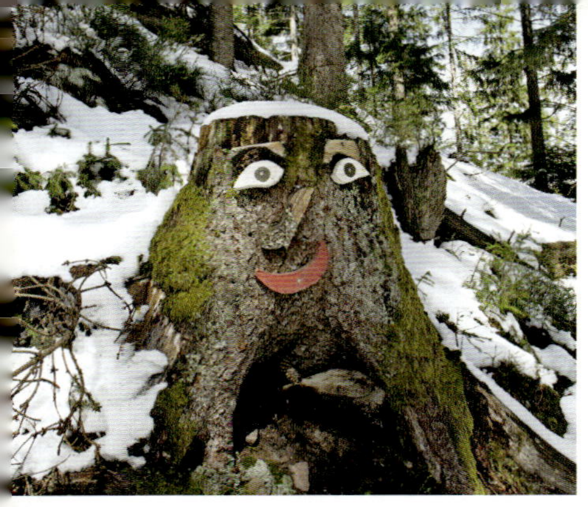

Baumstümpfe sind mitunter lustige Kameraden.

bewaldeten Hängen und genießen Ausblick und Ruhe.

Anschließend umrunden wir den See einmal komplett, bis wir wieder zum Wanderschild Beim Ellbachsee gelangen und links hinauf den steilen Bergweg in Richtung Ellbachseeblick zurückwandern. Oben an der Plattform angekommen, setzen wir unsere Wanderung links in Richtung des Heimatpfades und Kniebis Dorf fort. Nach 100 m biegt der Heimatpfad rechts in einen kleinen Waldweg hinein, der uns zum Kohlwegparkplatz bringt. Wir folgen ganz kurz geradeaus der Straße und schlagen uns dann sofort links in den Trampelpfad, der als Heimatpfad parallel zur Straße Am Buchschollen verläuft. Wir passieren einen der witzigen Wettersteine und bleiben auf dem kleinen Pfad, der uns nach weiteren 100 m am Waldrand zur **Hexenhütte** **8** führt, wo wir eine kleine Pause einlegen und die Geschichte von Hänsel und Gretel nachlesen können.

Kurz nach der Hütte biegen wir rechts ab und gelangen geradeaus an der nächsten Wegkreuzung auf den ausgeschilderten **Pirschpfad**, der uns nach rund 100 m auf einen Forstweg führt. Wir verlassen hier den Heimatpfad und biegen rechts ab, überqueren die nächste Kreuzung und kommen auf die Teerstraße Am Buchschollen. In diese biegen wir links ein, halten uns nach gut 60 m an der Gabelung rechts auf der Straße Am Zollacker und fol-

Das Feuerwehrwegle ist unverkennbar.

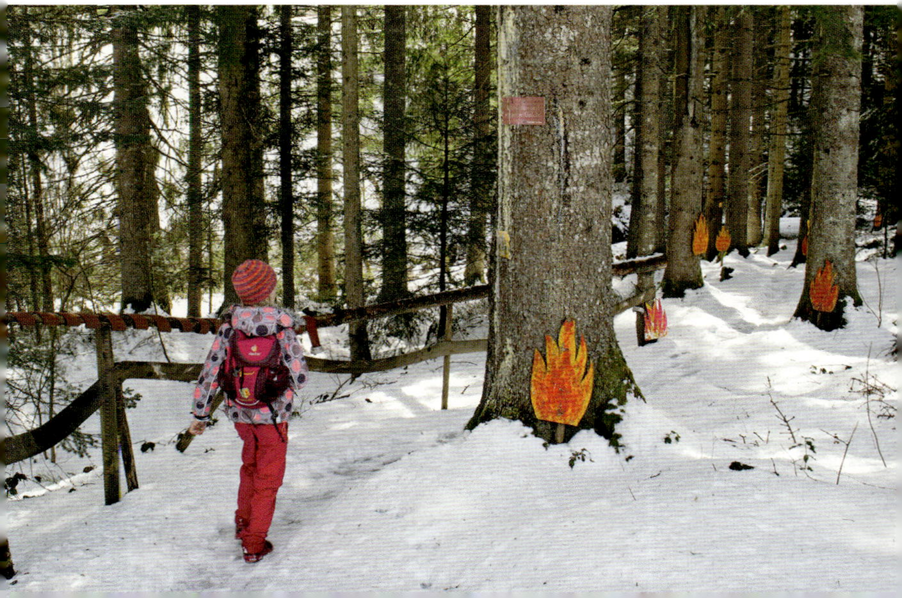

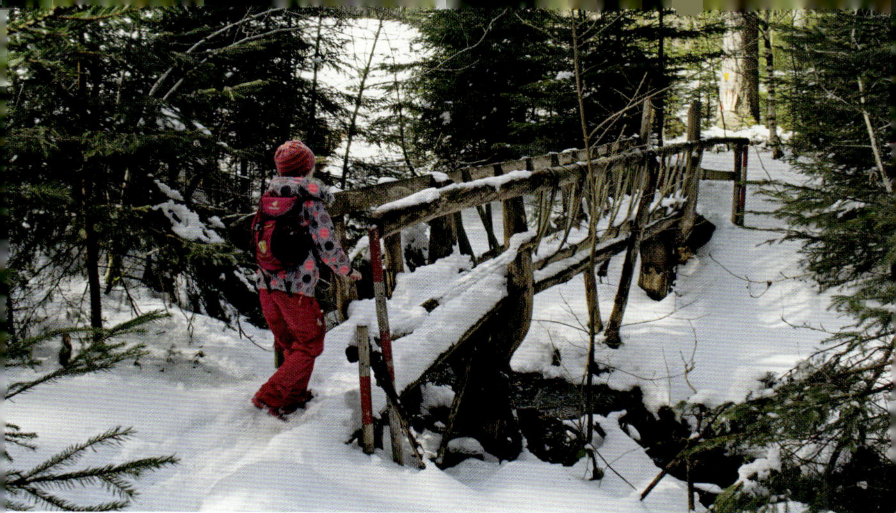

Vorsicht Rutschgefahr!

gen dieser bis zum Ende. Dort an der Volksbank schwenken wir nach rechts in die Baiersbronner Straße und kommen an der nächsten kleinen Kreuzung mit Bushaltestelle zur verfallenen **Kniebiser Klosteranlage ⑨**. Sie ist auch der Startpunkt des Klostersteigs, der uns nach der Erkundung der Klosterruine einen halben Kilometer begleiten wird. Dazu gehen wir zurück zur Bushaltestelle, an der Gabelung links auf die Alte Passstraße und gleich danach am gelben Briefkasten rechts hinauf in den Kohlwaldweg. Nach 200 m verlassen wir die Teerstraße nach links, dem beschilderten Klostersteig nach. Nach wenigen Metern beginnt links von uns das **Feuerwehrwegle**, das die Kinder mit einem Suchspiel durch den Wald führt und über eine urige Holzbrücke mit Feuerwehrschläuchen statt Holzstreben zum kleinen Speichertümpel bringt. Hier befindet sich im Winter das Ende einer Rodelstrecke und im Sommer können die Kinder hier an der Wassertretstelle, der Märchenwaldschule und dem kleinen **Barfußparcours ⑩** wunderbar herumtollen.

An der Gabelung hinter dem Tümpel nehmen wir den Weg rechts und wandern 200 m weiter an der nächsten Verzweigung links, der Beschilderung des Klostersteigs hinterher, auf einem schmalen, romantischen Waldpfad. An dessen Ende schwenken wir rechts auf den Forstweg, der uns geradewegs zurück zum Ausgangspunkt an der **Bushaltestelle Kniebis Skistadion ①** bringt.

Highlights

- ★ Auf dem Räuber- und Wurzelwegle pirschen wir auf engen Pfaden durch den Wald.
- ★ Von der 30 m langen Aussichtsplattform Ellbachseeblick haben wir einen tollen Blick in die Tiefe.
- ★ Am Ellbachsee genießen wir bei einer längeren Pause den Talkessel und die Natur ringsum.
- ★ Auf dem Feuerwehrwegle direkt am Forbach lösen die Kinder ein Feuerwehr-Rätsel.
- ★ Die Wassertretstelle und der Barfuß-Parcours am Klostersteig machen bei heißem Wetter besonderen Spaß.

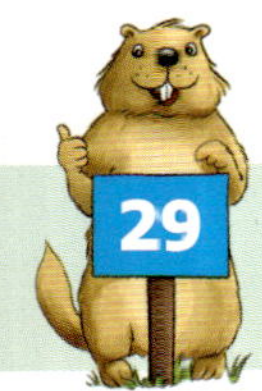

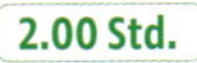

3.8 km | ↗ 170 m | ↘ 170 m | ab 4 Jahren

Auf dem Oppenauer Rotkehlchenpfad

Rundweg bis zur Kleinebene

Mit Rosi Rotkehlchen auf Vogeltour

Diese Tour im fast 700 Jahre alten Städtchen Oppenau steht ganz im Zeichen der Vogelfreunde, denn auf dem Weg erfahren wir viele interessante Details über die hier heimischen Garten-, Wald-, Stadt- und Raubvögel. Vom Bahnhof Oppenau geht es zum Start des Erlebnispfads Rosi Rotkehlchen in die Innenstadt mit ihren Fachwerkhäusern und von dort hinauf in die idyllische Bergwelt des Renchtals. Auf schmalen Waldpfaden wandern wir vorbei an vielen spannenden Spiel- und Infostationen bergauf zu einem Hochplateau, wo die Kinder sich auf dem Spielplatz austoben, die Wassertretstelle zur Abkühlung nutzen und den Kühen auf der Weide beim Wiederkäuen zusehen können. Die Erwachsenen genießen derweil die Aussicht auf Oppenau und das Tal der Rench, bevor alle gemeinsam entlang weiterer Vogelstationen und der frisch renovierten Kletthütte zurück ins Tal absteigen und sich dort bei einem Eis vom Eislädele über diesen gelungenen Wandertag so richtig freuen.

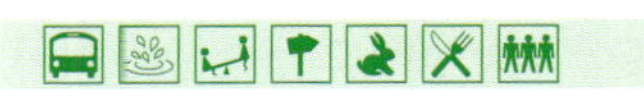

Ausgangspunkt: Bahnhof Oppenau, 269 m. Anfahrt mit dem SWE-Zug ab Offenburg Bahnhof Richtung Bad Griesbach.

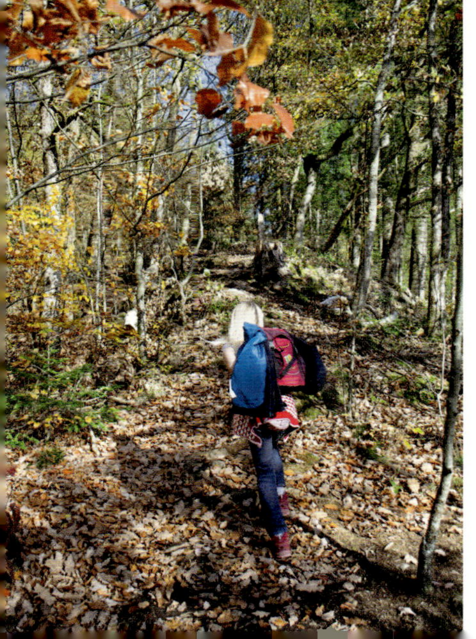

Mit dem Auto: Kostenlose Parkplätze am Bahnhof Oppenau, Bahnhofstr. 9, 77728 Oppenau.

Ausrüstung: Wanderschuhe oder Wandersandalen mit gutem Profil, der Weg ist teilweise steil und bei Nässe eventuell rutschig.

Anforderungen: Die Anstiege sind teilweise steil, aber die schönen ursprünglichen Pfade und Waldwege sowie die eng aufeinanderfolgenden Stationen motivieren die Kinder zusätzlich. Bei Nässe eventuell rutschig. Der Weg ist nicht kinderwagentauglich. Eine Rückentrage verleiht die Servicestelle Oppenau im Rathaus.

Einkehr: Wirklich leckeres Eis gibt es im kleinen Eislädele Oppenau; Allmendplatz 3, 77728 Oppenau, Tel. +49 157 89383810. Badisch-elsässische Küche findet man im idyllisch gelegenen Restaurant Rebstock direkt am Lierbach; Öffnungszeiten 11.30–14 Uhr und 17.30–21.30 Uhr, Di und Mi Ruhetag, Straßburger Straße 13, 77728 Oppenau, Tel. +49 7804 728, www.rebstock-oppenau.de.

Auf lauschigen Pfaden wandern wir zur Turnerhütte, ...

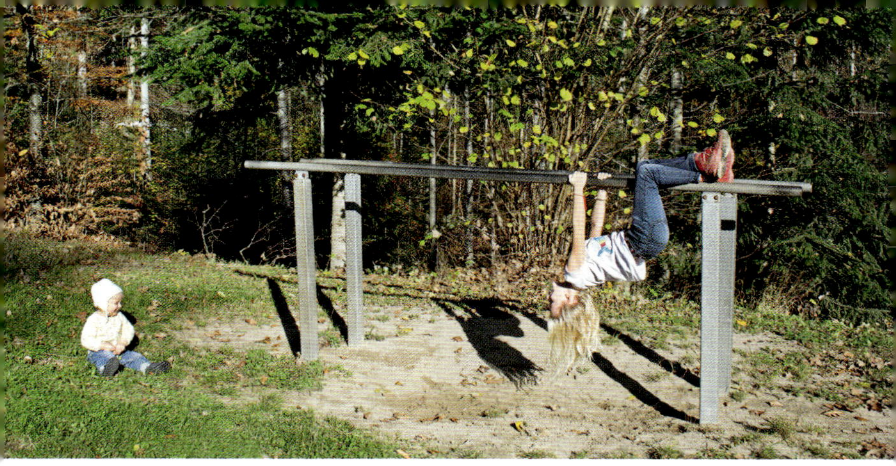

... die ihren Namen zu Recht trägt.

Am **Bahnhof Oppenau** ❶ überqueren wir die Hauptstraße und folgen dem Verlauf der Karl-Friedrich-Straße, die direkt auf das Bahnhofsgebäude zuläuft. Die Straße überquert kurz vor ihrem Ende den Lierbach am **Restaurant Rebstock** ❷ und trifft auf die Straßburger Straße, in die wir rechts einbiegen. Dort erhalten wir einen ersten Blick auf das nette Stadtbild von Oppenau mit seiner großen Pfarrkirche und dem jahrhundertealten Allmendbrunnen. Am Wanderschild Oppenau Kirche gehen wir links zum Kapellenweg, wo wir rechts abbiegen und gleich darauf auf das erste kleine, rot-weiße Schild des Erlebnispfads Rosi Rotkehlchen treffen, das uns nun in enger Abfolge auf dem sehr famili-

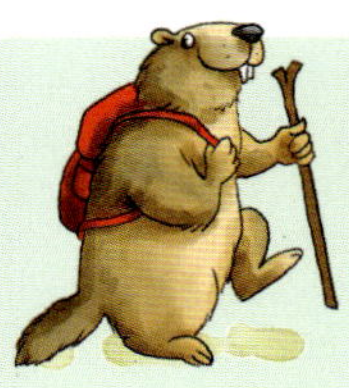

Hallo Kinder,

der Erlebnispfad Rosi Rotkehlchen ist extra für euch angelegt worden, damit ihr möglichst viele Vögel hören und sehen könnt und viele Informationen über sie bekommt. Zu Beginn des Weges werden die Gartenvögel erklärt, die von den vielen bunt bepflanzten Schrebergärten am Kapellenweg angelockt werden, wie zum Beispiel Kohlmeisen oder Rotkehlchen. In der kleinen bewaldeten Schlucht erfahren wir etwas über die Waldvögel, oben auf der weiten Hochebene fühlen sich Raubvögel sehr wohl und wieder zurück im Ort tummeln sich die Stadtvögel. Dabei lernen wir viel Neues: Oder hättet ihr gewusst, dass Amseln bei der Futtersuche ihren Kopf schräg halten und nach Bodentieren lauschen, und dass sie sich zum Sonnen mit ausgebreiteten Flügeln auf den Boden legen? Oder dass sich Spatzen täglich baden, manchmal auch im Sand? Verblüffend ist auch, dass der Waldkauz zwei asymmetrisch angeordnete Ohren besitzt, damit er seine Beute besser anpeilen kann. Und Stare sind Meister der Imitation, die nicht nur andere Vogelstimmen nachahmen, sondern auch Umgebungsgeräusche wie Wassertropfen, Hundegebell oder Autohupen.

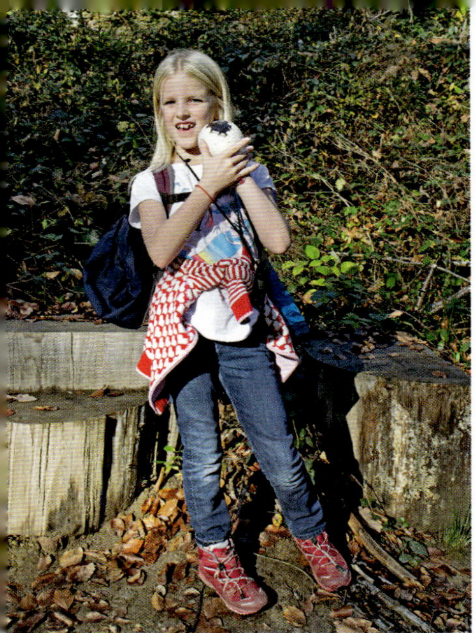

Auch Straußeneier finden die Kinder mitten im Oppenauer Wald.

enfreundlichen Rundweg begleiten wird. Nach gut 100 m knickt der Teerweg leicht nach links ab und weitere 50 m später weist uns das Rotkehlchen-Schild links eine Treppe hinauf. Vorbei an schön angelegten Schrebergärten und bei anhaltendem Vogelgezwitscher halten wir uns am Ende der Treppe rechts und lassen uns von den Schildern und den ersten Infotafeln zum Thema Gartenvögel immer weiter bergauf führen. An der nächsten Gelegenheit geht es steil rechts bergab auf einem sehr schmalen Waldpfad zu einem **Pavillon 3** mit schöner Aussicht auf das Städtchen und die umliegenden Berge, der sich für eine erste kleine Pause anbietet. Je nach Jahreszeit können wir hier die unterschiedlichsten Vogelstimmen hören.

Serpentinenartig setzt sich der urige Wanderpfad anschließend bergauf durch ein kleines Tälchen fort. An den Wegkreuzungen richten wir uns einfach nach den Schildern des Rotkehlchenpfads. An den abschüssigen Stellen ist der Weg sehr gut mit Geländern gesichert und kleine Brücken sorgen für trockene Füße. Bald erreichen wir eine alte Quelle und das Riesenvogelnest, in dem die Kinder ein Straußenei finden. Hier halten wir uns rechts hinauf zur **Turnerhütte 4** und der **Kleinebene** genannten Hochebene, die von den Kindern gestürmt wird, denn es gibt hier einen kleinen Spielplatz, eine Wassertretstelle, die 1 m hohen roten Rosi-Eier und eine Grillhütte, die uns zum längeren Verweilen einlädt. Am spannendsten finden die Kinder

Ziegen und Kühe gibt es auf dem Vogelpfad noch obendrauf.

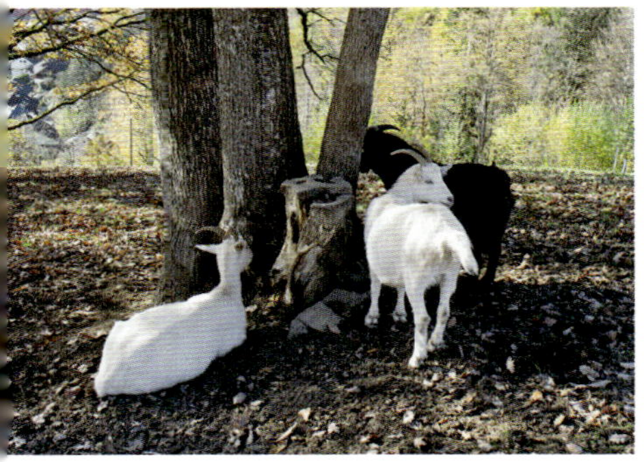

Highlights

- ★ Die urigen Waldpfade machen richtig Spaß beim Durchwandern.
- ★ Der Abenteuerspielplatz und die Wassertretstelle warten auf die Kinder.
- ★ An der Grillhütte und dem Aussichtspavillon machen wir eine Rast.
- ★ Interessanter Vogellehrpfad mit Rätseln und Spielen.
- ★ Auf der Kuh- und Ziegenweide füttern wir die Tiere mit Gras.

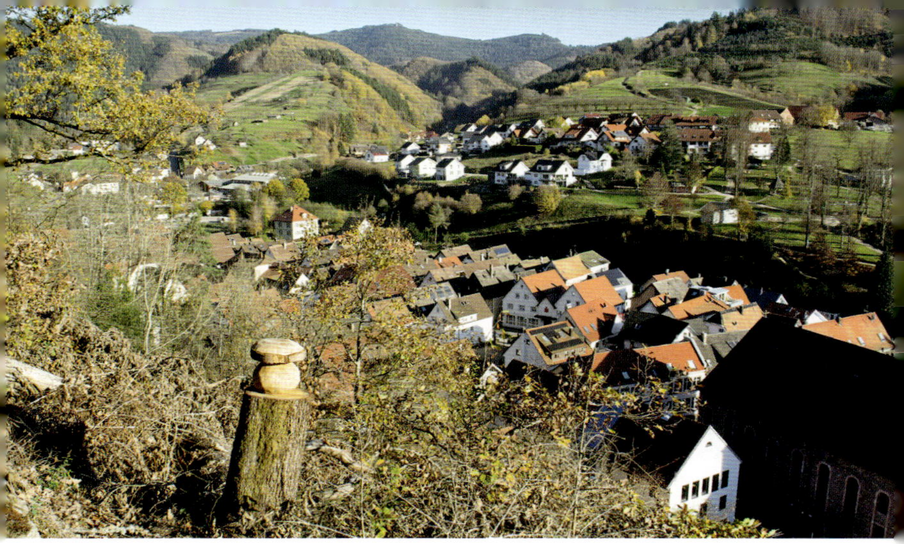

Wundervolle Aussicht auf Oppenau und die umliegenden Berge.

allerdings die Kälbchenweide. Die kleinen Hinterwälder-Rinder sind anfangs noch sehr zaghaft, fressen uns aber bald Gras aus der Hand.
Nach einer ausgiebigen Pause verläuft der Weg hinter der Grillhütte weiter zu einem größeren **Abenteuerspielplatz** **5** und vielen weiteren Informationen über die großen und kleinen Vögel der Umgebung. Die Erwachsenen überblicken derweil von dieser sonnigen Hochebene aus ganz Oppenau und das Renchtal.
Wieder zurück an der **Turnerhütte** **4** spazieren wir an der Hütte und der Kälbchenwiese vorbei und beginnen den weiterhin gut beschilderten Abstieg geradeaus ins Tal, wo immer wieder neue Infotafeln des Rotkehlchenpfads auf uns warten. Steil im Zickzack führt der Weg am Pavillon des **Scheibenfelsens** **6** und der neu renovierten **Kletthütte** bergab in Richtung Stadt. Wir steigen schließlich auf einer Treppe zum Kapellenweg ab und gehen zum Allmendbrunnen zurück. Von hier aus steuern wir den **Bahnhof** **1** auf demselben Weg an, den wir zu Beginn gekommen sind.

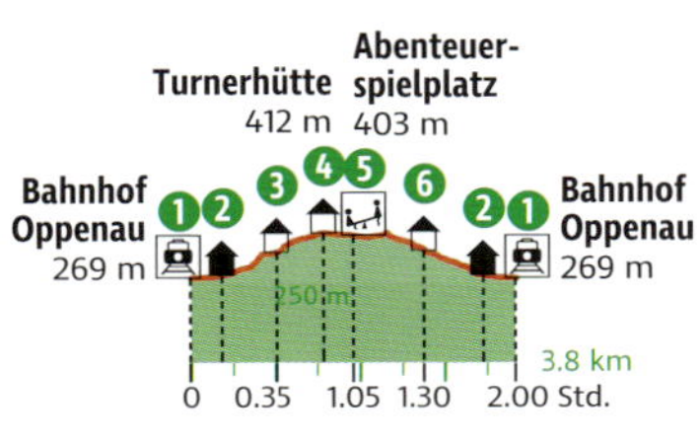

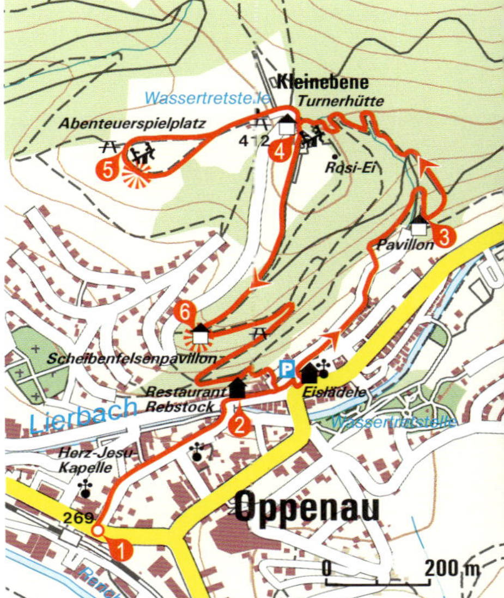

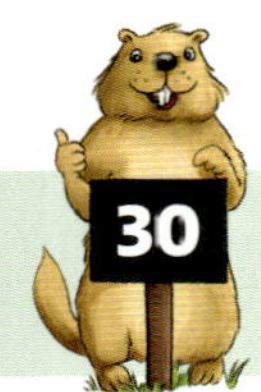

4.00 Std. | 8.3 km | ↗ 340 m | ↘ 340 m | ab 6 Jahren

30 Durbacher Wälder und Weinberge

Über den Kahlen Bach zum Heidenknie

Aussichtsreiche Naturrunde

Vom großen Abenteuerspielplatz Durbis Rackeracker an der Bushaltestelle wandern wir zur kleinen Freizeitanlage am Vollmersbacher Wald mit seinem Pavillon, einem kleinen Spielplatz, einer Schaf- und Ziegenweide und einer Grillstelle. Von hier verläuft der lieblich-idyllische Kahle-Bach-Pfad direkt durch den Wald. Der flache Bach ist auch für die Kleinsten eine tolle Gelegenheit, mit dem kühlen Nass in Kontakt zu kommen. Nach einer ersten Rast an einem herrlichen Aussichtsplätzchen mit Blick ins Rheintal steigen wir steil bergauf zu einer Himmelsschaukel und dem flachen Sattel des Heidenknie. Ab hier geht es bergab durch die Weinberge mit dem schönen Panorama der terrassierten Rebanlagen. In der Ferne machen wir Straßburg und die Vogesen aus. Mehrere Getränkebrunnen am Wegesrand versüßen uns die weitere Wanderung zurück zum Abenteuerspielplatz.

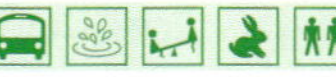

Ausgangspunkt: Bushaltestelle Durbach Burgunderstraße, 204 m. Anfahrt ab Offenburg Bahnhof mit dem Regionalbus 7142 in Richtung Durbach Rebstock.

Mit dem Auto: Wanderparkplatz Vollmersbach, 244 m, GPS: N48.4854705, E8.00654143; Zufahrt nur über Almstraße und Hatsbach durch die Weinberge.

Ausrüstung: Gut profilierte, knöchelhohe Wanderschuhe sind sinnvoll, um die steileren Stücke sicher zu bewältigen. Ein kleines Handtuch zum Abtrocknen nach dem Spielen am Bach und eine Brotzeit bitte einpacken.

Anforderungen: Längere Tour mit einigen Höhenmetern, die um rund 2 km abgekürzt werden kann, wenn man mit dem Auto anreist.

Einkehr: Unterwegs keine. Auf dem Weg gibt es einige Getränkebrunnen, an denen man gekühlte Limonaden, Wasser und Wein kaufen kann, jedoch keine Speisen.

Balanceakt übers Bächlein.

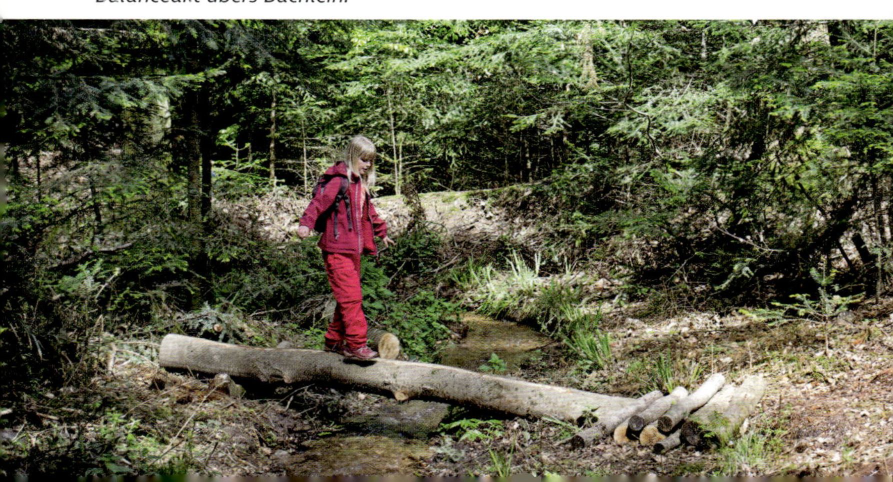

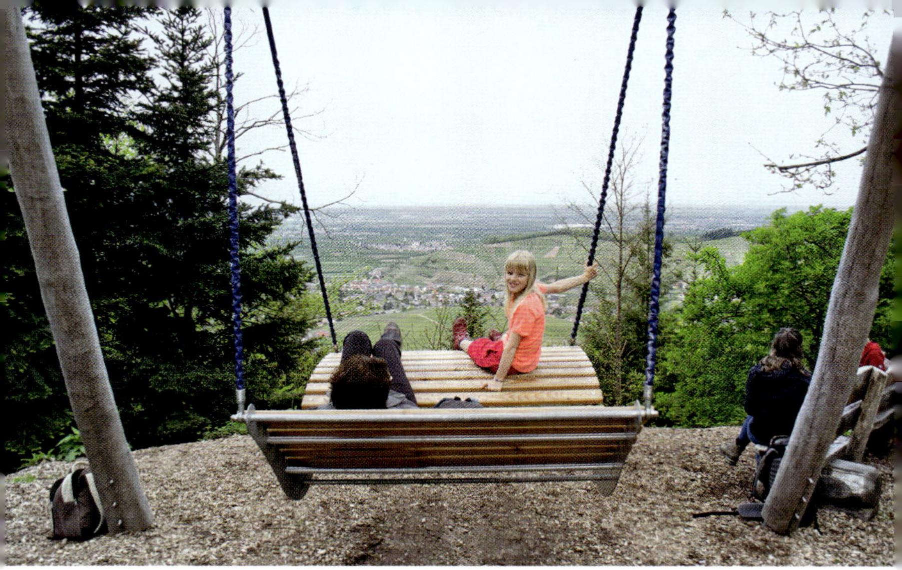

Auf der schaukelnden Himmelsliege kann man schnell eindösen.

Von der **Bushaltestelle Durbach Burgunderstraße ❶** wandern wir nach einem ersten Beschnuppern des Abenteuerspielplatzes Durbis Rackeracker, der auch über eine Wasserpumpe verfügt, die Burgunderstraße hinauf bis zur Anliegerstraße Vollmersbach. In diese biegen wir links ein und kommen nach einigen Minuten zur **Freizeitanlage** und zum **Wanderparkplatz Vollmersbach ❷**. Dort weist uns das Wanderschild nach rechts zum Kahlen Bach und dem Genießerpfad Durbacher Weitblick. Gleich darauf halten wir uns an der nächsten Weggabelung links Richtung Wolfsgrube. Nach 25 m beginnt links der kleine Waldpfad mit dem lustig plätschernden Kahlen Bach, den wir auf verschlungenen Wegen bergauf und bergab entlangpirschen. Am Ende des Pfades biegen wir links auf einen Forstweg ein und erreichen das Wanderschild **Mittlerer Kahler Bach ❸**, an dem wir scharf links dem beschilderten Durbacher Weitblickweg folgen. Nach 5 Min. verlassen wir den Forstweg in einer Rechtskurve und schlagen uns geradeaus in den gelb markierten Wurzelpfad, der auf einen breiten Wanderweg führt. Diesem folgen wir rechts in Richtung Heidenkniesattel bis zum Wander-

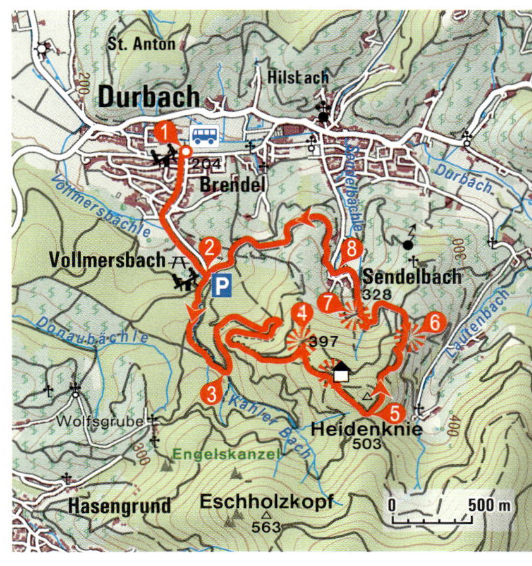

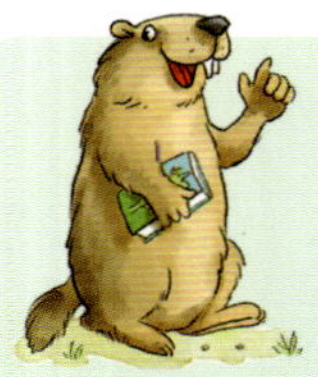

Hallo Kinder,

manchmal möchte man auf einer Wandertour die Entfernung zu einem bestimmten Punkt wissen, zum Beispiel zum Schloss Staufenberg, das wir heute in der Ferne zu sehen bekommen. Mit dem Daumensprung-Trick könnt ihr die Entfernung bis dorthin ausrechnen. Streckt euren Arm aus, macht eine Faust, lasst den Daumen senkrecht nach oben stehen und peilt nun eine Ecke des Schlosses über den Daumen mit einem offenen und einem geschlossenen Auge genau an – das ist euer Punkt 1. Nun öffnet ihr das geschlossene Auge und schließt das andere. Der Daumen springt dabei scheinbar ein Stück vom ursprünglichen Punkt weg zu eurem Punkt 2. Versucht nun den Abstand dieser beiden Punkte zu schätzen, zum Beispiel anhand eines Autos, das in der Nähe steht. Diesen geschätzten Abstand multipliziert ihr mit der Zahl 10 und habt nun die ungefähre Entfernung schnell ermittelt. Das funktioniert so einfach, denn das Verhältnis des Abstands eurer beiden Augen (rund 5 bis 7 cm) zur Länge eures Armes (rund 50 bis 70 cm) beträgt circa 1:10. Es klappt zum Üben auch im Wohnzimmer mit kleineren Entfernungen.

schild Gabelsteg. Dort biegen wir scharf rechts hinauf, zu einer Bank mit herrlicher Aussicht auf die Weinberge und das Rheintal, die uns zu einer langen ersten Verschnaufpause verleitet. Der Genießerpfad bringt uns auf einem schmaler werdenden Bergweg nun immer weiter hinauf und nach der nächsten Sitzgelegenheit mit Durbacher Weitblick wird es auf weichem Waldboden richtig steil. Wieder stoßen wir nach kurzer Zeit am Wanderschild Oberer Gabelsteg auf einen Forstweg, in den wir halb rechts rechts Richtung Heidenknie einbiegen (in natura ist es der mittlere von 3 Wegen) und der uns in wenigen Minuten zur **Himmelsschaukel** ❹ hinaufbringt. Auf der Riesenschaukel verbringen wir einige Zeit, so gemütlich und aussichtsreich ist dieses Plätzchen.

Unseren Weg setzen wir dann scharf rechts hinauf fort, dem Durbacher Weitblick und der gelben Raute in Richtung Heidenknie hinterher. Der Wanderweg ist hier bis zum **Heidenknie-Pavillon** breit und sehr steil. Vom Pavillon sieht man nun auch das Schloss Staufenberg über den Weinbergen thronen. Nach einer kurzen Besichtigungspause haben wir nochmals Kräfte für die letzten Meter bergauf gesammelt, bevor wir

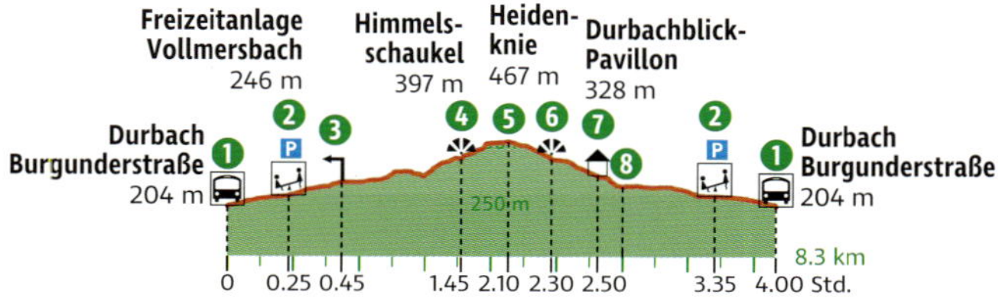

das **Heidenknie** ❺ und damit den höchsten Punkt der Wanderung erreichen. Unser Forstweg biegt hier scharf links weg Richtung Lautenbach. An der nächsten Gabelung lassen wir uns vom Genießerpfad-Schild geradeaus weiterleiten und kommen nach 250 m zu einem kleinen Pfad, in den wir rechts am Weitblickschildchen einbiegen. Gleich darauf stehen wir am Rand der Rebanlagen und blicken über das Tal und die Höhenzüge des Nordschwarzwaldes. Der Weg verläuft für uns noch 100 m geradeaus den Berg hinab, immer den grünen Flickenteppich der Weinberge im Blick, bis wir gleich nach der folgenden Rechtskurve eine **Aussichtsbank** ❻ für eine ausgedehnte Erholungspause nutzen. Die Kinder pflücken Pusteblumen und schauen den Winzern bei der Arbeit an den Rebstöcken zu, bis wir aufbrechen und zurück durch die Kurve den kleinen Kiesweg rechts mitten durch zwei Rebanlagen wählen. Den Genießerpfad treffen wir später noch einmal wieder. Nach wenigen Minuten nutzen wir einen kleinen, sehr steilen und wieder beschilderten Weg

Highlights

★ Ein pfundiger Abenteuerspielplatz erwartet die Kinder schon zu Beginn der Runde.

★ Ein herrlich verwachsener Pfad am Kahlen Bach schlängelt sich durch den Wald.

★ Tolle Aussichtspunkte zum Rasten verlocken uns zu häufigen Pausen.

★ Die große Himmelsschaukel bietet Fernblick übers Land und in den Himmel.

★ Mehrere Getränkebrunnen am Wegesrand empfangen uns mit gekühlten Erfrischungen.

★ Rehe, Schafe und Ziegen lassen sich gerne mit Gras füttern und fotografieren.

bergab durch die Weinstöcke, queren dabei drei Kieswege und biegen am Ende dieser Abkürzung links ab. Nach rund 100 m bietet ein Brunnen willkommene Abkühlung, ehe wir den Forstweg durch die Rechtskurve vor dem Brunnen weiterlaufen. Nach einer weiteren Rechtskurve biegt links ein kleiner, gewalzter Erdweg

Löwenzahn am Wegesrand: kräftig pusten und sich etwas wünschen.

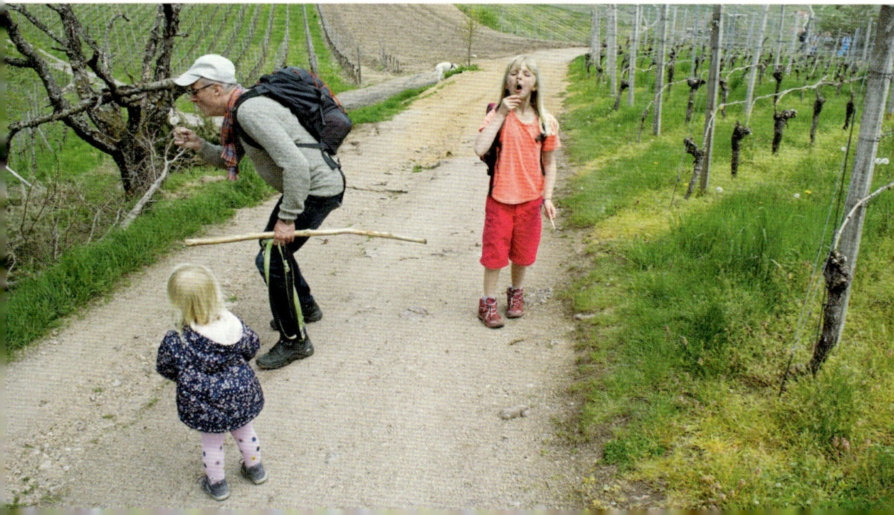

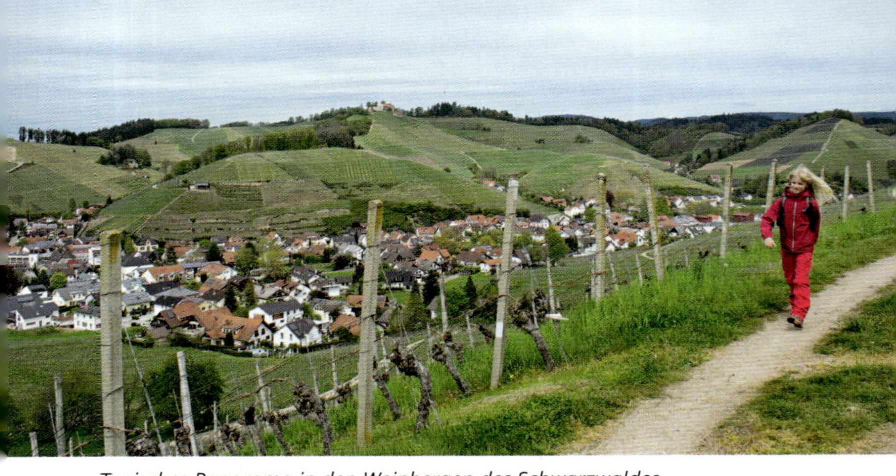

Typisches Panorama in den Weinbergen des Schwarzwaldes.

zum ausgeschilderten **Durbachblick-Pavillon ⑦** hinauf, wo eine kleine Quelle für kühles Wasser sorgt und das Schloss Staufenberg mit seinen Weinbergen zum Greifen nahe scheint. Auf einer Himmelsliege und den zum Tal ausgerichteten Sesseln aus Baumstümpfen lässt es sich hier vorzüglich rasten. Im Herbst sitzt man hier vor den atemberaubend schönen Gelbtönen des Weinlaubs.

Am Rand der Rebanlage gehen wir parallel zum Hauptweg ins Dorf hinunter und folgen der gelben Raute bis zum **Getränkepavillon**. Wir genießen noch einmal eine Runde gekühlte Getränke und schauen den Kindern beim Füttern der Rehe zu, die im benachbarten Gartengehege herumtollen, bevor wir hinter dem Weinbrunnen des Weinguts Heinrich Männlein vom **Wanderschild Sendelbach ⑧** in Richtung Hatsbach geradeaus weitergeleitet werden. Gleich darauf nehmen wir an der Straßengabelung den linken Weg bergauf und an der bald folgenden Verzweigung halten wir uns rechts an den Wegweiser nach Hatsbach. Der Pfad führt uns durch die Weinberge zur nächsten **Getränkehütte**, an der wir links auf den Wanderweg einschwenken. Nach weiteren 350 m stoßen wir auf einen Kiesweg, wo wir links abbiegen. Am nächsten geteerten Wanderweg wenden wir uns nach rechts. Nach wenigen Metern geht es halb links auf dem Durbacher Weitblickweg weiter, dem wir nun immer geradeaus bis zur **Freizeitanlage** und **Wanderparkplatz Vollmersbach ②** folgen. Der Rückweg zum Ausgangspunkt mit der **Bushaltestelle Durbach Burgunderstraße ①** entspricht dem Hinweg.

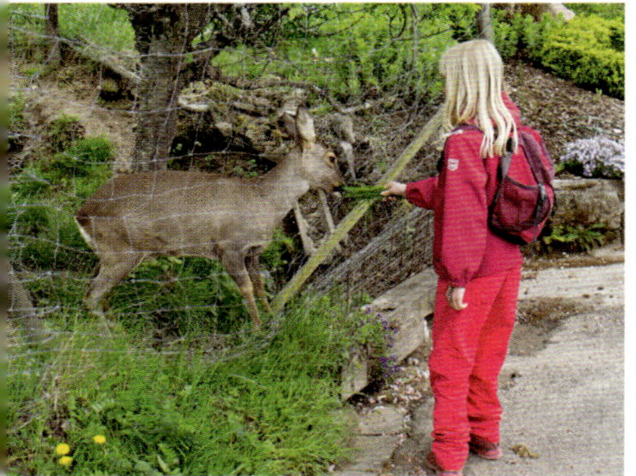

Dieses Reh ist sehr zahm und frisst aus der Hand.

ab 6 Jahren | 4.30 Std. | 9.1 km | ↗ 520 m | ↘ 520 m

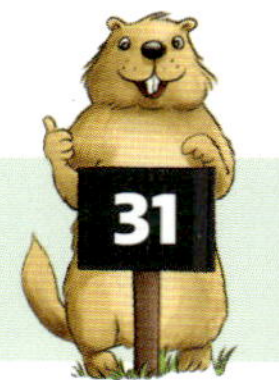

Teufelskanzel von Bad Griesbach

Über den Griesbach-Wasserfall auf die Lettstädter Höhe

Attraktionsreiche Bergwanderung

In Bad Griesbach zeigen sich uns alle Facetten des Schwarzwaldes in nur einer einzigen Tour. Unser Ziel, die Teufelskanzel, liegt nahe dem höchsten Punkt der Rundwanderung. Zuerst kommen wir jedoch in den spannenden Genuss, wie ein Skispringer am Ablauf der Kreuzkopf-Skisprungschanze zu stehen. Bald darauf finden wir uns mitten im Wald vor einem wundervoll farnumrankten Wasserfall wieder, dem Griesbach-Wasserfall, der auch gut in einen Urwald passen würde. Auf teils abenteuerlichen Pfaden erreichen wir die Sexauer-Hütte, eine Schutzhütte mit Kamin und Grillhütte, an der wir eine längere Pause einlegen. Über steile Holztreppen werden wir dann durch das Felsenland der Teufelskanzel geführt, bevor wir uns an der Marienruhe mit herrlichem Ausblick auf die Höhenzüge des Schwarzwaldes vom anstrengenden Aufstieg erholen. Schließlich besteigen wir noch den alten Habererturm, der uns am Ende der Runde nochmals eine Rundsicht über das Renchtal gewährt.

Wieviel Mut braucht man, um die Schanze hinunterzuspringen?

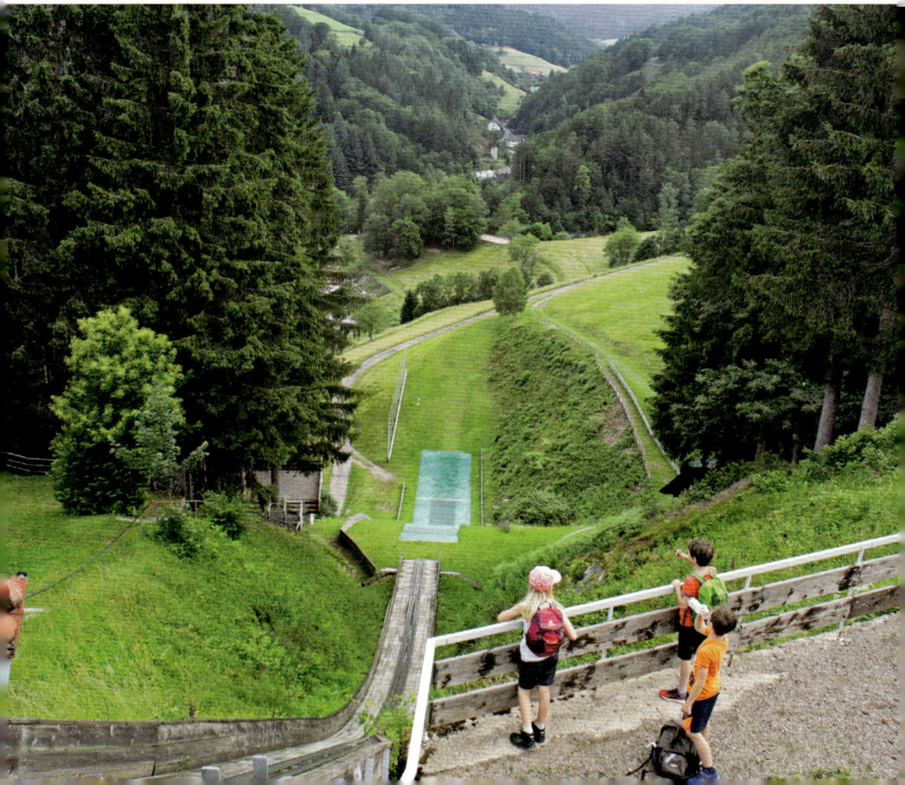

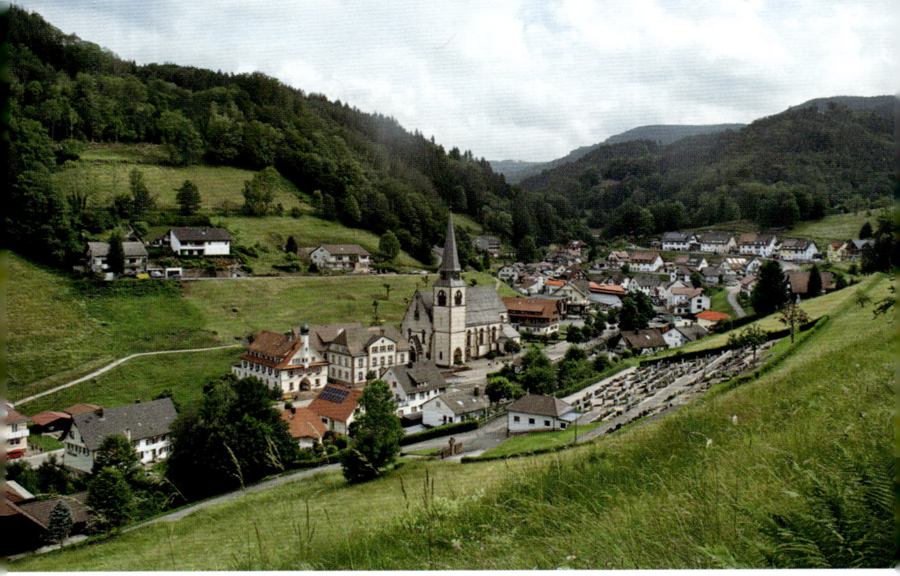

Anfangs gewinnen wir schnell an Höhe und Aussicht.

Ausgangspunkt: Bahnhof Bad Griesbach, 462 m. Anfahrt ab Bahnhof Offenburg mit dem Regionalzug RB20 Richtung Bad Griesbach.
Mit dem Auto: Kostenfreie Parkplätze am Bahnhof Bad Griesbach, Döttelbach, 77740 Bad Griesbach.
Ausrüstung: Knöchelhohe Wanderschuhe sind für die teils steilen Bergpfade sinnvoll. Bitte Vesper einpacken, Restaurants gibt es nur in Bad Griesbach.
Anforderungen: Etwas Kondition und Trittsicherheit für die höhenmeterreiche Tour über steile, schmale Pfade sind vonnöten. Schwindelfreiheit hilft beim Erklimmen des Aussichtsturms und der Sprungschanze. Teilweise führen Holz- oder Steintreppen über knifflige Stellen hinweg, die bei Nässe rutschig sein können.
Einkehr: Auf der Tour keine; am Touranfang bzw. -ende in Bad Griesbach wartet das Café Faißt auf kuchenhungrige Wanderer. Am Ortsende gibt es zwei Restaurants direkt an der Rench.
Tipp: Kurz vor Ende der Wanderung können wir an einer Wassertretstelle unsere müden Füße kühlen, wenn wir aus dem Wald herauskommen und nicht rechts in den Ort gehen, sondern an der Abzweigung links abbiegen und dort in rund 100 m die Anlage erblicken.

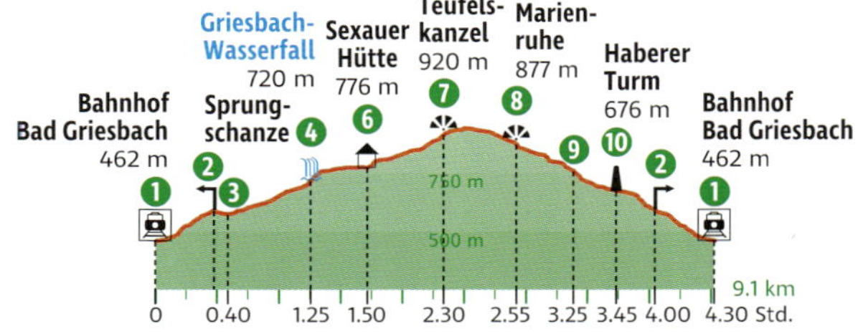

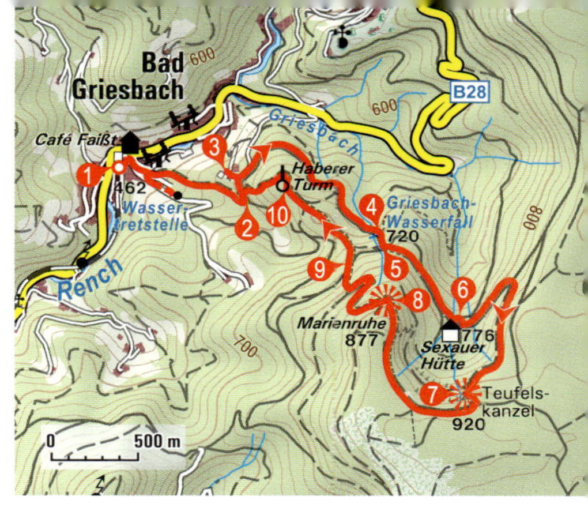

Am **Bahnhof Bad Griesbach** ❶ gehen wir links die Döttelbach-Straße entlang und überqueren die Renchbrücke. Wir umrunden rechts das Hotel Faißt in Richtung der ausgeschilderten Kreuzkopfschanze, indem wir gleich an der nächsten Brücke wieder rechts abbiegen und den sehr steilen, geteerten Heidenbühl bergauf laufen, bis sich der Weg aufgabelt. Geradeaus sehen wir eine Wassertretstelle, aber wir folgen links der gelben Raute weiter bergauf, bis wir nach einer Viertelstunde eine Kreuzung am **Wanderschild Kreuzkopfschanze** ❷ erreichen. Wir halten uns in der Spitzkehre halb links in Richtung Schanzenplatz und wandern geradeaus auf dem Forstweg weiter zur imposanten **Skisprungschanze** ❸. Hier staunen wir an der Rampe der Schülerschanze stehend über den Mut, den die Kinder aufbringen, die sich hier hinunterwagen. Unser Weg verläuft am Ende des Parkplatzes hinter dem Brunnen links sanft hinauf Richtung Wasserfall, unserem nächsten Zwischenziel. Mit dem markanten Duft von Fichtenharz in der Nase bleiben wir auf dem Forstweg, bis wir nach einer Bank die Brücke am wundervollen **Griesbach-Wasserfall** ❹ erreichen. Dieser grandiose Anblick entschädigt für den langen Anstieg auf dem breiten Forstweg, wir fühlen uns hier wie im Urwald. Sobald wir uns losreißen können, halten wir uns rechts an der gelben Raute und erklimmen die Holztreppen steil bergauf am Wasserfall entlang. Wir

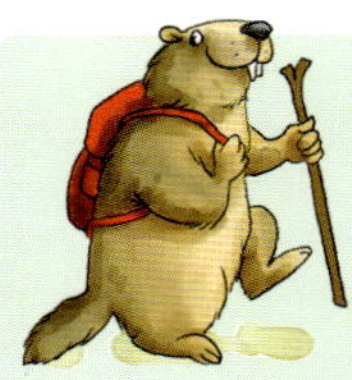

Hallo Kinder,

so eine Skisprungschanze ist schon eine imposante Anlage. Könnt ihr euch vorstellen, dort hinunterzufahren, im richtigen Moment abzuspringen und einige Sekunden zu fliegen, um dann wieder sicher auf beiden Beinen zu landen? Das könnt ihr auch lernen und es ist gar nicht so schwer, wie es scheint, denn die Mädchen und Jungen fangen damit ganz langsam an. Auf kleinen Schanzen von nur 30 oder 50 Zentimeter Höhe geht es los, dann werden die Höhen langsam immer größer. Schon mit 6 Jahren könnt ihr loslegen, manche Kinder beginnen sogar noch früher. An den Kreuzkopfschanzen üben die Schüler zwischen 6 und 10 Jahren auf der kleinen Kinderschanze K10 und schaffen Weiten von ungefähr 5 bis 12 Metern. Die 9- bis 15-jährigen springen auf der größeren Schülerschanze K28 und erreichen dabei schon Weiten von 20 bis fast 30 Metern. Und fit werden die Springer automatisch, denn sie müssen den Berg immer wieder hinauflaufen, da es keinen Lift gibt, der sie hochbringt.

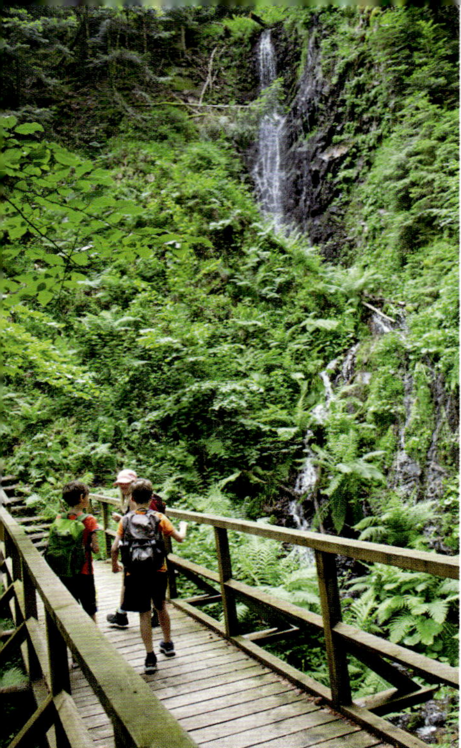

Urwaldfeeling am Griesbach-Wasserfall.

Highlights

★ Wir blicken ehrfürchtig die Anlaufspur der imposanten Kreuzkopfschanze hinunter.

★ Am Griesbach-Wasserfall fühlen wir uns wie im feuchten Urwald des Amazonas.

★ Die Sexauer Hütte erwartet uns zur Vesper.

★ Auf schmalen Bergpfaden erklimmen wir die Felsformationen der Teufelskanzel.

★ An der Marienruhe haben wir eine grandiose Aussicht auf den Schwarzwald.

★ Zum Schluss besteigen wir den steinernen Haberer Turm mit Rundumsicht.

durchwaten einen Bach, biegen bei nächster Gelegenheit links ab und zweigen beim **Wanderschild Wasserfall ❺** in Richtung Teufelskanzel links weg. Nach knapp 20 m geht es für uns rechts hoch vom Forstweg runter und auf einem steilen, schmalen Pfad weiter hinauf. An der nächsten Weggabelung wählen wir die linke Möglichkeit, dem Hinweis Teufelskanzelsteig hinterher. Nach kurzer Zeit geht es wieder bergab und wir folgen dem Forstweg, bis wir an der nächsten Gabelung am Wanderschild Bei der Sexauer Hütte links Richtung **Sexauer Hütte ❻** weiterwandern, die schon durch den lichten Wald schimmert. Dort legen wir eine Rast ein; viele Sitzgelegenheiten, ein schöner Steinbrunnen und eine große Grillhütte bieten sich dafür an. Wir lassen die Hütte zu unserer Linken und nehmen das breite Sexauer Sträßle bergauf in Richtung Teufelskanzel. An der nächsten Wegkreuzung biegen wir hart rechts ab und kommen an kleinen Bächen und großen Felsen entlang, bis wir nach einer Viertelstunde links eine Steintreppe mit Geländer hinaufsteigen, die uns nach wenigen Metern zur **Teufelskanzel ❼** geleitet. Mehrere kleine Kanzeln gewähren immer wieder Aussicht, wir gehen aber nicht zu nah an den Abgrund, denn hier geht es viele Meter steil die Felsen hinunter. Die Treppen führen uns an bizarren Felsformationen vorbei, an Halbhöhlen und einem imposanten Felsdach, bis wir an einem Forstweg landen, den wir rechts Richtung Lettstädter Höhe einbiegen. An der nächsten Forstwegverzweigung halten wir uns rechts und am folgenden Wanderschild ebenfalls rechts Richtung Marienruhe. Nach 200 m verlassen wir den Forstweg und lassen uns rechts von einem

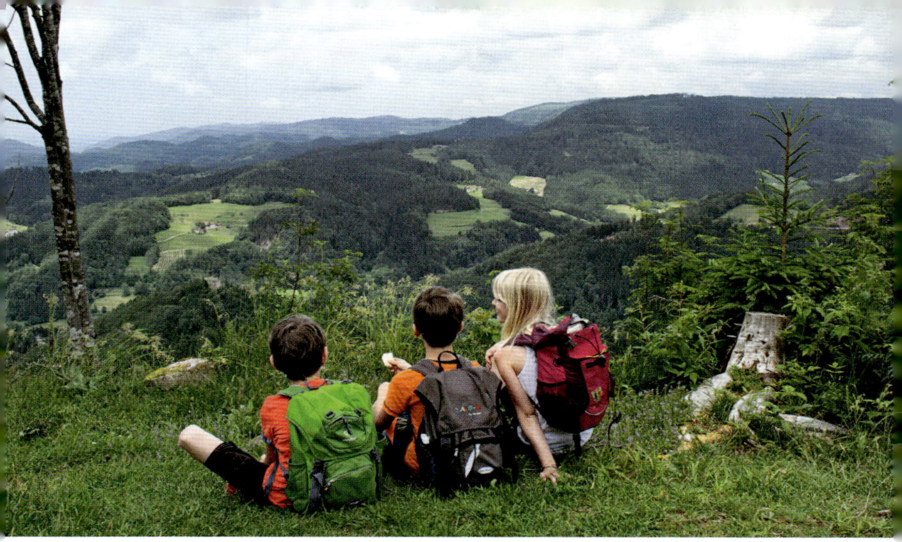

Wohlverdiente Pause an der Marienhöhe.

kleinen Pfad entlang der Höhenlinie zum Aussichtspunkt **Marienruhe ❽** geleiten, wobei wir uns noch am Bärenfelsen entlangquetschen, der den schmalen Pfad noch enger macht. Nach der längeren Wegstrecke im Wald öffnet sich uns hier das Renchtal. Den Haberer Turm und die Skisprungschanze erkennen wir unter uns und in der Ferne wabert das Rheintal in der Sommerhitze. Und auch den Oppenauer Buchkopfturm gegenüber machen wir aus. Links von der Holzbank verläuft unser Pfad hinunter zu einem Forstweg, in den wir rechts einbiegen und dem wir durch eine Spitzkehre mit Aussicht bis zu einer Wegkreuzung folgen. Wir halten uns hart rechts und nach 50 m links in einen kleinen steilen Waldpfad hinein, beschriftet mit dem Teufelskanzelsteig. Vorbei an großen, bemoosten Findlingen kommen wir zum **Wanderschild Am Rappenschliff ❾**. Unser kleiner Pfad quert hier den Forstweg und schlägt sich links wieder steil den Wald hinunter. Wir folgen dem Pfad immer geradeaus auf dem Bergrücken und stehen nach guten 10 Min. vor dem 16 m hohen steinernen **Haberer Turm ❿**, den wir natürlich sofort besteigen, denn er hält eine Rundumsicht über die Schwarzwaldhöhen für uns parat. Nach der Turmbesteigung kehren wir auf den Hauptweg zurück und folgen ihm bis zum **Wanderschild Kreuzkopfschanze ❷**.

Von dort geht es auf dem Hinweg bis zum **Bahnhof Bad Griesbach ❶** zurück zum Ausgangspunkt.

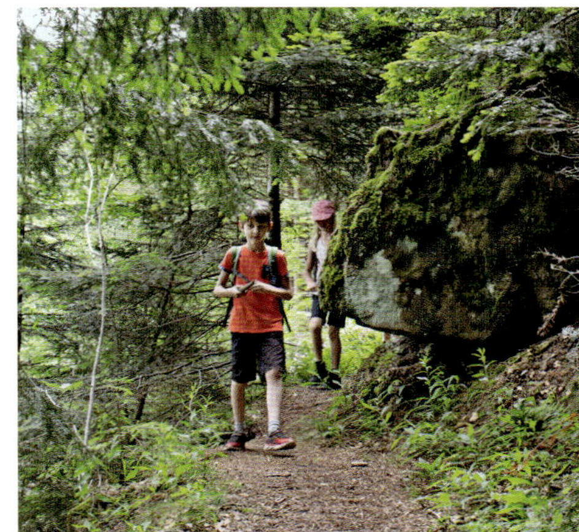

Eine felsenreiche Wanderung erwartet die Kinder in Bad Griesbach.

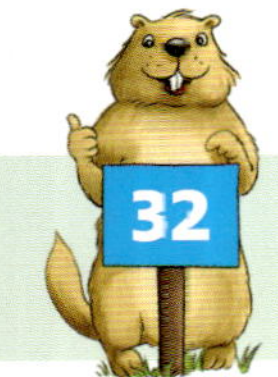

1.30 Std. | 3.2 km | ↗ 60 m | ↘ 60 m | ab 3 Jahren

32 Kinzigquelle und Kinzigsee

Kleine Rundwanderung von Loßburg

Wasser- und Naturerlebnis im Loßburger Zauberland

Das Loßburger Zauberland ist wie geschaffen, um Kinder mit Wasserspielen und Waldabenteuern glücklich zu machen. Nach ausgiebigem Aufenthalt an den Wasserspielzeugen am Infopavillon erkunden wir auf einem Holzbohlenweg die Lebewesen und die Vegetation am Bach und wandern dann durch den Wald die Kinzig flussaufwärts bis zum blaugrünen Kinzigsee. Hier legen wir eine Rast ein und genießen das Naturparadies inmitten des Waldes. In der Dämmerung lassen sich Wasserfledermäuse beim Jagen beobachten. Die Kinder zieht es weiter zum großen Baumhaus, das man nur über eine wackelige Strickleiter erklimmen kann. Bald nach der kleinen Quellfassung des Kinzig-Ursprungs finden wir die Himmelsleiter, die steil bergauf zur Waldbühne führt. Der Rückweg verläuft durch dichten Tannenwald und an Wiesen und einem schönen, von Schülern angelegten Bauerngarten vorbei.

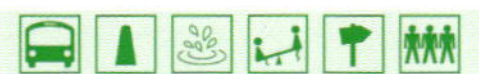

Ausgangspunkt: Loßburg Busbahnhof ZOB, 670 m. Anfahrt ab Hauptbahnhof Freudenstadt mit der S-Bahn S8 bis Freudenstadt Stadtbahnhof, dort Umstieg in den Bus 31 Richtung Oberndorf bis Loßburg ZOB; alternativ vom Hauptbahnhof Freudenstadt mit dem SWE-Zug Richtung Offenburg bis Loßburg-Rodt Bahnhof und von dort 10 Min. zu Fuß.

Mit dem Auto: Parkplatz mit Ladestation (EnBW) in der Hauptstraße 46, 72290 Loßburg, 60 m vom Busbahnhof Loßburg entfernt.

Ausrüstung: Wandersandalen und Kleidung, die nass werden darf. Kleine Vesper, Ersatzkleidung und eventuell ein Handtuch einpacken.

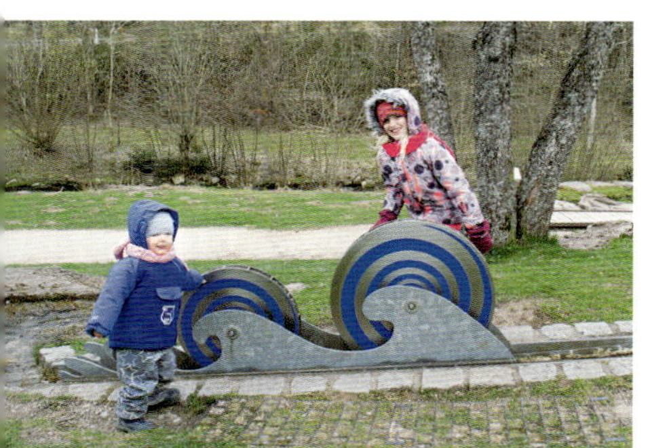

Anforderungen: Flache, breite Wege machen das Wandern auch für kleinere Kinder einfach. Geländegängige Kinderwagen sind geeignet, müssen aber eine lange Treppe hinauf und je nach Federung des Wagens weitere 50 m auf einem holprigen Waldpfad getragen werden.

Einkehr: Am Weg keine, jedoch kommen bei gutem Wetter an Wochenenden ein Imbiss- und ein Eiswagen zum Kinzigsee. Ein kleiner Discounter findet sich am Busbahnhof Loßburg. Im nahe gelegenen Freibad gibt es einen Kiosk mit Getränken und warmen Baguettes. Die Hauptstraße in Loßburg bietet einige Restaurants und Bäckereien.

Tipp: Wer gerne auf Türme steigt und einen rund 2 km langen Abstecher mit Rundsicht über das ganze Land bis in die Schwäbische Alb machen möchte, wandert am Fuß der Himmelsleiter weiter und folgt den Wanderschildern zum 35 m hohen Vogteiturm. Bei freiem Eintritt täglich zugänglich, kostenfreier Parkplatz an der Kreuzung Breuningerweg und Masselstraße, GPS: N48.421583, E8.440883.

Auf einem tollen Spielplatz spielt die Temperatur keine Rolle.

Wir verlassen den **Busbahnhof Loßburg ❶** in südwestlicher Richtung, biegen Am Wassergraben rechts ab und folgen an der nächsten Kreuzung links der Unteren Schulstraße, die sich gleich danach gabelt. Wir wählen den linken Ast, wandern immer geradeaus durch den schmalen, für Autos gesperrten Buchenweg und treffen nach wenigen Minuten auf den Infopavillon des **Loßburger Zauberlandes ❷**. Hier gilt es für die Kinder, einen Bachspielplatz zu erkunden. Interessant sind auch die Infos über die ungiftigen Ringelnattern, die in der Umgebung ihren Lebensraum haben.

Hinter dem Pavillon beginnt ein langer Holzbohlenweg. Er bringt uns durch die Bachaue mit weiteren Infoschildern zu aus Baumstämmen gefertigten Himmelsliegen, die wir natürlich austesten, genauso wie die große Rutsche dahinter. Zurück auf dem Weg halten wir uns am nächsten Abzweig links, wenden uns hinter der Bachbrücke rechts und folgen dem Bachlauf bis zum **Kinzigsee ❸**. Hier planschen die Kinder am Ufer und die Erwachsenen genießen auf den Bänken die Sicht auf den ringsum von Nadelwald umgebenen See. Mit Glück kann man im Sommer am Wochenende ein Eis von einem fahrenden Eisverkäufer bekommen.

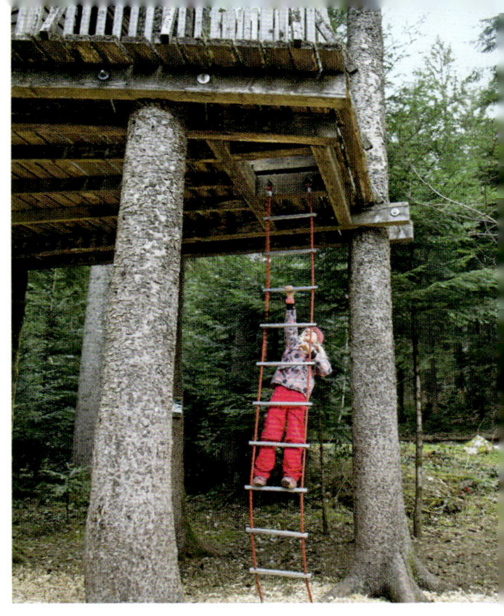

Das Baumhaus hinter dem Kinzigsee wird sofort geentert.

An der Südseite des Sees wandern wir zur gegenüberliegenden Uferseite, überqueren eine Brücke und gehen dann links Richtung Kinzig-

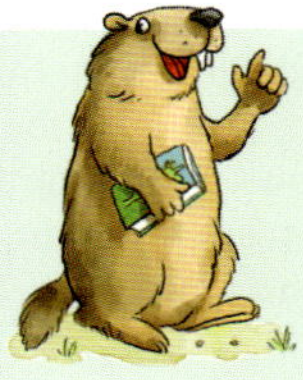

Hallo Kinder,

das kleine Bächlein im Loßburger Zauberland wird auf den nächsten Kilometern zur Kinzig, dem wichtigsten Fluss im ganzen Schwarzwald. Die Kinzig durchquert das ganze Mittelgebirge komplett von Ost nach West und ist stolze 93 Kilometer lang. Über 80 Bäche und Flüsse fließen in sie hinein. Früher hat man sie genutzt, um Waren auf großen Flößen zu transportieren, aber auch Personen, die sich die beschwerliche Reise durch die Berge ersparen wollten. Auf diese Weise konnte man den Rhein in 2 bis 3 Tagen erreichen. Ein Zuckerschlecken war das jedoch nicht, denn es war schwierig, das Floß auf dem engen Fluss zu lenken. Häufige Hoch- oder Niedrigwasser und Unwetter machten diese waghalsigen Unternehmungen richtig riskant. So war man froh, als 1894 das letzte Floß die Kinzig hinunterfuhr und stattdessen eine Zugstrecke durch das Tal gebaut wurde.

Highlights

★ Für Kinder sind die Wasserspiele am Bachspielplatz das Höchste.

★ Auf den Himmelsliegen blicken wir entspannt in den Himmel.

★ Am Kinzigsee setzen wir das Planschen fort.

★ Das große Baumhaus im Wald erobern wir über eine Strickleiter.

★ Rund ums Hexenhäusle warten Erlebnisstationen auf die Kinder.

★ Noch mehr Wasser: Das Hallenbad in der Oberen Schulstraße 1 und das Freibad in der Schömberger Straße 21 liegen nahe am Weg (www.lossburger-baeder.de).

quelle und Himmelsleiter weiter. Aber erst mal wollen die Kids natürlich die Strickleiter hinaufklettern und das große Baumhaus stürmen, das etwas abseits vom Weg liegt. Gleich anschließend stehen wir vor der **Kinzigquelle** ❹ und staunen, wie so ein kleines Bächlein das ganze lange Kinzigtal formen konnte. Wir folgen dem Weg weiter durch den Wald, vorbei an Klettergerüsten aus Holz, Balancierstangen und anderen Spielgeräten. Nach dem Hexenhäusle sind es noch gut 100 m bis zur **Himmelsleiter** ❺, auf der wir fleißig mitzählen, wie viele Stufen es bis ganz oben sind. Oben angekommen gehen wir den Pfad rechts bis zur Waldbühne und von dort an der Gabelung den rechten Weg bergab, vorbei an einem Windspiel. Auch an der nächsten Gabelung wählen wir den Weg rechts entlang und stoßen nach einigen Minuten auf einen breiteren Forstweg, in den wir links einbiegen. An der darauffolgenden Abzweigung wenden wir uns wieder nach links, um einen Blick in die **Waldschule** ❻ zu werfen. Dort verläuft rechts ein Teerweg, den wir 50 m entlangwandern, um dann an der nächsten Gelegenheit links einzubiegen. Wir kommen am bunten **Bauerngarten** ❼ der Schule vorbei und passieren ihn an seiner linken Seite. Unser Weg führt durch das Schulgelände, wo die Kinder noch das Trampolin ausprobieren. Hinter dem Hallenbad halten wir uns rechts und gehen wie auf dem Hinweg über die Untere Schulstraße und rechts auf der Straße Am Wassergraben zum **Busbahnhof Loßburg** ❶ zurück.

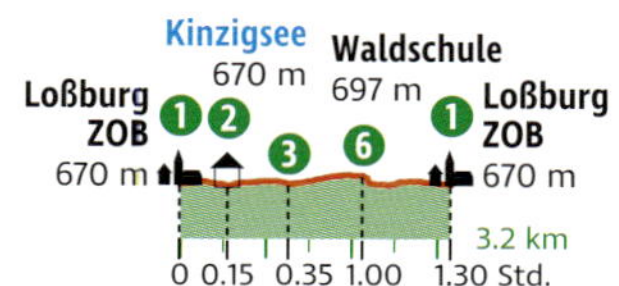

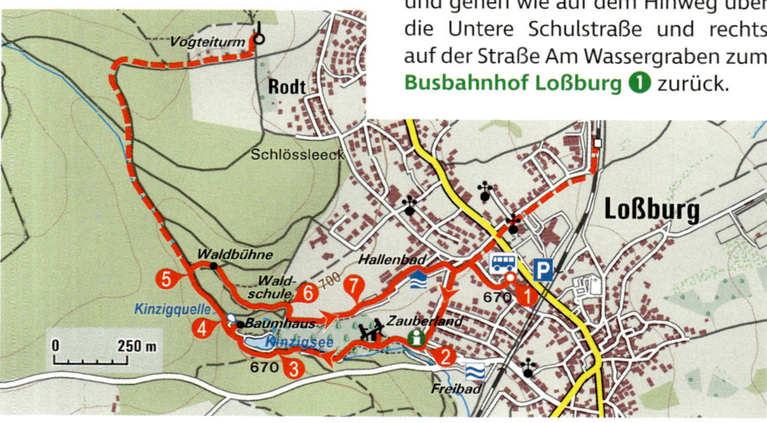

ab 6 Jahren | 3.30 Std. | 9.4 km | ↗ 200 m | ↘ 200 m

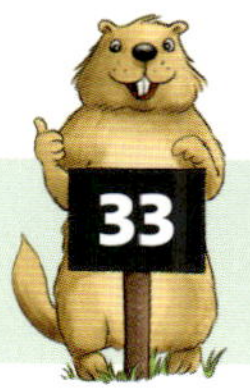

Naturerlebnis Heimbachaue

Durch die Wälder und Auen im Heimbachtal

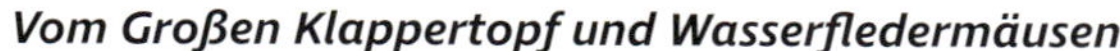

Vom Großen Klappertopf und Wasserfledermäusen

Wir folgen auf dieser Wanderung dem Heimbach auf seinem Weg durch den unberührten Wald bei Sterneck und das weite Tal hinab zur idyllischen Heimbachaue in Betzweiler, einem Naturschutzgebiet mit einer vielfältigen Vegetation, in der manchmal auch der wunderschön blaue Eisvogel zu beobachten ist. Tagsüber kann man hier dem Großen Klappertopf lauschen, wenn im Sommerwind die Samen im Blütenkelch dieser Blume rascheln und klappern, und abends lassen sich die Wasserfledermäuse über den Teichen der Aue beim Insektenfangen beobachten. Von Betzweiler aus, einem kleinen Dorf mit sehenswert restaurierten alten Mühlen, erobern wir den Wald oberhalb des Heimbaches auf schmalen Pfaden, die uns zu einer lauschigen Wassertretstelle an einem kleinem Bächlein mitten im Wald führen. Auf einer sonnigen Wiese legen wir dann eine Pause ein, um die Aussicht auf die Hügellandschaft mit ihren Bauernhöfen zu genießen. Nach einigem Auf und Ab erreichen wir die alte Burgruine Sterneck an der fischreichen Heimbachtalsperre.

Auf feuchter Erkundungstour im Heimbach.

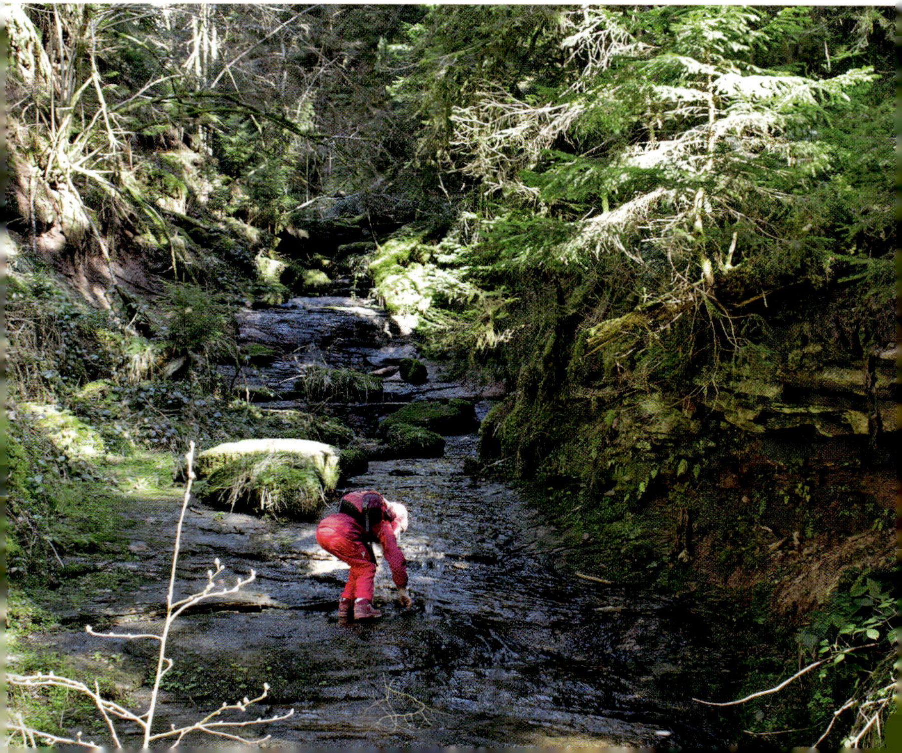

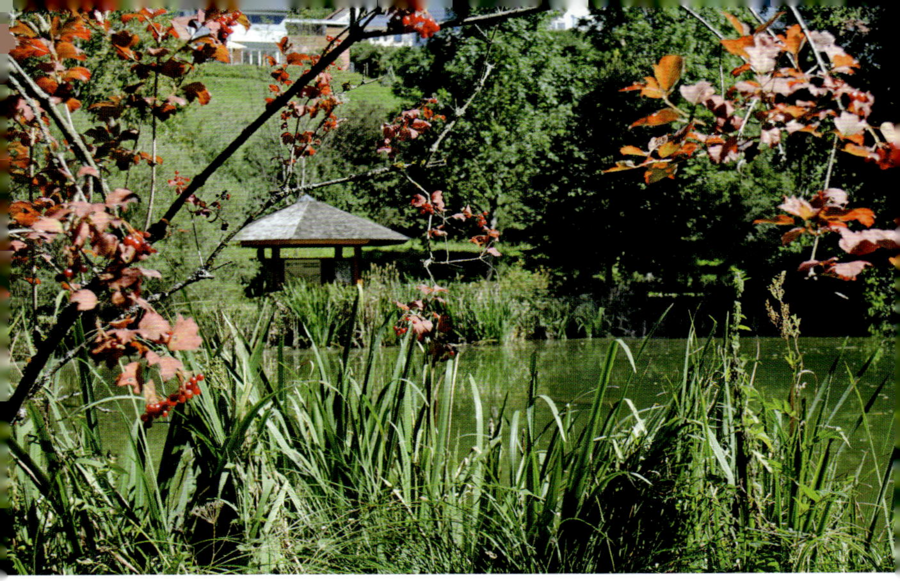

Ein wahres Idyll: die Heimbachaue.

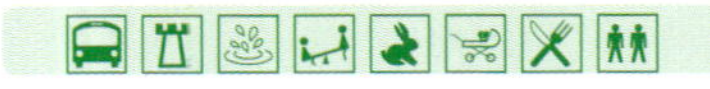

Ausgangspunkt: Bushaltestelle Sterneck, 570 m. Anfahrt ab Regionalbahnhof Loßburg-Rodt mit dem Regionalbus 33 nach Sterneck.

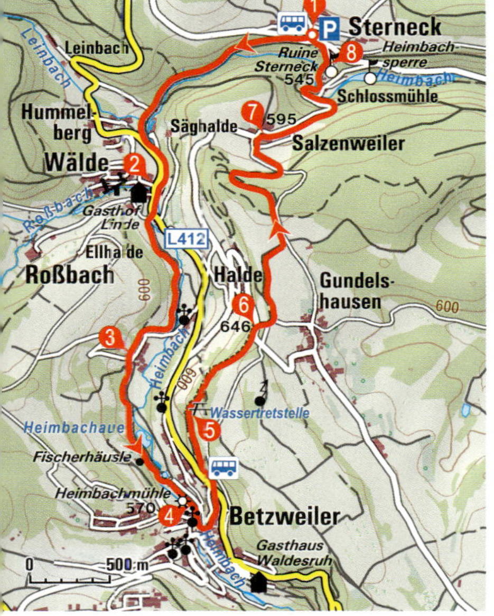

Mit dem Auto: Parken an der Bushaltestelle Sterneck möglich.

Ausrüstung: Auf der etwas längeren Wanderung auf allen möglichen Bodenbelägen sind knöchelhohe Wanderschuhe mit gutem Profil am besten geeignet.

Anforderungen: Dank überwiegend breiter Wege und nur einem kleineren Anteil steilerer Waldpfade einfach zu wandernde Runde, die durch ihre Länge aber eher zu den schwierigen Wanderungen zählt. Möglich für Kinderwagen mit Luftreifen.

Einkehr: Leckere Schnitzel und anderes im Gasthof Linde in Wälde; Öffnungszeiten auf Anfrage, Alte Hauptstraße 115, 72290 Loßburg-Wälde, Tel. +49 7455 91190, www.gasthof-linde-waelde.de. Etwas abseits der Route gibt es Zwiebelrostbraten und Käsespätzle im Gasthaus Waldesruh in Betzweiler; geöffnet Mi bis Fr 17–22 Uhr und Sa/So zusätzlich 10.30–14.30 Uhr, Speicher-Acker-Straße 9, 72290 Loßburg, Tel. +49 7455 8679, www.gasthaus-waldesruh-betzweiler.de

Tipp: Wer möchte, kann nach der Burgruine die nächste Straße rechts abbiegen und zur nahe gelegenen Heimbachtalsperre gehen.

Wir steigen unterhalb des schönen Reiterhofes Sternenhof an der **Bushaltestelle Sterneck** ❶ aus und überqueren die Landstraße, um den mit der gelben Raute markierten Forstweg rechts hinunterzuwandern. Nach guten 10 Min. erreichen wir den Heimbach, den die Kinder nach Herzenslust zum Spielen nutzen und der für die nächsten Kilometer unser ständiger Begleiter sein wird. Wenig später führt uns eine kleine Holzbrücke über einen Bach, der sich so flach und breit über die Felsen ergießt, dass wir hier auf der Bank eine Pause machen, denn wir wollen dieses wunderbar wildromantische Örtchen genauer erkunden.

An den nächsten Abzweigungen bleiben wir weiterhin auf unserem Forstweg mit seiner gelben Raute, passieren einen Schuppen und die Becken einer Kläranlage. Hier verwandelt sich der Weg in eine schmale Teerstraße, auf der wir weiterlaufen, bis wir auf der rechten Seite einen kleinen **Spielplatz** ❷ mit Wasserpumpe und Klettergerüst für eine Spielpause entdecken. Die Informationstafeln über die Geologie des Ortes interessieren eher die Erwachsenen.

Danach verläuft unsere Tour noch für 150 m an der Hauptstraße entlang, bevor es unter dem Gegacker von Hühnern und Gänsen am Wanderschild Wälde-Froschwirtseck rechts weg in Richtung Betzweiler geht. Nach 50 m biegen wir links auf einen Wanderweg ein, der uns am Bach entlang durch das flache, sonnengeflutete Heimbachtal geleitet. Wir halten uns gemäß der weiteren Beschilderung in Richtung

Highlights

★ Im Wald lädt uns der Heimbach zu Wasserspielen ein.

★ Der Spielplatz in Wälde wartet mit Wasserpumpe und Klettergerüst auf Groß und Klein.

★ Im sonnigen Heimbachtal wandern wir zu den schilfumrankten Teichen.

★ Im Wald bietet sich eine Wassertretstelle mit Kräutergarten für eine verlängerte Pause an.

★ Die Burgruine Sterneck und die nahe Heimbachtalsperre runden einen herrlichen Tag in der Natur ab.

Betzweiler immer auf dem Weg, erst am **Wanderschild Bohlhof** ❸ zweigt unser Wanderweg von der kurzzeitig geteerten Straße nach links ab, in Richtung Heimbachmühle/Betzweiler. Nach wenigen Minuten stehen wir vor der Infotafel des Naturschutzgebietes Heimbachaue

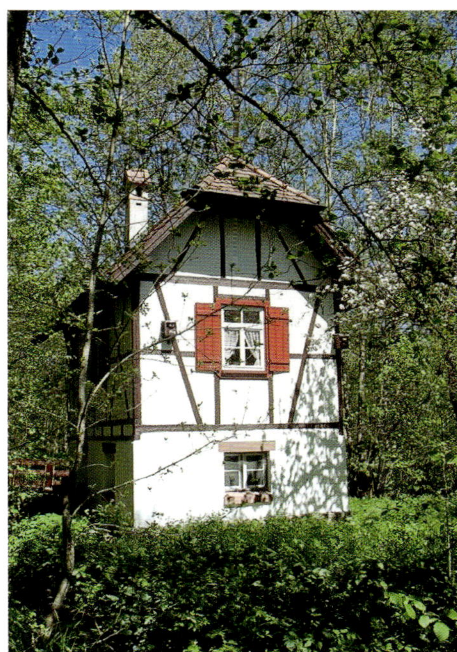

Das kleine Fischerhäusle zeigt eine Ausstellung über das Naturschutzgebiet Heimbachaue.

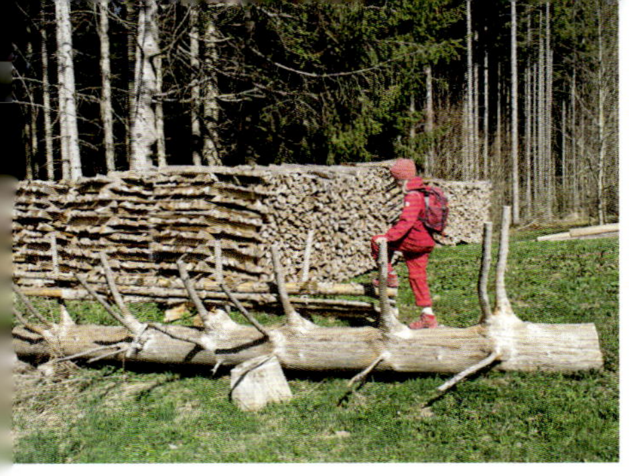

Das könnte ein toller Kletterbaum werden.

und entscheiden uns an der Weggabelung für den rechten Pfad um die Teiche der Aue herum, denn kurz hinter dem ersten Teich befindet sich das sehenswerte **Fischerhäusle**, in dem jeden ersten Sonntag im Monat kostenlose Ausstellungen zum Thema Heimbachaue stattfinden. Der schmale Waldpfad, der uns je nach Jahreszeit durch eine üppige Vegetation mit Auenwald und Schilfpflanzen führt, bringt uns wieder auf den Wanderweg, in den wir rechts einschwenken. Auf der Teerstraße wandern wir bis zur historischen **Heimbachmühle** ❹ auf der linken Seite. An der Mühle gehen wir links die Straße hinauf Richtung Hagenbrunnen. Am Brunnen erfrischen wir uns kurz und folgen dem Wanderschild Richtung Halde/Gundelshausen links hinauf bis zur Hauptstraße und einer Bushaltestelle. Dort queren wir die Straße und steigen rechts hinauf Richtung Wassertretstelle, der gelben Raute hinterher. Am Wanderschild Café Walter geht es für uns weiter geradeaus, auch wenn der rechts abzweigende Gansbrünneleweg verlockend klingt. Nach 5 Min. gelangen wir zur idyllisch gelegenen **Wassertretstelle** ❺ im Wald, die mit Bänken, einer Quelle und einem kleinen Waldbächlein zum Ausruhen

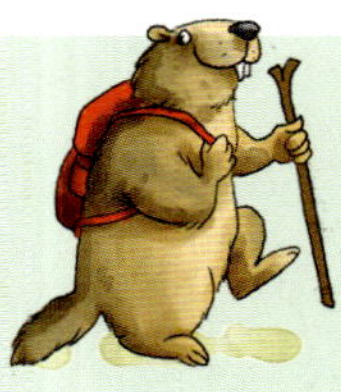

Hallo Kinder,

auf unserer Tour durch die Heimbachaue begegnet ihr einem sogenannten Wetterstein. Das ist ein Stein, der an einer Schnur aufgehängt wurde und an dem man das Wetter ablesen kann. Natürlich ist das nicht ganz ernst gemeint, oder doch? Prüft am besten selbst, ob der Stein euch das richtige Wetter anzeigt.

Wenn der Stein
- warm ist: Sonne
- kalt ist: Frost
- schaukelt: Wind
- hüpft: Erdbeben
- unsichtbar: Nebel
- nass: Regen
- fehlt: gestohlen

Das ist wohl eher eine Wetterstation für Scherzbolde, oder?!

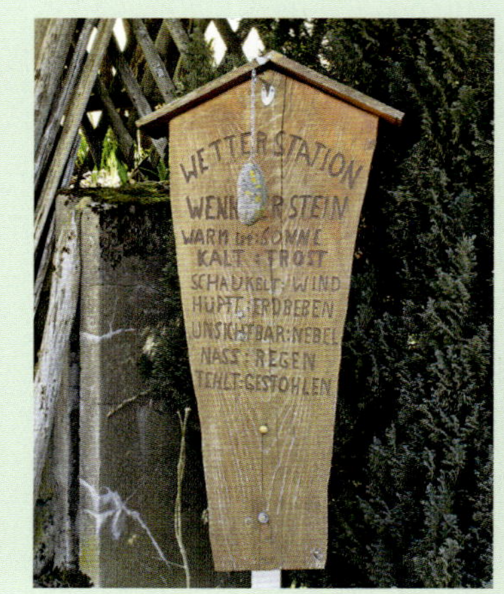

und Planschen wie geschaffen ist. 50 m unterhalb des Wasserbeckens wurde am Waldrand liebevoll ein kleiner Kräutergarten angelegt, der im Sommer wunderschön blüht und viele Insekten anlockt.

Wir bleiben auf dem kleinen Pfad durch den Wald und queren einen steilen Forstweg. Zwischendurch werfen wir immer wieder kurze Blicke durch die Bäume in das liebliche Heimbachtal und halten uns weiter an die gelbe Raute, bis wir uns nach einer guten Viertelstunde am **Wanderschild Halde 6** wiederfinden. Hier wenden wir uns nach rechts über die kleine Landstraße und biegen nach knapp 100 m am nächsten Wanderschild am großen Baum links ab in den Kiesweg, damit wir den Weg auf der Teerstraße vermeiden. Wir bleiben auf dem breiten Kiesweg, marschieren an weiten grünen Wiesen vorbei und biegen nach gut 10 Min. an der nächsten Kreuzung links hinein in den Sternecker Weg. Wir kommen nun wieder in den Wald hinein und machen 50 m nach Beginn des Waldes einen Abstecher links in einen kleinen Forstweg. Nach knapp 10 Min. stoßen wir auf eine Kreuzung und biegen scharf rechts ab, bis wir wieder auf dem geteerten Sternecker Weg herauskommen und uns links halten. Wer möchte, kann sich diesen Abstecher sparen und einfach auf dem Sternecker Weg bleiben, er ist kaum befahren.

Nach 300 m gelangen wir zum nächsten Wanderschild an einer Kreuzung in Salzenweiler und biegen hier rechts ab, dem Verlauf der Teerstraße und der gelben Raute folgend. Den **Getränkebrunnen 7** am Straßenrand plündern wir gerne, durstig wie wir sind, und

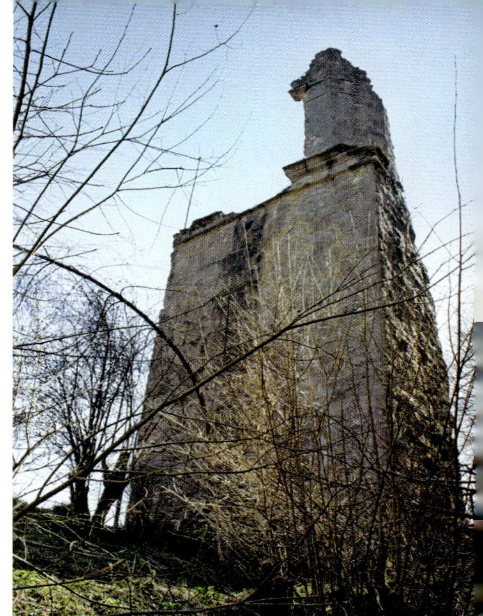

Die Ruine Sterneck liegt trotz ihrer Größe sehr versteckt am Waldrand.

nach erfolgter Bezahlung holen wir auf der Teerstraße nochmals weit aus, bis wir die ersten Häuser von Sterneck erreichen. Nach dem zweiten Haus bringt uns ein kleiner, gelb berauteter Pfad links hinauf zur alten **Ruine Sterneck 8**, die vor fast 1000 Jahren als Burg errichtet wurde und nach einem Brand als großzügiges Schloss wiederaufgebaut wurde. Heute sind nur noch ein Teil des Bergfrieds und einige Kellerräume erhalten. Nach einer kurzen Besichtigung sind es nur noch wenige Minuten zur Hauptstraße und der **Bushaltestelle Sterneck 1**, unserem Startpunkt.

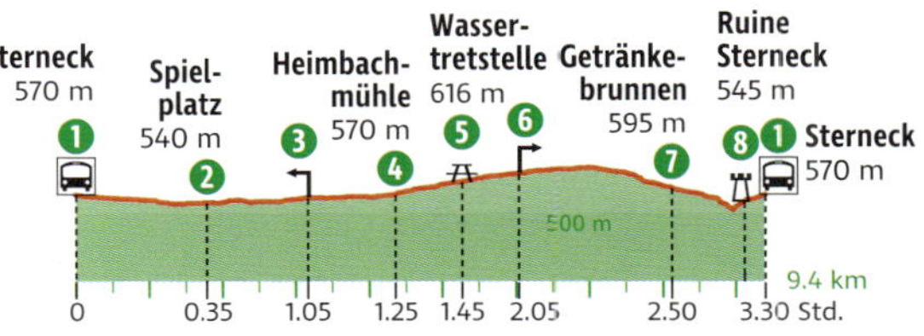

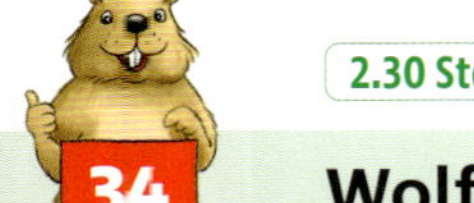

2.30 Std. | 5.9 km | ↗ 240 m | ↘ 200 m | ab 5 Jahren

34 Wolf- und Bärenpark Schapbach

Von Schapbach entlang des Sulzerköpfles

Von Bären und anderen wilden Tieren

Vom beschaulichen Schapbach wandern wir an der Wolf entlang, die früher von mächtigen Flößen zum Holztransport befahren wurde. Uns begleitet dabei ein Bienenpfad mit zahlreichen Schautafeln und hinter dem altehrwürdigen Gasthof Adler verfüttern wir Blumen vom Wegesrand an zottelige Esel auf der Weide. Am folgenden Campingplatz meckern uns einige Ziegen nach, während wir uns bergan in den Wald aufmachen. Den Alternativen Wolfs- und Bärenpark erreichen wir an seinem Hintereingang, der Wanderern wie uns vorbehalten ist. Der Park liegt herrlich in einem kleinen Tal und die großen Tiere haben viel Platz zum Umherstreifen oder Sich-Zurückziehen. Die Besichtigung ist nicht nur für die Erwachsenen spannend, denn ein Forscherpfad, Indianertipis und ein Abenteuerspielplatz sind so richtig nach dem Geschmack der Wanderkinder. Und etwas Respekt ist auch dabei, wenn ein mächtiger Bär sich ihnen nähert. Der Regionalbus bringt uns dann zum Ausgangspunkt zurück.

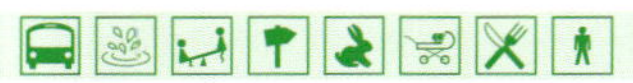

Ausgangspunkt: Bushaltestelle Schapbach Post, 405 m. Ab Offenburg Bahnhof mit dem Regionalzug RE2 bis Hausach, dort umsteigen in den Bus 7266 Richtung Kniebis.

Mit dem Auto: Einige Parkmöglichkeiten in unmittelbarer Nähe zur Bushaltestelle Schapbach Post, Dorfstraße, 77776 Bad Rippoldsau-Schapbach, GPS: N48.37833, E8.29127.

Endpunkt: Bushaltestelle Schapbach Bärenpark, 446 m. Zurück zum Ausgangspunkt oder weiter mit dem Bus 7266 Richtung Hausach, dort Umstieg in den RE2 nach Offenburg.

Ausrüstung: Gut profilierte Wandersandalen oder Wanderschuhe.

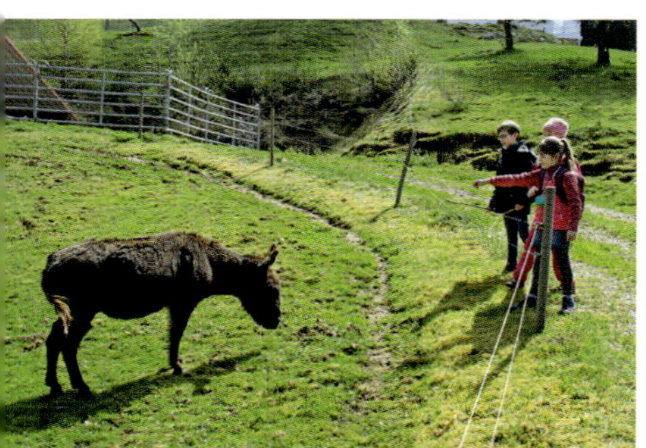

Anforderungen: Zu Beginn gibt es einen 1,5 km langen Anstieg zu bewältigen, ansonsten stellt die Tour für die Kinder kein Problem dar.

Einkehr: Deftige Hausmannskost serviert das Alban Sonne Restaurant im Sommer von 11 bis 20.30 Uhr, im Winter nur sonntags; Dorfstr. 31, 77776 Bad Rippoldsau-Schapbach, Tel. +49 7839 222, www.sonne-freudenstadt.de. Bratwurst, Burger (auch vegetarisch) und Pfannkuchen bietet das Bistro Bärenblick direkt im Bärenpark an; geöffnet von März bis Oktober 11–17 Uhr und November bis Februar 11–15 Uhr (im Winter bei Kaminfeuer), Alternativer Wolf- und Bärenpark Schwarzwald, Rippoldsauer Straße 36/1, 77776 Bad Rippoldsau-Schapbach, Tel. +40 7839 910380, www.baer.de.

Tipp: Im Bärenpark kann die Grillstelle beim Abenteuerspielplatz benutzt werden; bitte vorher reservieren. Im Winter ist das Spielen und Tollen der Jungbären im tiefen Schnee ein besonderes Spektakel (sie halten hier im Park keine Winterruhe).

Der Esel scheint unser Grasangebot zu ignorieren.

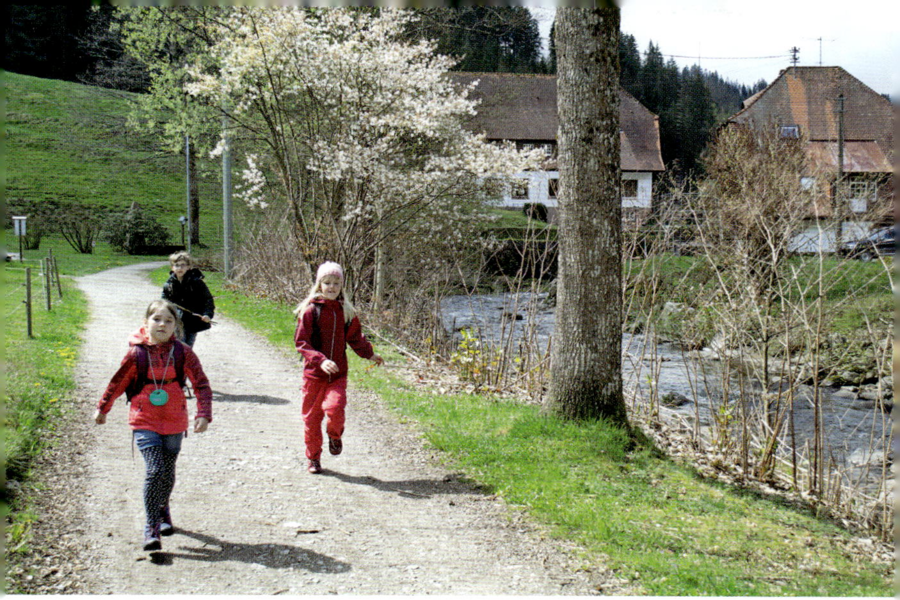

Entlang des Flüsschens Wolf wandern wir Richtung Bärenpark.

An der **Bushaltestelle Schapbach Post ❶** überqueren wir die Brücke über die Wolf, einen Nebenfluss der Kinzig, biegen gleich danach links ein in die Polderbergstraße und folgen dem Wanderschild zum Bärenpark. Nach gut 50 m zweigt der Wanderweg links von der Straße ab und führt uns vorbei an Infotafeln über Bienen am Fluss weiter zum Gasthof Adler mit seiner Kuhweide. Hinter dem Gasthaus verläuft unser Weg an der Weggabelung rechts und bringt uns zu einer **Wassertretstelle ❷** und einer Koppel mit scheuen Eseln, die die Kinder gerne streicheln würden. Weiter an der Wolf entlang wandern wir bis zur übernächsten Brücke und halten uns am **Wanderschild Campingbrücke ❸** halb rechts in Richtung Höll. Nach knapp 80 m steigen wir an der nächsten Weggabelung rechts den beschilderten Schürle-Höllweg bergauf, wo die Kinder ausgiebig die kleinen Ziegen füttern dürfen, die zum Campingplatz Alisehof gehören. Die Teerstraße geht nach wenigen Minuten in einen Forstweg über und führt uns

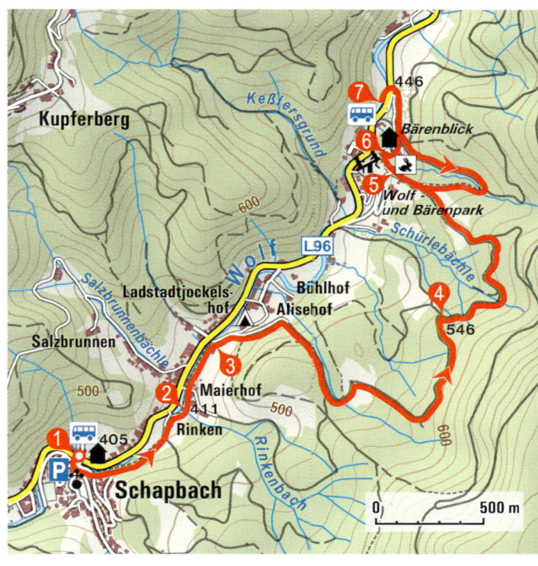

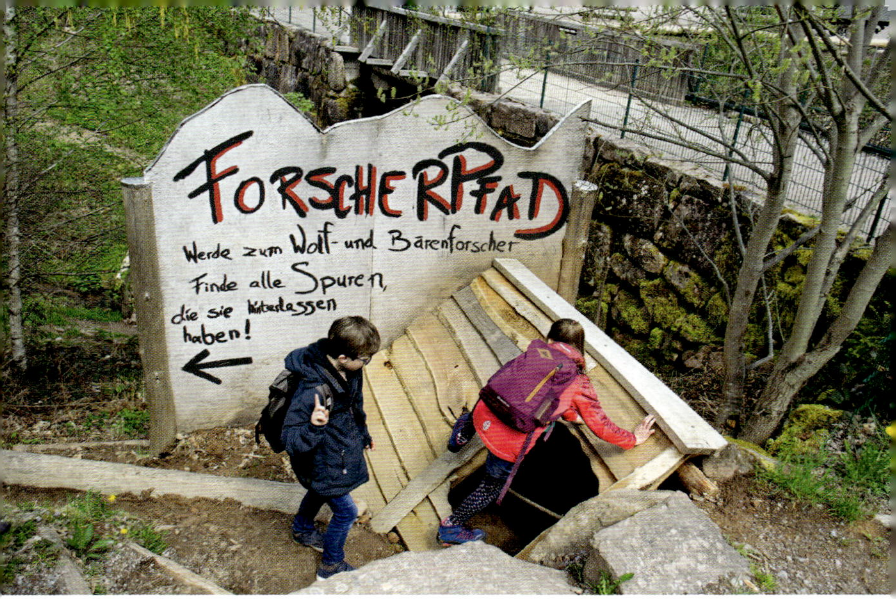

Der Park ist nicht nur für Wölfe und Bären ein kleines Paradies.

in den Wald. Ein kleiner Bach begleitet uns zu einer Weggabelung, an der wir uns links entlang des Baches halten, ein kleines Bärenpfadschild weist uns den richtigen Weg aus. Der breite Wanderweg führt uns wenig später in einer Linkskurve über eine Brücke auf eine Lichtung, von der es nun deutlich steiler bergauf geht, bis wir kurz darauf den höchsten Punkt unserer Wanderung erreichen. Wir richten uns weiterhin nach den Bärenpfad-Schildchen, die uns den Weg durch eine Linkskurve vorbei an Blaubeersträuchern, Kirschlorbeer und großen Farnbüscheln zur nächsten **Gabelung 4** zeigen. Wir bleiben rechts auf unserem Forstweg und kommen nach rund einer Viertelstunde zu einem Teerweg, in den wir links einschwenken und den Kühen auf der Weide zuwinken. Zu unserer Rechten sehen wir einen tollen Abenteuerspielplatz, der in Privatbesitz ist und deswegen zum Leidwesen unserer Kinder nicht bespielt werden darf. Für uns geht es jetzt steil bergab, vorbei am ABB Kinderferienhaus und zu den ersten umzäunten Arealen des Bärenparks,

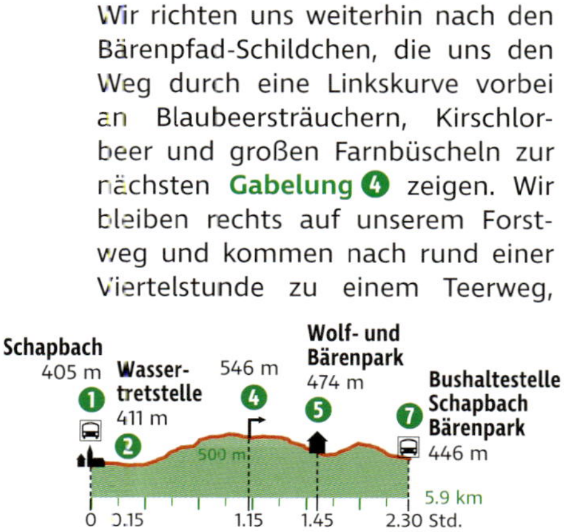

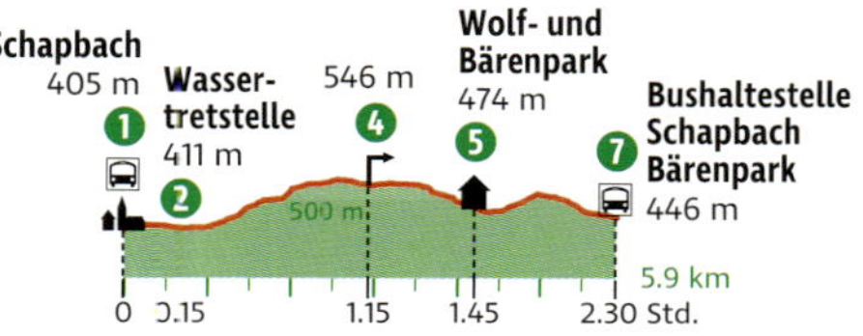

Highlights

- ★ Wir füttern Esel und Ziegen am Wegesrand.
- ★ Viele Infos über Bienen begleiten uns auf dem Weg.
- ★ Im Wald pflücken wir Blaubeeren von den Büschen.
- ★ Wir entdecken Bären, Wölfe und Luchse in natürlicher Umgebung.
- ★ In den Tipis kann man prima Indianer spielen.
- ★ Nach der Tour ist der Burgbachwasserfall unbedingt einen Besuch wert (s. Freizeittipp E3).

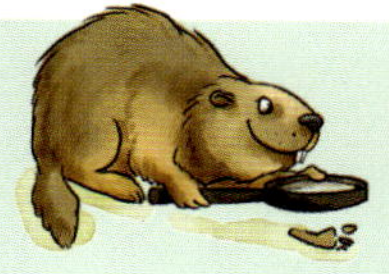

Hallo Kinder,

hier im Alternativen Wolf- und Bärenpark erleben wir einen Tierpark, in dem es den Tieren richtig gut geht, weil sie genug Platz und Rückzugsmöglichkeiten haben. So können wir mit gutem Gewissen diese einmaligen Wildtiere beobachten, wie sie fressen, spielen, im Bach baden oder sich eigene Höhlen in die Erde oder den Schnee graben, was neben dem Fressen eine ihrer Hauptbeschäftigungen ist. Da Bären im Winter wenig Nahrung finden, hat Mutter Natur es so eingerichtet, dass sie (aber auch andere Tiere wie Dachse, Marder oder Eichhörnchen) in dieser Zeit eine Winterruhe halten, in der sie meist schlafen und in ihrer Höhle bleiben. Nur ab und zu kommen sie heraus, um eine Kleinigkeit zu fressen. In der Winterruhe schlägt ihr Herz langsamer und sie atmen weniger, sodass die angefressenen Fettreserven aus dem Sommer genügen, um die kalte Jahreszeit gut zu überstehen. Im Unterschied zum Winterschlaf, den Igel, Siebenschläfer oder Murmeltiere halten, sinkt jedoch die Körpertemperatur in der Winterruhe nicht ab.

von wo aus wir mit dem Fernglas unsere ersten Bären des Tages sichten können. Kurz darauf verlassen wir in einer Linkskurve die Teerstraße nach rechts, gehen am Zaun entlang und stehen nun vor dem Wandereingang des **Wolf- und Bärenparks ❺**.

Nach einem kurzen Anruf bei der angeschriebenen Telefonnummer wird uns geöffnet und die Kinder sausen schon zum **Naturspielplatz ❻** am Rundweg. Bei der urigen Bärenblickhütte machen wir eine lange Rast und stimmen uns auf das Bären- und Wolfsleben ein, zu dem wir auf dem Rundgang viele interessante Details erfahren. Neben schlafenden Wölfen und Bären, die am Bach planschen, sehen wir auch Luchse, die ein eigenes Gehege bewohnen. Durch einen Gittertunnel können wir sogar durch das Innere des 100.000 m² großen Geländes spazieren, das durch einen hohen Elektrozaun doppelt gesichert ist. Ein Kinderforscherpfad, die Indianertipis und das Bienenhaus runden einen spannenden Tag ab und wir wandern gesättigt mit tollen Eindrücken an der Kasse vorbei hinunter zur **Bushaltestelle Schapbach Bärenpark ❼**.

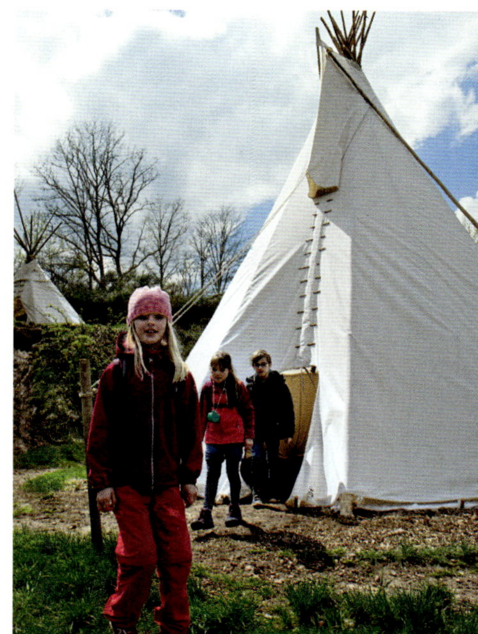

Als Indianer würden wir hier sofort einziehen.

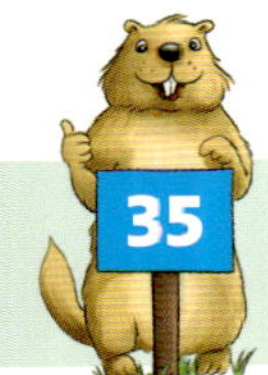

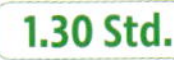
1.30 Std.

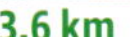
3.6 km

↗140 m

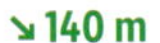
↘140 m

ab 3 Jahren

35 Naturerlebnispfad Oberharmersbach

Auf der Katzenhalde hoch über Oberharmersbach

Großer Spaß auf dem Hademar Waldwichtelweg

Selten haben wir einen so liebevoll und ausgefallen ausgestatteten Erlebnispfad für Kinder gefunden wie den Naturerlebnispfad Hademar Waldwichtel im Luftkurort Oberharmersbach. Er ist ganz auf kleine Wanderer eingestellt und bietet zu jeder Jahreszeit auf 20 Stationen Spaß und Spannung. Mit einer Wasserpumpe ein Rad antreiben, in einen riesigen Dachsbau klettern, einer Riesenspinne Beine machen oder die toll eingerichtete Waldschule für eine Brotzeit nutzen macht uns allen Freude. Wer das Glück hat, zur Weihnachtszeit hier zu wandern, kann noch das Hademar Adventsdorf besuchen, das wie ein überdimensionaler Adventskalender aus 24 Holzhäuschen und -türmchen aufgebaut und außerordentlich detailreich aus Naturmaterialien dekoriert ist. Wer mag, kann am Ende der Tour noch am Bach spielen oder das beheizte Freibad für einen Kopfsprung ins kühle Nass besuchen.

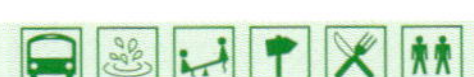

Ausgangspunkt: Bahnhof Oberharmersbach Dorf, 295 m. Anfahrt mit dem SWE-Zug von Bahnhof Offenburg nach Biberach. Dort Umstieg in den SWE-Zug bis Oberharmersbach Dorf.
Mit dem Auto: Parkplätze gibt es gratis am Bahnhof Oberharmersbach Dorf, 77784 Oberharmersbach.
Ausrüstung: Wanderschuhe oder Wandersandalen mit gutem Profil sind sinnvoll, der Untergrund ist bei Nässe rutschig. Brotzeit und Getränke einpacken.
Anforderungen: Der Wichtelweg ist ab dem Kindergartenalter machbar, denn die Stationen sind so dicht aneinander gereiht, dass die Kinder immer gleich durch die nächste Station motiviert sind. Etwa ab der Hälfte der Strecke gibt es eine Abkürzung, falls der Weg doch einmal zu lang wird (siehe Tourenbeschreibung). Die teils engen und steilen Pfade sind nur unter Mühen mit einem beladenen, geländegängigen Kinderwagen zu bewältigen. Am besten gehen die Kinder zu Fuß und den Kinderwagen bringt man über eine Abkürzung zur Waldschule, später kommt man dort wieder vorbei und umgeht so die unbefahrbaren Stellen.
Einkehr: Gasthof Bären, Dorfstraße 35, Tel. +49 7837 92880, www.baeren-oh.de. Restaurant Naxos, Dorfstraße 46, Tel. +49 7837 9220743, www.naxos-oberharmersbach.de.
Tipps: Das kleine Freibad Oberharmersbach bietet Abkühlung in der Talstraße 71, 77784 Oberharmersbach.
Um die Weihnachtszeit wird jedes Jahr ein abends beleuchteter Motivweg aufgebaut. Hier kann man mit einer Taschenlampe ausgerüstet auf 2 km Länge mit vielen Märchenstationen durch die Weihnachtszeit wandern (s. Freizeittipp K11).

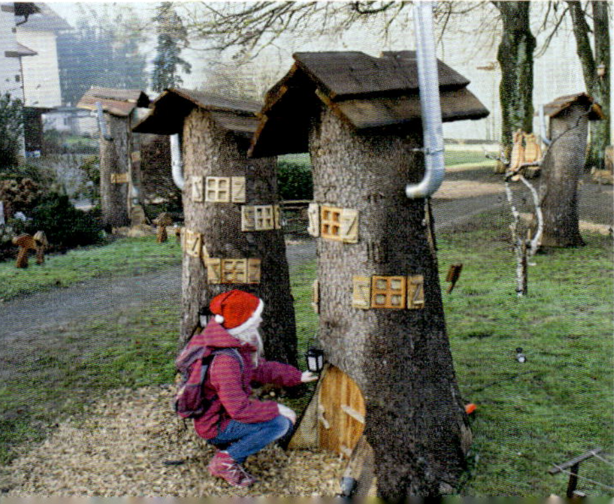

Hademars Adventsdorf ist vor allem für kleinere Kinder einmalig.

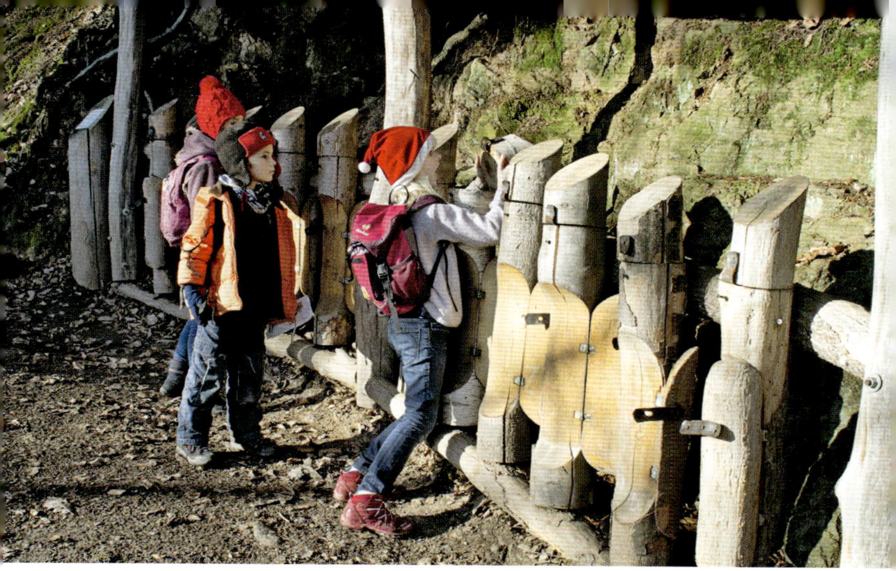

Eine von 20 Stationen: die Bestimmung der Baumarten.

Nachdem wir dem Zug am **Bahnhof Oberharmersbach Dorf ❶** entstiegen sind, können sich die Kinder erst noch am Spielplatz hinter dem Pkw-Parkplatz austoben oder wir starten sofort in Richtung Bahnübergang und Dorfstraße, in die wir rechts einbiegen. Wir halten uns an der Hauptstraße, bis wir den **Kurpark ❷** auf der linken Seite entdecken, in dem in der Weihnachtszeit das Adventsdorf Hademar aufgebaut ist und die Kinder zum Staunen bringt mit seinen kleinen Holzhäuschen und Adventstürchen.

Weiter auf der Dorfstraße überqueren wir die Bahngleise und erreichen nach wenigen Minuten die Beschilderung für die Touristeninformation an der Reichstalhalle und den Start des Naturerlebnispfades Hademar. Hier zweigen wir rechts ab zum **Touristenbüro** und holen uns noch Infos zum Wichtelpfad, um später nach erfolgreicher Rätselauflösung das Wichteldiplom zu erhalten.

Zum Start des Pfades geht es wieder zur Dorfstraße, an der wir kurz links zurückgehen. Gleich darauf biegen wir rechts mit dem Wichtelwegweiser in die Straße **Am Schrofen ❸** ab. Nach gut 100 m folgen wir an der Gabelung links dem Naturerlebnispfad, der auch mit einem Holzwichtel direkt an einem Hauseingang gekennzeichet ist und uns zum Waldrand und zum Harmersbach

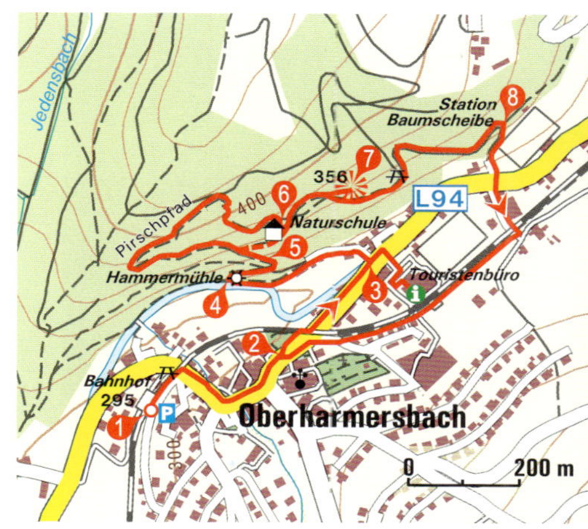

Highlights

★ Auf dem detailreich gestalteten Wichtelpfad experimentieren und entdecken wir an 20 Stationen.

★ Der Weg führt auf abenteuerlich schmalen Pfaden bergauf und bergab durch die Wälder.

★ Mehrere urige Pausenstationen warten auf die kleinen Wanderer.

★ In der Adventszeit ist im Kurpark ein begehbarer Adventskalender aufgebaut.

★ Im Sommer lohnt ein Besuch im kleinen Freibad Oberharmersbach.

★ Hat noch jemand Lust auf eine Partie Adventure Minigolf? Dann siehe Freizeittipp G5.

führt. Wenig später gelangen wir zur ersten Station des Erlebniswegs, einer hölzernen **Hammermühle** ❹, die durch eine Wasserpumpe angetrieben werden kann und die den Kindern die Kraft des Wassers veranschaulicht. Ein kleines Wichtelschild weist uns anschließend nach rechts in Serpentinen steil den Berg hinauf, dann queren wir eine Kreuzung und kommen zu einem riesigen **Vogelnest** ❺, das die Kinder schon früher erreichen, denn sie entdecken ein dickes Tau am Wegesrand, an dem sie den Berg direkt hinaufkraxeln können. Falls wir einen Kinderwagen dabei haben, können wir diesen gleich darauf auf einer beschilderten Abkürzung zur Naturschule bringen. Einige Meter weiter auf dem Pfad beginnt die Pirschroute, auf der wir 15 verschiedene Tierarten entdecken können, was gar nicht so leicht ist, denn sie sind im Wald gut getarnt. Der Pirschpfad verläuft auf einem schmalen Waldweg, der ab und zu den Blick auf Oberharmersbach und die umliegenden sanften Berghöhen freigibt. Die kleineren Kinder behalten wir gut im Auge, denn wir queren hier steil abfallende Berghänge. So kommen wir an weiteren tollen Stationen vorbei, wie dem Baumfernrohr, das beim Finden der Tiere behilflich ist, oder dem Baumtelefon, bis wir das Waldklassenzimmer der **Naturschule** ❻ erreichen und eine längere Pause einlegen können. Die Schule ist bestens ausgestattet mit Tischen, Stühlen, einem Riesenlexikon und einer Schreibtafel. Der Unterricht könnte sofort beginnen.

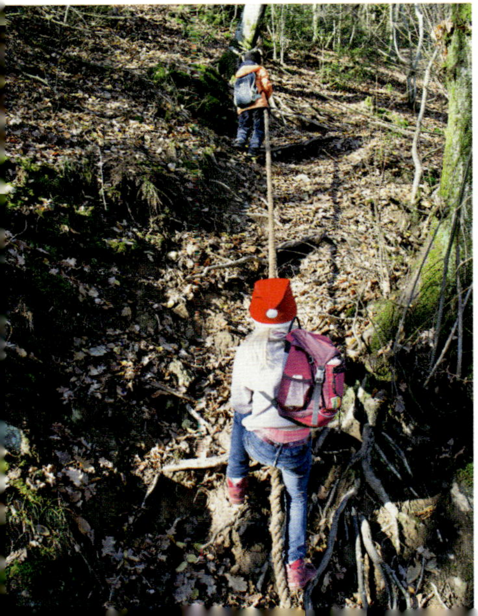

Nach der Stärkung folgen wir dem Wichtelpfad weiter, vorbei an einem begehbaren Dachsbau, durch den die Kinder krabbeln können, wenn sie sich trauen. Wenig später verlassen wir den Pfad an einer Gabelung und steigen links hinauf zur **Panoramaliege** ❼ und genießen die Aussicht. Hier hängt auch ein Wetterstein, an dem man das Wetter ablesen kann, wenn man Spaß versteht.

Klettern am Seil ist für Kinder jeden Alters ein Riesenspaß.

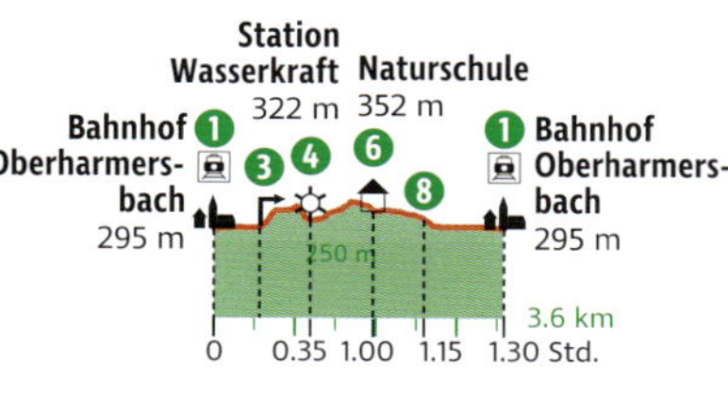

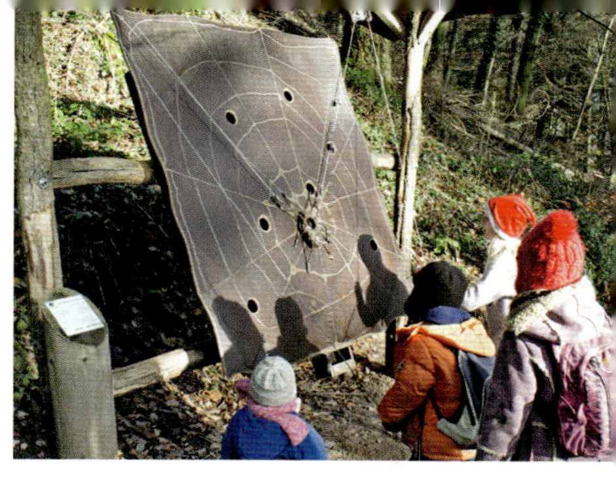

Wer hilft der dicken Spinne beim Beutefang?

Wieder herunter von der Panoramaliege, folgen wir dem Weg nun leicht bergab bis zur nächsten Weggabelung an einer weiteren Vesperbank. Wir gehen hier rechts und freuen uns über den Spaß, den die Kinder auch an den nächsten Stationen haben. Vor allen Dingen ein Kletterseil mit anschließender Rutschpartie auf dem Hosenboden begeistert die Kleinen. An der **Station Baumscheibe 8** können wir alle noch ganz exakt das Alter eines Baumes bestimmen und eine kleine Münzenspende in einer geschnitzten Riesenspardose hinterlassen, bevor es rechts entlang zur Biberstation, über den Harmersbach und auf der nun geteerten Straße weiter bis zur Hauptstraße geht. Wir überqueren sie und den gleich folgenden Bahndamm und steuern an den Gleisen entlang rechts in Richtung des ausgeschilderten Oberharmersbach Dorf. Nach wenigen Minuten kommen wir an einem großen Insektenhotel vorbei und können nun am Wanderschild rechts zur Tourist-Info zurückkehren oder gleich geradeaus weiter in Richtung Kirche und Bahnhof marschieren. Am folgenden Kirchweg halten wir uns rechts und kommen am Kurpark an der Dorfstraße heraus. Von hier aus wandern wir die uns schon bekannte Straße durch das Dorf links hinunter und erreichen schließlich wieder den **Bahnhof Oberharmersbach Dorf 1**.

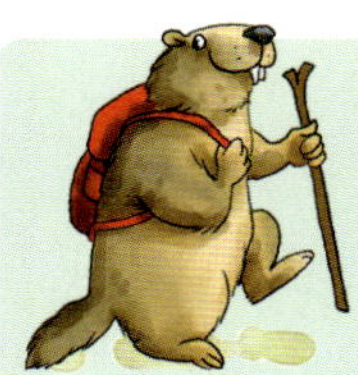

Hallo Kinder,

habt ihr euch auch schon einmal gefragt, wie man in Nadelwäldern Tannen und Fichten, die überall im Schwarzwald zu finden sind, voneinander unterscheiden kann? Sie sehen sich schließlich sehr ähnlich und auch viele Erwachsene kennen den Unterschied nicht. Am einfachsten ist es, die Nadeln an der Spitze mit dem Finger zu befühlen. Pieksen sie, sind es Fichtennadeln. Dagegen sind Tannennadeln vorne abgerundet und pieksen nicht. Dazu könnt ihr euch folgenden Spruch als Eselsbrücke leicht merken: Die Fichte sticht, die Tanne nicht. Übrigens handelt es sich bei den Nadeln der beiden Baumarten eigentlich um Blätter, auch wenn sie nicht wie die üblichen Blätter geformt sind. Wenn ihr dazu noch am Boden ganze Zapfen findet, sind das fast immer Fichtenzapfen, denn Tannenzapfen fallen nicht als Ganzes zu Boden, sondern nur in kleinen Stücken.

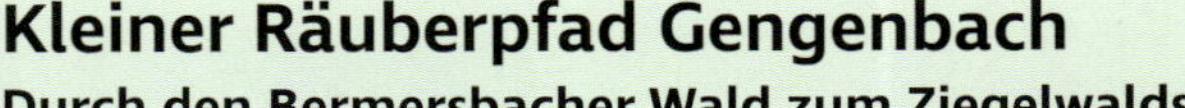

ab 5 Jahren

36 Kleiner Räuberpfad Gengenbach

Durch den Bermersbacher Wald zum Ziegelwaldsee

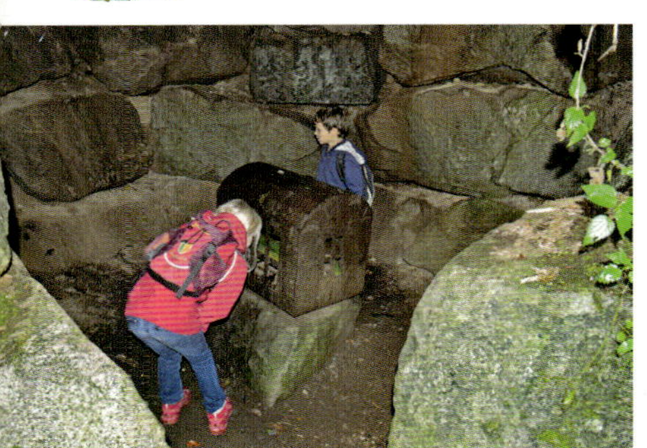

Das Ziel der Kinderträume: die Schatzkiste von Räuber Hotzenplotz.

Von Kasperl, Seppel und dem Räuber Hotzenplotz

Für alle jüngeren Wanderkinder gibt es nichts Spannenderes, als im Wald nach einem Schatz zu suchen, die Älteren suchen vielleicht lieber Kastanien. Auf dem Kleinen Räuberpfad von Gengenbach im Kinzigtal kommen beide auf ihre Kosten. Der ideenreiche und liebevoll angelegte Erlebnispfad führt auf meist schmalen Waldwegen von Station zu Station, an denen die Kinder Rätsel lösen, Tannenzapfen werfen oder in kleine Höhlen steigen können und dabei viel Spaß haben. Am flachen Ufer des idyllisch gelegenen Ziegelwaldsees lässt es sich vortrefflich spielen und vespern, und mit etwas Glück entdeckt man eine der vielen Erdkröten, die hier wohnen. Auf der abwechslungsreichen Wanderung ergeben sich immer wieder wunderschöne Ausblicke auf das Kinzigtal, das im Herbst durch sein farbiges Blätterkleid besonders schön daherkommt. Die aufgelesenen Esskastanien lassen wir uns dann alle abends bei einer gemeinsamen Mahlzeit so richtig schmecken.

Die liebliche Aussicht auf das Kinzigtal ist für alle ein Genuss.

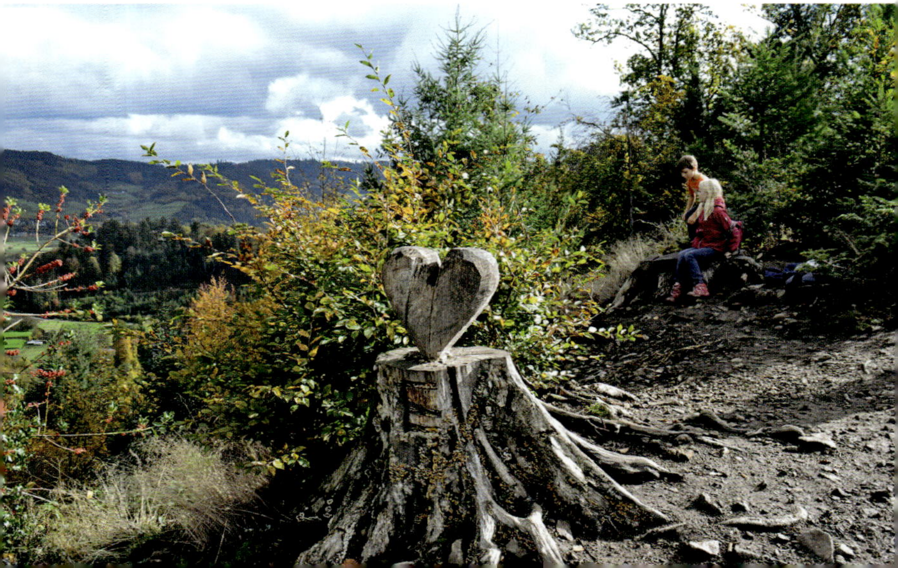

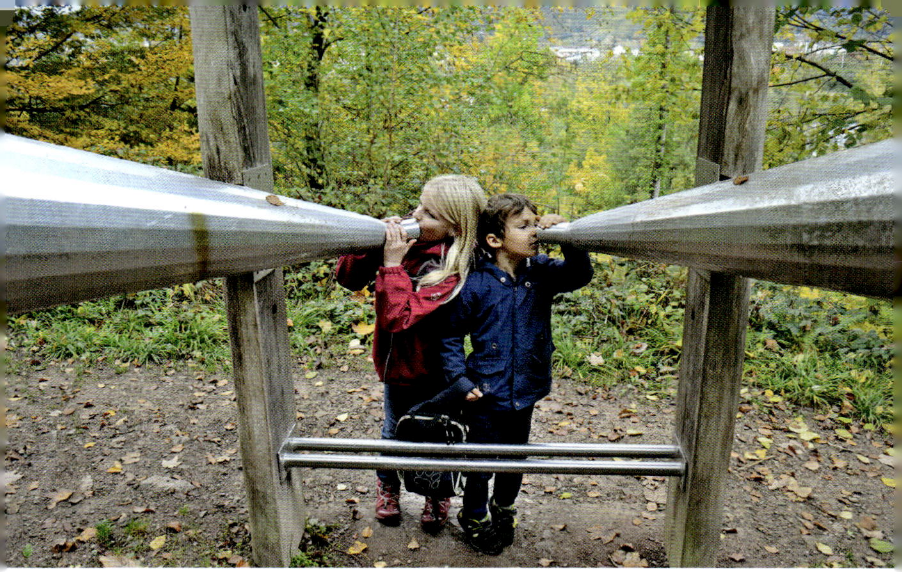

Eigentlich ist das eine Hörstation, aber Kinderfantasie ist nicht zu bremsen.

Ausgangspunkt: Bushaltestelle Strohbach, 179 m. Anfahrt ab Offenburg Bahnhof mit dem Regionalbus 7160 Richtung Hausach. Alternativ mit dem Taxi vom Bahnhof Gengenbach direkt zum Startpunkt des Kleinen Räuberpfads ❷ (2 km; Taxi Schilli Tel. +49 7803 3536, Taxi Heizmann Tel. +49 7803 2690).
Mit dem Auto: Parkplätze gibt es an der Straße zum Strohbacher Steinbruch, nahe dem Startpunkt des Kleinen Räuberpfades, GPS: N48.392545, E8.013735.
Ausrüstung: Wanderschuhe oder Wandersandalen mit gutem Profil. Brotzeit und Getränke einpacken.
Anforderungen: Der gut beschilderte Stationenweg weist keine besonderen Schwierigkeiten auf, die etwas steileren Stücke sind kurz und machen den Kindern Spaß. Bei Nässe ist der Weg rutschig, aufgrund der verwurzelten Pfade und der Steigungen ist er leider nicht kinderwagentauglich.
Einkehr: Auf dem Weg keine. Rund um den mit Fachwerkhäusern bebauten, wunderschönen Marktplatz von Gengenbach finden sich Einkehrmöglichkeiten für jeden Geschmack.

Tipps: In der Tourist-Info in Gengenbach können Entdeckerrucksäcke ausgeliehen werden (Im Winzerhof, Höllengasse 2, 77723 Gengenbach, Tel. +49 7803 930143).
Unweit des Steinbruches beginnt im Wald hinter dem Festplatz Strohbach der Große Hotzenplotz-Pfad (s. Freizeittipp K10), der dank seiner Wissensvermittlung gut für naturinteressierte Jugendliche und Erwachsene geeignet ist (Start am Wanderschild Strohbachwald; GPS: N48.385240, E8.015337).

Highlights

- ★ Spannender Erlebnispfad mit Räuberstationen und Schatzsuche.
- ★ Der Ziegelwaldsee mit Sandstrand ist ein idealer Platz zum längeren Spielen.
- ★ Wir durchstreifen das Feuchtbiotop auf dem Holzbohlenweg.
- ★ Mehrere gemütliche Rastmöglichkeiten am Unkenbrunnen und am Aussichtspunkt.
- ★ Im Herbst wachsen hier sehr viele Pilze, vor allem die leckeren Steinpilze.

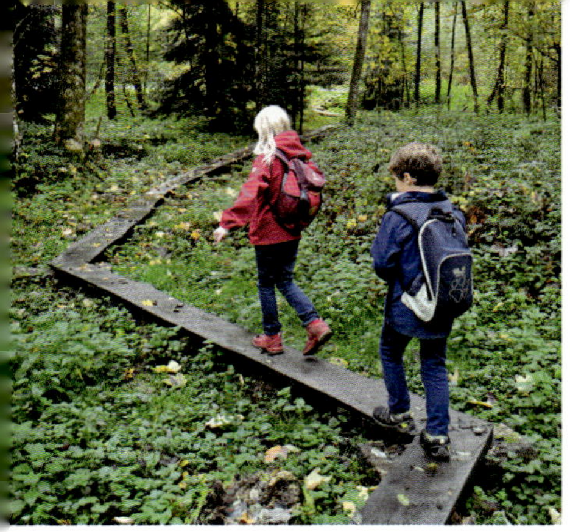

Auf dem Holzbohlenweg durch das Feuchtbiotop.

Ab der **Bushaltestelle Strohbach ❶** wandern wir für gute 10 Min., immer die Felder zu unserer Rechten, auf der schmalen Teerstraße, bis wir den Steinbruch Strohbach erreichen, wo auch der **Kleine Räuberpfad ❷** beginnt. Die weitere Wegführung ist kinderleicht zu finden, denn nun weist uns der Räuber Hotzenplotz in Form von geschnitzten Holzmännchen zu den Stationen. Auf einem kleinen Pfad geht es links in den Wald hinauf, in dem man im Herbst Steinpilze finden kann. An der ersten Station des Räuberpfades erfahren wir, dass dieser Wald auch weitere Leckereien wie Heidelbeeren oder Esskastanien zu bieten hat. Bald darauf zweigt der Räuberpfad links ab und verläuft anfangs in Serpentinen einen schmalen Waldpfad steil bergauf. Wir folgen ihm weiter zur **Zapfenstation ❸**, wo wir lernen, wie man anhand der Zapfen Tannen und Fichten voneinander unterscheiden kann. An den folgenden Erlebnisstationen können sich die Kinder als Zapfenwerfer, Gewichtheber und Spurenleser betätigen, bevor wir gleich nach dem Pirschpfad und dem Räubergang einen herrlichen **Vesperplatz ❹** mit Aussicht auf das Kinzigtal und die gegenüberliegenden Weinberge finden.

Nach einer Pause gelangen wir nach 300 m zu einem **Baumhaus ❺**, das mit Talblick und Fernrohr ein idealer Räuber-Ausguck ist. Wir folgen weiterhin den Hotzenplotz-Wegweisern und steigen bis zur kleinen Landstra-

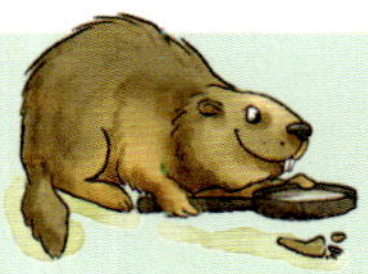

Hallo Kinder,

auch Frösche und Kröten wandern, aber nicht aus Lust und Laune, sondern um zu überleben. Im Ziegelwaldsee leben viele Erdkröten, die hier im Frühling ihre Eier im Wasser ablegen. Einige Tage später schlüpfen aus den gallertumhüllten Eiern die Larven, aus denen sich die bekannten schwarzen Kaulquappen entwickeln, die ihr sicher schon in Teichen oder großen Pfützen gesehen habt. Rund um den See werden im März regelmäßig alle Wege und Straßen abgesperrt, um die Tiere bei ihrer Wanderung nicht durch den Straßenverkehr zu gefährden. Eine weitere gute Methode, die Tiere zu schützen, sind sogenannte Krötenzäune, die entlang der Straße aufgebaut werden. Die Kröten müssen dann durch spezielle Tunnel hindurch und plumpsen in einen Sammeleimer, der von Helfern täglich auf der anderen Straßenseite entleert wird. Vielleicht habt ihr schon selber einmal mitgeholfen, Kröten über gefährliche Straßen zu befördern, oder habt eine Sendung darüber im Fernsehen gesehen.

ße ab, wo wir über einen Holzplankenweg zum idyllisch gelegenen Ziegelwaldsee kommen, der mit einem kleinen Strand die Kinder zum Spielen einlädt. Mit etwas Glück kann man hier Kröten, Frösche, Ringelnattern und Unken entdecken. Weiter auf dem Bohlenweg gelangen wir in ein Biotop und zum **Unkenbrunnen 6**. Hier kann man einige Zeit verbringen, denn Tische und Bänke laden genauso zum Verweilen wie das Räuberrätsel und die Infotafeln zum Feuchtbiotop. Folgen wir dann dem Pfad wieder bergauf, erreichen wir bald eine kleine Höhle mit Schatzkiste, die letzte Station des Räuberweges. Wenige Meter weiter führt uns der schon bekannte Pfad zurück zur Landstraße und zum Startplatz des **Kleinen Räuberpfades 2**. Von dort erreichen wir rechts die **Bushaltestelle Strohbach 1** auf demselben Weg, den wir gekommen sind.

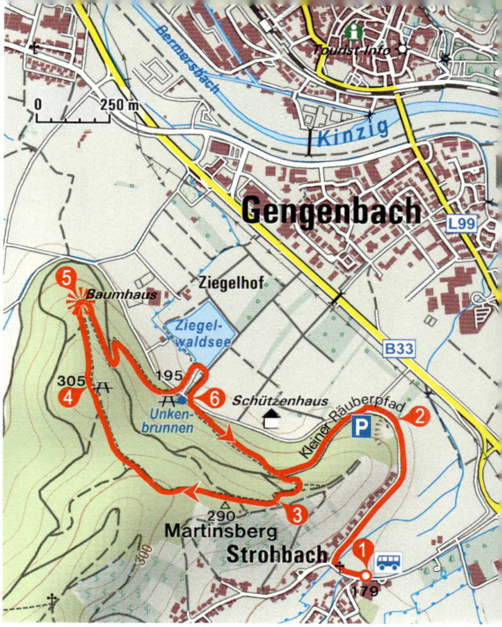

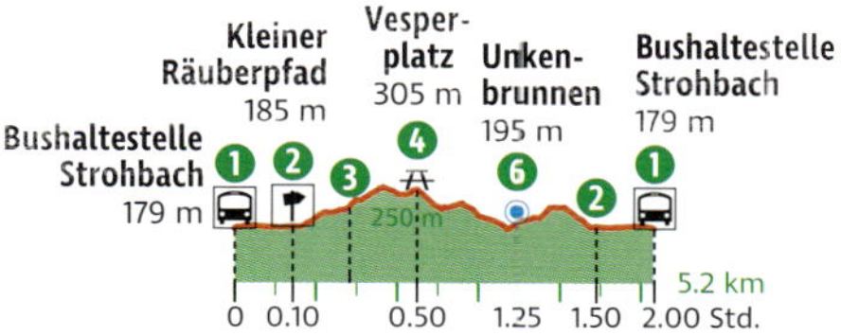

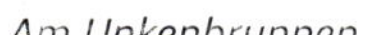

Am Unkenbrunnen.

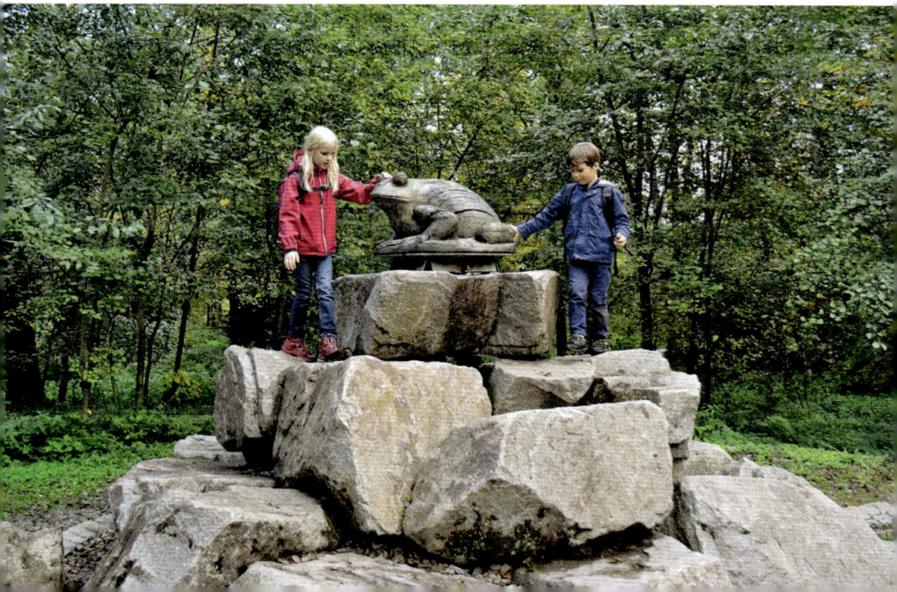

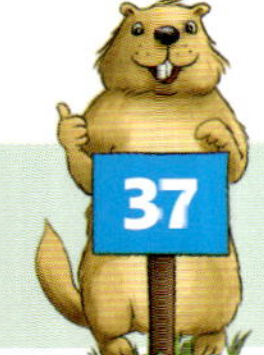

1.30 Std. | 3.7 km | ↗150 m | ↘150 m | ab 4 Jahren

Zur Burg Hohengeroldseck

Von der Passhöhe am Schönberg über den Burgpfad

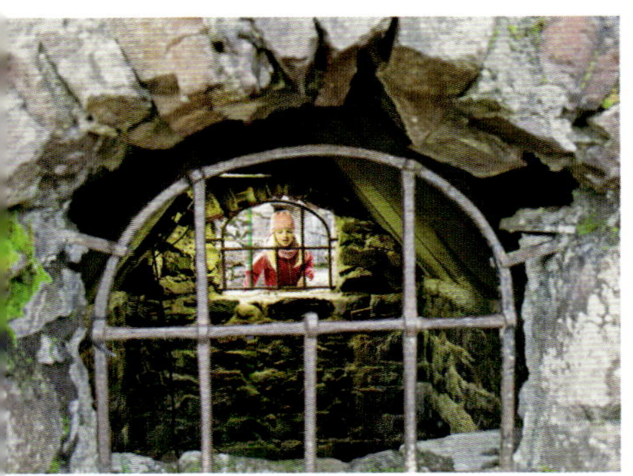

Zum Glück schauen wir von draußen hinein und nicht von drinnen hinaus.

Zu Besuch beim Ritter Walter von Geroldseck

Alle Fans von Rittern und Burgen kommen auf dieser Wanderung voll auf ihre Kosten, denn die kleinen und großen Wanderer erwartet nicht nur eine fast 800 Jahre alte Ritterburg, die man schon von der Bushaltestelle aus auf dem Schönberg thronen sieht, sondern auch ein Erlebnispfad, der detailliert über das spannende Leben eines Ritters informiert. An vielen anschaulichen Stationen dürfen wir Ringe mit der Lanze stechen, einen Hofnarren spielen oder mit einem Katapult Steine verschießen. In der Burg selber staunen wir über die hohen Mauern des Rittersaales, indem man früher sicher tolle Feste feiern konnte. Über einen Treppenturm mit Wendeltreppe kommen Schwindelfreie zu einer Aussichtsplattform, von der aus man vom Kandel bis zu den Vogesen alle Gipfel der Region bewundern kann. Der Rückweg führt dann auf einer sonnigen Straße auf der Rückseite des Schönberges bergab bis zu unserem Ausgangspunkt bei der Ludwigssäule.

Lanzenstechen für Anfänger.

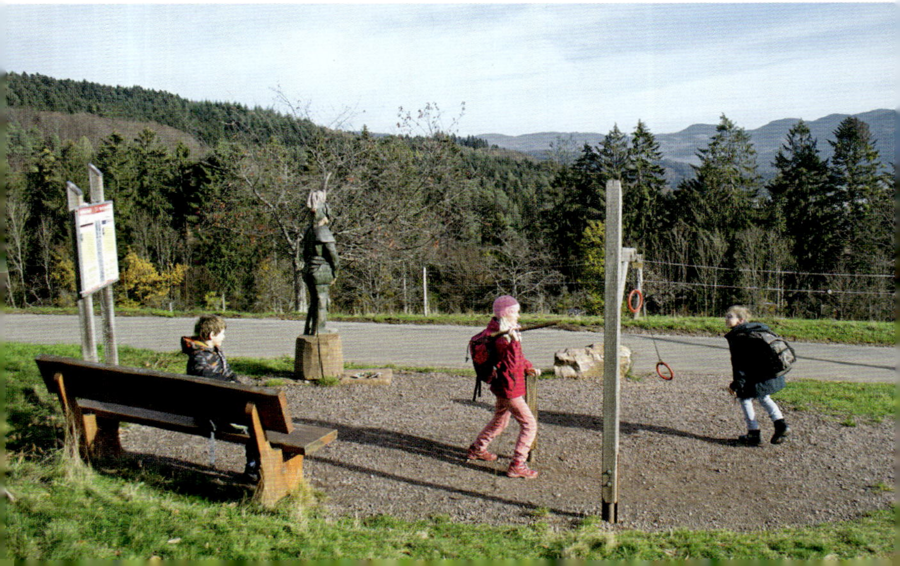

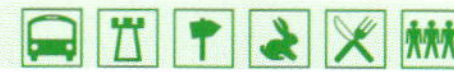

Ausgangspunkt: Passhöhe Schönberg-Seelbach, 371 m. Anfahrt jeden Sonn- und Feiertag von März bis November mit der FZB-Freizeitbuslinie Schönberg ab Lahr Bahnhof.
Mit dem Auto: Kostenlose Parkplätze am Wanderparkplatz an der Ludwigssäule, 77960 Seelbach, gleich bei der Bushaltestelle Schönberg-Seelbach, GPS: N48.326723, E7.982026.
Ausrüstung: Je nach Jahreszeit Wandersandalen oder Wanderschuhe.
Anforderungen: Der Hinweg bergauf durch den Wald ist teilweise steil und schmal und nur bedingt kinderwagentauglich, Wurzeln und Steine liegen jedoch nicht im Weg.
Einkehr: Leckere Wandererkost in Beck's Vesper Stube, direkt am Wanderweg, man sitzt wunderschön im begrünten Biergarten; geöffnet von Mo bis Fr ab 12 Uhr, Sa, So und feiertags ab 10.30 Uhr, Di und Mi Ruhetag, Schloßberg 2, 77960 Seelbach, Tel. +49 7823 2605. Tolle Kuchen und herzhafte Schwarzwälder Datschkuchen gibt es in der Schloßberg Ranch beim Abstieg von der Burg, rustikal mit toller Aussicht; Do bis Sa und an jedem 1. Sonntag im Monat 11–18 Uhr, Schloßberg 4, 77960 Seelbach, Tel. +49 160 97671227 oder Tel. +49 7803 1259.
Tipp: Jedes Jahr findet Anfang September das Burgfest statt, mit traditionellem Handwerk, mittelalterlichem Lagerleben, Bogenschießen, Stockbrot-Grillen, Burgführungen und vielem anderem mehr.

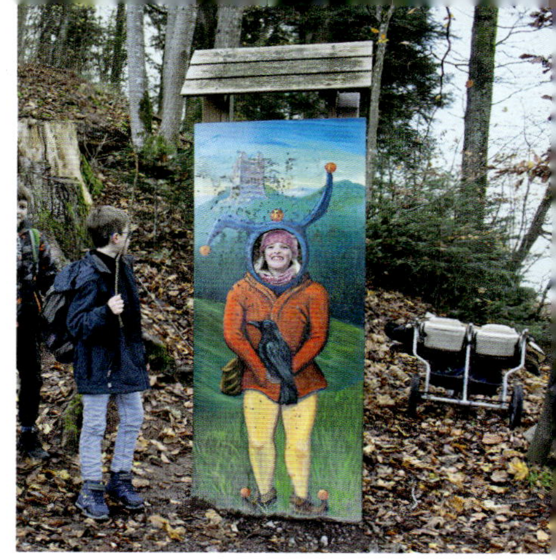

Der Hofnarr war als Kritiker der Herrschaft eine wichtige Institution bei Hofe.

Los geht's an der **Bushaltestelle Schönberg-Seelbach ❶**, von der aus wir die Burg schon auf dem Schönberg thronen sehen. Hier an der Ludwigssäule werden wir von der ersten Hinweistafel des Geroldsecker Burgpfades über den Burgherren und seine Frau informiert und können die erste Frage des Ratespiels lösen. Wir folgen der Beschilderung in Richtung Burg und überqueren vorsichtig die Bundesstraße. Gleich in die nächste Straße biegen wir rechts ein und wandern direkt an Beck's Vesperstube vorbei. Beim Wanderschild Schlossberg führt uns das rote Burgpfadschild weiter geradeaus, vorbei an mächtigen Kaltblutpferden eines Bauernhofes bis zur **Ritterstation ❷**, an der die Kinder etwas über die Bewaffnung der Ritter erfahren und Lanzenstechen üben können. Das ist gar nicht so einfach, wie es aussieht.

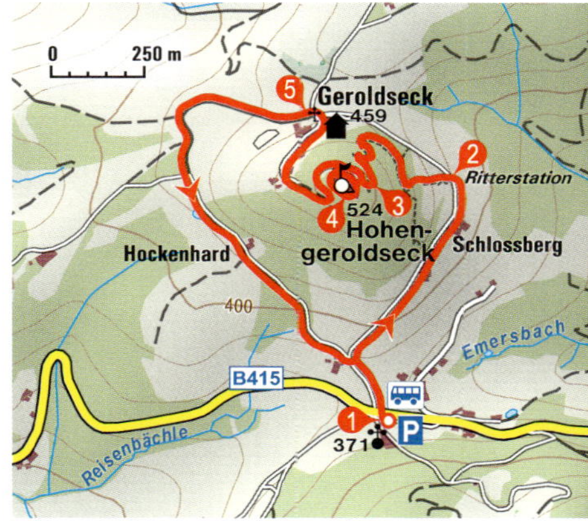

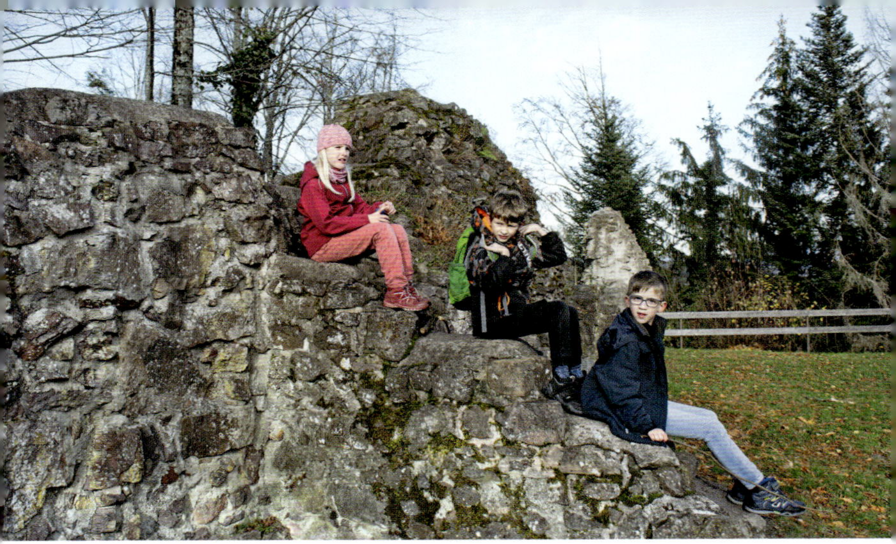

Besichtigen macht hungrig: Die Burgmauer kommt als Vesperplatz gerade recht.

Wir erklimmen über Serpentinen die folgenden Meter bis zur nächsten Abzweigung, dort halten wir uns rechts an die rote Beschilderung und gelangen an eine Weggabelung mit Holzkanonen und Katapulten, die die Kinder zum Zielwettschießen nutzen. Auf dem stetig ansteigenden Wanderpfad begegnen uns weitere Infotafeln mit kniffligen Fragen und spannenden Spielen, bis wir das **Wanderschild Hohengeroldseck Burgpfad ③** erreichen, an dem wir steil rechts abbiegen in Richtung Burghof. Schließlich durchschreiten wir die Burgmauer und halten uns am Brunnenhaus vorbei links, um die Burg einmal komplett zu umrunden und ein Gefühl für die Größe der Anlage zu bekommen.

Nach einer ausgiebigen Pause auf der Burgmauer erkunden wir das Innere der **Burg ④** und besteigen über eine Wendeltreppe im Treppenturm die luftige Aussichtsplattform auf dem Dach des Palas, des ehemaligen Festsaals im zweiten Stock. Von hier oben sehen wir weit ins Land hinaus bis zum Belchen und zu den französischen Vogesen.

Während die Kinder noch unter sich ausmachen, wer Ritter, wer König und wer Burgfräulein spielt, verlassen wir das Burggelände wieder und

Highlights

★ Vom Startpunkt haben wir einen tollen Blick auf den Berg und seine Burg.

★ Die schmalen und steilen Bergpfade machen den Kindern richtig Spaß beim Erklimmen.

★ Spannender Ritterpfad mit viel Action und Wissen über das Ritterleben.

★ Wir erkunden die gut erhaltene Burgruine vom Keller bis zum Dach, von dem aus man einen tollen Weitblick hat.

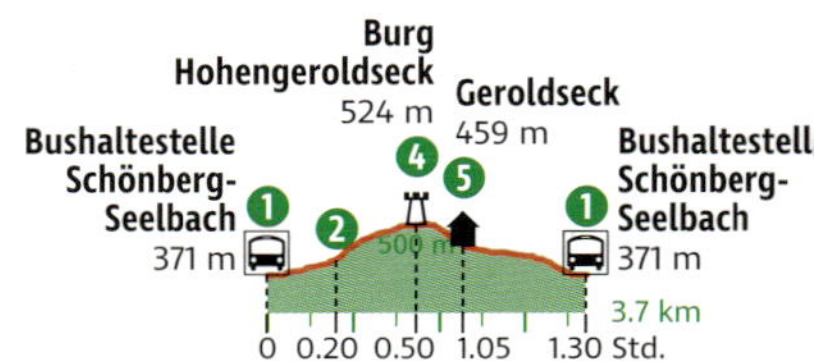

wandern nun gegen den Uhrzeigersinn außen um die Burg herum. Am Wanderschild Hohengeroldseck geht es bergab in Richtung Geroldseck. Wir passieren die urige **Schlossberg-Ranch** mit Burgschänke und Gaststube am **Geroldseck** ❺ und biegen links am Wanderschild in Richtung Hockenhard von der Teerstraße auf den Forstweg ab.

Vorbei an großen Wiesen, die zum Barfußlaufen einladen und einen weiten Blick ins Hügelland des Schwarzwaldes erlauben, folgen wir dem Weg in Richtung des Parkplatzes Schönberg-Ludwigssäule. Der Weg mündet nach wenigen Minuten in eine geteerte Straße ein, die wir weiter bergab laufen. Den Fischteich und die leckeren Spezialitäten des Hockenhard-Bauernhofes lassen wir unter wohlwollender Begutachtung rechts liegen und erreichen nach wenigen Minuten wieder die Bundesstraße mit der **Bushaltestelle Schönberg-Seelbach** ❶.

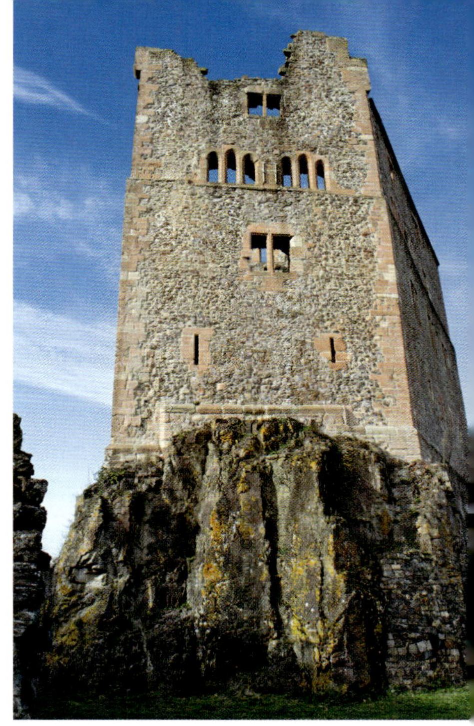

Hinter dicken Mauern wohnten und feierten die Geroldsecker Ritter.

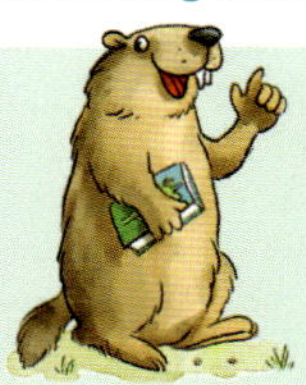

Hallo Kinder,

wundert ihr euch, warum diese Burg keinen richtigen Turm besitzt? Nicht jede Burg im Mittelalter hatte einen eigenen Turm. Eine Burg, die im flachen Land gebaut wurde, benötigte natürlich einen hohen Turm, damit die Bewohner rechtzeitig sehen konnten, ob Feinde im Anmarsch waren. Dann konnten sie eiligst ihre Zugbrücken hochziehen und sich bewaffnen. Türme wurden auch oft als Gefängnisse benutzt oder als Versteck für Gold und andere Schätze, die den Bewohnern wichtig waren. Türme sollten den benachbarten Burgherren auch zeigen, wie reich und mächtig man war. Keiner sollte auf die Idee kommen, die Burg erobern zu wollen. Wegen ihrer Lage auf dem Gipfel des Schönbergs benötigte die Burg Hohengeroldseck keinen hohen Aussichtsturm. Zudem waren die beiden mächtigen Herrenhäuser mit vier Stockwerken schon für sich genommen sehr hoch und, mit dicken Mauern umgeben, gut gegen eine Eroberung geschützt. Im Jahre 1486 gelang es dennoch. Es waren jedoch über 8000 Soldaten nötig, die die Burg acht Tage lang mit Kanonen beschossen, bis sie sie schließlich einnehmen konnten.

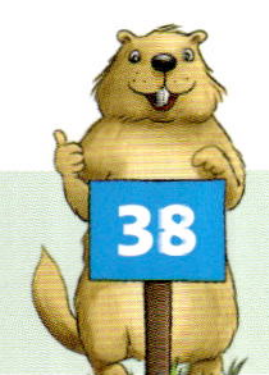

1.00 Std. | 2.0 km | ↗ 25 m | ↘ 25 m  | ab 6 Jahren

38 Stadtrallye in Zell am Harmersbach

Rundtour durch die Zeller Innenstadt

Schnitzeljagd durchs Mittelalter

Einige Jahrhunderte zurück in die Vergangenheit versetzen wir uns bei einer Rätselrallye durch das spätmittelalterliche Städtchen Zell am Harmersbach. Die meisten Kinder lieben solche Rätseltouren und finden eine Abwechslung zu den Wanderungen in der Natur klasse. Die ehemalige Reichsstadt mit ihrer dicken Stadtmauer ist fast 900 Jahre alt und es finden sich auf dem Stadtrundgang viele interessante und spannende Zeugnisse aus alten Zeiten. In der Alten Kanzlei holen wir uns in der Tourist-Info die Rätselvorlage und den Stadtplan, der uns beim Lösen der Fragen hilft. Der alte Storchenturm mit seiner schaurigen Geschichte als Foltergefängnis ist der Startpunkt der Rallye, die rund um die historische Altstadt führt und auch den Abenteuerspielplatz im Stadtpark nicht auslässt, damit sich die Kinder richtig austoben können. Am Ende können sich die jungen Detektive eine kleine Überraschung in der Tourist-Info abholen.

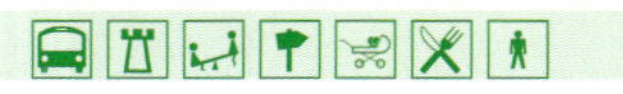

Ausgangspunkt: Bahnhof Zell am Harmersbach, 218 m. Anfahrt mit dem Zug ab Offenburg Bahnhof Richtung Freudenstadt oder Radolfzell, umsteigen in Biberach in die SWE-Schnellbahn Richtung Oberharmersbach.

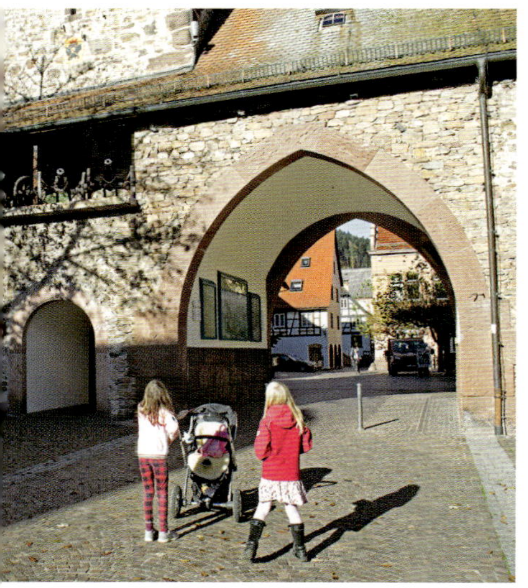

Mit dem Auto: Kostenlose Parkplätze am Bahnhof, Hindenburgstraße 12, 77736 Zell am Harmersbach.

Ausrüstung: Turnschuhe, Sandalen oder Halbschuhe sind vollkommen ausreichend für die Stadttour.

Anforderungen: Der Weg ist kinderwagentauglich, nur zum Spielplatz geht es etwas steiler bergauf. Es ist natürlich toll, wenn die Kinder schon lesen können, um die Rätsel selbst zu lösen, das ist aber kein Muss, denn manche Fragen kann man durch Abzählen herausfinden. Ansonsten helfen die Eltern gerne mit. Für das Lösen der Rätsel sollte man rund 1 Std. zusätzlich zur Gehzeit einplanen.

Einkehr: In der Stadt gibt es reichlich Einkehrmöglichkeiten, ebenso gute Bäckereien, Metzgereien oder Eisläden.

Tipp: An der Ecke Hauptstraße/Fabrikstraße befinden sich Museum und Werksverkauf der bekannten Zeller Keramik Manufaktur, deren Geschirr man an den aufgemalten Hahn und Henne erkennen kann. Im Sommer können die Kinder barfuß oder mit Wasserschuhen durch den Bach wandern.

Start am Storchenturmgefängnis.

Vom **Bahnhof Zell am Harmersbach ❶** sind es nur wenige Meter geradeaus die Bahnhofstraße hinunter bis zum Beginn der Rallye am **Rathaus ❷** und zu der Tourist-Info in der Alten Kanzlei. Das 25 m hohe und fast 700 Jahre alte Storchenturmgefängnis, das ein Teil der mittelalterlichen Stadtmauer aus dem Jahr 1330 ist, steht auch auf dem Kanzleiplatz. Eine Infotafel erzählt die Geschichte des Kerkers und des Hungerverlieses, in dem auch Folterinstrumente ausgestellt werden, und lässt uns alle schaudern. Außen an der Mauer schauen vier originale Feldkanonen von einer Balustrade herunter und zeugen von der Wehrhaftigkeit der Zeller Bürgerschaft. Die Hinweistafeln an den Gebäuden helfen uns dabei, die ersten Fragen des Rätsels zu lösen.

Hinter der Alten Kanzlei wandern wir dann am Storchenturm-Museum vorbei links die Turmstraße hinunter, bis wir nach wenigen Minuten den dicken kleinen **Hirschturm ❸**

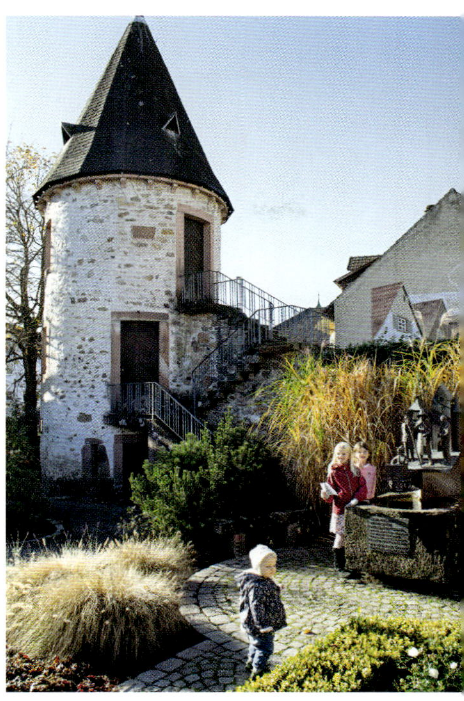

Im Garten des dicken Hirschturms, der Teil der Stadtmauer war.

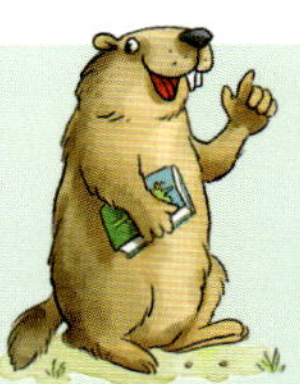

Hallo Kinder,

heutzutage in einem Gefängnis eingesperrt zu sein, ist bestimmt keine angenehme Sache, aber im Mittelalter war es sicher noch viel schlimmer. Hier im kalten, dunklen Verließ des Turmes wurden die Verbrecher jedoch nur solange festgehalten, bis sie durch Zeugenbefragungen überführt werden konnten oder ein Geständnis abgelegt hatten. Um ein Geständnis vom Gefangenen zu erzwingen, erfolgte eine sogenannte Peinliche Befragung, bei der auch der Einsatz von Foltergeräten, wie zum Beispiel Daumenschrauben, erlaubt war. Peinlich bedeutet hier schmerzhafte Pein, was sich gut nachvollziehen lässt, wenn wir die Folterwerkzeuge im Storchenturm betrachten. Vom Gericht wurde dann bei schlimmen Verbrechen die Todesstrafe verhängt oder der Verurteilte wurde aus der Stadt verbannt. Bei etwas weniger schlimmen Vergehen wurden die Verurteilten öffentlich zur Schau gestellt und an einen Pranger oder einen Schandblock gefesselt, damit jeder sie sehen konnte. Für die Betroffenen war das eine große Schande.

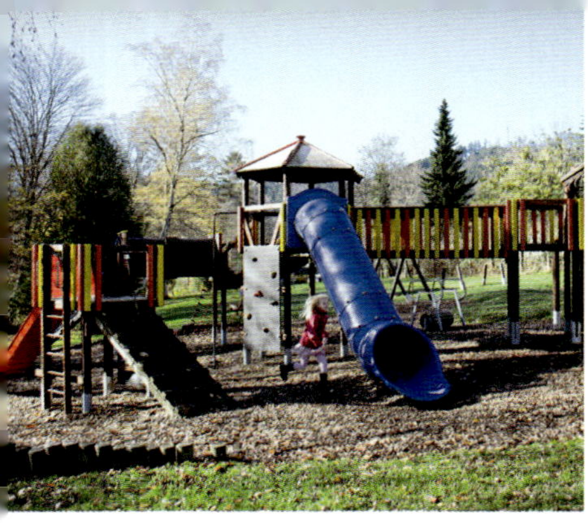

Toben auf dem Abenteuerspielplatz im Stadtpark.

Highlights

★ Ein spannendes Rätsel führt uns durch die ganze Stadt.

★ Am Storchenturm finden wir echte Kanonen und einen Kerker.

★ Das mittelalterliche Stadtbild ist sehenswert.

★ Im Stadtpark findet sich ein Teil der Berliner Mauer.

★ Ein großer Abenteuerspielplatz wartet zur Halbzeit der Tour auf die Kinder.

finden, an dem die Kinder alle Holztüren zählen müssen, und das sind einige. Um unser nächstes Ziel zu erreichen, biegen wir von der Turmstraße links in die Spitalstraße ab, überqueren die Hauptstraße am **Stadtbrunnen** ❹ von 1887 und gehen an der **Zeller Keramik Manufaktur** ❺ und der Goldeselstatue vorbei rechts in die Fabrikstraße hinein. Diese führt uns geradewegs zur **Villa Haiss**, einem zeitgenössischen Museum, in dessen Park zur Linken ein echtes, 6 m langes Stück der **Berliner Mauer** ❻ steht, zu dem es auch Fragen für die Stadtrallye zu beantworten gibt.

20 m weiter gabelt sich die Straße auf und wir gehen links auf dem Karl-Schöner-Weg am Rand des Stadtparks weiter. Über einige steilere Serpentinen erreichen wir in wenigen Gehminuten den etwas oberhalb gelegenen **Abenteuerspielplatz** ❼ mit seiner schönen Aussicht auf die Stadt und die umliegenden Berge. Nach einer ausgiebigen Spielrunde und dem Ausprobieren aller Spiel-

Die Berliner Mauer begegnet uns im Stadtpark.

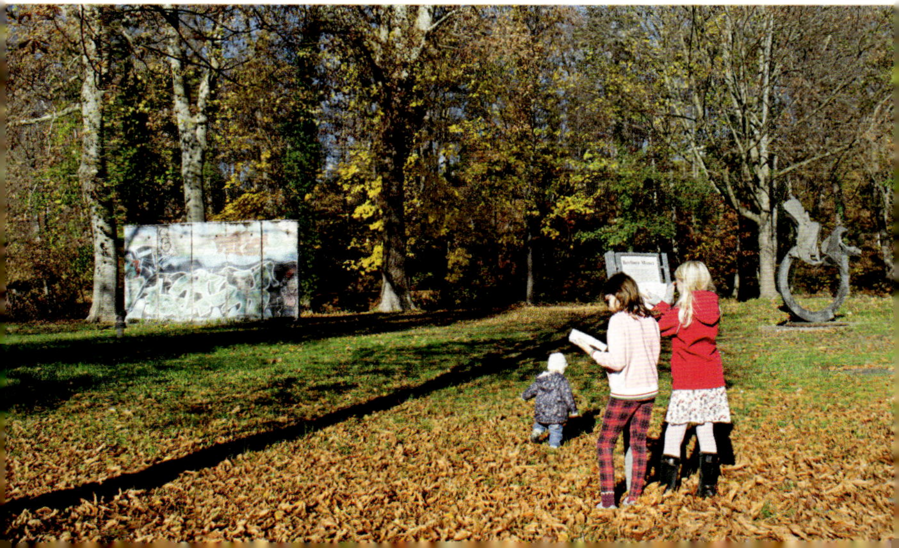

In heutigen Zeiten unvorstellbar: Wäschewaschen über Holzfeuer.

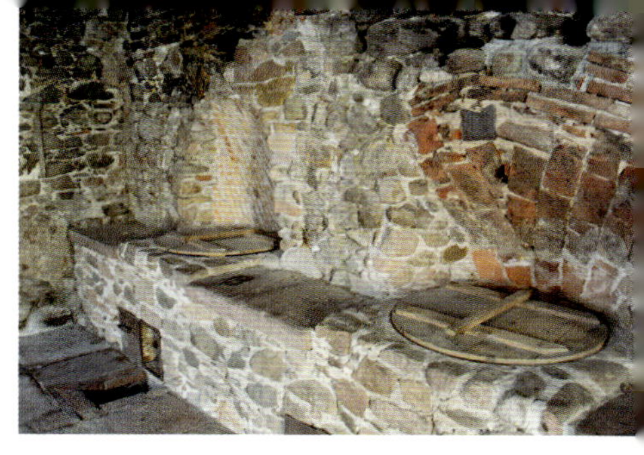

und Klettergeräte wandern wir auf einem Feldweg entlang des Spielplatzes, über eine Wiese und vorbei an Kindergarten und Schule in Richtung der westlich gelegenen Evangelischen Stadtkirche. Wir spazieren links an der Kirche vorbei durch den langen Kirchgarten und schwenken am Ende des Parks links in die Kirchstraße ein. Wir passieren die Katholische Pfarrkirche von Zell und gehen bis zum Mühlbach, an dem uns ein Wegweiser erwartet und entlang des Baches rechts zur **Alten Waschküche ❽** bringt. Hier wurde bis in die 1950er-Jahre noch von Hand Wäsche gewaschen und geschrubbt. Für die Stadtrallye zählen wir die Waschplätze und machen uns auf zur Stadtkirche, der nächsten Station. Dazu laufen wir den Weg zurück am Bach bis zur Kirchstraße, halten uns links und die nächste Querstraße wieder links in den Pfarrhofgraben. Wir kommen am Tor der Stadtkirche vorbei und können hier eine weitere Frage beantworten. Zum Gebäude der **Schwarzwälder Post ❾** sind es dann nur noch ein paar Meter, hier können wir in einem Holzkasten einen Stempel auf unser Rätselblatt drucken. Wenn möglich sollte man sich hier die historische Buchdruckerei im Keller ansehen, sie ist über 100 Jahre alt und enthält viel Sehenswertes zum Thema Zeitungsdruck. Unsere Tour verläuft nun weiter auf dem Pfarrhofgraben zur Verkehrsinsel, an der wir gleich links abbiegen und entlang der Hauptstraße bis zum nahe gelegenen **Narrenbrunnen ❿** auf der rechten Straßenseite spazieren. Hier standen früher das Untere Stadttor und eine Viehtränke, nun aber können wir die vier verschiedenen Statuen der Zeller Fasend-Narren bestaunen, die an Fastnacht ihr Unwesen treiben, allen voran der mit Tausenden von bunten Papierstreifen bekleidete Bändele-Narro. Knapp 100 m weiter geht es rechts wieder zurück zum Kanzleiplatz, hier können wir unser gelöstes Rätsel bei der Tourist-Info am **Rathaus ❷** abgeben und den Rückweg zum **Bahnhof ❶** antreten.

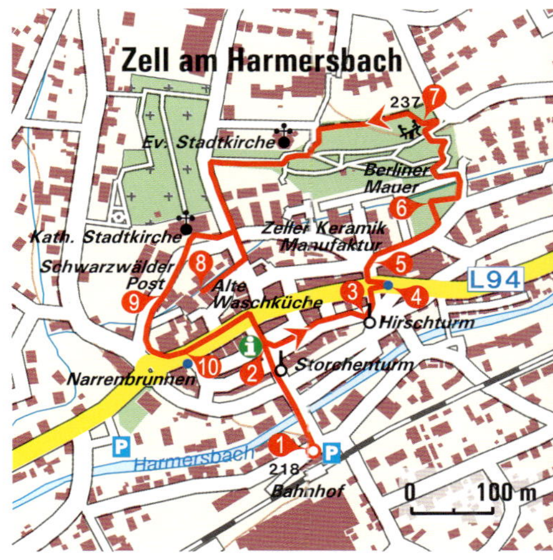

Hirschturm 223 m
Abenteuer-spielplatz 237 m
Zell am Harmersbach 218 m ❶ ❸
❼ ❽
❶ Zell am Harmersbach 218 m
2.0 km
0 0.30 1.00 Std.

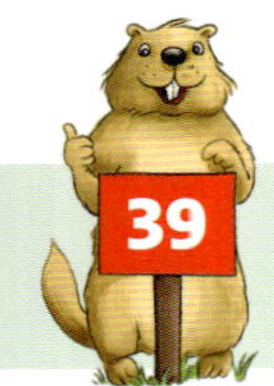

2.45 Std. | 7.1 km | ↗ 320 m | ↘ 320 m | ab 6 Jahren

Zum Wolfacher Berghexenlandeplatz

Auf dem Genießerpfad hoch über der Kinzig

Hirschfütterung und Hexenspaß

Auf meist engen, schattigen Waldpfaden führt uns die Tour von der Kinzig aus zu einem Wildgehege mit Hirschen, die gerne an Kinderhänden schnuppern, und hoch zum Käpflefelsen, einer freistehenden, schwindelerregenden Felsnadel. Von hier aus sieht man den Fluss und das Städtchen Wolfach mit seinem großen Schloss am besten. Den Gipfel der Tour erreichen wir am einfallsreichen Berghexenlandeplatz, auf den sich die Kinder den ganzen Weg freuen können. Hier wartet auf dem Turm eine Flaschenpost der Berghexen und ein Gipfelbuch, in das wir uns eintragen. Auf einer langen Himmelsliege kann man in den Himmel schauen, vespern und die Ruhe genießen, falls die Kinder gerade nicht mit langen Stecken Hexenbesenflug spielen. Auf dem Weg bergab kommen wir zur alten, reich ausgestatteten Wallfahrtskapelle St. Jakobus, in der wir eine Kerze anzünden und die kunstvollen Altäre bewundern können. Durch den Jakobswald verläuft unser weiterer Weg und bringt uns über den Rappenfelsen und vorbei an einem historischen Hochbehälter zurück zum Bahnhof an der Kinzig.

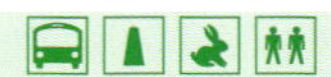

Ausgangspunkt: Bahnhof Wolfach, 260 m. Anfahrt ab Bahnhof Offenburg mit der Regionalbahn RB 20 Richtung Freudenstadt.

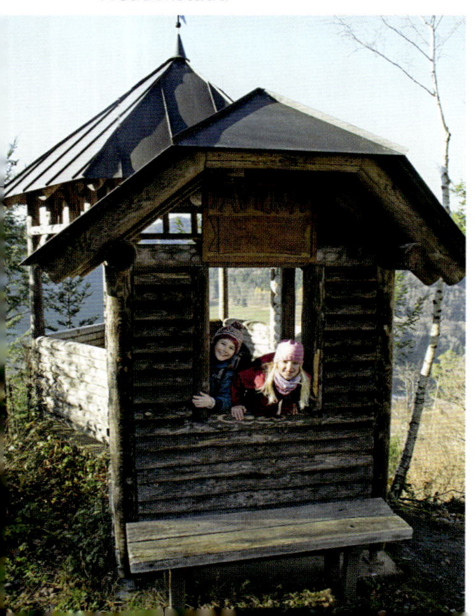

Mit dem Auto: Kostenfreie Parkplätze gibt es direkt am Bahnhof, Bahnhofstraße 18, 77709 Wolfach.

Ausrüstung: Feste Wanderschuhe.

Anforderungen: Mittelschwere Wanderung auf stellenweise steilen und steinigen Waldwegen und -pfaden mit vielen Pausenplätzen. Die Felsnadel Käpflefelsen ist gut gesichert, erfordert aber trotzdem Schwindelfreiheit, denn von der Brücke geht es tief nach unten.

Einkehr: Auf dem Weg keine. In der Stadtmitte findet man in der Hauptstraße einige Gaststätten und Cafés, z. B. Gasthof Zum Hecht, Hauptstraße 51, 77709 Wolfach, Tel. +49 7834 83510, www.hecht-wolfach.de, oder Eiscafé Milano, Hauptstraße 28, 77709 Wolfach.

Tipp: In der Wolfacher Dorotheenhütte kann man den Kristallglasbläsern bei der Arbeit zusehen (siehe Freizeittipp 16).

Es grüßen die Berghexen aus ihrem Häuschen heraus.

Am **Bahnhof Wolfach** ❶ halten wir uns gemäß der Beschilderung »Wolfacher Schlossblick« rechts die Bahnhofstraße entlang, bis wir gleich darauf rechts in die nächste Seitenstraße, den Siechenwaldweg, einbiegen und die Gleise überqueren. Hinter dem Bahnübergang führt uns ein ausgewiesener, schmaler Wanderpfad bergauf Richtung Käpflefelsen. Schon nach 100 m sehen wir den nächsten Wegweiser des Wolfacher Schlossblicks und folgen ihm nach rechts hinauf zum **Wildgehege** ❷. Die Hirsche haben hier eine schöne große Wiese, auf der wir sie ausgiebig betrachten können. Der weitere Weg verläuft nun links hinauf zum **Käpflefelsen** ❸, der gut ausgeschildert ist und den wir nach rund 10 Min. erreichen. Dazu wählen wir am Wegweiser Käpflefelsen die linke Weggabel und gehen über die Brücke auf den Felsen. Diese Felsnadel mit ihrer Goldkugel als Verzierung ist wirklich imposant, so exponiert wie sie hier am Berg steht und an allen Seiten steil abfällt, dass manchem schon etwas schwindelig werden kann. Von hier oben kann man die ganze Stadt sehen und vor allen Dingen das großflächige Fürstenbergische Schloss, das das Stadtmuseum und einige Ämter beherbergt. In einiger Entfernung erkennt man im Wolftal sogar die alte Ruine der einstigen Burg Wolfach.

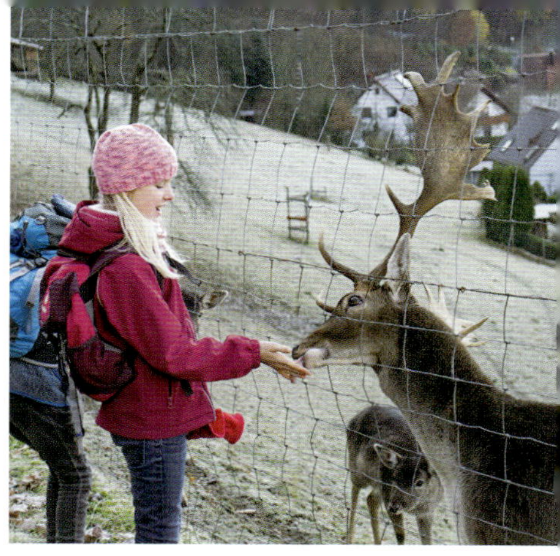

Erst im Frühjahr wirft der Hirsch sein Geweih ab.

Zurück am Wanderschild wandern wir links weiter in Richtung **Gesund-**

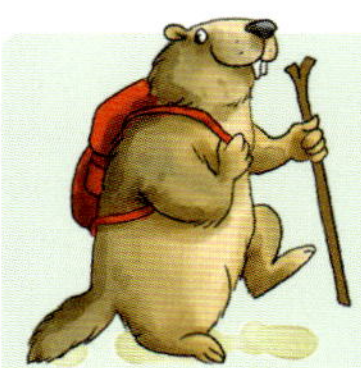

Hallo Kinder,

wie entstehen eigentlich Quellen? Wo kommt das Wasser her? Und gibt es Quellen nur am Berg oder auch im Flachland? Quellen sind ein Teil des Wasserkreislaufs. Wenn es regnet, versickert das Regenwasser normalerweise im Boden und durchdringt wasserdurchlässige Gesteinsschichten, bis es auf eine wasserundurchlässige Schicht stößt. Dort sammelt es sich und füllt Hohlräume. Diese Gesteinsschichten sind in den Bergen oft nicht eben, sondern haben ein Gefälle und leiten das Regenwasser, das nun Grundwasser genannt wird, weiter, bis es an einer geeigneten Stelle, zum Beispiel an einem Berghang, an der Erdoberfläche austritt und eine Quelle bildet. Im flachen Land gibt es seltener Quellen, an denen das Wasser von selbst aus dem Boden fließt. Hier bohrt man mit langen Bohrern in den Boden, bis man auf Grundwasser stößt, das man dann heraufpumpen kann. Manchmal aber steht dieses Grundwasser unter Druck und sprudelt dann ganz von alleine an die Oberfläche.

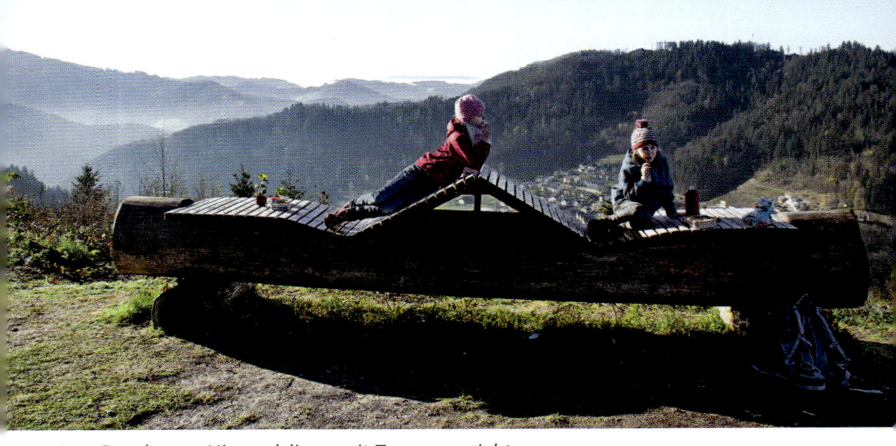

Berghexen-Himmelsliege mit Traumaussicht.

brünnele ❹, wobei wir uns an den nächsten Abzweigungen an der gelben Raute und dem kleinen blauen Genießerpfad-Schildchen orientieren. An dem Brunnen können wir frisches kühles Bergquellwasser zapfen und den Weg fortsetzen, der hinter dem Brunnen rechts hinauf verläuft und uns nach wenigen Metern gleich wieder rechts in Richtung des beschilderten Wolfacher Schlossblickweges zum Berghexenlandeplatz, unserem nächsten Ziel, führt. Nach gut 15 Min. wird der breite Forstweg zu einem steilen Bergpfad, der nicht in allen Karten verzeichnet ist, aber gut mit der gelben Raute beschildert ist. Markant sind im Herbst die dünnen, durchscheinenden Schoten des Ausdauernden Silberblatts, das hier großflächig wächst. Am Ende des Steilpfades biegen wir links in den Forstweg ein und folgen dem Genießerpfad-Schild bis zur nächsten Abzweigung, an der das Wanderschild Oberer Siechenwaldweg uns rechts zum Berghexenlandeplatz abbiegen lässt. 70 m weiter geht unsere Tour dann am nächsten Wanderschild auf einem schmalen Pfad scharf links hinauf und wir erreichen nach gut 5 Min. den Aussichtsturm am **Berghexenlandeplatz ❺**. Hier können sich alle auf einer riesigen Panoramaliege ausruhen, vespern, die Selfie-Station ausprobieren oder auf dem Aussichtsturm die Flaschenpost öffnen und selber eine Nachricht hinterlassen. Die Aussicht auf das Städtchen und die Schwarzwaldhöhen ist grandios von hier oben und manchmal liegt sogar Nebel in den Tälern, während oben schon die Sonne scheint.

Highlights

- ★ Vom spektakulären Käpflefelsen können wir das Schloss und das ganze Tal sehen.
- ★ Die Hirsche lecken unsere Hände ab und lassen sich gerne mit Gras füttern.
- ★ Auf dem Turm am Berghexenlandeplatz wartet eine Flaschenpost auf die kleinen Entdecker.
- ★ Ein wunderschöner Vesperplatz mit großer Baumliege lässt uns weit über die Hügel hinausblicken.

Dann marschieren wir den Weg bergab und gelangen nach wenigen Minuten zu einem großen Lüftungsturm, der den langen Tunnel unter uns im Berg mit Frischluft versorgt. Hier am Wanderschild folgen wir weiterhin dem Wolfacher Schlossblickpfad in Richtung Pavillon, ignorieren den nächsten rechts abzweigenden Weg und kommen nach wenigen Minuten am hölzernen Aussichtspavillon und der Grillhütte auf einer Lichtung heraus aus dem Wald. Nach der Erkundung des Pavillons schlagen wir hinter dem Pavillon den ausgeschilderten Wanderweg rechts Richtung St. Jakobuskapelle ein, der sich nach 30 m aufgabelt und uns links auf den angeschriebenen St.-Jakob-Weg führt. Weitere 10 Min. später verzweigt sich der kleine Pfad in zwei größere Forstwege. Wir nehmen den linken Weg Richtung St. Jakob und erreichen nach 100 m eine weitere Weggabelung. Hier halten wir uns rechts auf dem kleineren Pfad und kommen bald darauf an die alte **Wallfahrtskapelle St. Jakobus 6**. Die Kapelle ist eine Besichtigung wert, denn sie besitzt drei prachtvolle Altäre aus der Barockzeit und eine fast 800 Jahre alte Geschichte.

Am Wanderschild vor der Kirche nehmen wir dann wieder den Wolfacher Schlossblickweg, ab jetzt in Richtung Wolfach. Knappe 100 m weiter folgen wir an der Gabelung dem linken Weg und queren wenig später einen breiteren Forstweg am Wanderschild Jakobsweg, das rote Genießerpfad-Schild weist uns den richtigen Weg geradeaus. Auf dem schmalen Waldpfad wandern wir noch gute 10 Min. bis zur nächsten Wegkreuzung, die wir geradeaus passieren. An der

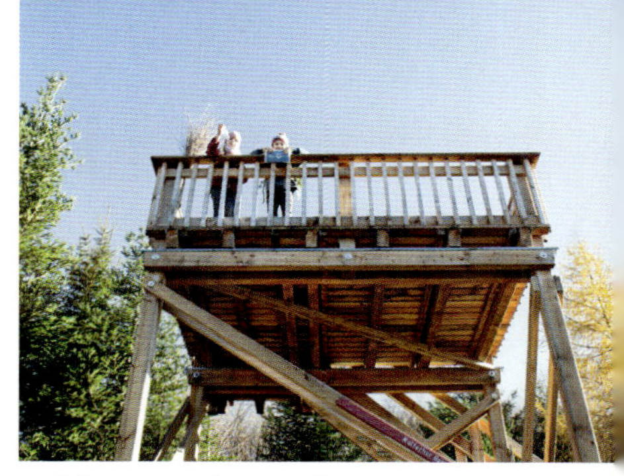

Auf dem Aussichtsturm kann man eine Flaschenpost hinterlassen.

Weggabelung 30 m weiter halten wir uns am Wanderschild Rappenfelsen links. Für weitere 10 Min. spazieren wir oberhalb der Kinzig und des Städtchens Wolfach entlang, bis wir auf die nächste Weggabelung treffen. Hier geht es für uns rechts weiter bis zum historischen Hochbehälter und von dort immer der Beschilderung zum **Bahnhof Wolfach 1** hinterher.

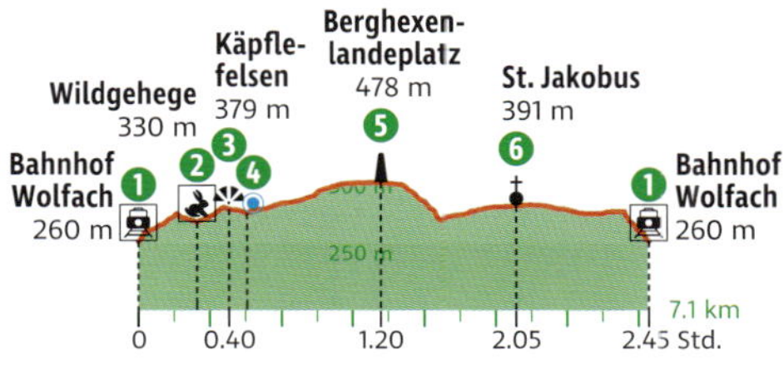

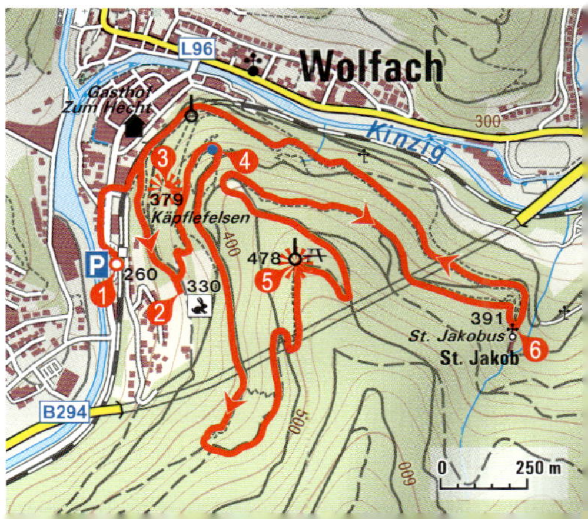

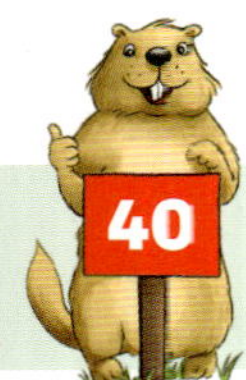

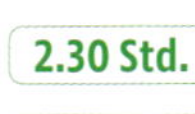 2.30 Std. 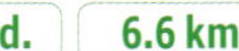 6.6 km 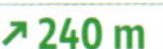 ↗ 240 m 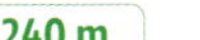 ↘ 240 m

ab 5 Jahren

40 Im Flößerstädtle Schiltach

Durch die Altstadt zum Schloßberg und Schierlesgrund

Spannende Schnitzeljagd an Kinzig und Kuhbach

Die alte Flößerstadt Schiltach mit wunderschönen Fachwerkhäusern direkt an der Kinzig liegt malerisch inmitten der Schwarzwaldhöhen, die wir auf der Suche nach dem Schwarzwaldrätsel erklimmen. Ausgerüstet mit einem Rätselrucksack voller Zahlenschlösser, den wir in der Tourist-Info erhalten, machen wir uns an den Aufstieg zur Burgruine Schiltach auf dem Schloßberg. Dort genießen wir auf der Himmelsliege eine gemütliche Pause inmitten der Natur und dazu die herrliche Aussicht. Anschließend führt uns die Rätseltour in die Altstadt und danach auf die Gamberwiese und an den Wasserspielplatz der Kinzig, wo wir einiges über den alten Beruf der Flößer erfahren und enträtseln, bevor es wieder hinauf in den Wald geht. Im Wald sind ebenfalls ein paar Schlösser zu knacken, dann geht es zurück in die Altstadt. Das letzte Rätsel lösen wir auf dem Marktplatz und die Kinder freuen sich sehr über die kleine Überraschung, die am Ende auf sie wartet.

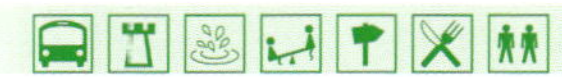

Ausgangspunkt: Bahnhof Schiltach, 332 m. Anfahrt ab Bahnhof Offenburg direkt mit dem Regionalzug RB20 Richtung Freudenstadt.

Mit dem Auto: Kostenfreier Parkplatz Obere Bahnhofsbrücke, Bahnhofstraße 8, 77761 Schiltach.

Ausrüstung: Gut profilierte Wanderschuhe oder -sandalen. Evtl. Badesachen und ein kleines Handtuch für das Spielen an und in der Kinzig sowie am Wasserspielplatz einpacken, auch an Wechselkleidung denken.

Anforderungen: Teilweise geht es auf schmalen Pfaden bergauf und bergab. Zwei längere Anstiege fordern etwas Kondition. Der Weg ist nur kinderwagentauglich, wenn man die Burgruine auslässt, da der Pfad dort hinauf steil und eng ist.

Einkehr: In der Altstadt von Schiltach existiert eine Anzahl guter Restaurants und Cafés zum Einkehren.

Tipp: In der Tourist-Info im Rathaus am Marktplatz 6 bekommt man gegen ein Entgelt und ein Pfand den Rätselrucksack, mit dem die Kinder das spannende Outdoor-Escape-Familienspiel »Annis Schwarzwald Geheimnis« lösen können (siehe auch S. 226). Für das Lösen der Rätsel sollte man zwei Extrastunden einplanen, es entpuppt sich auch für die Erwachsenen als schwieriger als angenommen. Um ins Innere des Schienenbusses zu gelangen, kann am Campingplatz Brede in der Bahnhofstraße 6 ein Schlüssel ausgeliehen werden (April bis Oktober, 11–18 Uhr).

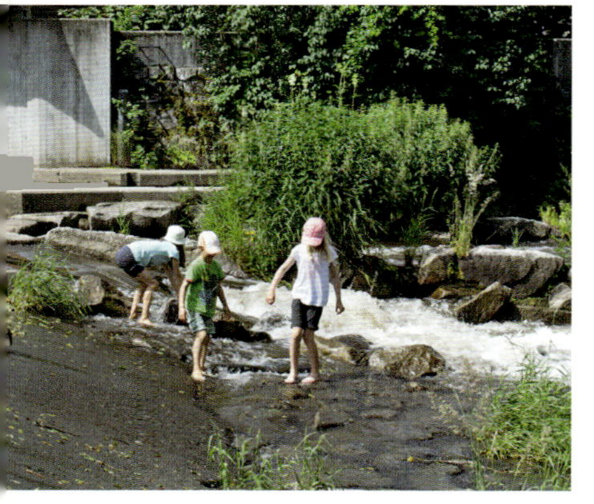

Das alte Gamberwehr ist ein spannender Spielplatz für Kinder.

Vom **Bahnhof Schiltach** ❶ gehen wir links zum museal ausgestellten **Schienenbus** ❷ und der alten, stillgelegten Eisenbahnbrücke von 1898, die man beide besichtigen kann. Hinter der Bahnbrücke ignorieren wir die Straßenbrücke über die Kinzig und halten uns stattdessen links bis zur nächsten Querstraße Am Lehen, in die wir links abbiegen und steil bergauf wandern. Nach dem Bahnübergang schwenken wir rechts in eine Kieseinfahrt ein. Der Privatweg teilt sich und wir gehen den linken Weg, bis hinter einem Carport etwas versteckt halb links ein kleiner Pfad mit schönen Blicken auf die Kinzig und das Städtchen bergab führt. Noch vor dem Bahngleis kommen wir unten an der Straße an, überqueren die Straße und steigen die Treppe hinab zum **Kinzigufer** ❸. Hier und am bald folgenden Gamberwehr können die Kinder herrlich am Fluss spielen, während die Erwachsenen die idyllische Kulisse mit den Fachwerkhäusern an der glitzernden Kinzig genießen.

Wir bleiben auf dem Weg am Fluss bis zur großen Häberlesbrücke, auf der wir rechts die Kinzig überqueren. Geradeaus über die Hauptstraße erklimmen wir eine beschilderte Treppe zum Marktplatz. Im **Rathaus** ❹ leihen wir uns den Rätselrucksack aus und lösen die erste Rätselfrage. Bevor wir die zweite Frage beantworten, steigen wir links die Schloßbergstraße hinauf. Am nächsten Abzweig biegen wir hart rechts in die Spitzkehre zum beschilderten »AugenBlick Schloßberg« ab. Gleich darauf gabelt sich die Straße und wir

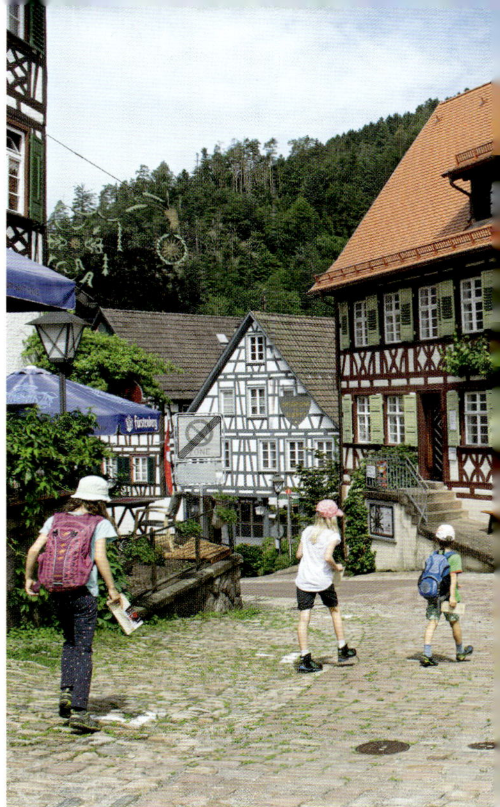

Fachwerkhäuser wie aus dem Bilderbuch: die Altstadt von Schiltach.

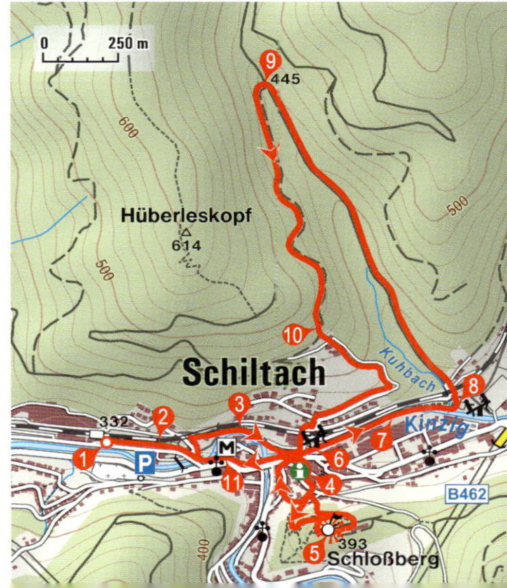

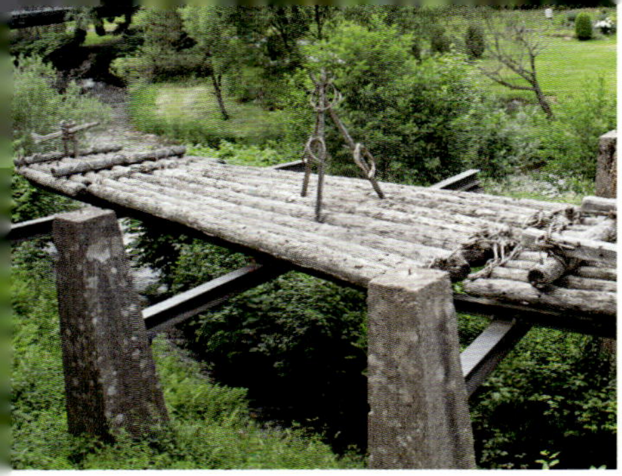

Das Flößen ist eng mit der Geschichte der Stadt verknüpft.

folgen links der gelben Raute. Dann geht die Straße in einen Pfad über, dem wir entlang von Gärten und vielen Erdbeerbüschen folgen. Nach wenigen Minuten geht es für uns an einer Pfadgabelung links weiter über Serpentinen hinauf und an der nächsten Wegkreuzung scharf rechts weiter. Nach knapp 50 m führt uns eine Treppe links hinauf zur Burgruine und einem Aussichtspavillon auf dem **Schloßberg ❺**. Dann geht es für uns über die abenteuerlich hohe, überdachte Holzbrücke hinüber zur Himmelsliege und zur Panoramakarte. Nach einer kurzen Pause wandern wir bis zum nächsten Abzweig, biegen scharf links ab und erreichen über den fast zugewachsenen Weg die Wegkreuzung vom Hinweg. Wir halten uns nun rechts den Berg hinunter und steigen über Treppen ins Städtchen zurück. Am Ende der Stufen geht es rechts auf die geteerte Straße und nach 10 m links in die Schloßbergstraße hinein. Nach einer Vielzahl Stufen finden wir uns auf der Spitalstraße wieder, in die wir rechts einschwenken und bis zum Ende entlangwandern. Dort halten wir uns rechts und überqueren wieder die Häberlesbrücke, auf deren anderer Seite ein schattiger **Spielplatz ❻** auf die Kinder wartet. An dessen Ende treffen wir auf die Straße Vor Kuhbach und laufen rechts immer an der Kinzig entlang bis wir zur **Wehrbrücke ❼** kommen, auf der es das zweite Rätsel zu knacken

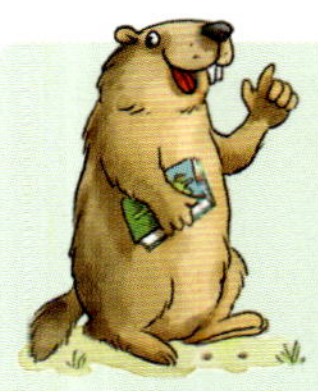

Hallo Kinder,

einer der wichtigsten Berufe hier im Kinzigtal und in vielen anderen Tälern des Schwarzwaldes war der des Flößers, der das im Wald gehauene Holz hinunter ins Rheintal und von dort in die großen Städte wie Straßburg oder Amsterdam brachte. Zum Bauen eines Floßes wässerten und erhitzten die Flößer Tannen- oder Haselnussstämmchen, die dadurch weich wurden und so zu dicken Tauen gedreht werden konnten, die man Wieden nennt. An den Enden der Baumstämme wurden Löcher gebohrt und die Stämme wurden mit den Wieden zusammengeknotet. Damit es sich lohnte, wurden 20 bis 50 Flöße hintereinander gehängt. Das ergab eine Länge von sage und schreibe 200 bis 600 Metern! Diese Floße zu steuern war äußerst schwer und gefährlich. Das vorderste Floß hatte ein Steuerruder, während die hinteren mit großen Stämmen ausgerüstet wurden, die an den Flussgrund abgesenkt werden konnten, um zu bremsen. Hier in Schiltach lebt die alte Flößerkunst noch, denn der Verein Schiltacher Flößer e. V. führt regelmäßig das alte Flößerhandwerk vor und unternimmt historische Floßfahrten auf der Kinzig und anderen Flüssen.

Highlights

★ Wir besichtigen einen historischen Schienenbus.

★ Die Kinder lieben das Spielen an und in der Kinzig.

★ Das Lösen der Rätsel aus dem Rätselrucksack ist megaspannend.

★ Von der alten Burgruine haben wir eine grandiose Aussicht auf Schiltach und das Kinzigtal.

★ Am Wasserspielplatz an der Kinzig bleibt kein Auge trocken.

★ Noch mehr Wasser gibt es im Freibad nahe Schiltach im Schloßhof 96, 77773 Schenkenzell.

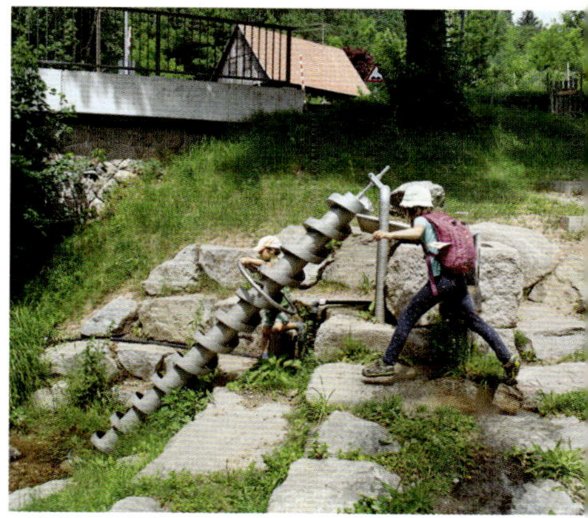

Die Archimedische Schraube fasziniert Kinder wie Erwachsene gleichermaßen.

gilt. Danach schlagen wir uns an der nächsten Gelegenheit rechts von der schmalen Straße in den Fußweg zur Kinzig hinunter und lösen auf dem Weg zum **Wasserspielplatz ❽** weitere Rätselaufgaben.

Von dort steigen wir zur Brücke hoch und überqueren die Gleise geradeaus in Richtung Teisenkopf. Wir sind nun auf einem Teilstück des Fernwanderwegs Mittelweg Pforzheim–Freudenstadt unterwegs, der mit einer roten Raute gekennzeichnet ist. Auf einem breiten Forstweg durch den Wald verläuft unsere Tour nun für eine knappe halbe Stunde oberhalb des Baches bergauf bis zum **Wanderschild Schierlesgrund ❾**. Dort wenden wir uns in der Spitzkehre links hinauf in Richtung Grohevilla. Knapp 20 Min. brauchen wir bis zum **Wanderschild Grohevilla ❿**, an dem wir uns links hinunter Richtung Schiltach halten und dabei auf einem schmalen Weg am Zaun der Grohevilla vorbeikommen. Wir verlieren schnell an Höhe und kommen an einer Straße aus dem Wald heraus. An einer Parkbank mit herrlicher Aussicht auf die grünen Berge knobeln wir das vorletzte Rätsel aus und folgen der Straße bergab, mit tollem Blick auf die Fachwerkhäuser von Schiltach. An der nächsten Ecke biegen wir links ein und halten uns links, um ein drittes Mal über die Häberlesbrücke zu gehen, da wir den Rätselrucksack im **Rathaus ❹** abgeben müssen. Vom Rathaus aus wenden wir uns rechts zur Hauptstraße hinunter und dort links. Haben wir keinen Rucksack, können wir gleich nach der Brücke rechts in die Hauptstraße einbiegen. Die Hauptstraße bringt uns über die Schiltach, die hier in die Kinzig mündet. Nach dem **Schüttesägemuseum ⓫** mit seinem ausgestellten Floßverbund biegen wir rechts in die Bahnhofstraße ein und erreichen über die Kinzigbrücke links den **Bahnhof Schiltach ❶**.

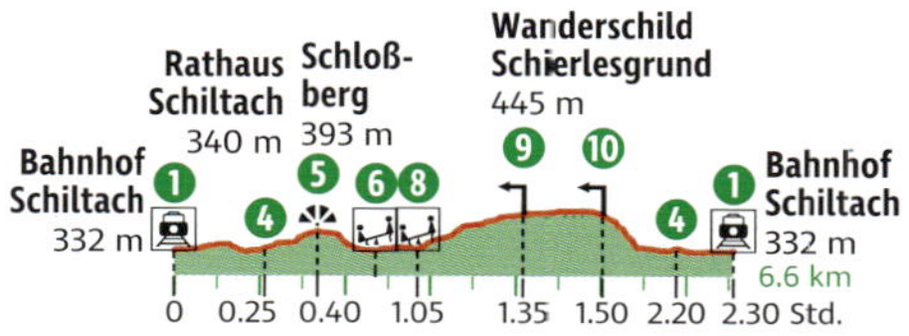

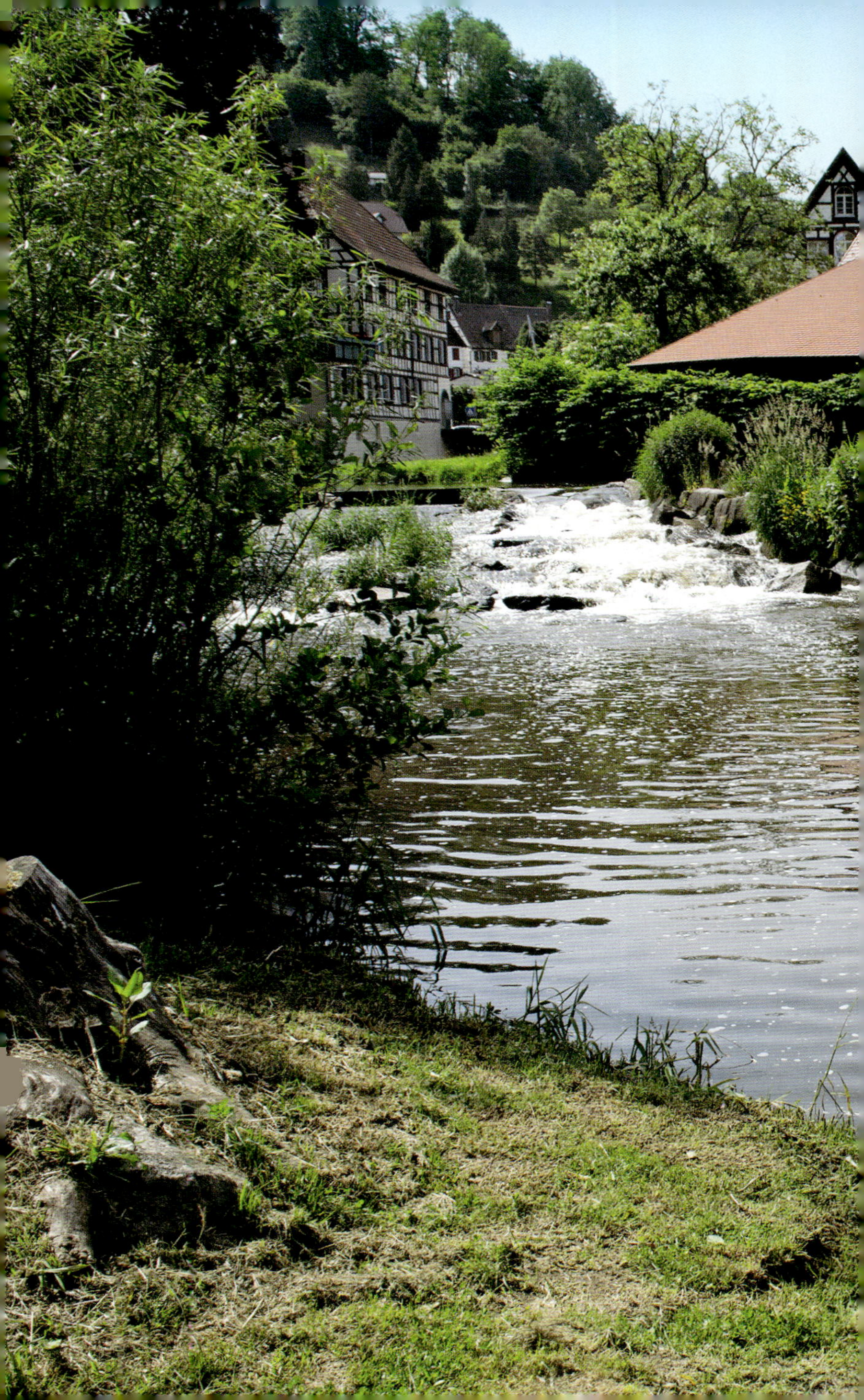

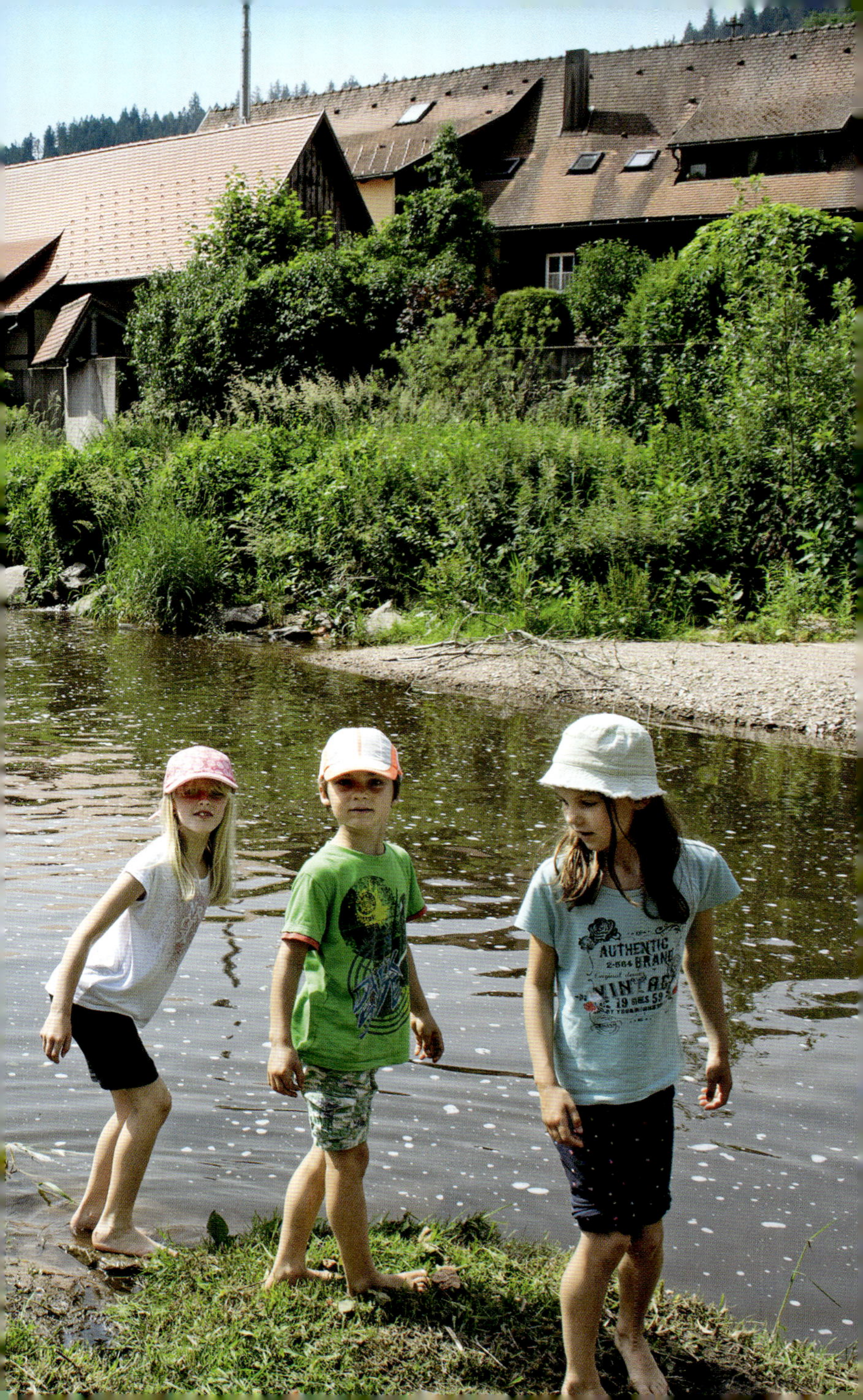
AUTHENTIC BRAND

Freizeit- und Schlechtwettertipps

Burgen, Klöster, Schlösser

A1 Residenzschloss Rastatt

Das Barockschloss wurde von Markgraf Ludwig Wilhelm von Baden-Baden, genannt Türkenlouis, in Anlehnung an Versailles erbaut und kann im Rahmen einer Führung besichtigt werden. Prunkvolle Räume und Ausstellungen wie die Erinnerungsstätte für die Freiheitsbewegungen in der deutschen Geschichte, die der ehemalige Bundespräsident Gustav Heinemann angeregt hatte, machen das Schloss zu einer eindrucksvollen Sehenswürdigkeit.

Öffnungszeiten: Führungen Do–So 11–17 Uhr, der Schlossgarten ist tagsüber immer frei zugänglich.

Info: www.schloss-rastatt.de, Tel. +49 7222 978385.

Mit Bahn/Bus: Ab Rastatt Bahnhof mit den Bussen 222, 231 und 239 bis Haltestelle Schlossgalerie und 232 und 235 bis Haltestelle Schloss.

Mit dem Auto: Kostenpflichtige Parkplätze in der Nähe des Schlosses, Herrenstraße 18–20, 76437 Rastatt.

A2 Schloss Favorite Rastatt

Zwischen Baden-Baden und Rastatt liegt das wunderschöne barocke Lustschloss Favorite Rastatt, in dem die Markgrafenfamilie von Baden-Baden zwar nicht fest wohnte, aber Feste feierte, Jagden abhielt und die heißen Sommer im Schatten der riesigen Bäume des Schlossparks verbrachte. Auch heute noch ist es herrlich, im Lustgarten mit dem kleinen Wasserfall am Bach zu picknicken oder draußen vor dem Schloss-Café Eis und Kuchen zu genießen.

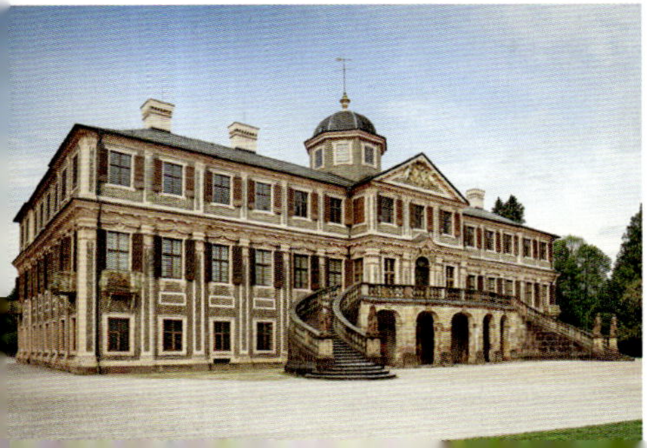

Öffnungszeiten: Der Schlossgarten ist durchgehend geöffnet und tagsüber frei zugänglich. Das Innere des Schlosses kann nur im Rahmen einer Führung besichtigt werden.

Info: www.schloss-favorite-rastatt.de, Tel. +49 7222 41207.

Mit Bahn/Bus: Ab Rastatt Bahnhof mit dem Regionalbus 241 bis Förch, von dort sind es 0,5 km in südlicher Richtung bis zum Schloss.

Mit dem Auto: Kostenfreier Parkplatz am Schloss, Am Schloss Favorite 1, 76437 Rastatt-Förch.

A3 Burg Alt-Eberstein

Eine von drei imposanten Burgen in Baden-Baden ist die auf einem Felsensporn gelegene Burg Alt-Eberstein. Sie ist nur von einer Seite erreichbar, die durch eine hohe Schildmauer vor Angriffen geschützt war. Vom Bergfried hat man eine tolle Rundsicht auf die Rheinebene, die Vogesen und den Nordschwarzwald bis zur Hornisgrinde. Ein netter Biergarten wartet an der Burg auf durstige Gäste.

Öffnungszeiten: Die Burg ist ganzjährig zugänglich.

Info: www.burg-alteberstein.de, Tel. +49 7221 28899.

Mit Bahn/Bus: Mit dem Stadtbus 214 ab Baden-Baden Augustaplatz Richtung Gaggenau bis Haltestelle

Schloss Favorite Rastatt wird dank seiner reichen Porzellansammlung auch Porzellanschloss genannt.

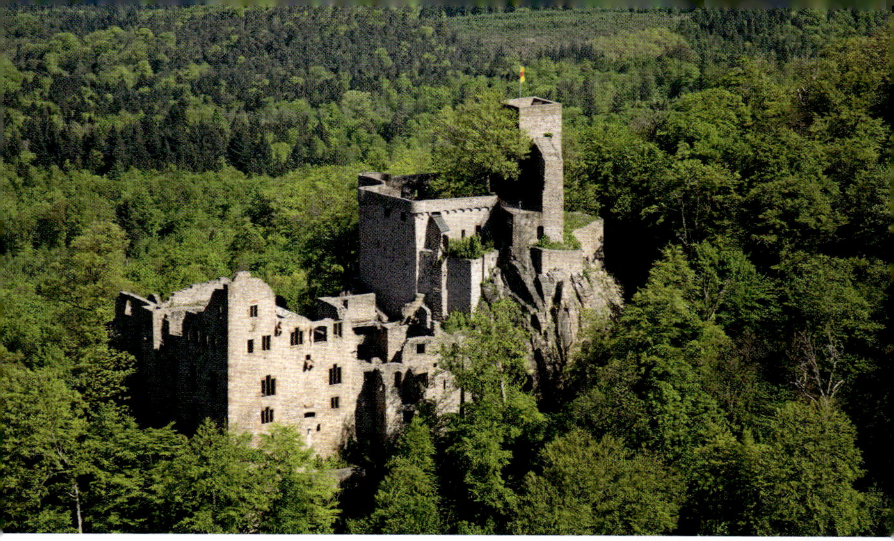

Stammsitz der Markgrafen von Baden: Altes Schloss Hohenbaden.

Ebersteinburg Kapelle. Von dort ist es ein knapper Kilometer zu Fuß in nördlicher Richtung zur Burg hinauf.
Mit dem Auto: Parkplätze bei der Burg, Rosenstraße 50, 76530 Baden-Baden.

A4 Altes Schloss Hohenbaden

Tolle Ausblicke ins Tal und bis in die Rheinebene genießt man vom Bergfried des Alten Schlosses Hohenbaden oberhalb von Baden-Baden. Die Burg war seit dem 12. Jahrhundert Stammsitz der Markgrafen von Baden und entsprechend reich ausgestattet. Das Schloss ist Ausgangspunkt von Tour 7.
Tipp: Auf dem Schloss kann man toll Kindergeburtstag feiern, mit einem abenteuerlichen Rundgang inklusive Schlossgespenst und Ritterbrot.
Öffnungszeiten: Tagsüber immer zugänglich. Bei gutem Wetter sitzt man gut unter der Burgmauer im angeschlossenen Biergarten, Donnerstag bis Sonntag ist das Restaurant Fidelitas im Schloss geöffnet.
Info: www.altes-schlosshohenbaden.de, Tel. +49 7221 2815250.
Mit Bahn/Bus: Nicht direkt erreichbar. Ab Baden-Baden Augustaplatz mit dem Stadtbus 201 oder 205 bis Haltestelle Herrengut. Von dort sind es rund 2 km den Alten Schloßweg zu Fuß den Berg hinauf.
Mit dem Auto: Kostenlose Parkplätze am Schlossparkplatz, Alter Schloßweg 10, 76532 Baden-Baden.

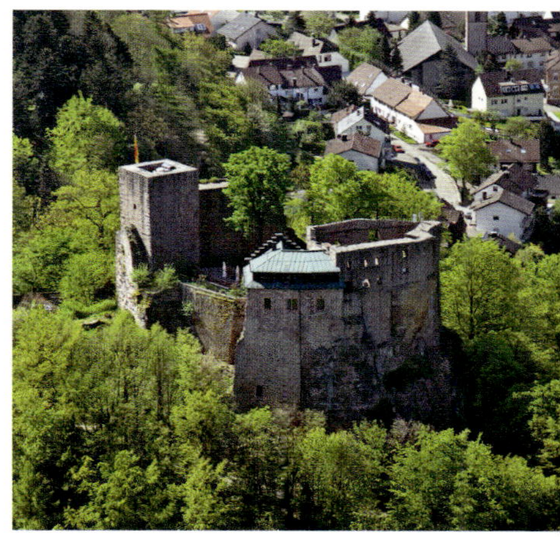

Trutzig liegt die Burg Alt-Eberstein auf einer Bergkuppe.

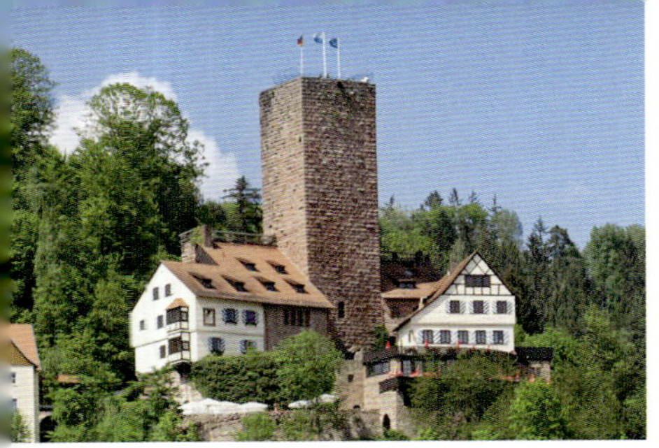

Burg Liebenzell ist heutzutage eine Jugendbildungs- und Tagungsstätte.

A5 Burg Yburg

Die im Lauf der letzten 900 Jahre mehrmals zerstörte Burg Yburg liegt auf dem Gipfel des Ybergs und hat einen hohen Bergfried mit toller Aussicht auf die Weinberge und den Schwarzwald. Auch die Burg Altes Schloss Hohenbaden (A1) kann man in nächster Nachbarschaft sehen. Abenteuerliche Burggeschichten mit wahrem Hintergrund erzählen von Schwarzer Magie, Falschmünzerei und einem sagenhaften Goldschatz.

Öffnungszeiten: Im Sommer Mi– So/ Feiertag 12–22 Uhr, im Winter Mi–Fr 18–22 Uhr, Sa/So/Feiertag 12–22 Uhr. Wegen Umbauarbeiten ist die Burg im Jahr 2022 gesperrt, soll aber 2023 wieder eröffnen.

Info: www.burg-yburg.de, Tel. +49 7251 742770.

Mit Bahn/Bus: Von der Bushaltestelle Varnhalt Kirche sind es zu Fuß 2,5 km und 300 Höhenmeter steil den Yberg hinauf.

Mit dem Auto: Kostenfreie Parkplätze an der Yburg, Burgruine 1, 76534 Baden-Baden.

A6 Burg Liebenzell

Abenteuerlich ist das Besteigen des aus Holz und Stein gebauten Bergfrieds der Burg Bad Liebenzell, die wie ein Adlerhorst oben auf einem Bergsporn über der Stadt Bad Liebenzell thront. Er garantiert eine traumhafte Aussicht auf die im Tal liegende Stadt und die umliegenden Schwarzwaldhöhen. Danach sitzt man bei Kaffee und Kuchen auf der Restaurantterrasse und genießt das mittelalterliche Flair. Das Burginnere kann im Rahmen einer Führung besichtigt werden.

Öffnungszeiten: Der Turm ist bei gutem Wetter täglich 10.30–16.30 Uhr, Sa, So und Feiertag bis 18 Uhr geöffnet, im Winter geschlossen. Das Restaurant ist derzeit wegen Umbau geschlossen (Stand 2022).

Info: www.internationalesforum.de, Tel. +49 7052 92450.

Mit Bahn/Bus: Ab Bahnhof Bad Liebenzell, an dem auch Tour 2 beginnt, mit dem Regionalbus 820 Richtung Schömberg bis Abzw. Burg. Von dort noch 300 m zu Fuß.

Mit dem Auto: Kostenfreie Parkplätze, Burg Liebenzell, 1, 75378 Bad Liebenzell.

A7 Kloster Hirsau

Das Benediktinerkloster in Hirsau war einstmals eine der bedeutendsten Klosteranlagen in Deutschland. Die Besichtigung des großen Areals ist kostenlos und kann im Rahmen einer Rätseltour zu einem spannen-

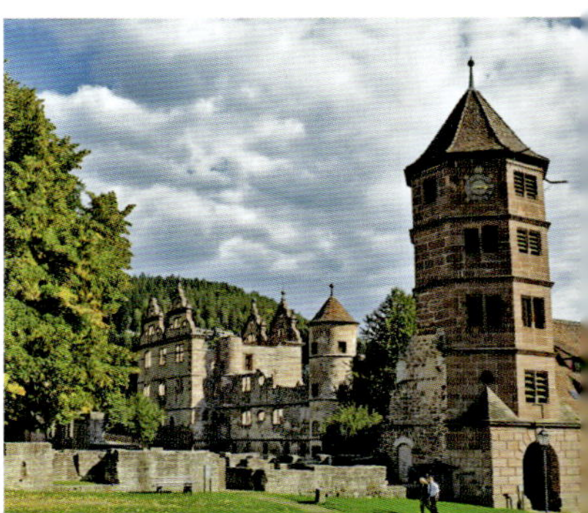

Die Basilika von Kloster Hirsau war einst eine der größten romanischen Kirchen im Südwesten Deutschlands.

den Familienausflug ausgebaut werden. Einfach die Rätselunterlagen im Klostermuseum abholen oder unter www.klosterhirsau.de/besuchsinformation/entdeckungstour-fuer-familien herunterladen.
Öffnungszeiten: Außenanlagen und Ruinen tagsüber frei zugänglich, das Klostermuseum Di–Fr 13–16 Uhr und Sa, So, Feiertag von 12–17 Uhr.
Info: www.klosterhirsau.de, Tel. +49 7051 167399.
Mit Bahn/Bus: Ab Pforzheim Hauptbahnhof mit der Regionalbahn RB 74 Richtung Horb bis Hirsau Bahnhof. Dann zu Fuß 500 m durch die Ortsmitte zur Klosteranlage. Ab Bushaltestelle St. Aurelius an der Calwer Straße verkehrt auch der Bus 670 Richtung Calw bis zum Kloster.
Mit dem Auto: Kostenfreie Parkplätze am Kloster, Wildbader Straße, 75365 Hirsau, GPS: N48.736919, E8.731695.

A8 Klosterruine Allerheiligen

Die Ruine des Klosterstiftes Allerheiligen aus dem 13. Jahrhundert liegt romantisch oberhalb der spektakulären gleichnamigen Wasserfälle (siehe auch Tour 24). Auf dem Areal kann man im Klostergarten die Zierteiche genießen, das kleine Klostermuseum oder das Klosterlädele besichtigen oder auf der Terrasse des Restaurants im Schatten sitzen.
Öffnungszeiten: Tagsüber immer zugänglich. Das Restaurant hat täglich 11.30–18 Uhr geöffnet.
Infos: www.kloster-allerheiligen.de, Tel. +49 7804 1200.
Mit Bahn/Bus: Ab Bahnhof Oppenau mit dem Regionalbus 425 Richtung Hornisgrinde bis Haltestelle Allerheiligen.
Mit dem Auto: Mehrere Parkplätze am Klostergelände, Allerheiligen 3, 77728 Oppenau.

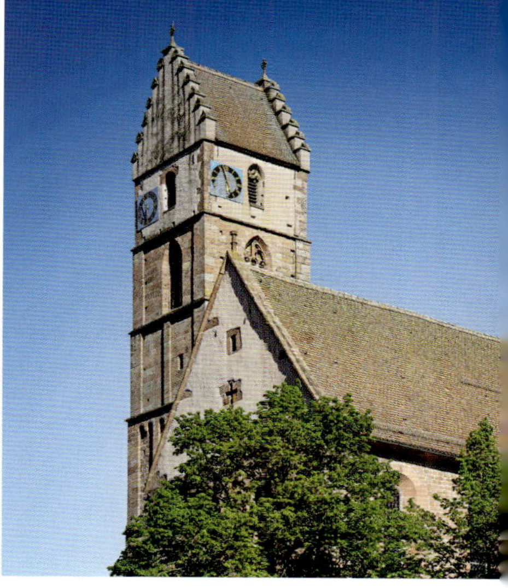

Unbedingt sehenswert: das mittelalterliche Kloster Alpirsbach.

A9 Kloster Alpirsbach

Die fast 1000 Jahre alte romanische Benediktinerabtei des Klosters Alpisbach mit ihrem über 40 m hohen Glockenturm ist besonders gut erhalten. Seit dem 16. Jahrhundert wurde die Abtei als Klosterschule betrieben. Die heutigen kleinen Besucher können in den Alltag der Klosterschüler von damals eintauchen und sich viele Ausstellungsstücke im Klostermuseum anschauen, die im Schulbetrieb verwendet wurden.
Öffnungszeiten: Im Sommer Di–Sa 10–17.30 Uhr, So und Feiertag 11–17.30 Uhr, im Winter Do–So/Feiertag 13–15 Uhr.
Info: www.kloster-alpirsbach.de, Tel. +49 7444 51061.
Mit Bahn/Bus: Ab Offenburg mit dem SWEG-Zug Richtung Freudenstadt bis Bahnhof Alpirsbach. Von dort 650 m zu Fuß über die Bahnhof- und die Hauptstraße zum Kloster. Klosterplatz 1, 72275 Alpirsbach.
Mit dem Auto: Kostenlose Parkplätze hinter dem Bahnhof Alpirsbach, Bahnhofstraße 30.

Tiere und Pflanzen

B1 Wildpark Pforzheim

Der Pforzheimer Wildpark zeigt viele einheimische, aber auch einige asiatische Wildtiere wie Urpferde, asiatische Wildesel oder sibirische Rothirsche. Fischotter, Waschbären und alles was sonst noch wild in unseren Wäldern, Feldern und Bergen lebt, kann hier in natürlicher Umgebung bewundert werden. Ein Streichelzoo, ein Kinderbauernhof und ein Waldklettergarten für Kinder ab 6 Jahren machen den Wildpark zu einem perfekten Kindererlebnis.

Öffnungszeiten: Der Park hat bei freiem Eintritt 7–20 Uhr geöffnet, nur der Kinderbauernhof und der Streichelzoo schließen um 17 Uhr. Das Wildparkstüble mit Biergarten ist ab 11 Uhr offen.

Info: www.pforzheim.de/freizeit/wildpark-pforzheim.html, Tel. +49 7231 393328. Der Parkschein gilt als Eintrittsticket für den Park, Nichtparker dürfen eine Kleinigkeit spenden.

Mit Bahn/Bus: Ab Pforzheim Hauptbahnhof mit dem Regionalbus 5 Richtung Hochschule bis Haltestelle Hochschule/Wildpark.

Mit dem Auto: Kostenpflichtige Parkplätze am Wildpark, Tiefenbronner Straße 100, 75175 Pforzheim.

B2 Wildgehege Büchenbronn

Direkt am idyllischen Herrmannsee bei Büchenbronn gelegen, beherbergt das kleine Wildgehege Wildschweine, Mufflons sowie Rothirsche und Rehe (siehe auch Tour 1). Am Automat kann man Futter kaufen und über Rinnen in die Futtertröge der Schweine rollen lassen. Am Herrmannsee gibt es auf dem Hotelgelände Alpakas und schillernde Cayuga-Enten zu sehen.

Öffnungszeiten: Täglich frei zugänglich.

Mit Bahn/Bus: Ab Pforzheim Hauptbahnhof mit dem Regionalbus 743 bzw. 744 Richtung Bieselsberg bzw. Salmbach bis Bushaltestelle Büchenbronn Herrmannsee.

Mit dem Auto: Am Waldparkplatz Wildgehege gibt es kostenfreie Parkplätze direkt am Herrmannsee, Herrmannseeweg 5d, 75180 Pforzheim.

Auf Nachwuchs spezialisiert: der Wildpark Pforzheim.

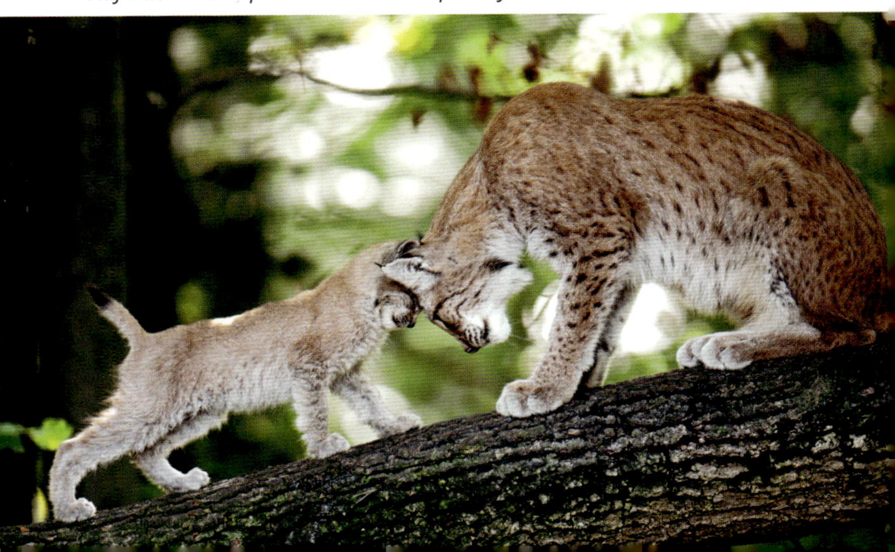

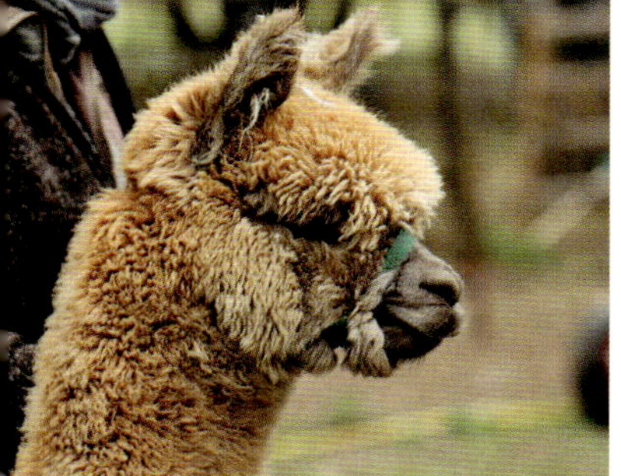

Die Alpakas vom Alpakahof Beinberg geben eine tolle Wolle.

B3 Alpakahof Beinberg Bad Liebenzell

Ein außergewöhnlicher Bauernhof mit vielen kuscheligen, gut frisierten Alpakas, die man nachmittags ausleihen und mit ihnen eine vorgegebene Strecke wandern kann. Freitags sowie an bestimmten Samstagen kann man sich einer geführten Trekkingtour anschließen.
Öffnungszeiten: Besucher sind jederzeit willkommen, das Hoflädele mit Produkten aus Alpaka-Wolle hat sonntags geschlossen.
Kontaktdaten: Fritz Kusterer, Bergstraße 17, 75378 Bad Liebenzell, Tel. +49 7052 920810 oder +49 173 2784581, www.bypaka.de.
Mit Bahn/Bus: Ab Bahnhof Bad Liebenzell mit dem Regionalbus 820 Richtung Schömberg bis Beinberg Dorfzentrum, von dort 3 Min. zu Fuß die Hauptstraße hinauf in Richtung Bad Liebenzell.
Mit dem Auto: Parkmöglichkeiten in der Dorfmitte, Maisenbacher Str. 9, 75378 Bad Liebenzell.

B4 Rotwildgehege Hirsau

Wer gerne einmal ganz in Ruhe Rothirsche mit ihren besonders großen Geweihen in natürlicher Umgebung betrachten möchte, ist am Rotwildgehege in Calw genau richtig. 3,5 Hektar ist das Waldgelände am Schweinbach groß, genug Platz für ein Dutzend Hirsche mit Nachwuchs. Täglich zwischen 13 und 14 Uhr kann man beim Füttern zusehen.
Öffnungszeiten: Freier Zugang rund um die Uhr.
Mit Bahn/Bus: Vom Bahnhof Hirsau zu Fuß zur nahen Bushaltestelle St. Aurelius in der Calwer Straße und mit dem Bus 670 Richtung Calw bis zum Kloster.
Mit dem Auto: Kostenfreie Parkplätze am Kloster, Wildbader Straße, 75365 Hirsau, GPS: N48.736919, E8.731695.

B5 Katz'scher Garten Gernsbach

Granatapfel-, Bergfeigen- und Erdbeerbäume und viele andere exotische und wertvolle Bäume sowie Gartenkunst in Form von Brunnen und Skulpturen sind im Katz'schen Garten zu bewundern. Der Garten der alten Villa liegt direkt an der Murg und lädt zum Entspannen ein.
Öffnungszeiten: Freier Eintritt von April bis Oktober täglich 10–18 Uhr, Führungen auf Anfrage.
Info: Der Garten bleibt wegen Bauarbeiten ab 26.09.2022 geschlossen. Bitte www.katzscher-garten.de oder Tel. +49 7224 644-44 kontaktieren.
Mit Bahn/Bus: Ab Rastatt Bahnhof mit der S-Bahn S8 oder S81 Richtung Bondorf b. Herrenberg bis Gernsbach Mitte, von dort 300 m zu Fuß.
Mit dem Auto: Parken an der Straße, Bleichstraße Nr. 9, 76593 Gernsbach.

B6 Kamel- und Straußenfarm Lindenhof

Auf der Kamel-und Straußenfarm in Rheinmünster-Schwarzach sind viel mehr Tierarten zu Hause als die gezüchteten Kamele und Strauße. Ponys, Erdmännchen, Stachelschweine, Lamas, Alpakas, Wallabys, Poitou-Esel, Schweine und Ziegen können hier bestaunt werden. Ein Streichel-

gehege sorgt für Nähe zwischen Kindern und Tieren. Und wenn die Kamele keinen Nachwuchs erwarten, kann man auf ihnen sogar reiten.
Öffnungszeiten: Sa und So 11–16 Uhr, Parkeinlass bis 15 Uhr, in den Ferien Mo Ruhetag, Di–So 11–18 Uhr, Parkeinlass bis 17 Uhr.
Info: www.kamele-lindenhof.de.
Mit Bahn/Bus: Ab Bahnhof Rastatt mit dem Regionalbus 234 Richtung Schwarzach (Baden) bis Schwarzach Hauptstraße. Von dort 1,5 km zu Fuß.
Mit dem Auto: Parkmöglichkeit auf dem Hof, Siedlerhof 2, 77836 Rheinmünster-Schwarzach.

B7 Wildgehege Sankenbach-Baiersbronn

Das Wildgehege Sankenbach ist nicht nur ein idyllischer Ort mit Rothirschen, die sich gerne füttern lassen, sondern auch ein idealer Ausgangspunkt für kürzere oder längere Spaziergänge zum Sankenbachsee, dem Sankenbach-Wasserfall oder auch nur bis zum Spielplatz Sankenbach (siehe Tour 26).
Öffnungszeiten: Frei zugänglich.
Mit Bahn/Bus: Vom Bahnhof Baiersbronn zu Fuß in 1,8 km Entfernung in Richtung Sankenbach erreichbar.
Mit dem Auto: Waldparkplatz Wildgehege Sankenbach, Sankenbachstraße, 72270 Baiersbronn, GPS: N48.489827, E8.357956.

Friedlich grasen die Hirsche im Wildgehege Sankenbach.

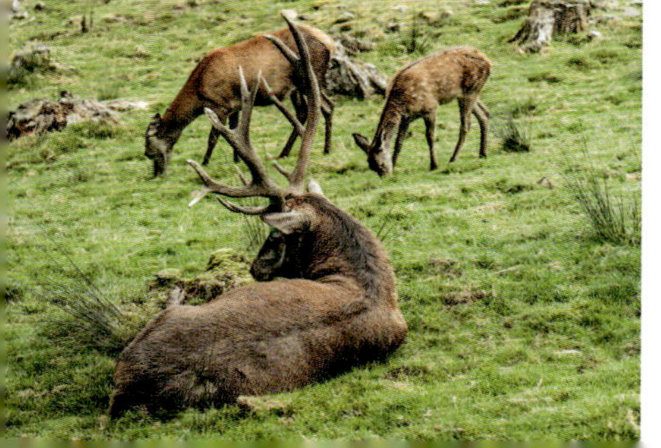

Natur- und Erlebnisbäder

- Erlebnis-Freibad Sasbachwalden (s. Tour 18)
- Freibad und Hallenbad Loßburg (s. Tour 32)
- Freibad Oberharmersbach (s. Tour 35)
- Freibad Schiltach (s. Tour 40)

C1 Palais Thermal Bad Wildbad

Im altehrwürdigen Palais Thermal des berühmten Kurbades Bad Wildbad können alle Gäste ab 12 Jahren im orientalisch-maurischen Stil baden und saunieren und sich dabei wie die Fürsten fühlen (Kinder unter 12 Jahren sind in der Vital Therme in der Bätznerstraße 85 willkommen).
Öffnungszeiten: Mo, Mi–Fr 13–21 Uhr, Sa, So, Feiertag 11–21 Uhr
Info: www.palais-thermal.de, Tel. +49 7081 3030.
Mit Bahn/Bus: Ab Bahnhof Bad Wildbad mit der S6 eine Station bis Haltestelle Uhlandplatz, von dort 100 m auf der anderen Flussseite.
Mit dem Auto: P3-Parkhaus Palais Thermal, Kuranlagenallee 2, 75323 Bad Wildbad. Für Gäste des Palais Thermal sind hier und im P4-Parkhaus Kurzentrum in der Kernerstraße 39 die ersten 3 Stunden kostenlos.

C2 Paracelsus-Therme Bad Liebenzell

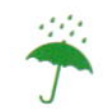

Zum Regenerieren nach anstrengenden Wanderungen, z. B. Tour 2, geht es in die Paracelsus-Therme nach Bad Liebenzell: baden im beheizten Außenbecken inmitten herrlicher Natur mit Panorama-Ausblick, die Lungen mit salzhaltiger Luft am Gradierwerk füllen, die Muskeln entspannen in der Felsendampfgrotte und im Dampfbad oder einfach nur unter den Erlebnisduschen stehen und genießen.

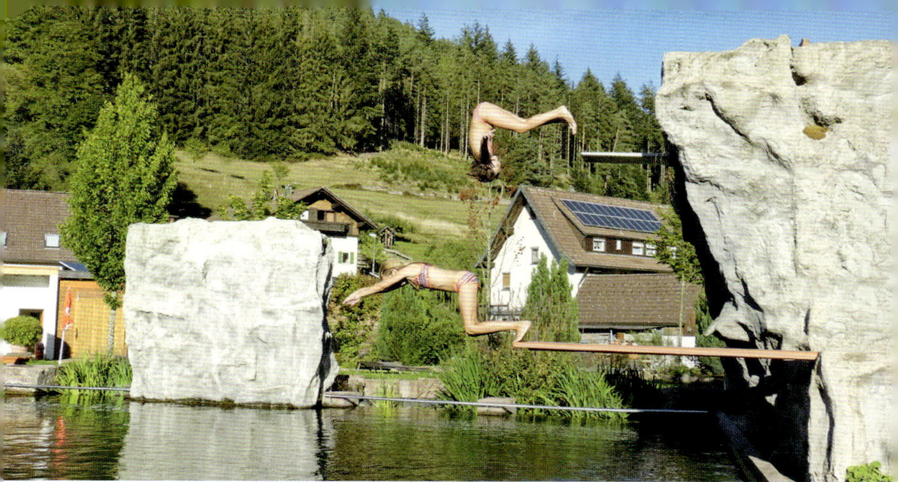

Eingebettet in die Natur liegt das Naturbad Mitteltal an der Murg.

Öffnungszeiten: Mo–Do 9–20 Uhr, Fr–So 9–22 Uhr, möglich mit Kindern ab 6 Jahren.
Info: www.paracelsus-therme.de, Tel. +49 7052 408608.
Mit Bahn/Bus: Ab Pforzheim Hauptbahnhof mit der Regionalbahn RB74 bis Bad Liebenzell Bahnhof, von dort 5 Min. zu Fuß.
Mit dem Auto: Für Gäste kostenloses Parken direkt an der Therme, Reuchlinweg 4, 75378 Bad Liebenzell.

C3 Naturerlebnisbad Ottenhöfen

Neben dem Schwimmer-, Nichtschwimmer- und Kinderbecken in herrlich grüner Landschaft sind im Ottenhöfener Naturerlebnisbad aus Kindersicht sicher der Sprungfelsen und die über 50 m lange Raftingbahn die Hauptattraktion. Mit dem Autoreifen die Bahn herunterzuschießen und nach dem Sprung im Schwarzwälder Trinkwasser ohne Chlorzusatz zu landen, macht einfach Riesenspaß. Gerne auch in Verbindung mit den Touren 22 und 23.
Öffnungszeiten: Täglich von Mitte Mai bis Mitte September 9–19 Uhr.

Paracelsus-Therme Bad Liebenzell.

Info: www.ottenhoefen.de, Tel. +49 7842 1499.
Mit Bahn/Bus: Ab Achern Bahnhof mit der Regionalbahn RB24 bis Ottenhöfen Bahnhof, von dort 15 Min. zu Fuß.
Mit dem Auto: Parkplätze am Bad, Am Hasenwald, 77883 Ottenhöfen im Schwarzwald.

C4 Naturbad Mitteltal-Baiersbronn

Das Naturbad hat mit seinem smaragdgrünen Wasser und dem Sprungfelsen eher Ungewöhnliches zu bieten. Von der 3 m hohen Kletterwand plumpst man direkt ins Wasser. Bei unklarer Wetterlage sollten sich Nichtmitglieder des Bades vorab über die Öffnung informieren.
Öffnungszeiten: Werktags 13–19 Uhr, Sa/So 10–19 Uhr, Schulferien in Baden-Württemberg 10–19 Uhr.

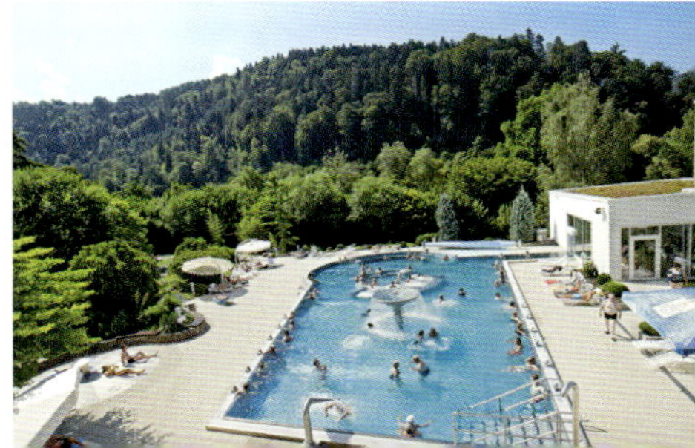

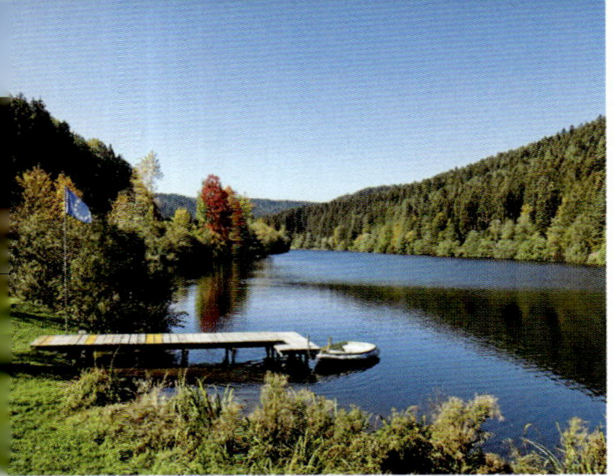

An der Nagoldtalsperre kann man mit den Enten um die Wette schwimmen.

Info: www.naturbad-mitteltal.de, Tel. +49 7449 476.

Mit Bahn/Bus: Ab Freudenstadt ZOB mit Bus F11 bis Baiersbronn Bahnhof, dort Umstieg in den Bus 200 Richtung Obertal Adler bis Haltestelle Mittelbad Naturbad.

Mit dem Auto: Kostenfreie Parkplätze, Ilgenbachstraße 1, 72270 Baiersbronn.

C5 Erzgrube Oberer See Nagoldtalsperre

Nicht nur baden kann man an der fast 3 km langen Nagoldtalsperre, umgeben von grünen Schwarzwaldhügeln, sondern auch am tollen Wasserspielgelände planschen und am Eisvogelpfad (siehe auch Tipp K7) Wissenswertes über die blauen Vögel lernen, die am See zu beobachten sind. Und zum Ausruhen gibt es riesige grüne Liegewiesen am Ufer.

Öffnungszeiten: Frei zugänglich.

Info: www.seewald.eu, Tel.+49 7447 946011.

Mit Bahn/Bus: Von Freudenstadt mit dem Regionalbus F3 bis Erzgrube Schernbacher Straße, von dort knapp 300 m zu Fuß.

Mit dem Auto: Kostenpflichtige Parkplätze an der Kreuzung Hallwanger-/Seestraße, 72297 Seewald, GPS: N48.55019, E8.47359.

C6 Panorama-Bad Freudenstadt

Seit 2018 können alle Besucher des Panorama-Bades über eine kleine Brücke in den neuen Freibadbereich gelangen, der mit einer Liegewiese, Beachvolleyball und Kinderplanschbecken optimal ausgestattet ist. Und der Fernblick bis zur Schwäbischen Alb ist inklusive.

Öffnungszeiten Freibad: Mo 10–20 Uhr, Di–Sa 8-20 Uhr.

Info: www.panorama-bad.de, Tel. +49 7441 921300.

Mit Bahn/Bus: Ab Freudenstadt Stadtbahnhof mit der S81 Richtung Freudenstadt Hbf bis Haltestelle Schulzentrum/Panoramabad. Von dort die Friedrich-List-Straße 500 m zu Fuß bis zum Bad.

Mit dem Auto: 4 Std. gratis parken, Ludwig-Jahn-Str. 60, 72250 Freudenstadt.

C7 Naturerlebnisbad Glatten

Baden wie am See kann man im Naturerlebnisbad Glatten, das wie alle Naturbäder ohne Chlor oder andere Chemikalien im Wasser auskommt und deswegen voll im Trend liegt. Das Bad ist wie das Naturbad Mitteltal-Baiersbronn mitgliederfinanziert, weshalb man bei unklarer Wetterlage vor dem Besuch zur Sicherheit kurz anruft, ob Baden möglich ist. Nur Mitglieder haben immer Zutritt.

Öffnungszeiten: Di–Fr 13–19 Uhr (in den Ferien 11–19 Uhr), Sa/So/Feiertag 10–19 Uhr.

Info: www.naturerlebnisbad-glatten.de, Tel. +49 7443 5322.

Mit Bahn/Bus: Ab Freudenstadt ZOB mit Bus 11 bis Glatten Buckel, von dort 10 Min. zu Fuß den Berg in südöstlicher Richtung hinunter.

Mit dem Auto: Kostenfreie Parkplätze direkt am Bad, Lombacher Str. 51, 72293 Glatten.

Bergwerke und Höhlen

D1 Bergwerk Frischglück Neuenbürg

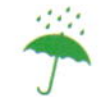

Bereits vor 2500 Jahren betrieb man in Neuenbürg Bergbau, um Metalle zu gewinnen. Bei einer einstündigen Führung erfahren wir alles Wissenswerte über den Bergbau vergangener Zeiten. In der dreistündigen Abenteuerführung dringen Kinder ab 14 Jahre ausgerüstet mit Helm, Overalls, Handschuhen und Helmlampen bis in die drei Etagen tiefe Grube vor. Wasserdichte Schuhe sind hier unbedingt nötig.

Öffnungszeiten: Mi–Fr nach Voranmeldung, Sa/So/Feiertag 10–17 Uhr.
Info: www.frischglueck.de, Tel. +49 7082 50444.
Mit Bahn/Bus: Ab Pforzheim Hbf mit der S-Bahn S6 Richtung Bad Wildbad bis Neuenbürg Süd, dort Umstieg in den Regionalbus 725 Richtung Schömberg bis Neuenbürg Bergwerk.
Mit dem Auto: Kostenfreie Parkplätze Enztalstraße, 75305 Neuenbürg, GPS: N48.834166, E8.593682.

D2 Bruderhöhle Hirsau

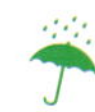

Die Bruderhöhle bei Hirsau diente in Kriegszeiten den Mönchen des Klosters Hirsau als Zufluchtsort und hat wohl daher ihren Namen. Obwohl die Höhle nur 12 Meter lang ist, versetzt sie die Besucher dennoch in einen andere, geheimnisvolle Welt.
Öffnungszeiten: Jederzeit frei zugänglich.

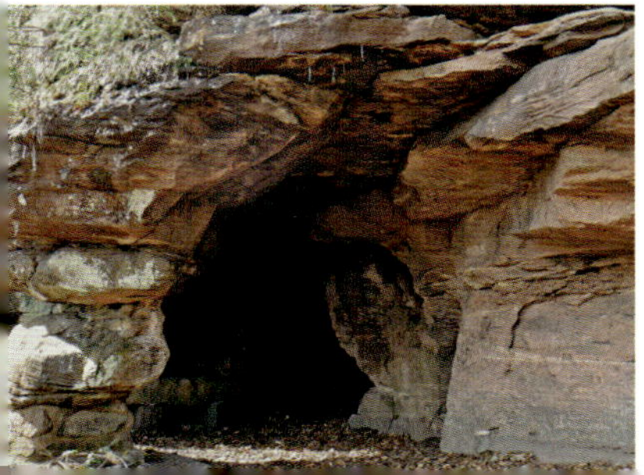

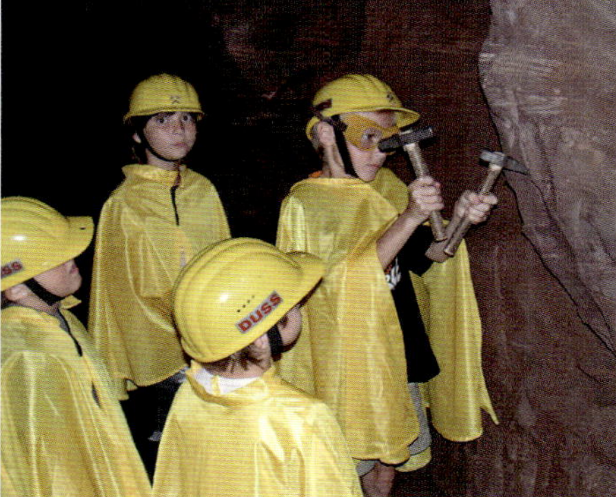

Im Bergwerk Neuenbürg legen die Kinder selber Hand an.

Info: www.calw.de/attraktionen/bruderhoehle-1b646d692e, Tel. +49 7051 167399.
Mit Bahn/Bus: Ab Pforzheim Hauptbahnhof mit der Regionalbahn RB 74 Richtung Horb bis Hirsau Bahnhof. Von dort ist eine 2 km lange Wanderung über die Brudersteige zur Höhle ausgeschildert.
Mit dem Auto: Parken in der Nähe der Bushaltestelle Ernstmühl, Pforzheimer Straße, 75365 Calw, GPS: N48.750067, E8.731341.

D3 Besucherbergwerke Hella Glück Neubulach

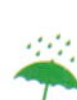

Schon unsere Vorfahren wussten das herrlich blaue Kupfererz Azurit zu schätzen und bauten es in der Hella-Glück-Grube in Neubulach in 100 m Tiefe ab. In spannenden Führungen für Groß und Klein begeben wir uns über Leitern in die abenteuerliche Untertagewelt, wo in mühevoller Handarbeit bei einer ständigen Temperatur von 8 °C auch Silber und Kupfer abgebaut wurden.
Öffnungszeiten: Von April bis November Di–Fr 14 Uhr und 15 Uhr, Sa/So/Feiertag laufend Führungen 11–16 Uhr. Spezialführung in den unte-

Die Bruderhöhle lässt sich gut in eine Wandertour einbauen.

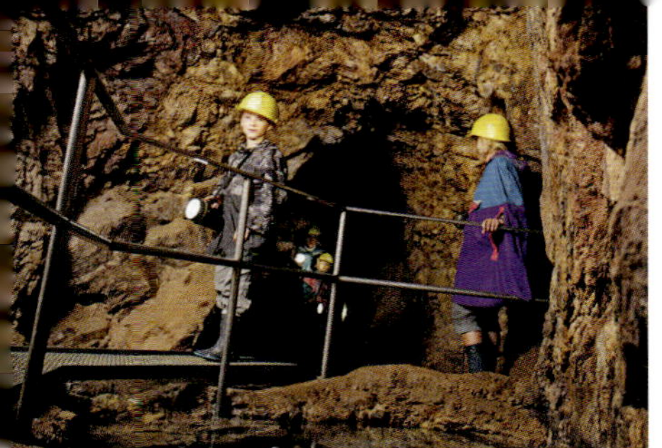

Geführte Besichtigung im Besucherbergwerk Silbergründle.

ren Stollen nur nach Voranmeldung.
Info: www.bergwerk-neubulach.de, Tel. +49 7053 7346.
Mit Bahn/Bus: Ab Pforzheim Hauptbahnhof mit der Regionalbahn RB74 Richtung Wildberg bis Bahnhof Bad Teinach, dort Umstieg in den Rufbus CW1-Bus Richtung Calw bis Neubulach, Silberbergwerk. Der Rufbus muss 1 Std. vor Abfahrt unter Tel. +49 7051 968855 oder www.vgc-online.de gebucht werden.
Mit dem Auto: Kostenfreie Parkplätze Bergwerkstraße, 75387 Neubulach, GPS: N48.654959, E8.699396.

D4 Besucherbergwerk Silbergründle in Seebach

Besonders für Kinder geeignet ist eine Führung durch das mittelalterliche Erzbergwerk Silbergründle in Seebach, in dem früher Silber und Blei geschürft wurden. Ausgerüstet mit geliehenem Regenmantel, Gummistiefeln und Schutzhelm können sie den oberen Stollen erkunden.
Öffnungszeiten: Führungen finden nach Absprache mit der Tourist-Information Seebach statt.
Info: www.bergwerk-seebach.de, Tel. +49 7842 948320.
Mit Bahn/Bus: Vom Bahnhof Ottenhöfen mit dem Regionalbus 425 Richtung Ruhestein bis Seebach Ortsmitte, von dort sind es zu Fuß rund 1,5 km bis zum Bergwerk.
Mit dem Auto: Die kostenfreien Parkplätze sind rund 80 m entfernt vom Bergwerk, Grimmerswaldstraße, 77889 Seebach, GPS: N48.580217, E8.168000.

D5 Besucherbergwerk Hallwangen

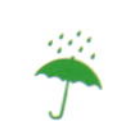

Das Silberbergwerk aus dem 16. Jahrhundert wurde im Jahr 2000 für Besucher eröffnet und bietet einen 400 m langen Rundweg in zwei Stollen, der in einer sehr interessanten und spannenden Führung die frühere Bergbauarbeit darstellt. Im Mineraliengang können wir sogar Eisenerz entdecken. Man sollte unbedingt warme Kleidung anziehen, denn es herrscht eine Temperatur von 8 °C im Bergwerk.
Öffnungszeiten: Mai bis Oktober jeden Dienstag um 14 Uhr und jeden 1. und 3. Sonntag im Monat 14–17 Uhr. Gruppenführungen jederzeit nach Voranmeldung.
Info: www.bergwerk-hallwangen.de, Tel. +49 7443 962030.
Mit Bahn/Bus: Vom Hauptbahnhof Freudenstadt mit dem Regionalbus F9 Richtung Altensteig bis Hallwangen Barfußpark. Von dort 5 Min. zu Fuß den Bergwerkssymbolen folgen.
Mit dem Auto: Kostenfreie Parkplätze entlang der Silberwald-

Besonders kinderfreundlich ist das Besucherbergwerk Hallwangen.

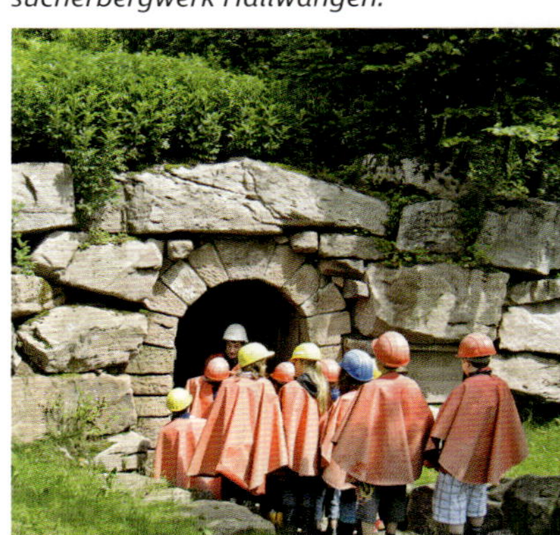

straße, 72280 Dornstetten, GPS: N48.489989, E8.504169 oder kostenpflichtig auf dem großen Parkplatz des Barfußparks an der Silberwaldstraße.

D6 Besucherbergwerk »Heilige Drei Könige« Freudenstadt

Stolze 68 m tief ist das historische Kupfer-und Silberbergwerk in Freudenstadt, von denen wir die ersten 30 m auf Stahlleitern senkrecht hinunter erkunden können. Tatsächlich wurde hier schon vor 500 Jahren nach den wertvollen Metallen gesucht. Der Besuch lässt sich gut mit Tour 27 verbinden.

Öffnungszeiten: Mai bis Oktober Sa/So/Feiertag 14–17 Uhr, Gruppenführungen nach Anmeldung auch zu anderen Zeiten möglich.

Info: Anmeldung Freudenstadt Tourismus, Tel. +49 7441 864730.

Mit Bahn/Bus: Ab Freudenstadt Hauptbahnhof mit dem Bus Nr. 100 Richtung Ruhestein bis Haltestelle Straßburger Straße.

Mit dem Auto: Parkplatz Straßburger Str. 60, 72250 Freudenstadt.

D7 Besucherbergwerk Grube Wenzel in Oberwolfach

Die Grube Wenzel war eines der silberreichsten Bergwerke im Gebiet um Wolfach und wurde bis 1830 betrieben. Seit dem Jahr 2001 ist die Grube für Besucher geöffnet. In der Grube wurden Teile der Schwarzwälder Familiensaga »Die Fallers« gedreht. Wie bei vielen Bergwerken ist eine Besichtigung nur im Rahmen einer der interessanten Führungen möglich, der man sich ohne Voranmeldung anschließen kann.

Öffnungszeiten: Di–So 11, 13 und 15 Uhr, in den Ferien auch montags.

Info: www.grube-wenzel.de, Tel. +49 7834 868392.

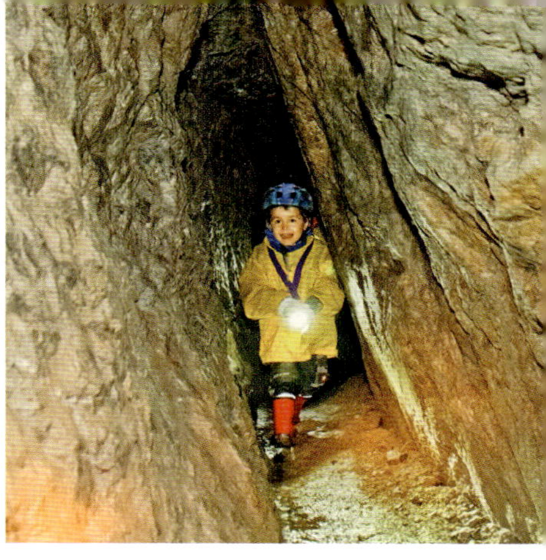

Die Grube Wenzel arangiert auch Kindergeburtstage.

Mit Bahn/Bus: Ab Bahnhof Wolfach mit dem Regionalbus F13 Richtung Kniebis bis Haltestelle Oberwolfach Kirche, von dort 1 km zu Fuß die Landstraße Frohnbach hinauf.

Mit dem Auto: Kostenfreie Parkplätze, Frohnbach 19, 77709 Oberwolfach.

Wasserfälle

- Geroldsauer Wasserfall (s. Tour 8)
- Gertelbach-Wasserfälle (s. Tour 17)
- Gaishöll-Wasserfälle (s. Tour 18)
- Allerheiligen-Wasserfälle (s. Tour 24)
- Sankenbach-Wasserfall (s. Tour 26)

E1 Xanderklinge Neubulach

Kaum 2 km ist die Xanderklinge bei Neubulach lang, aber sie hat sich ein beachtlich tiefes Bett in die Schlucht des gleichnamigen Höhenzuges gegraben. Bei der abenteuerlichen Kraxelei vorbei an 10 m hohen Felswänden genießen wir die kaskadenartigen Wasserfälle, deren Stufen bis zu 3 m hoch sind.

Öffnungszeiten: Jederzeit frei zugänglich.

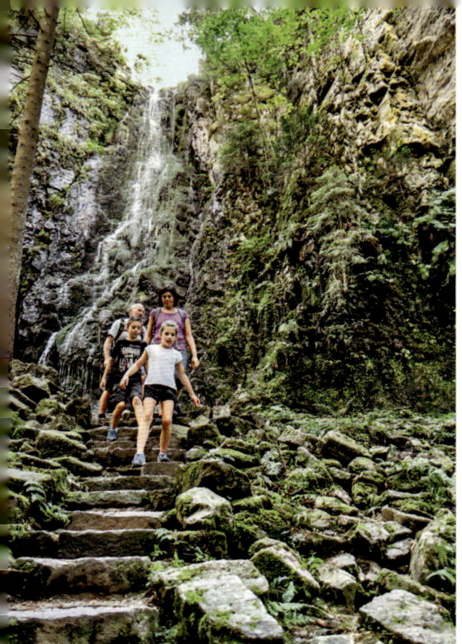

Info: www.rathaus.calw.de/Schluchten-Klingen-Fluesse, Tel. +49 7051 167399.
Mit Bahn/Bus: Am Bahnhof Bad Teinach mit dem Rufbus CW1 Richtung Calw bis Haltestelle Talmühle, von dort rund 500 m zu Fuß in nördlicher Richtung bis zur Talmündung der Xanderklinge. Bitte Fahrt bis 60 Min. vor Abfahrt unter Tel. +49 7051 968855 oder www.vgc-online.de buchen.
Mit dem Auto: Wanderparkplatz an der B463, GPS: N48.661539, E8.726717.

E2 Holchenwasserfall Bad Peterstal

Der »himmlische« Holchenwasserfall mitten im Wald liegt unterhalb des Paradiesfelsens auf dem Peterstäler Himmelssteig und ist trotzdem nicht weit von der Zivilisation entfernt. Das merken wir am großen, holzgeschnitzten Quellengeist, aber auch am eigens für uns Wanderer aufgestellten Getränkebrunnen, die den

Der Nordschwarzwald ist reich an Wasserfällen.

Platz zu etwas ganz Besonderem machen.
Öffnungszeiten: Jederzeit frei zugänglich.
Info: www.bad-peterstal-griesbach.de/de/poi/wasserfall/holchenwasserfall-am-himmelssteig/18277497, Tel. +49 7806 91000.
Mit Bahn/Taxi: Ab Bahnhof Bad Peterstal mit dem Taxi 3 km bis zum Einstieg Holchenwasserfall.
Mit dem Auto: Bad Peterstal Holchen, GPS: N48.426883, E8.236876.

E3 Burgbachwasserfall Bad Rippoldsau-Schapbach

Einer der höchsten frei fallenden Wasserfälle in Deutschland ist der Burgbachwasserfall bei Bad Rippoldsau. Richtig beeindruckend ist er nach der Schneeschmelze und nach Regenfällen, wenn das Tosen ohrenbetäubend werden kann. Abends wird der Wasserfall beleuchtet und ist dann inmitten der grün überwucherten Granitfelsen noch romantischer.
Öffnungszeiten: Jederzeit frei zugänglich.
Info: www.wolftal.de/sehenswert/burgbach-wasserfall, Tel. +49 7440 913940.
Mit Bahn/Bus: Vom Hauptbahnhof Freudenstadt mit dem Regionalbus 100 Richtung Ruhestein bis Kniebis Skistadion. Dort Umstieg in den Regionalbus F13 Richtung Hausach bis Haltestelle Letztes Gstehr Bad Rippoldsau. Von dort rund 1 km zu Fuß der Beschilderung hinterher.
Mit dem Auto: Wanderparkplatz vor Burgbach an der L96 zwischen Schapbach und Bad Rippoldsau, gleich bei der Haltestelle Letztes Gstehr, GPS: N48.413180, E8.328828.

Hochseilgärten, Türme und Waldabenteuer

- Büchenbronner Aussichtsturm (s. Tour 1)
- Baumwipfelpfad in Bad Wildbad (s. Tour 4)
- Spielplatz Abenteuerwald Sommerberg Bad Wildbad (s. Tour 4)
- Freudenstadt Friedrichsturm (s. Tour 27)
- Ellbachseeblick Kniebis (s. Tour 28)
- Vogteiturm Loßburg (s. Tour 32)

F1 Waldklettergarten Pforzheim

Coole Parcours wie der Haselmaus- oder der Eichhörnchenparcours im Waldklettergarten Pforzheim eignen sich schon für Kinder ab 1,20 m Größe. Sie gehören zu den neun Parcours mit über 75 Kletterelementen und 16 Seilbahnen des Klettergartens in verschiedenen Schwierigkeitsgraden. Ganz Mutige springen aus 13 m Höhe im freien Fall vom Turm oder rasen mit der Speed-Seilbahn zu Tal.

Öffnungszeiten: Von März bis Oktober an den Wochenenden und an Feiertagen 10–18 Uhr, in den Ferien auch werktags 13–18 Uhr.

Info: Der Klettergarten befindet sich im Wildpark Pforzheim, hat aber einen eigenen Eingang, wir folgen den Schildern zur Anmeldung Hochseilgarten. www.waldklettergarten-pforzheim.de, Tel. +49 174 8277171.

Mit Bahn/Bus: Ab Pforzheim Hauptbahnhof mit dem Regionalbus 5 Richtung Hochschule bis Haltestelle Hochschule/Wildpark.

Mit dem Auto: Parken am P2 des Wildparks, Tiefenbronner Straße 100, 75175 Pforzheim, GPS: N48.875113, E8.718547.

F2 WILDLINE Hängebrücke in Bad Wildbad

Spannung pur erleben wir auf der riesigen Hängebrücke in Bad Wildbad, 60 m über dem Tal. Das leichte Schaukeln der Stahlkonstruktion und der Blick durch die Bodengitter lassen Adrenalin durch den Körper aller schwindelfreien Besucher schießen.

Öffnungszeiten: Februar bis Oktober 9–21 Uhr, im Winter 9–16.30 Uhr.

Info: www.wildline.de, Tel. +49 7081 9557730.

Mit der Bahn: Vom Bahnhof Bad Wildbad mit der S6 zur Haltestelle Uhlandplatz/Sommerbergbahn, mit der Sommergbahn auf den Gipfel (siehe auch Tour 4). Von dort zu Fuß knapp 1 km der Beschilderung folgend zur Brücke.

Ein Gang über die Hängebrücke in Bad Wildbad setzt Adrenalin frei.

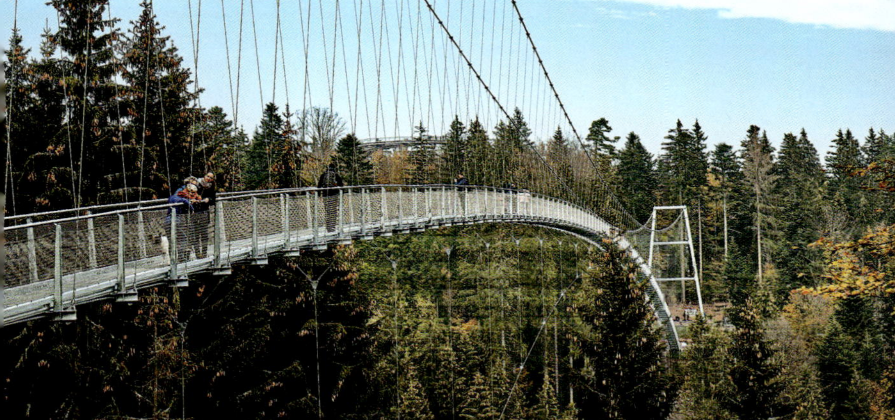

Mit dem Auto: Kostenpflichtiger Parkplatz auf dem Sommerberg, Peter-Liebig-Weg 12, 75323 Bad Wildbad. Zu Stoßzeiten parkt man besser kostenfrei auf dem Parkplatz Marienruhe (GPS: N48.73823, E8.542274) am Sportplatz, Jahnweg, 75323 Bad Wildbad und wandert rund 2,5 km zur Brücke hinauf.

F3 Erlebnis&Kletterwald Enzklösterle

Einen naturbelassenen kleinen, aber feinen Kletterwald mit verschiedenen Schwierigkeitsstufen und engagierter Betreuung finden wir in Enzklösterle. Der sehr hohe Freefall und die megalange Seilbahn über das Tal suchen ihresgleichen und rechtfertigen die Eintrittspreise in jedem Fall. Gurte besser vorreservieren!

Öffnungszeiten: Nur auf Anfrage! Mi, Do, So 13–18 Uhr, Nachtklettern Di, Fr und Sa 18–21 Uhr.

Info: www.abamagx.de, Tel. +49 152 08875260.

Mit Bahn/Bus: Vom Stadtbahnhof Freudenstadt mit dem Regionalbus 7780 Richtung Bad Wildbad bis Enzklösterle Adventure Golfpark, von dort 1 km zu Fuß in Richtung Hirschtalstraße/Skilifte.

Mit dem Auto: Kostenfreier Wanderparkplatz am Kletterwald, Hirschtalstraße 50, 75337 Enzklösterle, GPS: N48.668947, E8.462010.

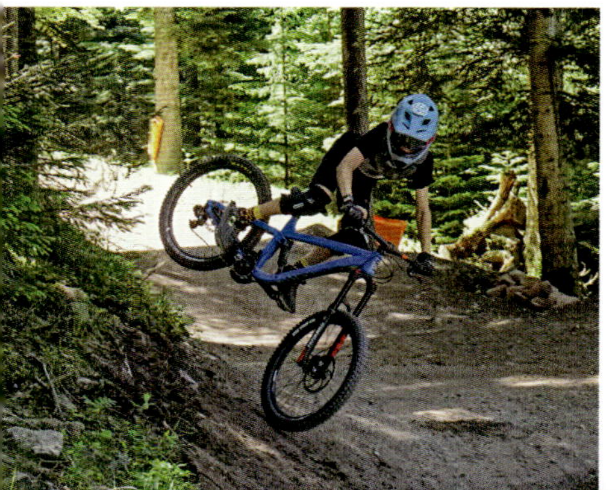

F4 Hirschgrund Zipline Area Schwarzwald bei Schiltach

Für alle abenteuerlustigen Flugfreunde ab 12 Jahren und 40 kg Gewicht ist die Hirschgrund Zipline ein wahres Paradies. Auf einem Rundkurs mit sieben Ziplines überfliegen wir Bäume, Bäche und das Heubachtal. Die längste Bahn misst über 570 m und ist damit wohl die längste Deutschlands.

Öffnungszeiten: Täglich 8.30–17.30 Uhr, Reservierung über den Online-Tourenkalender unter www.hirschgrund-zipline.de, Tel. +49 7422 240693.

Mit Bahn/Bus: Ab Bahnhof Schiltach sind es 3,6 km und 200 Höhenmeter zu Fuß zur Anlage. Das Funktaxi Heizmann lässt sich unter Tel. +49 7834 333 buchen.

Mit dem Auto: Kostenfreies Parken am Gelände, Heubach 62, 77709 Wolfach, GPS: N48.318332, E8.323115.

Outdoor-Funparks, Rodelbahnen und Minigolf

G1 Adventure Bikepark Bad Wildbad

Etwas für Könner auf dem Mountainbike ist der Adventure Bikepark auf dem Sommerberg. Auf sechs Pisten, von denen zwei für Kinder und Familien gedacht sind, rast man hier zu Tal. Anfängerkurse werden ab 8 Jahren angeboten. Ausrüstung kann vor Ort gegen Gebühren geliehen werden. Die Anlage wird im Jahr 2022 stückweise renoviert.

Öffnungszeiten: Mi und Do 12–18 Uhr, Fr–So 10–18 Uhr.

Info: www.adventure-bikepark.com, Tel. +49 7081 1459211.

Für waghalsige Downhill-Fans: Adventure Bikepark Bad Wildbad.

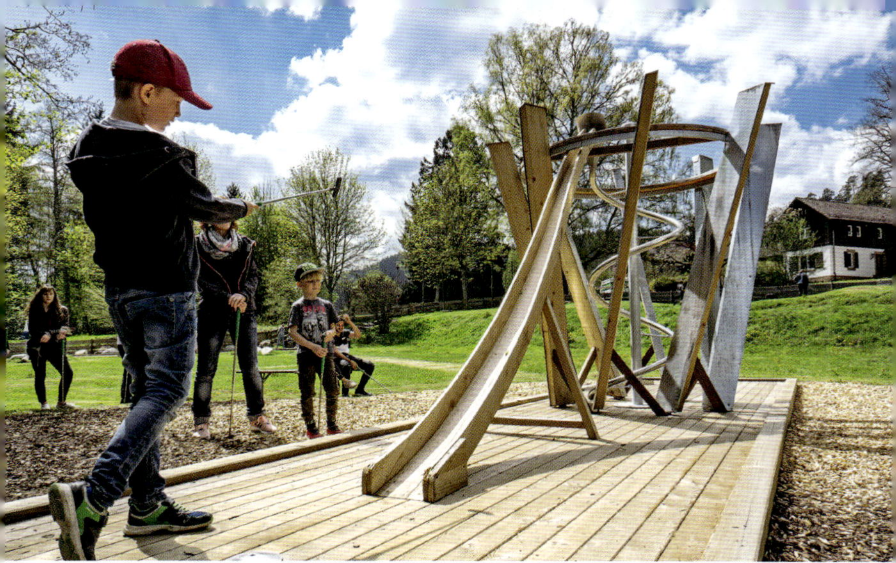

Der Adventure-Golfpark Enzklösterle hat anspruchsvolle, nicht alltägliche Bahnen.

Mit dem Bus: Ein Shuttle-Bus ab dem Enztal Gymnasium, Paulinenstraße 39, 75323 Bad Wildbad, bringt die Fahrer auf den Sommerberg.
Mit dem Auto: Kostenpflichtiger Parkplatz auf dem Sommerberg, Peter-Liebig-Weg 12, 75323 Bad Wildbad.

G2 Freizeit- und Sport-Zentrum Mehliskopf

Hier kommen alle Beschleunigungs- und Geschwindigkeitsfans auf ihre Kosten. Eine Ganzjahres-Rodelbahn, Downhill Carts und Bungee-Trampoline sorgen für Nervenkitzel. Wem das noch nicht genug Spannung ist, der kann im riesigen Klettergarten-Parcours aus sieben verschiedenen Schwierigkeitsgraden wählen und dabei bis zu 14 m Höhe erklimmen.
Öffnungszeiten: April bis Oktober 10–18 Uhr, Rodelbahn ganzjährig 10–18 Uhr, im Winter bis 17 Uhr.
Info: www.mehliskopf.de, Tel. +49 7226 1300.
Mit Bahn/Bus: Vom Hauptbahnhof Baden-Baden mit der Regionalbahn RE2 Richtung Konstanz bis Bühl, dort Umstieg in den Regionalbus 263 bis Sand Mehliskopf.
Mit dem Auto: Parkplatz Am Stadtwald, 77815 Sand bei Bühl/Baden, GPS: N48.656614, E8.240926.

G3 Adventure-Golfpark Enzklösterle

Bis zu 30 m lange Bahnen fühlen sich im Adventure Golfpark in Enzklösterle schon fast wie »echtes« Golf an. Dazu gibt es Wasserhindernisse, Felsenfelder oder Holzbahnen, auf denen teilweise mit echten Golfbällen gespielt wird.
Öffnungszeiten: Von April bis Oktober bei schönem Wetter Di–So geöffnet. Bei unklarer Wetterlage kann man sich informieren unter Tel. +49 7085 920349.
Info: www.enzkloesterle.de/golfpark.
Mit Bahn/Bus: Vom Stadtbahnhof Freudenstadt mit dem Regionalbus 7780 Richtung Bad Wildbad bis Enzklösterle Adventure Golfpark.
Mit dem Auto: Parken direkt an der Golfanlage oder an der Straße, Wildbader Straße 11, 75337 Enzklösterle.

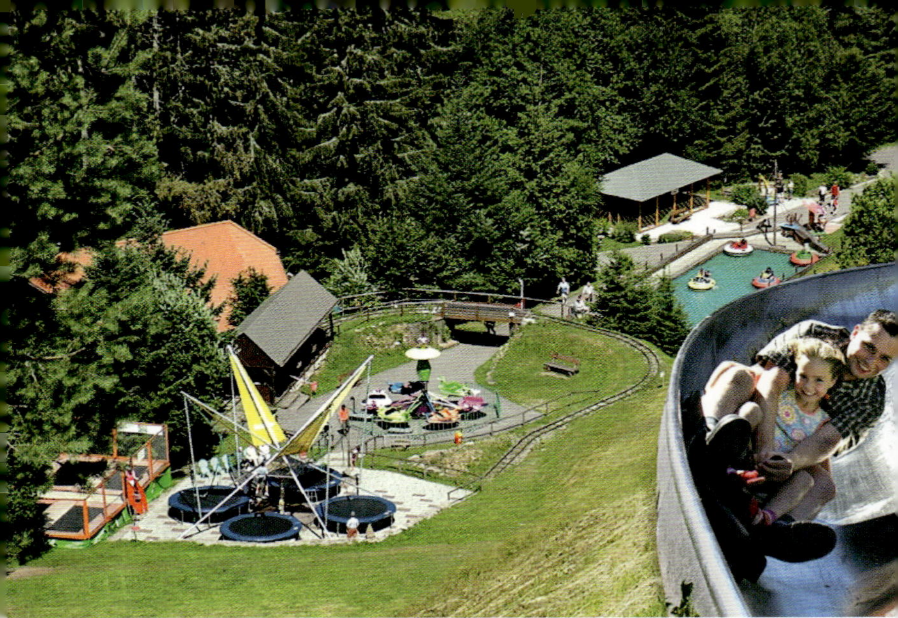

Mit Vollgas geht es auf der Riesen-Rutschbahn ins Tal hinunter.

G4 Riesen-Rutschbahn Poppeltal

Welches Kind rodelt nicht gerne im Sommer den Berg herunter, und dafür ist seit 1979 die Riesen-Rutschbahn Poppeltal bei Enzklösterle ideal. Mit einem Schlepplift wird man hinaufgezogen und mit dem Einsitzer- oder Zweisitzerrodel geht es durch den 1,5 km langen Rodelkanal mit Steilkurven und sogar einem kleinen Sprung. Für kleinere Kinder bieten sich eine kleine Kindereisenbahn oder der Wasserbumperpool an (siehe auch Tour 14).

Öffnungszeiten: Von März/April bis Oktober täglich bei trockenem Wetter, außer Mo 10–18.30 Uhr.

Info: www.riesenrutschbahn.de, Tel. +49 7085 7812.

Mit Bahn/Bus: Vom Bahnhof Bad Wildbad mit dem Regionalbus 7780 Richtung Freudenstadt bis Haltestelle Poppeltal Eschentalweg.

Mit dem Auto: Kostenfreie Parkplätze am Gelände, Poppeltal 1, 75337 Enzklösterle.

G5 Adventure Mini.Golf.Park Oberharmersbach

Im Adventure Mini.Golf.Park spielen wir auf kleinen Golfbahnen inmitten wunderschöner Natur. Die teilweise nach Feng-Shui-Regeln gestaltete Gartenanlage lässt sich auch prima barfuß bespielen, um die verschiedenen Untergründe wie Gras, Mulch oder Kiesel hautnah zu fühlen. Lässt sich gut mit Tour 35 verbinden.

Öffnungszeiten: Täglich 10–20 Uhr, bitte vorher unter Tel. +49 7837 9223460 informieren, da sich die Zeiten saisonbedingt ändern können.

Info: www.adventure-minigolfpark.de, Tel. +49 7837 9223460.

Mit Bahn/Bus: Ab Bahnhof Offenburg mit dem Regionalzug RB20 Richtung Freudenstadt bis Biberach, dort Umstieg in den RB22 bis Oberharmersbach-Riersbach. Der Golfplatz liegt genau am Bahnhof.

Mit dem Auto: Kostenfreie Parkplätze am Bahnhof, Talstraße 68, 77784 Oberharmersbach.

Indoor- und Boulderspaß

H1 DAV-Kletterhalle im Sektionszentrum Pforzheim

Die Kletterhalle des Deutschen Alpenvereins steht auch Nichtmitgliedern offen. Insgesamt warten 43 Routen und 44 Boulder auf kletterfreudige Kinder und Erwachsene.

Öffnungszeiten: Von Anfang Oktober bis Ende April Sa 15–20 Uhr, So 10–20 Uhr.

Info: www.alpenverein-pforzheim.de/kletternhuetten/sektionszentrum.html, Tel. +49 7231 140900.

Mit Bahn/Bus: Vom Hauptbahnhof Pforzheim mit dem Regionalbus 6 Richtung Wilferdinger Höhe bis Pforzheim Fachmarktzentrum, von dort 300 m zu Fuß.

Mit dem Auto: Kostenfreie Parkplätze vor dem Gelände: Heidenheimer Str. 3, 75179 Pforzheim.

H2 Bowlingcenter Baden-Baden

Eine ruhige Kugel schiebt man woanders, im Bowlingcenter Baden-Baden jedoch können Kinder jeden Alters eine Menge Spaß haben. Und dazu gibt es Billardtische für die etwas Größeren. Bowlingschuhe können geliehen werden.

Öffnungszeiten: Je nach Auslastung Fr und Sa 14–01 Uhr, So 14–23 Uhr.

Info: www.bowlingcenter-baden-baden.de, Tel.+49 7221 398817.

Mit Bahn/Bus: Vom Hintereingang des Bahnhofs Baden-Baden, erreichbar durch den Verbindungstunnel an den Gleisaufzügen, rund 800 m entlang der Gleise an den Rand des Industriegebiets.

Mit dem Auto: Kostenlose Parkplätze direkt am Bowlingcenter, Im Rollfeld 4, 76532 Baden Baden.

H3 DAV-Kletterhalle Baden-Baden

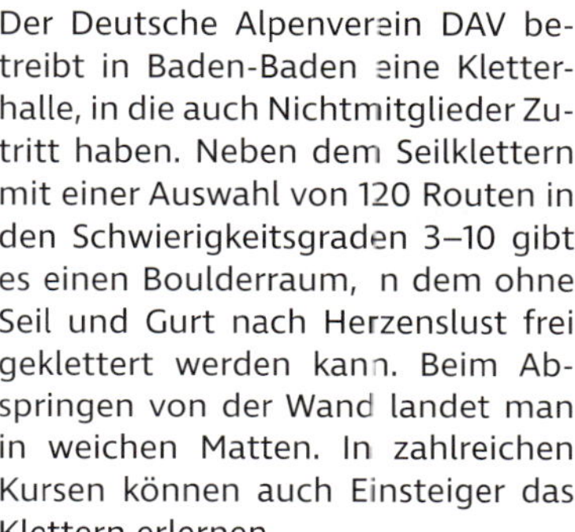

Der Deutsche Alpenverein DAV betreibt in Baden-Baden eine Kletterhalle, in die auch Nichtmitglieder Zutritt haben. Neben dem Seilklettern mit einer Auswahl von 120 Routen in den Schwierigkeitsgraden 3–10 gibt es einen Boulderraum, in dem ohne Seil und Gurt nach Herzenslust frei geklettert werden kann. Beim Abspringen von der Wand landet man in weichen Matten. In zahlreichen Kursen können auch Einsteiger das Klettern erlernen.

Öffnungszeiten: Mi–Fr 15.30–21.30 Uhr, Sa und So 12.30–18.30 Uhr.

Info: www.alpenverein-baden-baden.de, Tel. +49 7221 968 513.

Mit Bahn/Bus: Die Kletterhalle liegt direkt am Hintereingang des Bahnhofs Baden-Baden, erreichbar durch den Verbindungstunnel an den Gleisaufzügen.

Mit dem Auto: Kostenpflichtiges Parkhaus Oos-West neben der Kletterhalle, Flugstraße 17, 76572 Baden-Baden.

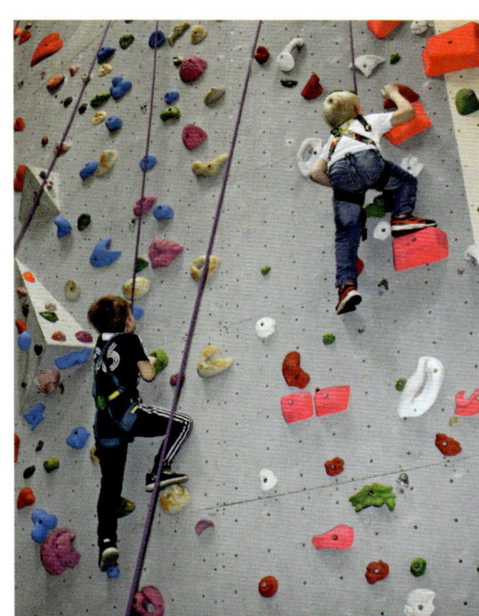

Klettern liegt voll im Trend: Kletterhalle Pforzheim.

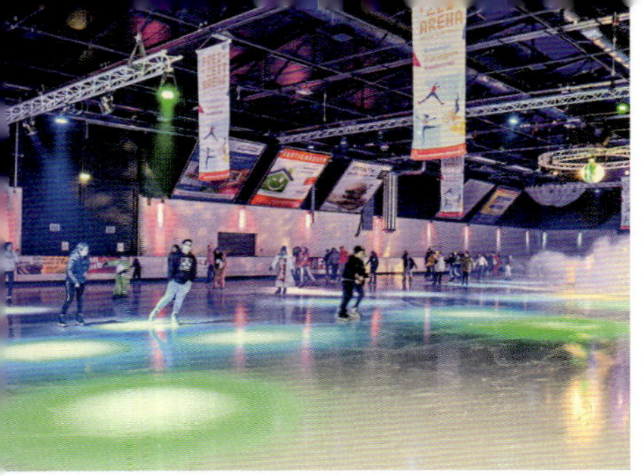

Discoparty on ice in der Eislaufhalle Offenburg.

H4 Eislaufhalle Baiersbronn

Spaß und Spiel auf Kufen und Eis holen wir uns im Winter beim Schlittschuhlaufen und Eisstockschießen in der Eishalle Baiersbronn. Kalte Finger wärmen sich bei Kinderpunsch und Glühwein am Kiosk. Und Geburtstagskinder haben freien Eintritt.

Öffnungszeiten: Von Nov. bis März Di–Sa 13–21 Uhr, So und Mo 13–18 Uhr.

Info: www.gemeindewerke-baiersbronn.de/freibad-eisbahn/eisbahn-baiersbronn, Tel. +49 7442 7702.

Mit Bahn/Bus: Ab Bahnhof Baiersbronn mit dem Regionalbus 200 Richtung Ruhestein bis Wilhelm-Münster-Platz, Baiersbronn. Von dort ca. 300 m zu Fuß.

Mit dem Auto: Kostenfreies Parken auf dem Parkplatz gegenüber der Eishalle, Wilhelm-Münster-Straße 8, 72270 Baiersbronn.

H5 Sprung-Park Offenburg

Unzählige Trampoline, mehrere Bungee-Trampoline, eine Sprunggrube, ein Ninja-Parcours sowie weitere Actionstationen lassen in der Messehalle Offenburg auf 2.400 m² jede Menge Raum, um der Schwerkraft zu entfliehen.

Öffnungszeiten: Mi–Fr 15–20 Uhr, Wochenende 12–20 Uhr.

Info: www.sprung-park.de, Tel. +49 781 92260.

Mit Bahn/Bus: Ab Bahnhof Offenburg mit dem Stadtbus S6 Richtung Diersburg bis Haltestelle Messe- und Eislaufhalle.

Mit dem Auto: Messe- und Eislaufhalle, Platanenallee 3, 77656 Offenburg.

H6 Eislaufhalle Offenburg

Was gibt es Schöneres, als im Winter mit Schlittschuhen übers Eis zu fegen? In der Eislaufhalle Offenburg können schon die Kleinsten ab 3 Jahren in den speziellen Familienzeiten mit Lern-Pinguinen ihre ersten Schritte wagen, oder später als Teenager Freitag abends die Eisdisco unsicher machen.

Öffnungszeiten: Siehe Internetseite.

Info: www.eislaufhalle-offenburg.de, Tel. +49 781 9226111.

Mit Bahn/Bus: Ab Bahnhof Offenburg mit dem Stadtbus S6 Richtung Diersburg bis Haltestelle Messe- und Eislaufhalle.

Mit dem Auto: Messe- und Eislaufhalle, Platanenallee 3, 77656 Offenburg.

H7 Kiddy Dome Ortenau

Im Dschungel des Kiddy Dome in Schutterwald rutschen die Kinder einen Vulkan hinunter, jumpen auf den Trampolinen, klettern im Irrgarten und haben mit den Autoscootern jede Menge Spaß. Und vom Gastro-Bereich haben die Eltern jederzeit alles im Blickfeld.

Öffnungszeiten: Mo–Fr 14–18 Uhr, Sa und So 10–18 Uhr.

Info: www.kiddydome.de, Tel. +49 781 12558612.

Mit Bahn/Bus: Ab Bahnhof Offenburg mit dem Regionalbus R2 Richtung Schutterwald bis Hindenburgstraße Mitte. Von dort 10 Min. zu Fuß.

Mit dem Auto: Parkplätze vorhanden, Seestr. 18, 77746 Schutterwald.

Museen und Sternwarte

11 Gasometer Pforzheim

Eine gute Idee toll umgesetzt: Im riesigen Gasometer in Pforzheim, der bis ins Jahr 2003 als Gasspeicher genutzt wurde, besteht die komplette Innenseite des Gasometers aus einem gigantischen 360-Grad-Panorama und versetzt die Besucher ins Rom des Jahres 312 nach Christus oder aktuell ins Korallenriff des Great Barrier Reef vor der australischen Küste.

Öffnungszeiten: Täglich 10–18 Uhr.

Info: www.gasometer-pforzheim.de, Tel. +49 7231 7760997.

Mit Bahn/Bus: Ab Pforzheim Hauptbahnhof 5 Min. zu Fuß zum Marktplatz und von dort mit dem Regionalbus 1 Richtung Gartenstadt bis Haltestelle Enzauenpark. Von dort 3 Min Fußweg.

Mit dem Auto: Kostenfreies Parkhaus des Gasometers, Hohwiesenweg, 75175 Pforzheim.

12 Sternwarte Bieselsberg

In der großen geöffneten Kuppel zu sitzen und im Dunklen spannende Planeten und deren Monde oder andere, ferne Galaxien zu beobachten, ist ein nachhaltig beeindruckendes Erlebnis. Der streulichtarme Nordschwarzwald ist bei gutem Wetter ideal für alle Sternengucker.

Öffnungszeiten: August bis April zweimal im Monat abendliche Führung, Mai bis Juli einmal im Monat nachmittags Sonnenbeobachtung. Jeweils nur bei Wolken- und Nebelfreiheit.

Info: www.sternwarte-bieselsberg.de, Tel. +49 7235 3045.

Mit Bahn/Bus: Ab Pforzheim Hauptbahnhof mit dem Regionalbus 743 bis Bieselsberg Löwen.

Mit dem Auto: Maisenbacher Weg, 75328 Schömberg. Am Gelände gibt es keine Parkmöglichkeiten, aber in der nahen Grünstraße oder der Kirchstraße.

Gasometer Pforzheim: Realistische Panoramafotos entführen uns in fremde Welten.

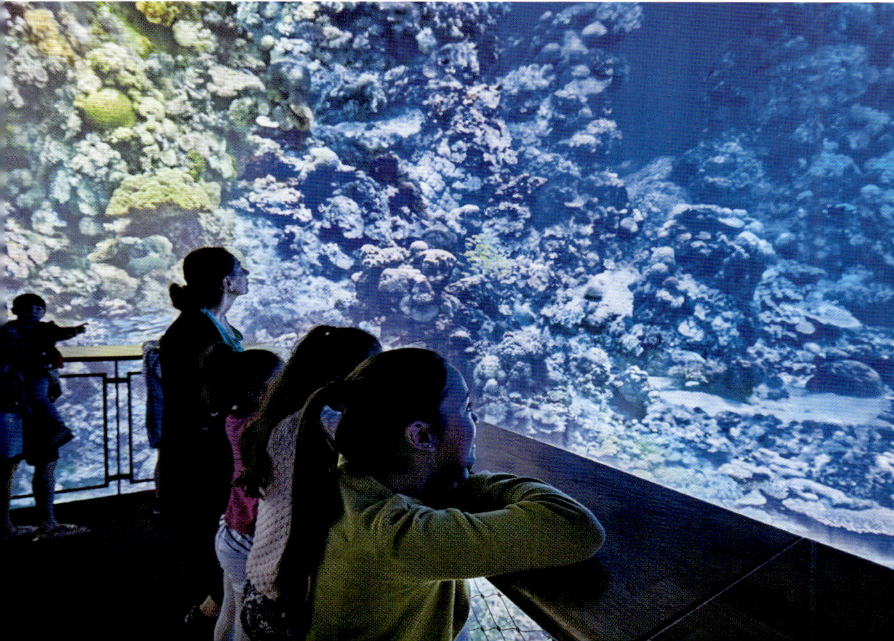

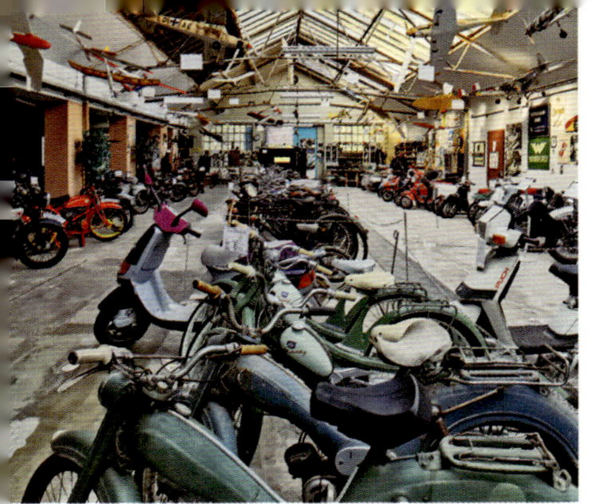

Oldtimer-Mopeds in Breig's Museum in Harmersbach.

⑬ Miniaturwelten Baden-Baden

Die zauberhaften Miniaturwelten lassen die ganze Familie in den Mini-Schwarzwald und andere Szenerien im Kleinformat eintauchen. Überall dreht oder bewegt es sich in dem kleinen Ausstellungsraum und die Lokomotiven können schon von den ganz Kleinen bedient werden. Angeschlossen ist ein Café.

Öffnungszeiten: Do und Fr 13–18 Uhr, Sa und So 11–18 Uhr.

Info: www.miniaturwelt-baden-baden.de, Tel. +49 7221 9711532.

Mit Bahn/Bus: Ab Baden-Baden Bahnhof mit dem Stadtbus 201 Richtung Oberbeuern bis Haltestelle Waldseestraße/Verfassungsplatz, von dort 200 m zu Fuß.

Mit dem Auto: Parkplätze an der Straße vor dem Haus, Hermannstraße 9, 76530 Baden-Baden.

⑭ Experimenta Freudenstadt

Physikalische Phänomene und Naturgesetze können Kinder ab etwa 4 Jahren im Mitmachmuseum Experimenta erkunden und kleinere Alltagsexperimente mit Luft, Wasser, Schall und Licht selbst durchführen.

Öffnungszeiten: Täglich 11–16 Uhr.

Info: www.experimenta-freudenstadt.de, Tel. +49 7441 892923.

Mit Bahn/Bus: Ab Freudenstadt Hauptbahnhof mit dem Stadtbus F9 Richtung Stadtbahnhof bis Haltestelle Landratsamt. Von dort 5 Min. zu Fuß zur Experimenta in der Musbacher Straße 5, 72250 Freudenstadt.

Mit dem Auto: Kostenfreie Parkplätze hinter dem Gebäude an der Blaicherstraße.

⑮ Breig's Motorrad- und Spielzeugmuseum

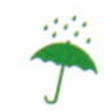

Das kleine private Museum in Zell am Harmersbach präsentiert Krafträder aus über 90 Jahren Motorradgeschichte und schlägt damit alle Motorradfans in seinen Bann. Die über 2000 Ausstellungsstücke zur Geschichte des Spielzeugs sind auch für Kinder spannend und unterhaltsam.

Öffnungszeiten: Di–So 10–17 Uhr.

Info: www.breigs-museum.de, Tel. +49 7835 4267801.

Mit der Bahn: Ab Bahnhof Zell am Harmersbach 10 Min. Fußweg.

Mit dem Auto: Kostenfreie Parkplätze, Hauptstraße 2, 77736 Zell am Harmersbach.

⑯ Dorotheenhütte Wolfach

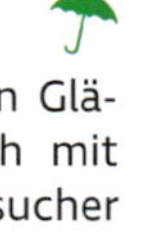

In der Dorotheenhütte werden Gläser, Vasen und Karaffen noch mit dem Mund geblasen und Besucher dürfen nicht nur zuschauen, sondern bei der Herstellung einer mundgeblasenen Kristallglasvase selber mithelfen. Ein Glasmuseum mit Verkaufsraum rundet den Besuch ab.

Öffnungszeiten: Täglich 10–15 Uhr.

Info: www.dorotheenhuette.info, Tel. +49 7834 83980.

Mit Bahn/Bus: Ab Offenburg Bahnhof mit der Regionalbahn RE2 Richtung Konstanz bis Hausach Bahnhof, dort Umstieg in den Regionalbus Richtung Triberg bis Wolfach Glashütte.

Mit dem Auto: Glashüttenweg 4, 77709 Wolfach.

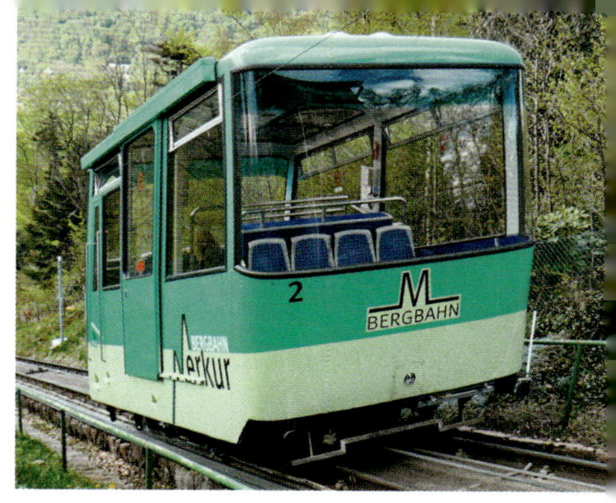

Fährt erst auf Knopfdruck der Passagiere: die Merkurbergbahn.

Kutschen, Seilbahnen und Stadtbähnle

- Seilbahn Sommerberg Bad Wildbad (s. Tour 4)

J1 Kutschfahrten Baden-Baden

Die ehemalige Sommer-Hauptstadt Europas mal aus einer ganz anderen Perspektive erleben kann man während einer exklusiven Kutschfahrt zu den wichtigsten Sehenswürdigkeiten. Gezogen von zwei Schimmeln geht es zum Beispiel zum Augustaplatz, der Stadtkirche und dem Frieder-Burda-Museum.

Öffnungszeiten: Täglich 10–18.30 Uhr, gerne nach Voranmeldung per E-Mail.

Info: www.kutschfahrten-baden-baden.de, Tel. +49 171 2093680.

Mit Bahn/Bus: Ab Baden-Baden Bahnhof mit dem Stadtbus 201 Richtung Oberbeuern bis Haltestelle Leopoldsplatz, von dort 5 Min. zu Fuß.

Mit dem Auto: Kurparkgarage, Kaiserallee 1, 76530 Baden-Baden, von dort 100 m zu Fuß.

J2 Merkurbergbahn Baden-Baden

Die Merkurbergbahn bringt ihre Fahrgäste seit über 100 Jahren in wenigen Minuten auf den Gipfel des Merkurs, den Baden-Badener Hausberg. Dort genießt man die Aussicht, kehrt ins Merkurstüble ein oder steigt noch höher auf den Merkurturm. Eine Besonderheit ist der Abfahrtsknopf, mit dem man selber bestimmen kann, wann die Fahrt beginnt.

Öffnungszeiten: Täglich 10–22 Uhr.

Info: www.stadtwerke-baden-baden.de, Tel. +49 7221 277650.

Mit Bahn/Bus: Ab Baden-Baden Hauptbahnhof mit dem Stadtbus 205 bis Haltestelle Merkurwald.

Mit zwei Pferdestärken zu den Sehenswürdigkeiten von Baden-Baden.

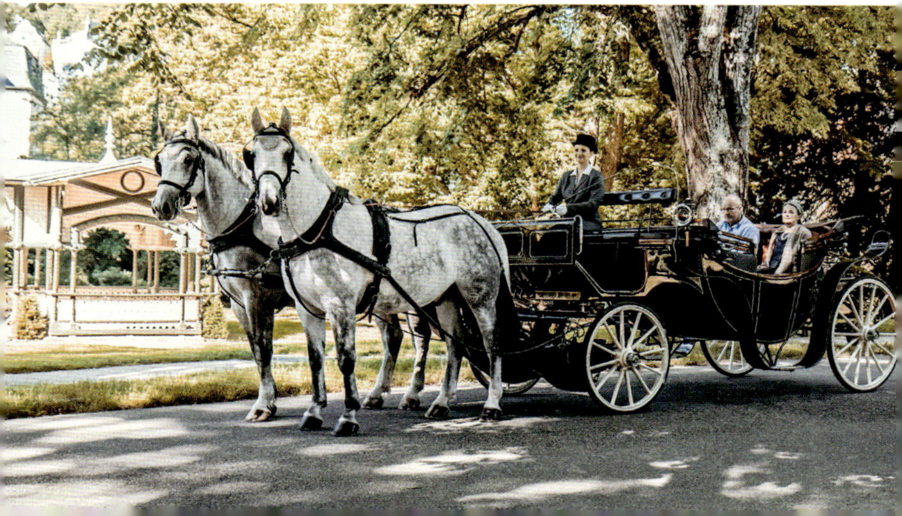

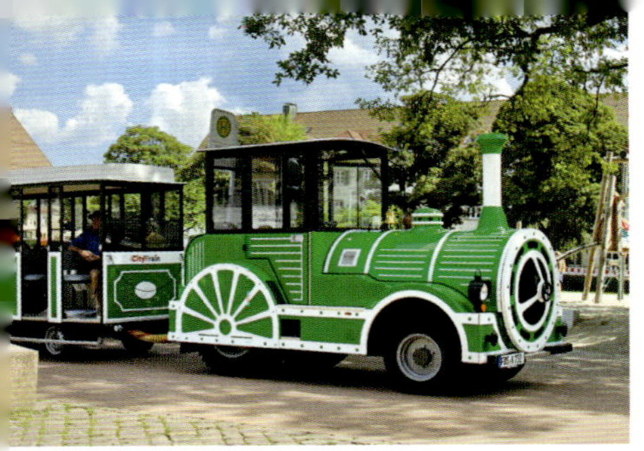

Das Freudenstädter Bähnle hat eine über 60-jährige Tradition.

Mit dem Auto: Kostenfreie Parkplätze in der Nähe der Talstation. Für Google: Markgrafenstraße. Für Apple: Merkuriusberg 2, 76530 Baden-Baden, GPS: N48.763152, E8.264272.

J3 City-Bahn Baden-Baden

Die vielen Sehenswürdigkeiten von Baden-Baden lassen sich einfach und bequem mit der kleinen City-Bahn abfahren. Die Straßenlokomotive bringt ihre Gäste bei einer Rundfahrt hinauf bis zur Talstation der Merkurbahn.
Öffnungszeiten: Täglich von März bis Oktober 9.30–16.30 Uhr, stündliche Abfahrten ab Verfassungsplatz oder Kurhaus. Im März und Oktober kann die erste und die letzte Fahrt ausfallen.
Info: citybahn.wixsite.com/citybahn, Tel. +49 7221 991998.
Mit Bahn/Bus: Ab Baden-Baden Bahnhof mit dem Stadtbus 201 Richtung Oberbeuern bis Haltestelle Waldseestraße/Verfassungsplatz.
Mit dem Auto: Festspielhausgarage, Lange Straße 77a, 76530 Baden-Baden, 5 Min. zu Fuß zum Verfassungsplatz.

J4 Freudenstädter Bähnle

Seit 1961 ein großer Spaß für Groß und Klein: Eine Stadtrundfahrt im Freudenstädter Bähnle vom größten Marktplatz Deutschlands hinauf zum Park auf dem Kienberg. Während der 40-minütigen Fahrt erfahren die Fahrgäste viele interessante Geschichten rund um Freudenstadt.
Öffnungszeiten: Täglich von April bis Oktober 10–17 Uhr ab Stadtkirche oder Kienberg.
Info: www.freudenstaedter-baehnle.de
Mit Bahn/Bus: Ab Freudenstadt Hauptbahnhof mit dem Stadt-Bus F1 Richtung Stadtbahnhof bis Haltestelle Marktplatz Stadthaus.
Mit dem Auto: Tiefgarage Oberer Marktplatz, Marktplatz 24, 72250 Freudenstadt.

Themenpfade

- Baumwipfelpfad Bad Wildbad (s. Tour 4)
- Lotharpfad Buhlbachsee (s. Tour 25)
- Annis Schwarzwald Geheimnis (s. Tour 40) In neun verschiedenen Orten im Nordschwarzwald können die Kinder auf eine spannende und knifflige Schnitzeljagd gehen. Mit einem Rucksack voller Rätselschlösser begeben sich Kids im Alter von 6–13 Jahren auf die 5-6 km lange Suche nach Annis Schwarzwald Geheimnis. Am Schluss wartet natürlich eine kleine Überraschung auf die erfolgreichen Rätsellöser.
  Tipp: Eventuell helfen die Eltern bei den manchmal sehr kniffligen Fragen und Schlössercodes.
  Info: www.anni-schwarzwald.de.
  Öffnungszeiten: Zu den Öffnungszeiten der jeweiligen Tourist-Infos in Bad Herrenalb, Calw, Bad Teinach, Sasbachwalden, Oberkirch, Baiersbronn, Zell am Harmersbach, Oberwolfach und Schiltach.

Naturnahe Beobachtung einheimischer Tiere im Wildgehege am Merkur.

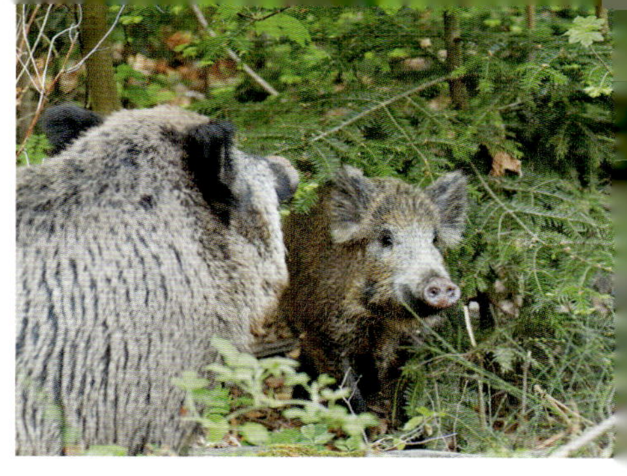

K1 Wildgehege am Merkur Baden-Baden

Auf einem 4,5 km langen Rundweg um das Wildgehege Baden-Baden können wir Rotwild, Damwild, Mufflons und Wildschweine in der freien Natur beobachten. Der Weg ist breit und dadurch auch gut mit einem geländegängigen Kinderwagen mit Luftreifen befahrbar.

Tipp: Fernglas mitnehmen, um die Tiere genau betrachten zu können.

Info: www.baden-baden.com, Tel. +49 7221 275200.

Mit Bahn/Bus: Ab Baden-Baden Hauptbahnhof mit dem Stadtbus 205 bis Haltestelle Merkurwald. Von dort etwa 1 km bis zum Rundweg.

Mit dem Auto: Kostenfreie Parkplätze nahe der Merkur-Talstation. Für Google: Markgrafenstraße. Für Apple: Merkuriusberg 2, 76530 Baden-Baden, GPS: N48.763152, E8.264272.

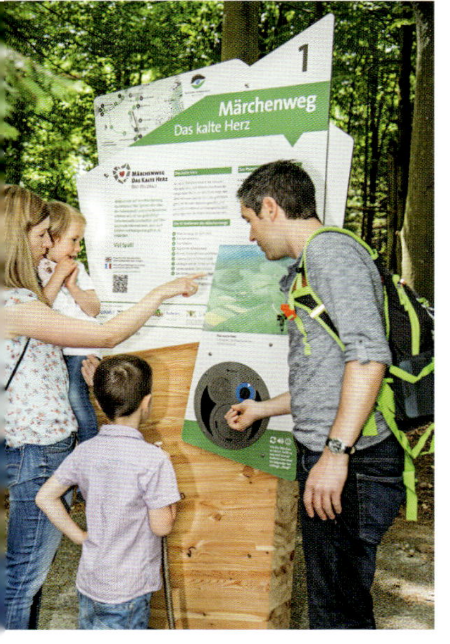

Hörspiel im Wald: »Das kalte Herz« auf dem Märchenweg Bad Wildbad.

K2 Märchenrundwanderweg »Das kalte Herz«, Bad Wildbad

Zehn spannende und interessante Stationen über den Schwarzwald verbinden den Märchenrundweg auf dem Sommerberg. Auf der 3,2 km langen Strecke warten schöne Aussichten, kleine Kletterfelsen und die Geschichte als Hörspiel auf neugierige Kinder (siehe auch Tour 4).

Info: www.bad-wildbad.de/maerchenweg, Tel. +49 7081 10280.

Mit der Bahn: Vom Bahnhof Bad Wildbad mit der S6 zum Uhlandplatz/Sommerbergbahn. Dann von der Talstation der Sommerbergbahn hinauf auf den Sommerberg. Von dort der Beschilderung zum Märchenpfad folgen.

Mit dem Auto: Kostenpflichtiger Parkplatz auf dem Sommerberg, Peter-Liebig-Weg 12, 75323 Bad Wildbad.

K3 Geocaching Glücks-Pilz-Runde Schömberg

Die Glücksgemeinde Schömberg (s. Tour 3) hat sich ganz dem Glück verschrieben und bietet für alle Einsteiger des Geocachings einen 5 km langen Rundweg in der Natur an. Fünf Einzel-Coaches und ein Bonus-Cache versprechen Spannung und Suchspaß, und am Ende wartet im Rathaus eine Überraschung in Form

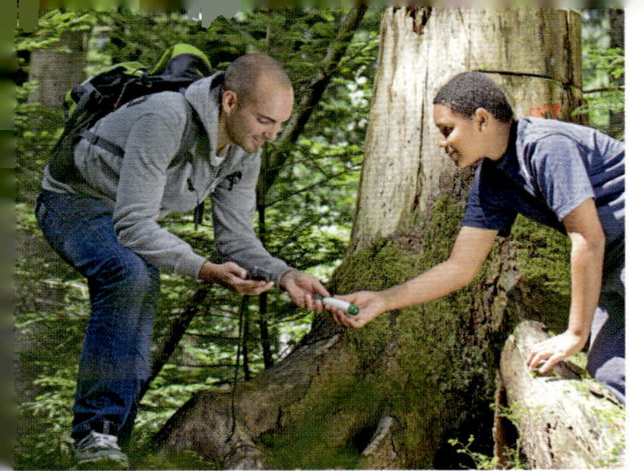

Geocaching ist eine Schnitzeljagd, die nicht nur Kinder lieben.

eines Schömberger Geocoins auf die glücklichen Finder.
Info: www.schoemberg.de/naturerlebnis/geocaching/geocaching-schatzsuche-einmal-anders-id_42, Tel.+49 7084 14444.
Mit Bahn/Bus: Ab Pforzheim Hauptbahnhof mit dem Regionalbus 743 Richtung Bieselsberg zur Bushaltestelle Schömberg Rathaus.
Mit dem Auto: Parkplätze und zwei Elektro-Ladestationen am Kurpark, Schwarzwaldstraße, 75328 Schömberg, GPS: N48.78464, E8.65100.

K4 Auerhahnsteig Naturzentrum Kaltenbronn

Der Auerhahn ist ein Wahrzeichen des Schwarzwaldes und da er vom Aussterben bedroht ist, ist es wichtig, allen interessierten Wanderern seine Lebensweise näherzubringen. Auf dem 2,5 km langen Auerhahnsteig auf dem Kaltenbronn suchen wir mit Ferngläsern nach diesen faszinierenden Vögeln und lernen an sechs interaktiven Stationen, wie es hier zukünftig wieder mehr von den größten Hühnervögeln Europas geben kann (siehe auch Tour 10).
Tipp: Wer den Flyer des Auerhahnsteigs vom Naturzentrum mitnimmt und ihn auf der Runde an der Stempelstation abstempelt, darf mit der Familie kostenlos ins Naturzentrum Kaltenbronn.
Info: www.naturparkschwarzwald.blog/auerhahnsteig-auf-dem-kaltenbronn, Tel. +49 7224 655197.
Mit Bahn/Bus: Anfahrt ab Bahnhof Bad Wildbad mit dem Regionalbus 722 bis Kaltenbronn.
Mit dem Auto: Kostenfreie Parkplätze am Infozentrum Kaltenbronn, Kaltenbronner Str. 600, 76593 Gernsbach-Kaltenbronn.

Auerhennen sind häufiger auf Bäumen zu finden als Auerhähne.

K5 Wildnispfad am Plättig

Wild und verwachsen ist er, der Wildnispfad am Plättig auf der Bühlerhöhe. Seit Orkan Lothar 1999 lässt man den Wald hier Wald sein. So haben die Kinder das Vergnügen, unter den gefallenen Baumriesen hindurchzuklettern oder über sie hinüberzusteigen und der Wildnis ganz nahe zu kommen. Den Wollsackfelsen erklimmen wir über die angebrachten Kletterhilfen und genießen die Aussicht. Der Wildnispfad ist auch Teil von Tour 16. Mit Kinderwagen ist er naturgemäß leider nicht zugänglich.
Info: www.baden-baden.com/media/touren/wildnispfad, Tel. +49 7221 275200.

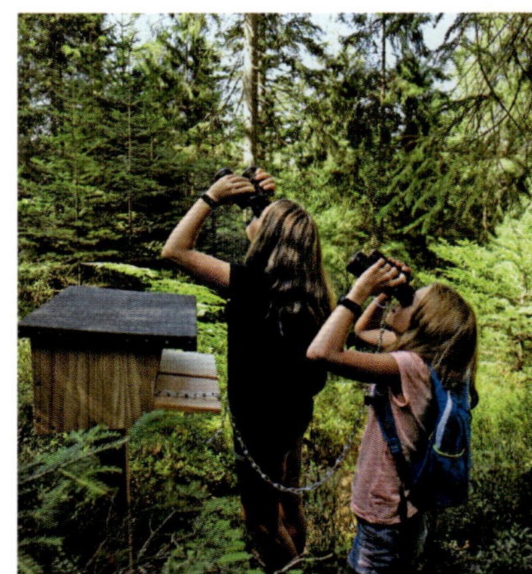

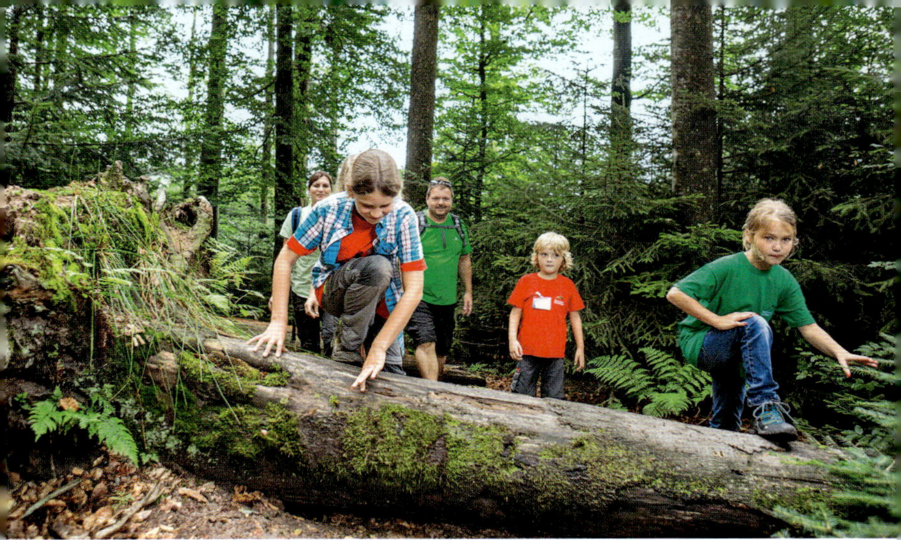

Klettern hält die Kinder fit, besonders auf dem Wildnispfad am Plättig.

Mit Bahn/Bus: Ab Baden-Baden Hauptbahnhof mit dem Regionalbus X45 Richtung Ruhestein bis Haltestelle Bühlerhöhe/Plättig.
Mit dem Auto: Wanderparkplatz Plättig an der Schwarzwaldhochstraße B500 gegenüber dem alten Hotel Plättig, Schwarzwaldhochstr. 1, 77815 Bühl.

K6 Pirsch-, Rätsel- und Barfußpfad Ottersweier

Das Außengelände der Walderlebnisstation Ottersweier ist mit seinem Pirsch-, Rätsel- und Barfußpfad ein wahres Paradies für Kinder, die sich gerne im Wald bewegen. Hier können sie inmitten des Waldes Tiere suchen, barfuß und mit geschlossenen Augen über Moosboden tapsen oder wie Tarzan von Liane zu Liane schwingen.
Öffnungszeiten: Der Außenbereich ist täglich frei zugänglich und kostenlos. Nur wer die WaldErlebnisStation mit der waldpädagogischen Bildungseinrichtung benutzen möchte, muss sich als Gruppe vorab anmelden.
Info: www.ottersweier.de/de/freizeit-kultur/walderlebnisstation, Tel. +49 7223 986021.
Mit Bahn/Bus: Vom Bahnhof Bühl mit dem Regionalbus 263 Richtung Forbach bis Kapelle Sand, dort Umstieg in den Regionalbus X45 Richtung Ruhestein bis Hundseck. Von dort für 700 m den Schildern mit dem Auerhahn folgen.
Mit dem Auto: Parkplatz Hundseck an der Schwarzwaldhochstraße (B500), GPS: N48.645382, E8.231023. Von dort für 700 m den Schildern mit dem Auerhahn folgen.

K7 Eisvogelpfad Seewald Erzgrube

Was gibt es für Kinder Schöneres, als an einem Bach Wasser zu stauen, Umleitungen zu bauen, zu planschen und zu toben? Auf dem Wasserspielgelände des Eisvogelpfades an der Nagoldtalsperre gibt es eine 100 m lange Nachbildung der Nagold, die auch Ausgangspunkt für den kleinen Eisvogelpfad ist, auf dem man mit etwas Glück tatsächlich die schönen blauen Eisvögel entdecken kann (siehe auch Freizeittipp C5).

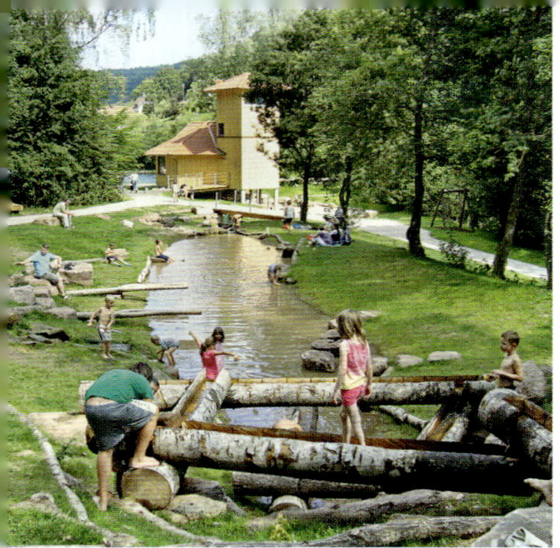

Am Eisvogelpfad Seewald gibt es einen herrlichen Wasserspielplatz.

Info: www.seewald.eu/gaeste/startseite-gaeste, Tel. +49 7447 946011.
Mit Bahn/Bus: An Wochenenden bedient der Regionalbus F3 ab Freudenstadt Hauptbahnhof die Haltestelle Schernbacher Straßen Erzgrube. Von dort etwa 300 m Fußweg.
Mit dem Auto: Kostenpflichtige Parkplätze beim Nagoldeinlauf in Erzgrube, Kreuzung Hallwanger Straße und Seestraße, GPS: N48.550217, E8.473546.

K8 Bacherlebnispfad Iselshausen bei Nagold

20 Infostationen an einem 700 m langen Bachstück der Steinach können die Kinder am Bacherlebnispfad in Iselshausen erwandern. Der Bach mäandert wunderschön durch die Auen und hält Bachübergänge, Quellen und ein richtiges Wasserrad bereit. Handtuch nicht vergessen!
Info: www.nagold.de/willkommen/Unsere-Stadt/Stadtteile/Iselshausen/Unser-Iselshausen/Historie/Bacherlebnispfad, Tel. +49 7452 6810.
Mit Bahn/Bus: Vom ZOB Nagold mit dem Regionalbus 7405 Richtung Horb bis Haltestelle Iselshausen Eck. Von dort ca. 1 km zu Fuß.
Mit dem Auto: Parken in der Unteren Mühlstraße, 72202 Iselshausen. Von dort ca. 1 km zu Fuß.

K9 BarfußPark Dornstetten-Hallwangen

Ein herrlicher Barfußpfad mitten in der Natur mit vielen kribbelnden, kitzelnden oder kühlenden Untergründen. Welches Kind watet nicht gerne durch einen Bach, durch eine Riesenmatschpfütze oder über Holzbrücken? Am Ende wartet noch eine Wasserspielanlage und auf die Schmutzfüße eine kleine Dusche.
Öffnungszeiten: 1. Mai bis 15. Oktober 9–20 Uhr.
Info: www.barfusspark.de, Tel. +49 7443 962030.
Mit Bahn/Bus: Ab Freudenstadt Hauptbahnhof mit dem Regionalbus F9 Richtung Altensteig bis Haltestelle Barfußpark Hallwangen. Von dort rund 500 m zu Fuß.
Mit dem Auto: Kostenpflichtige Parkplätze am Barfußpark, am Mühlweg und an der Silberwaldstraße (GPS: N48.492002, E8.500693), 72280 Dornstetten-Hallwangen.

K10 Der Große Hotzenplotz-Pfad Gengenbach

Der Pfad richtet sich im Gegensatz zum Kleinen Räuberpfad (siehe Tour 36) eher an ältere Kinder und Jugendliche, die Interesse an Biotopen, Pflanzen und Tieren haben. Und immer mit dabei: Kasperl, Seppel, Wachtmeister Dimpfelmoser, Petrosilius Zwackelmann und die Oma. Start ist am Wanderschild Strohbachwald, GPS: N48.385240, E8.015337.
Info: www.gengenbach.info/touren/naturerlebnisweg-raeuber-hotzenplotz-pfad-gengenbach-8ff5077822, Tel. +49 7803 930143.
Mit Bahn/Bus: Ab Gengenbach Bahnhof 150 m zur Bahnhofstraße,

dort Einstieg in den Regionalbus 7160 Richtung Hausach bis Haltestelle Strohbach. Von dort ca. 350 m bis zum Start.
Mit dem Auto: Wanderparkplatz Strohbach, GPS: N48.385538, E8.015047.

K11 Märchenweg Oberharmersbach

Der Waldrundweg »Märchen durch die Weihnachtszeit« in Oberharmersbach lässt Kinderherzen höherschlagen. Mit liebevoll gestalteten Märchenstationen und festlicher Beleuchtung punktet der rund 2 km lange Märchenweg jedes Jahr wieder bei den kleinen und großen Besuchern, die anschließend gerne noch das Hademar Adventsdorf im Ortskern besuchen (siehe auch Tour 35).
Info: www.oberharmersbach.de/freizeit-tourismus/veranstaltungen/maerchenhafte-weihnachtsfreuden, Tel. +49 7837 277.
Mit Bahn/Bus: Anfahrt ab Bahnhof Offenburg mit dem Regionalzug RB20 Richtung Freudenstadt bis Biberach. Dort Umstieg in den Regionalzug RB22 bis Oberharmersbach Dorf.
Mit dem Auto: Parkplätze gibt es gratis am Bahnhof Oberharmersbach, Dorf 30, 77784 Oberharmersbach.

K12 Wasserpfad Alpirsbach-Reinerzau

Ganz dem nassen Element hat sich der Wasserpfad Alpirsbach-Reinerzau verschrieben. An der Kleinen Kinzig entlang geht es zum Stausee mit seinem futuristischen Wasserprobe-Entnahmeturm. Das Wasserwerk, das Wasserrad und viele andere interessante Einrichtungen rings ums Wasser warten auf Klein und Groß. Highlight: Bei einer Betriebsbesichtigung geht man durch einen Tunnel unter See in den Turm hinein.
Info: wasserpfad.reinerzau.de, Tel. +49 7444 2672.
Mit Bahn/Bus: Ab Bahnhof Alpirsbach mit dem Regionalbus F14 Richtung Freudenstadt bis Haltestelle Reinerzau Oberes Dörfle. Von dort zu Fuß die Kleine Kinzig entlang in nördlicher Richtung.
Mit dem Auto: Wanderparkplatz Wasserpfad, 72275 Reinerzau »Oberes Dörfle«, GPS: N48.383775, E8.372548.

Barfuß lässt sich die Natur noch besser spüren.

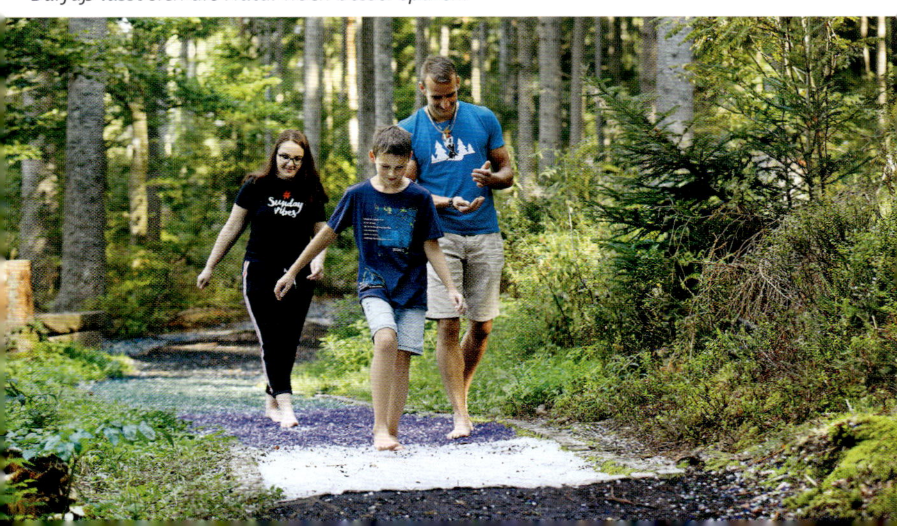

Stichwortverzeichnis

A
Abenteuerspielplatz Durbis Rackeracker 156
Abenteuerspielplatz Monbachtal 24
Abenteuerwald Sommerberg 37
Achertal 114
Adventure Bikepark Bad Wildbad 218
Adventure-Golfpark Enzklösterle 219
Adventure Mini.Golf. Park Oberharmersbach 220
Aichelberg 66
Allerheiligen 207
Allerheiligen-Wasserfälle 126
Alpakahof Beinberg 209
Alpirsbach 207
Alpirsbach-Reinerzau 231
Altensteig 74
Altensteigdorf 74
Annis Schwarzwald Geheimnis 198, 226
Antoniuskapelle 86
Auerhahnsteig Naturzentrum Kaltenbronn 63, 228
Aussichtsplattform Ellbachseeblick 147
Aussichtsturm Büchenbronn 20
Aussichtsturm Sommerberg 34

B
Bacherlebnispfad Iselshausen 230
Baden-Baden 50, 54, 204, 205, 221, 224, 225, 226, 227
Bad Griesbach 161
Bad Liebenzell 24, 206, 209, 210
Bad Peterstal 216
Bad Rippoldsau 216
Bad Teinach 70
Bad Wildbad 34, 210, 217, 218, 227
Baiersbronn 136, 211, 222
BarfußPark Dornstetten-Hallwangen 230
Bärlochkar, Urwalderlebnis 78
Battertfelsen 50
Batterthütte, Untere 50
Baumwipfelpfad Schwarzwald 34, 37
Berghexenlandeplatz 194
Berghütte Lauterbad 142
Bergwerk Frischglück Neuenbürg 213
Bermersbach 58
Bermersbacher Wald 182
Bernickelfels-Hütte 56
Besucherbergwerke Hella Glück Neubulach 213
Besucherbergwerk Grube Wenzel 215
Besucherbergwerk Hallwangen 214
Besucherbergwerk »Heilige Drei Könige« 144, 215
Besucherbergwerk Silbergründle 214
Betzweiler 169
Beutelsteinfelsen 25
Bowlingcenter Baden-Baden 221
Breig's Motorrad- und Spielzeugmuseum 224
Brennte Schrofen 120
Bruderhöhle Hirsau 213
Büchenbronn 20, 208
Büchenbronner Höhe 20
Buhlbach 130
Buhlbachsee 130
Bühlerhöhe 86
Burg Alt-Eberstein 204
Burgbachwasserfall 216
Burg Berneck 74, 77
Burg Hohengeroldseck 186
Burg Liebenzell 28, 206
Burgruine Schiltach 198
Burgruine Sterneck 169
Burg Yburg 206
Burg Zavelstein 70
Bütthof, Waldgaststätte 54

C
Café K 30
Café Monbachtal 24
Calmbach 34
City-Bahn Baden-Baden 226

D
Darmstädter Hütte 105
DAV-Kletterhalle Baden-Baden 221
DAV-Kletterhallle Pforzheim 221
Dobler Blick 62
Dornstetten 215
Dornstetten-Hallwangen 230
Dorotheenhütte Wolfach 194, 224
Dr.-Rosemarie-Müller-Hütte 20, 23
Durbach 156

E
Ebersteinburg 51
Eckköpfle 110
Edelfrauengrab-Wasserfälle 120

ANNIS SCHWARZWALD-GEHEIMNIS

OUTDOOR-ESCAPE ROOM FÜR FAMILIEN

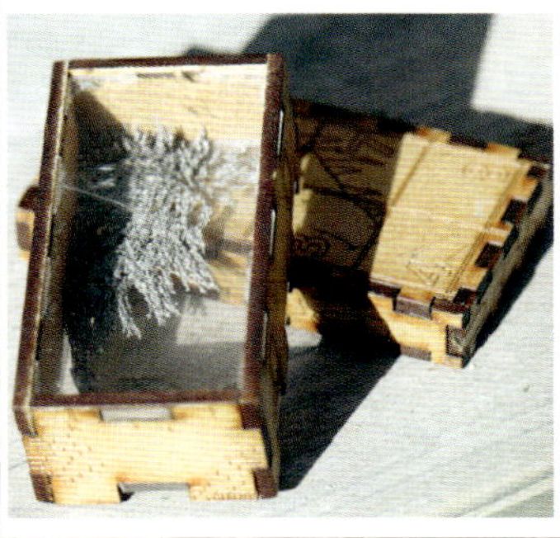

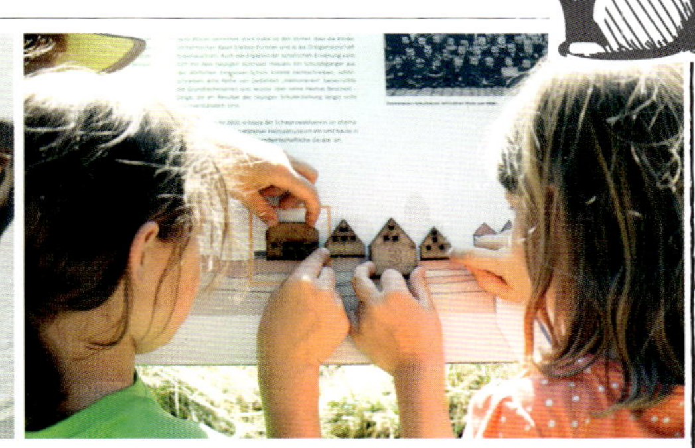

Rätsel sind in! Besonders die Idee der „Escape Rooms", bei denen (Klein-)Gruppen sich nur durch das teamorientierte Lösen von Rätseln innerhalb eines äußerst knappen Zeitfensters aus einem Raum befreien können, erfreut sich einer wachsenden Anhängerschaft.

Mit „Annis Schwarzwald Geheimnis" gibt es nun interaktive Familienwanderungen in Calw, Bad Teinach-Zavelstein, Bad Herrenalb und Nagold.

Hier könnt ihr gemeinsam mit Anni, dem Schwarzwald-Maskottchen, knifflige Rätsel und Aufgaben lösen, um die Wanderstrecke zu finden – und das ohne „digitale" Unterstützung.

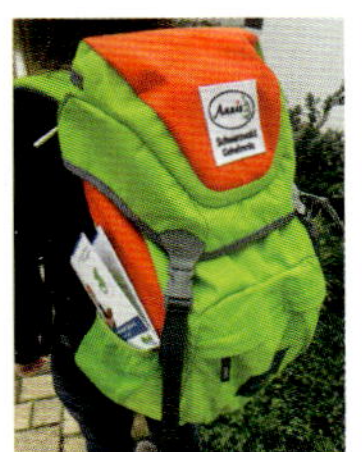

Ein Rucksack, den ihr vor der Tour erhaltet, ist der Kern von Annis Schwarzwald Geheimnis. Dieser ist gefüllt mit Kästchen und Schlössern, welche zahlreiche Rätsel, Aufgaben und Hinweise beinhalten. Entlang einer interessanten Wegstrecke müssen diese Rätsel nach und nach gelöst werden.

Es muss genau aufgepasst und die Natur exakt studiert werden, um weiterzukommen. Am Ende wartet eine Belohnung – und natürlich zwischendrin viel Spaß und Abenteuer für die ganze Familie in der unverwechselbaren Natur des Nördlichen Schwarzwalds.

Das Spiel ist für rätselfreudige Kinder zwischen 7 und 12 Jahren konzipiert und eignet sich ideal für Gruppen. Bei dem Spiel wird bewusst auf technische Unterstützung verzichtet, alles ist auf das „analoge" Erleben in der Natur ausgerichtet.

https://www.mein-schwarzwald.de/aktivitaeten/wandern/erlebnispfade/

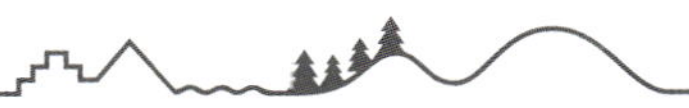

Eislaufhalle Baiersbronn 222
Eislaufhalle Offenburg 222
Eisvogelpfad Seewald Erzgrube 229
Ellbachsee 147
Ellbachseehütte 149
Emersbach 110
Enz, Große 34, 66, 78
Enz, Kleine 34, 66
Enzklösterle 78, 218, 219, 220
Erlebnis&Kletterwald Enzklösterle 218
Erzgrube 212, 229
Eulenfelsen 58
Experimenta Freudenstadt 224
Eyach 40
Eyachmühle, Gasthaus 40

F

Fautsburg 66
Feuerwehrwegle 151
fidelitas, Restaurant 51
Forbach 58, 141
Forbachquelle 148
Freibad Loßburg 168
Freibad Oberharmersbach 178
Freibad Sasbachwalden 96
Freizeit- und Sport-Zentrum Mehliskopf 219
Freudenstadt 142, 212, 215, 224, 226
Freudenstädter Bähnle 226
Friedrichstal 136
Friedrichsturm 142

G

Gaishöllschlucht 96
Gaistal 45
Gasometer Pforzheim 223
Gengenbach 182, 230
Geocaching Glücks-Pilz-Runde 227
Gernsbach 209
Geroldsauer Wasserfall 54
Geroldseck 186
Gertelbach-Haus 92
Gertelbachhütte 93
Gertelbach-Wasserfälle 90
Glatten 212
Goldenkugelhütte 142
Gompelscheuer 78
Gottschlägbach 120
Griesbach-Wasserfall 161
Grindehütte 101
Grobbach 54
Großes Loch 44

H

Habererturm 161
Hademar Adventsdorf 231
Hahnenfalzhütte 44
Hallenbad Loßburg 168
Heidenknie 156
Heimbachtal 169
Heimbachtalsperre 169
Heinz-Deininger-Sternwarte 47
Herrenschrofen 123
Herrmannsee 20, 208
Hertahütte 90
Hirsau 206, 209, 213
Hirschgrund Zipline Area Schwarzwald 218
Holchenwasserfall 216
Hornberg 62
Hornisgrinde 100
Hornsee 62
Hotzenplotz-Pfad, Großer 183, 230
Hundseck 82
Hundshütte 82

I

Iselshausen 230

K

Kahle-Bach-Pfad 156
Kaltenbronn 62, 228
Kamel- und Straußenfarm Lindenhof 209
Käpflefelsen 194
Karlsruher Grat 120
Katzenhalde 178
Katz'scher Garten 209
Kiddy Dome Ortenau 222
Kienberg 142
Kinzigquelle 166
Kinzigsee 166
Kinzigtal 182, 194, 198
Kleinebene 152
Kleinenzhof, Restaurant 34
Kleinenztal 34
Kletthütte 152
Kloster Alpirsbach 207
Kloster Hirsau 206
Klosterruine Allerheiligen 126, 207
Kneippstation Silberberg 110
Kniebis 147
Kniebiser Klosteranlage 151
Köllbachsee 74
Kreuzfelsen 54
Kutschfahrten Baden-Baden 225

L

Langmartskopf 44
Lehmannshof 40
LEPO, Landwirtschaftlicher Erlebnispfad 114
Lettstädter Höhe 161
Lierbachtal 126
Littersbach 54
Loßburger Zauberland 166
Lotharpfad 88, 130
Luchspfad Bühlerhöhe 86

M

Malschbach 54

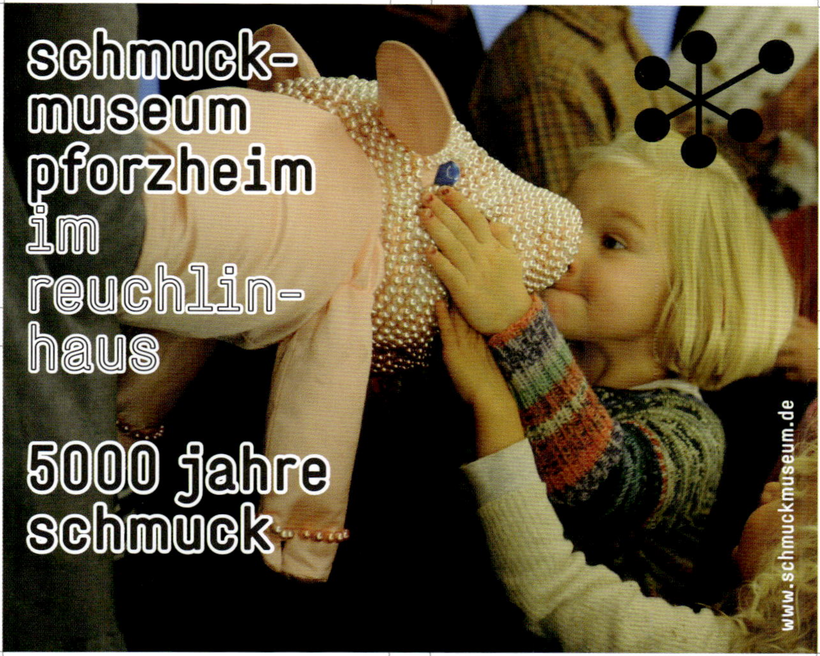

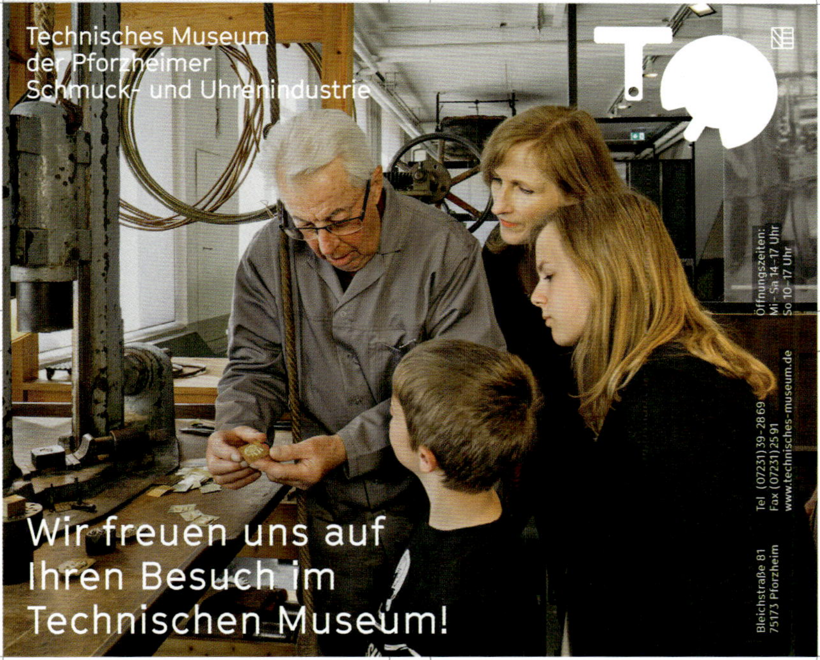

Märchenpfad Büchenbronn 21
Märchenrundwanderweg »Das kalte Herz« 227
Märchenweg Oberharmersbach 231
Maria-Frieden-Kapelle 87
Marienruhe 161
Mehliskopf 219
Meistern 34
Merkurbergbahn Baden-Baden 225
Miniaturwelten Baden-Baden 224
Minigolf Monbachtal 24
Monakam 24
Monbachschlucht 24
Mondloch 24, 25
Mummelsee 100
N
Nagold 24, 74
Nagoldtalsperre 212, 229
Nationalpark Schwarzwald 132
Nationalparkzentrum Ruhestein 105
Naturbad Mitteltal-Baiersbronn 139, 211
Naturerlebnisbad Glatten 212
Naturerlebnisbad Ottenhöfen 117, 124, 211
Naturerlebnis Heimbachaue 169
Naturerlebnispfad Oberharmersbach 178
Naturerlebnisweg Kaltenbronn 62
Naturzentrum Kaltenbronn 228
Neubulach 213, 215
O
Oberharmersbach 178, 220, 231
Oberwolfach 215
Ochsenkopf, Hoher 82
Offenburg 222
Oppenau 126, 152
Oskar-Dresel-Felsen 94
Ottenhöfen 114, 120, 211
Ottersweier 229
P
Palais Thermal Bad Wildbad 210
Palmenwaldweg, Oberer 142
Panorama-Bad Freudenstadt 212
Paracelsus-Therme Bad Liebenzell 28, 210
Petersmühle, Forellenzucht 78
Pforzheim 20, 208, 217, 221, 223
Pirsch-, Rätsel- und Barfußpfad Ottersweier 229
Plättig 86, 228
R
Rastatt 204
Räuberpfad Gengenbach, Kleiner 182
Räuberwegle 148
Renchtal 152, 161
Residenzschloss Rastatt 204
Rheinmünster-Schwarzach 209
Riesen-Rutschbahn Poppeltal 78, 220
Röschenschanze 130
Rosenweg 142
Rossbühl 130
Rössle, Restaurant Café 74
Rötenbachtal 70
Rotkehlchenpfad 152
Rotwildgehege Hirsau 209
Ruhestein, Nationalparkzentrum 105
S
Sankenbachsee 136
Sankenbachsteig 136
Sankenbach-Wasserfall 136
Sasbachwalden 96
Schapbach 174, 216
Scheerbachtal 58
Schiltach 198, 218
Schloss Altensteig 74
Schloss Altensteig, Altes 74
Schlossberghütte 70
Schloss Favorite Rastatt 204
Schloss Hohenbaden, Altes 50, 205
Schömberg 30, 223, 227
Schönberg 186
Schönmünzach 110
Schutterwald 222
Schwarzwaldhochstraße 82, 86, 90, 101, 130
Seebach 214
Seekopf 105
Seibleseckle 100
Sexauer-Hütte 161
Sommerberg 34
Sommerbergbahn 34, 37
Spaltbächle 130
Sprung-Park Offenburg 222
St.-Antonius-Kapelle 87
Sterneck 170
Sternwarte Bieselsberg 223
Straubenhofmühle 96
Sulzerköpfle 174
T
Teuchelpfad 142
Teufelskamin 82
Teufelskammern 44
Teufelskanzel 161
Teufelsmühle 44
Teufelsmühle, Höhengasthaus 45

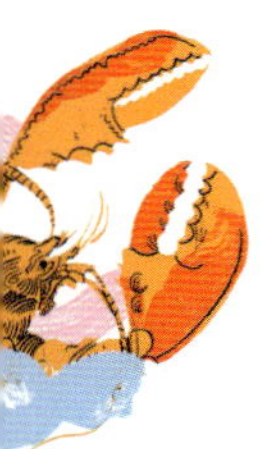

DIE KULINARISCHE REISEREIHE

unterhaltsam · sinnlich · überraschend

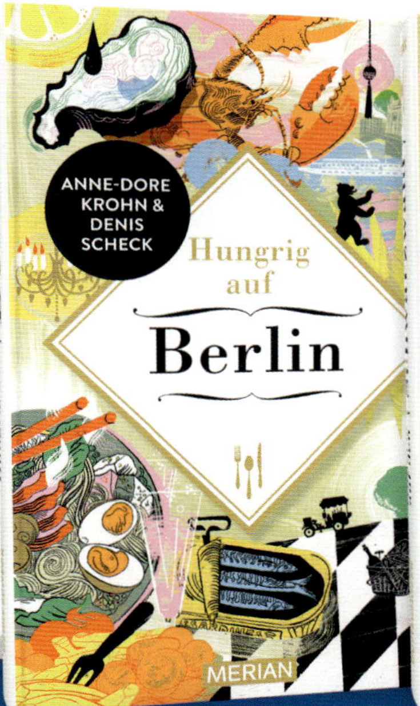

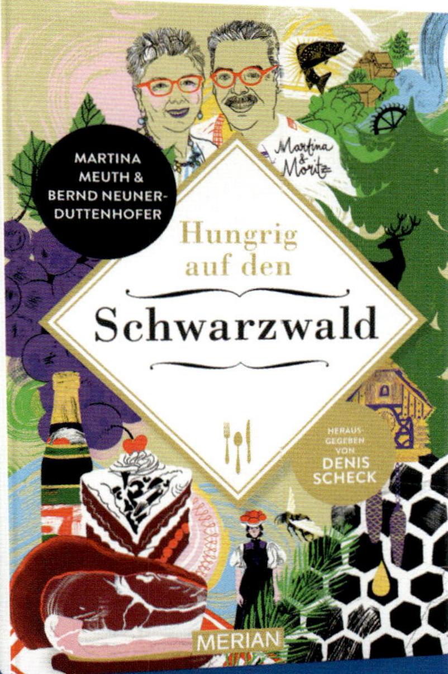

Namhafte Autorinnen und Autoren streifen durch ihre Lieblingsstädte und -regionen. Dabei entdecken sie besondere kulinarische Adressen, Gerichte und Geheimnisse. Anekdotisch, lebendig und hintergründig erzählen sie von beeindruckenden Begegnungen und Geschmackserlebnissen vor Ort – lassen Sie sich verführen!

Im Handel sowie als e-book erhältlich.

MERIAN

Die Lust am Reisen

Trollpfad Kaltenbronn 62
V
Vogteiturm 166
Vollmersbacher Wald, Freizeitanlage 156
W
Waldfreibad Calmbach 36
Waldgasthaus Kohlbergwiese 90
Waldgasthof Kohlbergwiese 86
Waldklettergarten Pforzheim 217
Wasenhütte 136
Wasserpfad Alpirsbach-Reinerzau 231
Wasserwegle Eyachtal 40
Weißtannen-Erlebnispfad Schömberg 30
Westweg 130
Wiedenbach 90
Wiedenfelsen 90
Wilder See 105
Wildgehege am Merkur 227
Wildgehege Büchenbronn 20, 208
Wildgehege Kleinenzhof 36
Wildgehege Sankenbach-Baiersbronn 136, 140, 210
Wildkatzen-Erlebnispfad 44
WILDLINE Hängebrücke 217
Wildnispfad Baden-Baden 86
Wildnispfad Plättig 228
Wildpark Pforzheim 208
Wildsee 62
Wilhelmshöhe 70
Wolfach 194, 224
Wolf- und Bärenpark, Alternativer 174
X
Xanderklinge 215
Z
Zavelstein 70
Zell am Harmersbach 190, 224
Zieflensberg 45
Ziegelwaldsee 182
Ziegenpfad Bermersbach 58
Zuflucht 130

Bildnachweis: Alle Fotos vom Autor mit Ausnahme der Bilder auf S. 170 (Loßburg Information), S. 204, 205, 207 (Staatliche Schlösser und Gärten Baden-Württemberg, Achim Mende), S. 206 o. (Internationales Forum Burg Liebenzell), S. 206 u. (GerryX-E1, https://commons.wikimedia.org/wiki/File:Kloster_Hirsau.JPG, https://creativecommons.org/licenses/by-sa/4.0/legalcode), S. 208 (Wildpark Pforzheim), S. 209 (Alpakahof Beinberg), S. 210 (Baiersbronn Touristik, Max Günter), S. 211 o. (Willi Walter), S. 211 u. (Anne Höss, Compendium Studios für Photographie), S. 212 (Seewald Touristik), S. 213 o. (Stollengemeinschaft d. histor. Bergwerke Neubulach e. V.), S. 213 u. (Moleskine, https://commons.wikimedia.org/wiki/File:Bruderhöhle_Eingang.jpg, https://creativecommons.org/licenses/by-sa/4.0/legalcode), S. 214 o. (Christoph Duepper), S. 214 u. (Förderkreis Histor. Bergbau e.V. Hallwangen), S. 215 (Gemeinde Oberwolfach), S. 216 (Wolftal Tourismus), S. 217 (Wildline Bad Wildbad), S. 218 (Adventure Sports), S. 219 (Gemeinde Enzklösterle), S. 220 (Seewald Freizeitpark Enzklösterle), S. 221 (Rolf Constantin), S. 222 (Kevin Zurlinden), S. 223 (Gasometer Pforzheim), S. 224 (Gudrun Breig), S. 225 o. (Ramessos, https://commons.wikimedia.org/wiki/File:Merkurbahn2_.jpg), „Merkurbahn2", https://creativecommons.org/publicdomain/zero/1.0/legalcode), S. 225 u. (Kutschfahrten Baden-Baden), S. 226 Kurverkehrsbetriebe Freudenstadt), S. 227 o. (Baden-Baden Kur & Tourismus GmbH), S. 227 u. (Locher Fotodesign & Manufaktur), S. 228 o. (Gemeinde Schömberg Touristik & Kur), S. 228 u. (Natur-Infozentrum Kaltenbronn), S. 229 (qu-int.gmbh), S. 230 (Seewald Touristik), S. 231 (Stadt Dornstetten/Werbeagentur Martini).

Impressum

Umschlagbilder: Durch den wilden Urwald der Monbachschlucht (Tour 2) und auf allen Vieren am Karlsruher Grat (Tour 23).
Unten: Das Rheintal und der Schwarzwald liegen uns zu Füßen (Tour 19).

Bild Seite 1: Kindshohe Farne und Heidelbeeren säumen unseren Weg am Hohen Ochsenkopf (Tour 15).
Bild Seite 18/19: Durch den Märchenwald der Gertelbachschlucht (Tour 17).
Bild Seite 202/203: Wann hält hier das nächste Floß (Tour 40)?

Der Autor:
Marcel Gisler, geboren 1966 in St. Gallen, ist in Ottobrunn bei München aufgewachsen und hat in den Alpen die Leidenschaft für das Bergwandern entwickelt. Nach 20 Jahren in der Industrie sattelte der studierte Lebensmitteltechnologe um und betreut seitdem als Tagespapa Kleinkinder bis 3 Jahre. Er wohnt im naturnahen Bötzingen am Kaiserstuhl und wandert in der Freizeit am liebsten mit seinen eigenen drei Kindern über die Höhen des Schwarzwalds.

Kartografie:
Wanderkarten im Maßstab 1:10.000 bis 1:50.000, Geodaten © OpenStreetMap und Mitwirkende. Kartografisches Design: Freytag & Berndt Prag, www.freytagberndt.cz
Übersichtskarten © Freytag & Berndt, Wien

Illustrationen:
Alle Illustrationen von Stephanie Stickel (www.stephanie-stickel.de).

Die Ausarbeitung aller in diesem Führer beschriebenen Touren erfolgte nach bestem Wissen und Gewissen des Autors. Die Benutzung dieses Führers geschieht auf eigenes Risiko. Soweit gesetzlich zulässig, wird eine Haftung für etwaige Unfälle und Schäden jeder Art aus keinem Rechtsgrund übernommen.

1. Auflage 2022

ISBN 978-3-7633-3291-5

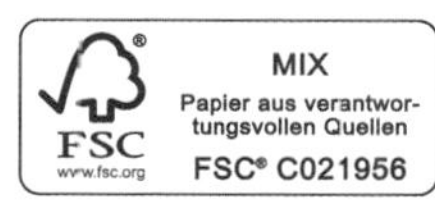

Wir freuen uns über jeden Korrekturhinweis zu diesem Wanderbuch!
Bitte per E-Mail an: **leserzuschrift@rother.de**

ROTHER BERGVERLAG · Keltenring 17 · D-82041 Oberhaching
Tel. +49 89 608669-0 · www.rother.de